AF567233

Jan Philipp Reemtsma

Was heißt: einen literarischen Text interpretieren?

Jan Philipp Reemtsma

Was heißt: einen literarischen Text interpretieren?

Voraussetzungen und Implikationen des Redens über Literatur

C.H.Beck

Gesetzt aus der Bembo bei der Janß GmbH, Pfungstadt
Druck und Bindung: CPI-Books, Ulm
Gedruckt aus säurefreiem, alterungsbeständigem Papier
(hergestellt aus chlorfrei gebleichtem Zellstoff)
Printed in Germany
ISBN 978 3 406 69098 3

www.beck.de

Inhalt

z. B. Klassik

Wozu langes Ankämpfen gegen fremde Definitionen? Man stelle die eigne hin.
Jean Paul, Vorschule der Ästhetik

Ein- und Durchführung

Worum es geht, ist längst gesagt, aber selten so schön und pointiert wie hier:

> Im Seminar hatten sie zwei Stücke von Shakespeare gelesen, und die Woche endete mit dem Studium seiner Sonette. Die Studenten waren gereizt und verwirrt, fast verängstigt von der wachsenden Spannung zwischen ihnen und jener gebeugten Gestalt, die sie hinter dem Rednerpult hervor ansah. Sloane hatte ihnen das dreiundsiebzigste Sonett laut vorgelesen; und nun schweifte sein Blick durch den Raum, die Lippen zu humorlosem Lächeln zusammengepresst.
>
> «Was bedeutet dieses Sonett?», fragte er abrupt, schwieg wieder und suchte den Raum mit einer grimmigen, beinahe freudigen Hoffnungslosigkeit ab. «Mr Wilbur?» Keine Antwort. «Mr Schmidt?» Jemand hustete. Sloane drehte sich mit dunkel blitzenden Augen zu Stoner um. «Mr Stoner, was bedeutet das Sonett?»
>
> Stoner schluckte und versuchte, den Mund zu öffnen.
>
> «Es ist ein Sonett, Mr Stoner», erklärte Sloane trocken, «eine lyrische Komposition aus vierzehn Zeilen in einer bestimmten Anordnung (...) Der Verfasser heißt William Shakespeare, ein Dichter, der zwar schon tot ist, aber in den Köpfen nicht weniger Menschen dennoch einen Platz von einiger Bedeutung einnimmt. (...) Über drei Jahrhunderte hinweg redet Mr Shakespeare mit Ihnen, Mr Stoner. Können Sie ihn hören? (...) Was sagt er Ihnen, Mr Stoner? Was bedeutet das Sonett?»
>
> Stoner hob langsam und zögerlich den Blick. «Es bedeutet», sagte er und streckte mit vager Bewegung die Hände in die Höhe (...) «Es bedeutet», sagte er noch einmal, konnte aber nicht beenden, was er zu sagen begonnen hatte.
>
> Sloane sah ihn neugierig an.[1]

Das ist schon alles. Das Ihnen hier vorliegende Buch sieht Stoner und überhaupt alle, die den Mund aufmachen, um angesichts eines literarischen Textes «Es bedeutet ...» zu sagen, neugierig an. Denn es bleibt ja nicht beim Mundaufsperren. Anschließend wird eine Menge und allerlei gesagt, Gescheites, Verblüffendes, Irritierendes, Irisierendes, Elektrisierendes und dummes Zeug. Darum aber geht es im Folgenden nicht. Ebensowenig um die Frage, *wie* man das denn macht: über einen literarischen Text reden, damit es kein dummes Zeug wird. Es soll um die Frage gehen, was das für eine Art Reden ist, das Reden über literarische Texte, das dann eben doch meistens zu irgendeinem «Es bedeutet ...» wird, zu einer Interpretation. Also was heißt das: einen literarischen Text interpretieren?

Es ist eine Tätigkeit, die unternommen wird, seit es literarische Texte gibt. Nein, natürlich «konstituieren» sich literarische Texte nicht «durch den Akt der Rezeption». Solcher und ähnlicher nichtssagender Unfug soll hier nicht behauptet werden – das ist aber so ziemlich das Einzige, was ich meiner Leserin für das Folgende versprechen kann. Ich werde die Frage in unterschiedlicher Weise stellen und gänzlich befriedigend nicht beantworten können. Warum das so ist oder wahrscheinlich sein muß, wird, wie ich hoffe, im Zuge meines Redens über das Reden über Literatur deutlich werden.

In welches Genre der vorliegende Text gehört – außer daß «Essay» natürlich immer hingeht –, ist vielleicht nicht so wichtig. Ob man ihn «Versuch einer philosophischen Pragmatik des Redens über Literatur» nennt oder vielleicht ein simuliertes Gespräch, tut nichts zur Sache. Es geht um die Problematik des Redens über Literatur, nachdem die Unterscheidung nicht-literarisch/literarisch einmal getroffen ist, und die wird traditioneller-, d. h. historisch kontingenterweise, in vielerlei Arten getroffen. Sie zu treffen, und zwar in einer bestimmten Art, ist aber die Voraussetzung, der der vorliegende Text ein wenig mit Wittgenstein nachzugehen versucht. Sie bedingt sowohl einen jeweils spezifischen individuellen, nicht begründbaren Anfang des Redens über Literatur wie die Nötigung, diese rhetorische Anmaßung rechtfertigend einzuholen – eines der zentralen Themen von Kants «Kritik der Urteilskraft» und ein peripheres Thema von Goethes «Wilhelm Meisters Lehrjahre». Dieser besondere Rechtfertigungsmodus hat Auswirkungen auf die Gemeinschaft derjenigen, die über Literatur reden oder solchem Reden zuhören, mit einer Anspielung auf eine Passage aus Platons «Apologie des Sokrates» hier zuweilen «die Umstehenden» genannt. An die auf diese Weise sichtbar gemachten Probleme schließen sich Gedanken über Notwendigkeiten und Chancen an, die sich daraus ergeben.

Was sich bis zu letzteren Überlegungen sagen läßt, läßt sich auch in einer für solche Thematiken ungebräuchlichen, oder sagen wir: durch andere Kontexte ein wenig erwartungskontaminierten Weise sagen oder, wenn man will, notieren.

— ⋆ —

Es ist falsch zu glauben, die Aufgabe der Physik sei es, etwas über die Natur herauszufinden. Physik befaßt sich damit, was wir über die Natur sagen können.

Aage Petersen

1. Die Bedeutung eines Wortes ist sein Gebrauch in der Sprache, basierend auf der Möglichkeit, es durch ein Synonym zu ersetzen. Einem Wort, dessen singuläres Vorkommen an einem Orte – d. h. seine Nicht-Ersetzbarkeit durch ein Synonym – durch die Konvention, Texte «literarisch» zu nennen, unterstellt wird, Bedeutung zuzusprechen, ist die Zuschreibung seiner Bedeutsamkeit durch die Interpretation des Textes.

1.1. Die Bedeutsamkeit eines Textes ist der Umgang, den man mit ihm pflegt.

1.1.1. Die Bedeutsamkeit eines Wortes in einem literarischen Text ist der Umgang mit ihm in der Interpretation.

2. Man kann Texte nicht oder mißverstehen. Dann kann man mit ihnen nichts – nichts Einsehbares – anfangen.

2.1. Die Bedeutsamkeit eines Textes ergibt sich aus der Behebung einer Situation des Mißverstehens, seiner Erläuterung.

3. Nicht-literarische und literarische Texte kombinieren sprachliche Zeichen (nicht Töne oder Farben oder Konturen oder raumfüllende Materie); die graphische oder akustische Dimension dieser Zeichen wird als literarische Funktion ihrer Sprachlichkeit aufgefaßt.

3.1. Sprachliche Zeichen haben Bedeutung auf Grund ihrer Ersetzbarkeit durch andere sprachliche Zeichen, d. h. die Operation «x bedeutet dasselbe wie y».

3.1.1. Literarische Texte unterscheiden sich von nicht-literarischen durch die Konvention, die lautliche oder graphische Gestalt ihrer Bestandteile für potentiell bedeutungsvoll zu erklären, d. h. die stets vorhandene Möglichkeit zu sagen, ihre Bedeutung sei nicht «ihr Gebrauch in der Sprache».

3.1.2. Von «literarischen Texten» und über sie zu sprechen heißt, über die Konsequenzen dieser Möglichkeit anhand vorliegender Beispiele zu sprechen.

3.2. Von der «Bedeutung literarischer Texte» zu sprechen heißt, über ihre Literarizität zu sprechen.

3.2.1. Regeln für die Zuschreibung von Literarizität gibt es nicht.

3.2.2. Regeln dafür, einem Bestandteil eines literarischen Textes eine ästhetische Funktion zuzuschreiben, gibt es nicht; es gibt kein Analogon zur Operation «Ersetzung durch ein Synonym» oder «dasselbe mit anderen Worten sagen» (= Paraphrase).

3.3. Literarische Texte haben (insofern) keinen Inhalt und keine Funktion in außerliterarischer Kommunikation. Oder jeden beliebigen.

4. Die Interpretation eines literarischen Textes bezieht sich auf sein Vorhandensein als Werk.

4.1. Ein Werk hat einen Autor.

4.1.1. Ohne Zusprechung des Werkcharakters hätte die Rede von der «Bedeutung eines literarischen Textes» keine Bedeutung.

4.2. Der literarische Text hat eine Bedeutung, die ihr ein Autor gegeben hat. Diese Bedeutung ist nicht die Interpretation (auch nicht durch den Autor).

4.2.1. Von einer Bedeutungsgebung durch Textrezeption zu sprechen ist eine vermeidbare Art, über die Tatsache möglicher verschiedenartiger Textinterpretationen zu sprechen.

4.2.2. Die Interpretation eines literarischen Textes ist stets nur eine mögliche Interpretation und stellt eine mögliche Art, über seine Bedeutung zu sprechen, dar.

4.2.2.1. Es gibt keine richtige Interpretation (im Sinne von: nur diese eine richtige).

4.2.2.2. Es gibt falsche und/oder unsinnige Interpretationen (Fehlinterpretationen).

4.2.2.2.1. Fehlinterpretationen machen u. a. falsche Annahmen über dem Autor mögliche Bedeutungsintentionen.
4.2.2.2.1.1. Von möglichen Bedeutungsintentionen zu sprechen heißt, zu behaupten, daß ein Autor etwas müsse gewollt haben können.
4.2.2.3. Die umfassende Hilfsdisziplin zur Eingrenzung von Bedeutungsintentionen nennt man Literaturgeschichte.
4.3. Ein Text ohne Autor ist bedeutungslos, man kann ihn einen Zufallstext nennen.
4.3.1. Ein hergestellter Zufallstext ist ein Spiel mit dem Verschwinden des Autors, das möglich ist, weil es die Notwendigkeit des Autors als Verständnisregel voraussetzt.
5. Das Reden über literarische Texte ist Darlegung einer Lektüre.
5.1. Diese Lektüre steht in einer Spannung zwischen der Ausrichtung an den Wortbedeutungen (= Bedeutungen, die wir den Wörtern zuschrieben, wäre der Text kein literarischer) und dem Wissen um die Konvention der Literarizität.
5.1.1. Diese Spannung schlägt sich in einem Lektüreerlebnis, einer ästhetischen Aufmerksamkeitskonzentration nieder.
5.1.1.1. Lektüre eines literarischen Textes heißt nicht: Auskunft über einen Affektzustand zu geben.
5.1.1.2. Lektüre eines literarischen Textes heißt nicht: Auskunft über akustische und graphische Eigenarten oder über literarische Texte als historische Dokumente zu geben.
5.1.1.3. Solche Auskünfte sind mögliche Teile der Interpretation literarischer Texte – und müssen dies zuweilen sein.
5.1.2. Die lektürebestimmende Spannung zwischen nicht-literarischer Semantik und dem Wissen um die Konvention der Literarizität konzentriert sich in Leseerlebnissen.
5.1.3. Die Interpretation erweist das Erlebnis als Zeugnis der Lektüre.
5.2. Die Auskunft über das Leseerlebnis beinhaltet die Rekonstruktion des Zusammenhangs von Textbeschaffenheit und (affektiver) Reaktion; in argumentativ geordneter Form ist solche Auskunft die Interpretation des literarischen Textes.
5.2.1. Die Interpretation eines literarischen Textes ist seine Darstellung als Werk und Auskunft über Dimensionen seiner Eigenschaft als bedeutungsvoll.
6. Die Interpretation eines literarischen Textes beansprucht (irgend-

eine) öffentliche Aufmerksamkeit für die Mitteilung eines subjektiven Erlebnisses.

6.1. Dieser Anspruch impliziert die Selbstverpflichtung, darüber Auskunft zu geben, daß das, was jetzt geredet werden wird, andere etwas angehe.

6.1.1. Die Interpretation ist das Ansinnen einer gemeinschaftlichen Lektüre des literarischen Textes.

6.1.1.1. Die Interpretation kann anhand einer gemeinschaftlichen Lektüre den gemeinsamen Blick auf die Welt ändern. (Man sagt: Es ist *auch so*.)

6.2. Die Interpretation wirkt, anders als die Rezitation (= «Interpretation» als Homonym), nicht durch Anziehung, sondern durch Argumentation.

6.2.1. Der Beginn der Argumentation ist die unvermittelte Mitteilung einer subjektiven Affiziertheit.

6.2.2. Der Weg der Interpretation besteht in der Thematisierung der ästhetischen Bedeutung, die sie der Spannung zwischen dem Gebrauch eines Textbestandteils in der Sprache und seiner Nicht-Paraphrasierbarkeit zuschreibt.

6.2.2.1. Diese Spannung wird zum Ausdruck gebracht, indem die Als-ob-Lektüre durch den Hinweis auf die Literarizität des Textes unterbrochen wird.

6.2.2.2. Die Als-ob-Lektüre folgt einem *Referenzcode*, dem sie den Text für eine Weile als zugehörig zuschreibt.

6.2.2.3. Daß die Störung oder Unterbrechung der Lektüre eines literarischen Textes nach Maßgabe eines Referenzcodes durch den Einspruch der Nicht-Paraphrasierbarkeit ihrerseits auf eine Bedeutung verweise (die nicht in der Operation der Synonymisierbarkeit/Paraphrasierbarkeit aufgehe), ist eine (historisch erfolgreiche) Konvention.

6.2.2.4. Es handelt sich bei den Bedeutungszuschreibungen für Literarizität um Vorschläge für eine Regel, die im Zweifelsfall durch ihre Erstanwendung, die Anlaß für diese Zuschreibung ist, gesetzt ist.

6.2.2.4.1. Die literarische Urteilskraft besteht ebenso in der Anwendung von Regeln auf Einzelfälle wie der Extrapolation möglicher Regeln aus Einzelfällen.

6.2.2.4.2. Diese Extrapolationen sind gelungen, wenn sie eine gemeinsame Sicht auf den literarischen Text als wesentlichen Beitrag zu einer neuen/veränderten/modifizierten gemeinsamen Sicht auf die Welt erlauben.

6.2.2.4.2.1. Eine überzeugende Interpretation eines literarischen Textes bedeutet die Erweiterung diesbezüglicher Kommunikationsmöglichkeiten und ihre tendenzielle Konventionalisierung in spezialisierten (gebildeten) Öffentlichkeiten.

6.2.2.4.2.2. Das Reden von der «Wahrheit» im Zusammenhang der Interpretation eines literarischen Textes deutet, wenn es denn etwas bedeutet, auf diese Erweiterung hin.

6.2.2.4.2.3. Davon zu sprechen, daß ein literarischer Text schweige, durch Schweigen spreche, zeige, aber nicht sage, und derlei mehr, ist keine Aussage über einen besonderen literarischen Text, sondern benennt die Besonderheit der Rede über literarische Texte.

6.3. Die Interpretation erweist den literarischen Text als ein bedeutungsvolles Ganzes.

6.3.1. Das Reden über einen literarischen Text als ein bedeutungsvolles Ganzes ist ein Reden über die Art seiner Schönheit.

6.3.1.1. Gegenstand der Interpretation des literarischen Textes ist seine Schönheit.

6.3.1.1.1. Das Fragment ist eine Spielart des Ganzen.

6.3.1.1.2. Das Erhabene ist eine Spielart des Schönen.

6.3.2. Das Erhabene – oder andere ästhetische Spielformen des Schönen (wie das Häßliche) – als moralisch bedeutsam darzustellen bedeutet eine Verwechslung von Referenzcode und Werk.

6.4. Das Absurde ist der Umstand der Nichtkongruenz der Schönheit des Werks mit den eventuellen Ordnungsvorstellungen eines möglichen auf die Welt bezogenen Referenzcodes.

6.4.1. Das Absurde ist eine philologische Kategorie.

6.5. Das Werk ist ein Ganzes, die Welt nicht.

7. Die Möglichkeit, über die Schönheit eines literarischen Textes zu sprechen, setzt eine exklusive Form von Gemeinschaftlichkeit voraus, nämlich eine Partialöffentlichkeit, in der die Bildungsvoraussetzungen gegeben sind, unter denen über die Schönheit literarischer Texte geredet werden kann.

7.1. Historisch kommen solche Partialöffentlichkeiten zuerst als – in der Regel sozial verortbare – Geschmacksgemeinschaften vor, in denen es um den Konsens als Zugehörigkeitskriterium (und die Vorstellung von seiner Nichtkontingenz) geht, und dann, nach deren

Zerfall, als solche, die – sozial und geographisch potentiell diffus – sich der Wandelbarkeit ihrer Konsense und deren Kontingenz bewußt sind.

7.1.1. Um die Kontingenz eines Konsenses zu wissen bedeutet nicht: nicht um ihn streiten.

7.2. Eine solche zureichend gebildete und hinreichend diffuse Partialöffentlichkeit verfügt über die Idee der Menschheit als regulatives Ideal der Pflege eines interesselosen (= nicht durch präferierte Referenzcodes blockierten) Interesses an der Schönheit und der Idee der Verallgemeinerbarkeit.

7.2.1. Diese (zureichend gebildete und hinreichend diffuse) exklusive Partialöffentlichkeit pflegt so ein Ideal einschränkungsloser Inklusivität.

7.2.1.1. Die Verwechslung der Idee der Menschheit als regulativer Idee zur Gestaltung des Redens über das Schöne mit einer politischen Idee führt zu Verwirrungen und dem die Eigenart des Redens über Literatur verkennenden Gerede über die politisch zu affirmierende soziale Funktion von Kunst.

7.3. Das Interpretieren literarischer Texte findet innerhalb einer zureichend gebildeten Partialöffentlichkeit statt und hat den Sinn, sie zu erhalten.

7.3.1. Die Erhaltung einer zureichend gebildeten und hinreichend diffusen Partialöffentlichkeit, in der über literarische Schönheit geredet wird, ist eine der notwendigen Bedingungen zur Erhaltung dessen, was wir vielleicht «eine literate Gesellschaft» nennen möchten, nachdem die sie repräsentierenden Geschmacksgemeinschaften nicht mehr existieren.

8. Das habituelle Interpretieren von literarischen Texten in zureichend gebildeten Partialöffentlichkeiten hat eine auf andere Weise nicht mögliche kognitive Erschließung der Welt durch Verstehen kollektiv rezipierter affektiver Reaktionen in der Form sprachlicher Artistik mit sich gebracht.

8.1. «Shakespeare hat uns erfunden.» (Harold Bloom)

Ich führe die acht Sätze im Folgenden aus und ergänze, worum es in ihnen geht, um allerlei, auch Exemplarisches und ebenso unzufällige wie zuweilen umfangreiche, aber nicht mutwillige Asides.

Schwierigkeiten

Ratlosigkeit

Helena: So sage denn, wie sprech' ich auch so schön?
Faust: Das ist gar leicht, es muß von Herzen gehn.
Johann Wolfgang von Goethe, Faust.
Der Tragödie Zweiter Theil

Am 10. April 1917 schreibt ein Dr. Siegfried Wolff an Franz Kafka:

Sehr geehrter Herr,
Sie haben mich unglücklich gemacht.

Ich habe Ihre Verwandlung gekauft und meiner Kusine geschenkt. Die weiß sich die Geschichte aber nicht zu erklären. Meine Kusine hats ihrer Mutter gegeben, die weiß auch keine Erklärung.

Die Mutter hat das Buch meiner anderen Kusine gegeben und die hat auch keine Erklärung.
Nun haben sie an mich geschrieben. Ich soll ihnen die Geschichte erklären. Weil ich der Doctor der Familie wäre.

Aber ich bin ratlos.

Herr! Ich habe Monate hindurch im Schützengraben mich mit den Russen herumgehauen und nicht mit der Wimper gezuckt. Wenn aber mein Renommee bei meinen Kusinen zum Teufel ginge, das ertrüg ich nicht.

Nur Sie können mir helfen. Sie müssen es; denn Sie haben mir die Suppe eingebrockt. Also bitte sagen Sie mir, was meine Kusine sich bei der Verwandlung zu denken hat.

Mit vorzüglicher Hochachtung
ergebenst Dr. Siegfried Wolff[2]

Was immer dem Manne zu schreiben gewesen wäre, es wäre ihm nicht zu antworten gewesen. Nicht wegen besonderer Eigenschaften der Erzählung «Die Verwandlung», nicht wegen irgendwelcher

Eigenarten des Autors Franz Kafka. Sondern aus ungefähr demselben Grunde, aus dem jemand, der noch nie einen Witz gehört hat, keinen Witz versteht, wenn er einen hört. «Einen Witz verstehen» hat zur Voraussetzung, daß man an der sozialen Praxis «Witze hören und erzählen» teilhat. Man kann in solche soziale kommunikative Praxen nicht einfach hineinspringen. Man wird in ihnen groß.

Und doch sind sie nicht selbstverständlich, besser gesagt: sie sind nicht so selbstverständlich, daß ihre Selbstverständlichkeit einem Nachdenken über sie erfolgreich Widerstand entgegensetzen könnte, allerdings immerhin so selbstverständlich, daß ihre Selbstverständlichkeit zuweilen einigen Eigensinn gegen manche Form der Problematisierung und vor allem gegen die Thematisierung dieser Selbstverständlichkeit selbst mobilisiert.

Die Umstehenden

> *Er, der immer nur im Wahnsinn handelt (...)*
> *Seiner Klagen Reim', in Sand geschrieben,*
> *Sind vom Winde gleich verjagt;*
> *Er versteht nicht, was er sagt*
>
> Johann Wolfgang von Goethe, West-Östlicher Divan, «Anklage»

> Nach den Staatsmännern nämlich ging ich zu den Dichtern, den tragischen sowohl als den dithyrambischen und den übrigen, um dort mich selbst durch die Tat zu überführen als unwissender denn sie. Von ihren Gedichten also diejenigen vornehmend, welche sie mir am vorzüglichsten schienen ausgearbeitet zu haben, fragte ich sie aus, was sie wohl damit meinten, auf daß ich auch zugleich etwas lernte von ihnen. Schämen muß ich mich nun freilich, ihr Männer, euch die Wahrheit zu sagen: dennoch soll sie gesagt werden. Um es nämlich geradeheraus zu sagen, fast sprachen alle Anwesenden besser als sie selbst über das, was sie gedichtet hatten.[3]

Es geht hier nicht um das, was die Umstehenden – vielleicht – besser wissen über das, was «die Dichter meinen», sondern, daß die Dichter selbst keine befriedigende Auskunft geben.

Die Erzählung, wie es denn zu solchen Fragen und Befunden gekommen ist, sei in Erinnerung gerufen: Ein Orakelspruch besagt, Sokrates sei der «weiseste» der Menschen, Sokrates erhebt Einspruch: Das könne nicht sein, denn er wisse, daß er nichts (nichts wirklich, nichts genau oder zureichend) wisse, aber der Gott lüge ja nicht – was also meine er? Es folgt die Befragung der Zünfte und Talente, die der Politiker zunächst, am Ende der Handwerker, dazwischen die der Dichter. Den Dichtern ergeht es wie den Politikern, sie können über das, was sie tun, keine befriedigende Auskunft geben. Die Politiker erscheinen schlechthin als Blender, die Dichter können, was sie können, aber können darüber nichts Ordentliches sagen, die Handwerker können über ihr Handwerk Auskunft geben, aber sowohl die Dichter als auch die Handwerker meinen, auch über alles mögliche andere mitreden zu können. Daraus folgt Sokrates' Einsicht, der Weiseste sei der, der, wie er, eingesehen habe, daß er nichts wisse. Oder so: Besser sei es, gar nichts zu wissen bzw. können, als auf Grund dessen, was man kann, sich darüber hinaus etwas anzumaßen. Daher die sokratisch/platonische Vorstellung eines Gemeinwesens der Fachleute, geführt von denen, die über das Wissen um das Wesen der Dinge verfügen, den Philosophen. Das lassen wir auf sich beruhen.

Die Frage nach dem, «was der Dichter gemeint habe», ist also alt. Wahrscheinlich so alt wie Literatur, die, gehört oder gelesen, Gespräche nach sich zieht. Aber: um was geht es dieser Frage eigentlich? Ist sie letztlich nur Ausdruck der Enttäuschung darüber, daß die Dichter nichts der Art sagen, die der Fragende erwartet hat? Platon/Sokrates fährt ja fort, das komme wohl daher, daß die Dichter wie die Wahrsager oder Orakelsänger in einer Art Besessenheit Worte machten, sie «sagen viel Schönes, wissen aber nichts von dem, was sie sagen».[4] Das war eine folgenreiche Annahme. Sie konnte Verehrung und Verachtung der Dichter zusammenbringen, den göttlichen mit dem weltfremden Sänger. Jedenfalls hat sie die Rolle der «anderen Anwesenden» insofern gerechtfertigt, als daß es ja irgendwen geben muß, der sagt, was die Dichter «eigentlich meinen» – und so steht diese Frage auch am Anfang unseres Redens darüber, was das Reden über Literatur eigentlich für eine Beschäftigung sei.

Aber eben nicht als eine Frage, die einen Abstand schafft und die ein Phänomen als Problem anzusehen möglich macht, sondern als Selbstverständlichkeit. Noch Adorno spricht vom «Rätselcharakter» aller Kunst,[5] meint damit gewiß etwas anderes als das, was schlechten Literaturunterricht seit jeher kennzeichnet («Was will uns der Dichter damit sagen?»), aber die Vorstellung, daß Dichtung in irgendeiner Weise nicht sage, was sie ausspreche – oder nicht ausspreche, was sie sagen wolle –, bleibt doch gedankenleitend.

Nicht, daß ich meinte, das Reden über Literatur *brauche* so eine Legitimation, um betrieben zu werden. Dieses Reden über Literatur gibt es so, wie es Literatur gibt. Beides gehört zu unserer Kultur; beides gehört in unserer Kultur zusammen. Aber: Reden über Literatur braucht Literatur – trivialerweise –, umgekehrt gilt das nicht. Und Ratio oder Ethos des Redens über Literatur kann man nicht aus Behauptungen darüber ableiten, was es mit dieser im eigentlichen Sinne auf sich habe. Über das Reden über Literatur nachzudenken heißt nicht, ästhetische Theorie oder Theorie des Ästhetischen durch die Hintertür zu betreiben. Das ist das erste, was man aus Kants «Kritik der Urteilskraft» lernen kann.

Bei Platon gibt es bereits kein Verwechseln mehr von Kunst und Beschwören des oder Sprechen aus dem Numinosen. Hier mag *Ähnliches* vor sich gehen – Platon enthält sich da –, aber *dasselbe* ist es nicht. Die Frage nach dem, was die Dichter «eigentlich meinen», klingt aber ganz so, als wäre diese Unterscheidung bei denen, die anfangen, über literarische Werke zu sprechen – sie zu interpretieren –, nicht recht angekommen. Jedenfalls scheint es gelegentlich so zu sein, daß dort, wo das Reden über Literatur sich selbst feiert, es den eigenen Reiz aus magischer Selbstkostümierung zu gewinnen versucht:

> Die Werke sprechen wie Feen in Märchen: du willst das Unbedingte, es soll dir werden, doch unkenntlich. Unverhüllt ist das Wahre der diskursiven Erkenntnis, aber dafür hat sie es nicht; die Erkenntnis, welche Kunst ist, hat es, aber als ein ihr Inkommensurables (...) In oberster Instanz sind die Kunstwerke rätselhaft nicht ihrer Komposition sondern ihrem Wahrheitsgehalt nach. Die Frage, mit der ein jegliches (Kunstwerk) den aus sich entläßt, der es durchschritt – die: Was soll das alles?, rastlos wiederkehrend, geht über in die: Ist es denn wahr? (...) Die letzte Auskunft diskursiven Denkens bleibt das Tabu über der Antwort. Als mimetisches sich Sträuben gegen das Tabu sucht Kunst die Antwort zu erteilen, und erteilt sie, als urteilslose, doch nicht; dadurch wird sie rätselhaft wie das Grauen der Vorwelt, das sich verwandelt, nicht verschwindet; alle Kunst bleibt dessen Seismogramm. Für ihr Rätsel fehlt der Schlüssel wie zu den Schriften mancher untergegangenen Völker.[6]

Selbstfeier – wogegen per se nichts zu sagen ist, aber was wird da gefeiert? Es scheint mir, daß es nur Sinn hat, von unlösbaren Problemen zu sprechen, wenn man eine wenigstens ungefähre Vorstellung davon hat, wie eine Lösung aussehen könnte. Die Frage nach dem Wahrheitsgehalt von Kunstwerken scheint mir der nach dem Sinn des Lebens zu ähneln – nicht, daß sie nicht eindeutig so oder so zu beantworten wäre, ist das Problem, sondern daß man, wenn man über sie grübelt, gar nicht weiß, welcher Art die Antwort wohl wäre, damit wir sie überhaupt als Antwort erkennen könnten.

Die Selbstverständlichkeit, daß Literatur ohne Reden über Literatur nicht vorkommt, ist, was die Rede des Sokrates dokumentiert. Man tut es einfach, und niemand wundert sich darüber. Aber diese Selbstverständlichkeit scheint eine Unterstellung mit sich zu bringen, daß es ein irgendwie beschaffenes Etwas gebe, auf das das Reden ziele, daß es nicht einfach Gerede sei, so oder so beschaffen, nicht ein Gerede wie bei einem Feuerwerk oder einem Sonnenuntergang oder derlei, d. h. allenfalls nach Klischeerepetition und originellem Einfall unterschieden. Obwohl es, möglicherweise, genau das ist.

Es lassen

> *In jeder Kunst (…) obliegt (es) der Praxis, die Schwierigkeiten zu zeigen und die Erscheinungen anzugeben, und der Spekulation, die Erscheinungen zu erklären und die Schwierigkeiten zu beseitigen. Daraus folgt, daß es kaum einen vernünftig denkenden Künstler gibt, der über seine Kunst gut sprechen kann.*
>
> Denis Diderot

Daß es sich beim Interpretieren literarischer Texte um eine Tätigkeit handle, die alles andere als selbstverständlich sei, wenn sie auch seit alters her zu beobachten ist, lautet die These Susan Sontags aus ihrem Essay «Against Interpretation».[7] Es handle sich um eine Usurpation der Umstehenden (wenn wir auf die Schilderung des Sokrates sehen), die den Dichter, der nur zu sagen hat, was er geschrieben hat, non est dicendum ultra quod scripsi, gewissermaßen übertönt, mundtot macht oder gar schrifttot, eine philisterhafte Zusammenrottung vitalen Pöbels, die begonnen habe mit dem Übersetzen religiöser Semantiken in profane. Die «Texte des Altertums» seien «in ihrer ursprünglichen Form nicht mehr tragbar» gewesen. «Damals griff man zur Interpretation und brachte auf diese Weise die alten Texte mit den ‹modernen› Ansprüchen in Einklang. So allegorisierten die Stoiker, ihrer Vorstellung von der moralischen Lauterkeit der Götter entsprechend, die derben Züge hinweg, die Zeus und seinem ungestümen Clan in Homers Epen eigen sind. Was Homer mit dem Ehebruch des Zeus mit der Leto zum Ausdruck bringen wollte, so erklärten sie, war die Vereinigung von Macht und Weisheit. Auf die gleiche Weise interpretierte Philo von Alexandria die wahrheitsgetreuen historischen Geschichten der hebräischen Bibel als religiöse Paradigmen.» Man habe, aus einer Art Pietät, an Texten festhalten wollen, die in ihrer «offensichtlichen Bedeutung» unannehmbar geworden seien. Man habe sie also neu interpretiert, und dies mit der Geste, die «wahre Bedeutung» der Texte «aufzudecken».

«In unserer Zeit», fährt Sontag fort, «ist die Interpretation sogar noch komplexer. Denn die zeitgenössische Begeisterung für die Interpretation hat ihren Grund häufig nicht in der Ehrfurcht vor dem beschwerlichen Text (...), sondern in einer offenen Aggressivität, einer offenkundigen Verachtung des äußeren Erscheinungsbildes.» Es gehe dem Interpretieren darum, den Sinn hinter der Kulisse, unter der Oberfläche (oder wie auch immer) sichtbar zu machen. Verantwortlich für diesen Wahn, etwas aufdecken oder hervorholen zu müssen, macht Sontag die «meistgepriesenen und einflußreichsten modernen Lehren, die von Marx und Freud», die «letztlich auf ein wohldurchdachtes hermeneutisches System (...), auf aggressive und pietätlose Interpretationstheorien» hinausliefen. Marx habe Revolutionen und Kriege, Freud Träume und Versprecher als Ausdrucksformen von etwas anderem verstanden. Beide hätten «interpretiert». «Und interpretieren heißt das Phänomen neu formulieren, letztlich ein Äquivalent für das Phänomen finden.»[8]

Daß es Sontag zunächst um eine Polemik gegen eine intellektuelle Mode in den USA Mitte der 60er Jahre des 20. Jahrhunderts und, was die angeführten Beispiele zeigen, um ein paar zugegebenermaßen zu Recht abzukanzelnde Auswüchse geht, sei angemerkt. Ja, gewiß verlöre «A Streetcar Named Desire» an Schmelz, und auch Kazans Verfilmung täte das, sähen wir das Stück so an, wie es der Regisseur nicht verfilmt, sondern wie er seine Verfilmung (nach Sontags Referat) kommentiert hat: als eine Allegorie von Zivilisation und Barbarei (oder so). Selbst wenn Tennessee Williams solcher Interpretation zugestimmt hätte, wäre sie nicht richtiger geworden, sondern zeigte entweder des Dichters eigenes philisterhaftes Gemüt – oder gewisse Schwächen seiner Dichtung: «Vielleicht glaubte Tennessee Williams selbst, daß Kazan recht hat mit seiner Deutung von ‹A Streetcar Named Desire›. Es mag sein, daß Cocteau die auf Freudsche Symbolik und Gesellschaftskritik ausgerichteten, kunstvollen Auslegungen seiner Filme ‹Le sang d'un poète› und ‹Orphée› gewollt hat. Aber das Verdienst dieser Filme liegt sicher nicht in ihrer ‹Bedeutung›. Ja, Williams' Stücke und Cocteaus Filme sind in genau dem Maße mangelhaft, unaufrichtig, ersonnen, unüberzeugend, in dem sie derlei ominöse Bedeutungen suggerieren.»[9] Dann wären es also – jedenfalls in solchen Fällen – nicht die Umstehenden, die schädlichen oder schändlichen Unsinn über die Werke der Dichter verbreiten, sondern die – manche – Dichter selbst, die schon gleich auf den Beifall der Interpretation schielen. Sontag möchte einen Paradigmenwechsel, könnte man sagen, oder einen Generationenwechsel unter den Tonangebenden, den Meisterdenkern bzw. den Vormündern (wie Hamann süffisant, auf Kant gemünzt, gesagt hat). Diese Attitüde jugendlichen Mutes hat in ihrer von Generation zu Generation weitergereichten Routiniertheit etwas schon in den Kinderschuhen Vergreistes, aber nicht nur die sie stets aufs neue auf neu polieren, sondern auch die sie wie ein neues Wunder anstaunen, gibt es immer wieder. Aber das nur am Rande.

Für unseren Zusammenhang wichtig ist die Kennzeichnung von «interpretieren» als eine Tätigkeit à la «‹Was X sagen will, ist …›, ‹Was X meinte, ist …› und so weiter und so weiter»:

> Die Arbeit der Interpretation ist im Grunde eine Übersetzungsarbeit. Der Interpret sagt: Schaut her, seht ihr nicht, daß X in Wirklichkeit A ist – oder bedeutet? Daß Y in Wirklichkeit B ist? Daß Z in Wirklichkeit C ist? (…) Schon seit Jahrzehnten haben es Literaturkritiker als ihre Aufgabe betrachtet, die Elemente des Gedichts, des Dramas, des Romans oder der Erzählung in etwas anderes zu übersetzen.[10]

Die «Aggressivität» und «Pietätlosigkeit», die Sontag den marxschen oder freudschen Hermeneutiken zuschreibt, sind für sie nur radikale Ausprägungen einer grundsätzlichen aggressiven Pietätlosigkeit aller Hermeneutiken, die sich auf solche Formeln bringen lassen. Deren Ursachen, besser: deren Ursünde liegt für sie in einem grundsätzlich falschen Verständnis von Kunstwerken, das darin bestehe – siehe oben –, Kunstwerke überhaupt als Träger von «Bedeutungen» anzusehen und ihnen einen Inhalt zuzuschreiben, den man befragen könne. Man solle aber Kunstwerke auffassen wie Naturgegenstände: gegeben, einfach «da», ohne Bedeutung. Nun sind, wäre einzuwenden, Kunstwerke aber keine Naturdinge. Warum sollte man sie also so ansehen, als wären sie welche? Zumal über die doch auch Entbehrliches geschwatzt wird. Nur, eben, so recht interpretieren lassen sie sich – nach dem Ende aller Theodizee – nicht. Das wäre aber im

Grunde der Triumph der Profanisierung: daß die Texte, die heilig waren, auch nicht mehr Träger von «Bedeutung» (und sei es von Philistern zusammengepfuschter und mit der Geste des Kennertums servierter) wären, sondern bloß ebenso da wie Stein und Moos und Eidechs. Anstaunen kann man das – aber: warum sollte man?

Susan Sontag polemisiert gegen eine gewisse Art von auskennerischem Feuilleton. Was sie dagegensetzen möchte, bleibt unklar.[11] Der Satz «Statt einer Hermeneutik brauchen wir eine Erotik der Kunst»[12] hilft nicht weiter. Was wäre das denn? Und was wäre das für eine Erotik, die solcherart «gebraucht» und dekretiert wird? Das ist Gerede. Aber was ist es mit der Kunst, den «literarischen Texten»? Wenn sie denn nur bestaunt (aber was sagt man dem, der nicht staunt?) oder schweigend begafft (wo wäre der Unterschied?, aber man muß vielleicht keinen machen) werden sollen, was machen wir mit dem Redebedürfnis der «Umstehenden»? Wie wäre es zu verstehen, was macht seine Selbstverständlichkeit aus, was ist es, um die stoische Formel zu verwenden, «an sich selbst»?

Susan Sontag identifiziert das Reden über Kunst/Literatur mit einer bestimmten Form, die es annehmen kann, der des Übersetzens von einer Art des Sprechens in eine andere, verbunden mit der Behauptung «dies bedeutet das». Das eine verberge etwas, das das andere entberge. Vielleicht liegt darin der Ertrag von Sontags Polemik: daß beim Reden über das Reden über Literatur nicht vermutet werden müsse, es gehe irgend um Wahrheit (also gegen das diesbezügliche Brüderpaar Heidegger und Adorno). Noch daß es etwas Besonderes zu entdecken gäbe bzw. daß es dem Reden über Literatur darum gehen müsse. Dem Brief des Dr. Wolff an Franz Kafka liegt dasselbe Verständnis von «Interpretieren» zu Grunde – nur eben geschrieben voll verzweifelter Hoffnung – wie Susan Sontags Essay – der eben verfaßt mit dem Abscheu vor dem Weihwasser der Laienpfaffen.

Kann man die Frage niedriger hängen? Was tut einer, der über einen literarischen Text redet? Das ist die Frage in Platons «Ion».

tà toiaũta

Wie gefällt dir Musik? Gut.
Was magst du besonders? Das.
Was meinst du damit? Na, das hier.
«Deine Freunde», Erzähl mal

Goethe meinte, Sokrates habe uns in seinem «Ion» eine Art Possenspiel à la Aristophanes gegeben: «(Sokrates) begegnet einem Rhapsoden, einem Vorleser, einem Declamator, der berühmt war wegen seines Vortrags der homerischen Gedichte und der so eben den Preis davon getragen hat und bald einen andern davon zu tragen gedenkt. Diesen Ion giebt uns Plato als einen äußerst beschränkten Menschen, als einen, der zwar die homerischen Gedichte mit Emphase vorzutragen und seine Zuhörer zu rühren versteht, der es auch wagt, über den Homer zu reden, aber wahrscheinlich mehr um die darin vorkommenden Stellen zu erläutern als zu erklären, mehr bey dieser Gelegenheit etwas zu sagen als durch seine Auslegung die Zuhörer dem Geist des Dichters näher zu bringen.» Und solche Erläuterung möchte Goethe auch gerne für den Platon des «Ion»: «wer uns auseinandersetzte, was Männer wie Plato im Ernst, Scherz und Halbscherz, was sie aus Ueberzeugung, oder nur discursive gesagt haben, würde uns einen außerordentlichen Dienst erzeigen und zu unserer Bildung unendlich viel beytragen».[13]

Man muß sich in den Zeitkontext hineindenken, dann wird es komisch, und der Dialog dürfte seine Wirkung auf sein Publikum, das man sich als ein für solche Scherze geeignetes vorzustellen hat, nicht verfehlt haben. Aber davon ganz abgesehen lohnt es sich vielleicht, hier auf einen Text näher einzugehen, der auf ebenso entschiedene wie umständliche Weise einen Erkenntnis-, ja Erörterungsverzicht aufweist. Man ist auf so etwas bei Platon nicht unbedingt gefaßt; auch die sogenannten «aporetischen» Dialoge sind nicht von solcher

Art. Sie haben jedenfalls ihre traditionelle philosophische Würde, der «Ion» hat die nicht.

Es ist reizvoll, den «Ion» vor dem Hintergrund zu lesen, den Christian Meier «ein eigentümliches Bewußtsein menschlichen Könnens»[14] genannt hat: jener plötzlich in Athen aufbrechenden Idee, die Welt zur Verfügung zu haben. Nicht in ihr einen ruhmvollen Platz einzunehmen, sondern sie nach eigenen – und das heißt: menschlichen, und das heißt: athenischen – Maßen zu gestalten. Ein plötzlicher Wahn, der Künstler und Techniker, Gelehrte und Politiker sonderbar einte; ein Wahn, ohne den wir, unsere Zivilisation, unsere Kunst, unsere Literatur, unsere Vorstellung von Politik – sehr anders wären.

Ein Wahn, wenn man es pointieren will, der auf den Ruderbänken der athenischen Flotte in der Bucht von Salamis begann. Man datiert sicherlich nicht zu Unrecht den entscheidenden Schub, den die athenische Idee von Demokratie erhielt, auf dieses Gemeinschaftserlebnis. Auch die früheren Verfassungen der athenischen Polis sind vor militärischem Hintergrund zu verstehen. Das Bürgerheer der schwerbewaffneten Hopliten löste das aristokratische mit Fußvolk und Kavallerie ab, was nicht ohne Folgen blieb. Aber das auf die Hoplitenphalanx gestützte Kriegführen war allen griechischen Poleis gemeinsam. Das Salamis-Erlebnis nicht.

Welche Rolle auch immer das Moment des Egalitären gespielt haben mag, für das, was uns hier interessiert, ist der Entschluß, die Stadt zu evakuieren, sie dem Feind zur Plünderung zu überlassen, den Sieg über die persische Flotte in den vertrauten Buchten zu suchen, entscheidend gewesen. Man tat etwas Unerhörtes. Man kämpfte nicht mehr, wie es später römisch hieß, pro aris et focis. Man ließ die Stadt zerstören. Man würde sie wieder aufbauen. Man mutete das einer gesamten Stadtbevölkerung zu. Und die machte widerspruchslos (soweit wir wissen) mit. Man gewährte sich Definitionsfreiheit: was «die Stadt», ihr Heiliges, ihr Heimatliches sei, was nur ein Manöver und noch keine Niederlage – und spielte, das sollte man nicht vergessen, va banque, denn eine Seeschlacht dieser Art hatte es noch nicht gegeben, und ausgemacht war selbst bei einem Sieg nicht, daß das persische Landheer Athen räumen würde. Aber es kam alles so, als hätte es nicht anders kommen können. «Es kam die Meinung auf, daß es keinen Zufall gebe; das sei nur eine Ausrede von Leuten, die nicht richtig gerechnet hätten: So fand denn auch Perikles, daß man einen ganzen großen Krieg zwischen Athen und Sparta planen könnte.»[15]

Das war fünfzig Jahre danach. Und es war dieser Krieg – nicht zuletzt die wahnhafte Kalkulation des sonderbaren und bis heute sonderbar verehrten Perikles –, der dieses «Könnensbewußtsein» historisch folgenreich erschütterte. Folgenreich: die Erfindung der Philosophie kommt da her.

Intellektueller Ausdruck des «Könnensbewußtseins» war die sogenannte Sophistik. Ursprünglich war «Sophist» eine Bezeichnung für einen gelehrten, vielleicht besser: viel bewanderten Mann. In den entscheidenden Athener Jahren wird daraus die Bezeichnung für einen, der sein Wissen für Geld weitergibt – und vor allem rhetorische Techniken vermittelt, die den Sieg im argumentativen Wettstreit oder überhaupt in Debatten sicherstellen sollten. In der Polemik gegen die Sophistik wird daraus der Vorwurf, sie versuchten aus Schwarz Weiß zu machen.

Die Niederlage Athens, der Sieg Spartas widerlegte – in den Augen mancher – zweierlei: die Demokratie und den Machbarkeitswahn. Poetisch waren beide zuvor deutlich in Frage gestellt worden, durch Aristophanes, durch Sophokles in der «Antigone», durch Euripides in den «Troerinnen» (letzteres eine deutliche Warnung vor dem Versuch Athens, den Krieg durch seine Ausweitung und Radikalisierung zu gewinnen). Sokrates verkörperte die Kritik sowohl an der Sophistik wie am politischen Konzept der Mitbestimmung aller über alles.

Sokrates war ein antisophistischer Sophist, so wie Jesus von Nazareth ein antipharisäischer Pharisäer war.[16] Sokrates fragte, wenn wir den Überlieferungen glauben können, seine Mitbürger nach ihren Überzeugungen und Gewißheiten mit dem Ziel, zu zeigen, wie schlecht begründet sie seien. In seinen Auseinandersetzungen mit anderen Sophisten versuchte er zu zeigen, in welcher Weise eine bloß technisch ausgefeilte Argumentationskunst sowie die in Athen modische intellektuelle Selbstgefälligkeit und zur Schau gestellte Abgebrühtheit moralisch wie politisch fatal seien. Außer einem oft diffusen Konservatismus[17] setzte er dem herrschenden Könnensbewußtsein aber nur eine fragende, letztlich destruktive Haltung[18] entgegen. Sein Schüler Platon verwendete die lebendige

Erinnerung an Sokrates, um ihn zu einer – seiner – literarischen Kunstfigur zu machen, in deren Namen er das begründet, was dann abendländisch «Philosophie» heißen sollte. Es geht dabei um Letztbegründungen, um die Ersetzung der Debatte um das, was richtig, schön, gut, erstrebenswert, abzulehnen, böse etc. sei, durch eine intellektuelle, zuweilen divinatorisch gefärbte Suche nach «dem» Schönen, Guten etc., aus deren Erkenntnis abzuleiten sei, was im Einzelfall zu sagen wäre. Kurz: Es geht um die Postulierung eines neuen intellektuellen Raums, der Transzendenz, als unerläßlicher Grundlage sicheren Urteilens. Nicht alle Philosophie ist diesem von Platon eingeführten Gestus gefolgt, aber auch wer dissentiert, tut das in Abgrenzung.[19]

Platons Sokrates-Dialog «Ion» ist nur zu Teilen als Beitrag zu jenem Bemühen um eine Philosophie als Grundlegung des verläßlichen Wissens und rechten Handelns zu verstehen. Er ist noch einer Wiedergabe des sokratischen fragend-destruktiven Räsonierens verpflichtet, stellt aber eine entscheidende Weiche für die spätere Fahrt in Richtung eines ausgearbeiteten Denksystems. Man kann sagen, daß es im «Ion» darum geht, zu unterscheiden, worüber man reden kann und worüber man, wenn man das nicht könne, besser schweige.

> Sokrates: Dem Ion ein Willkommen! Woher kommst du uns denn jetzt hierhergereist? Von Hause aus Ephesos?
>
> Ion: Keineswegs, Sokrates, sondern aus Epidauros vom Asklepiosfest.
>
> Sokrates: Wie? Stellen die Epidaurier auch einen Rhapsodenwettkampf dem Gotte zu Ehren an?
>
> Ion: Allerdings, und dazu auch in den übrigen musischen Künsten.
>
> Sokrates: Was denn, hast du uns etwa mitgekämpft? Und wie hast du gekämpft?
>
> Ion: Den ersten Preis trugen wir davon, Sokrates.
>
> Sokrates: Gut sprichst du. Nun, sieh zu, daß wir auch auf dem Panthenaeenfest siegen!
>
> Ion: Nun denn! Das wird geschehen, so Gott will.[20]

Ion ist ein Star. Ein Rezitator. Er gewinnt Preise um Preise. Sokrates geht ihm um den Bart: Er habe oft die Rhapsoden beneidet, sie seien immer so gut gekleidet und frisiert, und außerdem könnten sie sich mit den besten Dichtern beschäftigen, Homer vor allem,

> dem trefflichsten und göttlichsten Dichter, und seinen Gedanken durch und durch kennenzulernen, nicht bloß den Wortlaut

und dann kommt es zur Vorbereitung der Frage, was es denn mit der Kompetenz eines Rhapsoden auf sich habe:

> Denn es kann doch wohl keiner als tüchtiger Rhapsode gelten, der nicht versteht, was der Dichter meint. Der Rhapsode muß ja zum Vermittler für des Dichters Gedanken den Zuhörern werden. Das aber gehörig zu tun, ohne zu erkennen, was der Dichter meint, ist unmöglich.[21]

«Was der Dichter meint» (für *hóti légei*) ist vor dem Hintergrund unserer hermeneutischen Traditionen etwas heikel. *Hóti légei*: was er sagt. Die Unterscheidung sagen/meinen, die Susan Sontag so verärgert und die – siehe unten – die Theorien über die Bedeutung von Metaphern antreibt, ist hier nicht gemeint. An dieser Stelle des Gesprächs kann das Gesagte durchaus zureichend so verstanden werden, daß ein Rezitator seinen Dichter eben verstehen muß, sonst betont er falsch (zum Beispiel). – Aber aus Ions Antwort lernen wir, daß der Rhapsode nicht nur rezitiert, zu seinem Beruf gehört es auch, über Homer zu reden (wieder *légein*) – Ion versäumt nicht, zu betonen, auch darin sei er der Beste, besser sogar als ... – und es folgen die Namen seiner Konkurrenten Metrodoros von Lampsakos, Stesimbrotos von Thasos und ein Glaukon. Um alle drei wissen wir aus anderen Schriften. In seinem «Symposion» läßt Xenophon sagen, niemand sei dümmer (*éthnos älthiótheron* – soviel wie «blödes Volk») als die Rhapsoden, und sein Sokrates pflichtet bei und begründet: Sie verstünden die Bedeutung der Dichtungen nicht – *hypnoía*, soviel wie «Hintersinn». Da ist also die Unterscheidung Wortlaut/eigentliche Bedeutung schon getroffen. Und Sokrates fügt hinzu: Dafür habe er, sein Gesprächsgegenüber, nun so viel Geld bezahlt.[22] Die Rhapsoden gaben also bezahlten Unterricht in Textauslegung. Glaukon ist vielleicht der in Aristoteles' «Poetik» Erwähnte, der Textausleger tadelte, die dem Dichter Unsinniges zu sagen unterstellten, anstatt nach möglichen anderen sinnvollen Interpretationen zu suchen.[23]

Zurück zu Platons Sokrates. Er fragt Ion etwas auf den ersten Blick Merkwürdiges, das aber auf den zweiten – den des Platon-

Lesers – in die Richtung deutet, in der dann die Platonische Kunsttheorie liegen wird: ob Ion nur ein Homer-Experte sei oder kompetent, was Dichtung schlechthin betreffe. Antwort: Nur Homer. Aber warum? Rede denn Homer über etwas anderes als andere Dichter? Von Krieg und von Göttern sprächen sie doch alle. Ja, gewiß, doch Homer dichte besser (*ámeinon*). Dieses *ámeinon* legt Platons Sokrates nun aus, und zwar identifiziert er die Qualität dichterischen Sprechens mit der Richtigkeit der getroffenen Aussagen. Man sieht, daß es tatsächlich darum geht, was der Dichter «sagt» (*légein*), und nicht um ein Interpretieren im Sinne des Redens über eine etwaige *hypnoía*.

Was über irgend etwas «gut geredet» (*ey légein*) sei, erkenne doch wohl am besten der Fachmann? Hier kommt das wahrscheinlich originale sokratische Programm zum Tragen, die Fundamentalkritik an der Vorstellung, das Können potentiell zu universalisieren und praktisch zu demokratisieren. Sokrates läßt Ion zugeben, daß über die Inhalte, wie wir sagen würden, der Dichtungen die Fachleute am besten urteilen könnten, über Medizin der Arzt, über Zahl und Maß der Mathematiker – Ion, der Rhapsode, könne also kompetent über die Qualität einer Dichtung urteilen? Nun folgt die Stelle, die Goethe so geärgert hat: Wie komme es aber dann, fragt Ion, daß er bei der Rezitation und der Erläuterung anderer Dichter geradezu einschlafe? «Zum Sterben langweilig» würden wir heute sagen.

Nun läßt Platon seinen Sokrates eine Dichtungstheorie extemporieren, die wegen des suggestiven Gleichnisses, das er ihn verwenden läßt, berühmt geworden ist. Ions Verhältnis zur Dichtung – und daß es nicht ein Verhältnis zu Dichtung schlechthin, sondern nur zu dem einen, zu Homer sei – gründe auf eine Art Sukzession der Ergriffenheit. Der Gott ergreife den Dichter, der den Rhapsoden, der sein Publikum – so, wie ein Magnet ursprünglich nicht magnetische Eisenstücke magnetisch mache und die wieder andere auf dieselbe Weise magnetisierten. Der Vorgang ist evident, aber nicht weiter analysierbar.

> Es steht dir dies nämlich nicht als Fachwissen zu Gebote, über Homer gut zu reden, (...) sondern es ist eine göttliche Kraft, die dich bewegt, so wie sie in dem Stein liegt, den Euripides den Magneten genannt hat.[24]

Sokrates versucht nun, Ion, nachdem der dies zugegeben hat, nach einer Innensicht dieses Vorgangs zu fragen:

> Wenn du die epische Dichtung gut vorträgst und die Zuhörer am stärksten erschütterst (...) bist du da bei Sinnen oder gerätst du außer dir und vermeint deine Seele bei den Ereignissen zu sein, von denen du sprichst, in göttlicher Begeisterung, auf Ithaka oder in Troja oder wie jeweils die Lage im Gedicht ist?[25]

Ion bestätigt das und liefert ein interessantes Stück Schauspielpsychologie. Er müsse emotional ganz bei der Sache sein, denn wenn er das Publikum zum Weinen bringe, könne er (der nächste Scherz) hinterher lachen, wenn er an seine Gage denke. Aber ganz läßt er sich auf dieses Terrain nicht locken. Wenn er *über* Homer rede, dann sei er alles andere als ergriffen oder außer sich (*katechómenos kai mainómenos*). – Ion möchte das gerne vorführen, aber Platons Sokrates will ihn nicht zeigen lassen, was er kann, sondern zieht es vor, selbst etwas zu zeigen: daß es Ion ganz unmöglich sei, in dieser Angelegenheit – dem Reden über Dichtung – *überhaupt* etwas zu *können*. Und wieder geht es über die in den Dichtungen zu findenden Sachaussagen.

Sokrates läßt Ion aus der «Ilias» eine Stelle rezitieren, in der ein Wagenrennen geschildert wird.[26] Sokrates: Wer könne die Qualität der Schilderung besser beurteilen? Jemand, der etwas von Wagenrennen verstehe, oder einer, der das nicht tue? Du, der Rhapsode, oder ein Wagenlenker? Ein Wagenlenker. Dieses Argument wird nun, wie es die Art des Platonischen Sokrates nicht nur im «Ion» ist, aufs ermüdendste an anderen Berufsbeispielen exerziert. Ion wehrt sich ein bißchen – irgendwie verstehe er doch den Homer besser als andere – Sokrates wird unwirsch: daß das nicht der Fall sein *könne*, haben wir doch nun des längeren ... – und Ion findet einen Ausweg:

> Ausgenommen vielleicht ...[27]

– und nun geraten wir an ein Übersetzungsproblem. Im griechischem Text steht *tà toiaũta*, was Flashar mit «solcherlei Gegenstände» übersetzt, Schleiermacher hat «dergleichen», Bernhard Forssman «Dinge dieser Art»[28]. All dies sind Übersetzungen, die zwar das *toiaũta*, ein verstärktes «diese da», übertragen, aber wie soll man es –

um es zu verstehen – außerhalb der Kunstsprachen der Platon-Übersetzer wiedergeben? «Dergleichen» und dergleichen ist übersetzt, sagt aber nichts. Was also würde einer wie Ion einem wie Sokrates antworten, gefragt, worüber er denn etwas Besonderes zu sagen habe – wenn alles, worüber sinnvoll zu sprechen, ausgeschlossen sei, wie dieser, aber nicht jener meint? Einen Begriff dafür hat Ion nicht. Doch scheint es ihm kein Arkanum zu sein. Er redet herum, appelliert an die Gutwilligkeit seines Zuhörers: «na, diese Sachen eben, du weißt schon» – so etwa. Aber Sokrates insistiert: Also etwas, wozu es keine Fachkenntnisse zur Beurteilung brauche? Ion bestätigt, er nennt nicht mehr irgendwelche Schilderungen menschlicher Handlungsweisen, sondern Modi menschlicher Haltungen. Der Dichter zeige uns, *prépei* – «was sich ziemt», wie man gemeinhin übersetzt, gemeint ist richtiges, angemessenes, gehöriges Verhalten, je nachdem.

> Was einem Manne geziemt (...) und was einer Frau und was einem Sklaven und was einem Freien und was einem Gehorchenden und was einem Gebietenden.[29]

Sokrates verwickelt Ion wieder in Beispiele – «inhaltlicher Art», wie wir sagen würden. Für eine Frau gehöre sich das Spinnen, zum Beispiel, und darüber wisse sie doch am besten Bescheid, und ein Hirte verstehe mehr von Rindern als ein Rhapsode und ein Steuermann mehr von dem, was im Falle eines Sturmes an Deck – *prépei* – am Platze sei. Ion sucht einen Ausweg, der im Grunde nur in einer semantischen Analyse von *prépei* liegen könnte, indem er zeigt, daß hiermit zwar auch das gemeint sei, was Sokrates anführt, aber eben auch mehr und anderes, vielleicht etwas wie menschliche Qualitäten jenseits der Standesgrenzen. Griechisch und antik kaum zu formulieren. Aber für uns ein Fingerzeig.

Ion versucht ein Beispiel zu finden, das für etwas stehen könnte, das alle Qualitäten bündelt, die einen Menschen ausmachen (sollten), und von dem die Rede in den Dichtungen sei. Und Sokrates gibt eine Vorlage:

> Aber was einem Manne geziemt, der Feldherr ist und seine Soldaten anfeuert, wird er das denn erkennen können?

Ion stimmt zu, und nun wird der Dialog wirklich zur Komödie. Ion klebt am Sachlichen, am Handwerklichen (*techné*), wie etwa dem «Anfeuern» und spricht nicht von dem, was Charisma ist oder jene menschlichen Qualitäten, deren Fehlen uns Homer mit seinem Agamemnon – die Beschlagnahme der geraubten Briseis und die Beleidigung Achills, die beinahe zum Scheitern des gesamten Feldzuges geführt hätte – vorführt. Ion macht sich lächerlich, steht da als der geschniegelte und herausgeputzte Publikumsliebling, der meint, sein sonorer Vortrag sei die ganze Welt.

> Ion: Ja, solche Dinge wird der Rhapsode erkennen können.
> Sokrates: Wie? Ist die Rhapsodenkunst Feldherrnkunst?
> Ion: Jedenfalls könnte ich schon erkennen, was einem Feldherrn zu sagen geziemt.
> Sokrates: So bist du vielleicht gar eine Feldherrnnatur, Ion.[30]

Und Sokrates fragt Ion, kaum durch die Blume, ob der sich nicht für das Amt des Strategen bei den Athenern bewerben wolle. Aber er sei doch aus Ephesos. Ach, die Athener seien in solchen Fragen nicht so heikel.

Ja, sie waren vor allem im Peloponnesischen Krieg nicht so heikel in ihren Auswahlverfahren für das Amt des Strategen. Das ist es, was Platon seinen Lesern sagt. So, wie ihr, Athener, in der Vergangenheit eure Ämter bestellt habt – demokratisch und launisch nach Beliebtheit, nicht nach Kompetenz –, hättet ihr ebenso gut einen Laffen wie Ion mit einem militärischen Unternehmen betrauen können.

Am Ende faßt Sokrates zusammen: Was einer wie Ion eigentlich könne, wisse man nicht. Ion weigere sich, eine Probe seines Könnens – gemeint ist seine Auslegungskunst – zu geben. Das ist nicht wahr, oder sagen wir, es ist wahr unter der Voraussetzung, die Platons Sokrates macht: daß Ion zunächst Auskunft darüber zu geben habe, worin diese spezielle Kunst denn bestehe. Da er das nicht könne, sei man doch wohl besser beraten, anzunehmen, hier sei etwas im Spiele, das sich der Erörterung entziehe, etwas Göttliches, siehe oben, und darüber sei dann eben auch nichts weiter zu sagen. Nun habe Ion die Wahl: ein Hochstapler zu sein oder ein Inspirierter.

> Sokrates: (...) Wähle also, ob du bei uns gelten willst als ein ungerechter Mann oder als ein göttlicher.
>
> Ion: Das ist ein großer Unterschied, Sokrates. Denn es ist viel schöner, als göttlicher zu gelten.
>
> Sokrates: Das Schönere also wird dir zuteil bei uns, Ion, zu sein ein göttlicher und nicht ein fachkundiger Homerverherrlicher.[31]

Es ist nicht ganz leicht, etwas Verbindliches daraus zu machen. Schon die wenigstens halbwegs komödiantische Form warnt uns. Gewiß wird später ganz Ähnliches ganz anderen Auftritt erhalten. Die «göttliche Raserei» wird als Erkenntniserotik im «Phaidros» und anderswo wiederkehren. Das Magneten-Gleichnis nimmt die erkenntnistheoretische Abwertung der Kunst als Gebild aus metaphysisch zweiter Hand vorweg. Doch die Frage, was man denn eigentlich tue, wenn man über Literatur (mit einer gewissen Verbindlichkeit, oder sagen wir wenigstens: mit irgendeinem Anspruch) rede, wird anderswo nicht erörtert wie hier.

Eines scheint klar: Wer das tut, soll für sich kein Fachwissen beanspruchen. Das gibt es nicht in Sachen Literatur. Da gibt es nur Begabungen. Der Dichter dichtet, was und wie er dichtet. Wir können es mögen, wir können es verehren (oder auch nicht), aber das tun wir nicht aus Gründen, sondern weil wir ergriffen werden. Der Rezitator macht seine Sache gut, wenn er uns ergreift. Wenn er über die Dichtung redet, so – ja, man hat den Eindruck, Platons Sokrates wolle sagen, daß er das lieber lassen solle. Allenfalls – im besten Falle – ergreife uns solche Rede, wie uns Dichtung ergreife.

Platon denkt, wie es scheint, ähnlich wie Carnap. Dichtung habe ihr Recht, wenn man sie nicht verwechsle. Wer über das reden wolle, was ein Werk der Dichtung sei, wie es wirke, was es bewirke, der liefere seinerseits «Musikbeispiele»: Die Wörter der Werke der Dichtung seien nicht vom Schlage debattierbarer Semantiken, sondern Auslöser von Lebensgefühlen, wie eben Musik dies auch sei. Wer an dies Geschäft wolle, solle komponieren oder, wenn er zu Worten greifen wolle, dichten wie Nietzsche, der im «Zarathustra» weise darauf verzichtet habe, anderes sein zu wollen als Dichter.

Ich will das nicht debattieren; mir fielen nur Sottisen ein. Ernsthaft und höflich – vor allem weiterführend – hat es George Steiner gesagt:

> Es könnte sein, daß in aller Philosophie (...) ein verborgenes, aber beharrliches Begehren lauert (...), das Begehren, dieser aufgezwungenen Knechtschaft zu entfliehen: entweder durch die Anpassung der natürlichen Sprache an die tautologische Genauigkeit, die Transparenz und Verifizierbarkeit der Mathematik (...) oder, auf rätselhafte Weise, durch das Zurückgreifen auf vorsprachliche Intuitionen.[32]

So weit muß man gar nicht gehen. Ich schlage vor, Platons «Ion» tatsächlich als Verwunderung darüber zu lesen, daß es Reden über Literatur als Selbstverständlichkeit gibt. Selbstverständlichkeit, die sich nicht über sich selbst, sonst wäre sie ja keine, sondern über den verwundert, der sie nicht hinnimmt, sondern befragt, was sie sei, woher sie komme, was sie sich denn einbilde. Platon nutzt die Schwierigkeiten, in die er seinen Sokrates den Simpel bringen läßt (Platon ist, wie so oft, unfair, obwohl man sich einen Ion ganz gut vorstellen kann, nur daß er heute anders replizieren würde – aber er würde heute auch anders gefragt werden, et nos mutamur), um in einem ersten Entwurf eine Theorie der Kunst zu umreißen, die die Schwierigkeiten, über das, was das Reden über Literatur eigentlich ist, Auskunft zu geben, als Hinweise auf das besondere Wesen der Kunst zuläßt.

Nur nimmt er die Schwierigkeiten zu ernst (er hätte seinem Sokrates vielleicht doch ein anderes Gegenüber geben sollen). Und vielleicht sollte man die Frage noch niedriger hängen. Womit fängt einer an, wenn einer anfängt, über Literatur zu reden? Und wie macht er weiter?

Ansichtssachen

«Es ist Liebe, Mr Stoner», erwiderte Sloane fröhlich. «Sie sind verliebt. So einfach ist das.»
John Williams, Stoner

Jan Bart geht über den Vlissinger Damm.
Theodor Fontane, Jan Bart

Emil Staigers «Kunst der Interpretation» ist nicht nur ein klassischer Text im Sinne einer Fachtradition (das allein sagte nicht viel), sondern auch in systematischer Hinsicht für die Frage, was das denn sei, über Literatur zu reden, äußerst instruktiv. Deshalb lohnt die Beschäftigung mit ihm.

Emil Staiger? Nein, nicht dessen Rede «Literatur und Öffentlichkeit» von 1966, mit der er den «Zürcher Literaturstreit» ausgelöst hat, schon gar nicht seine Rechtfertigung der Bücherverbrennung.[33] Literatur, schrieb Arno Schmidt einmal, habe allerdings andere Maßstäbe als die SS.[34] Oder die SA, in die sich auch manch anderer Schweizer hineingeträumt haben mag.[35] – Auch nicht die regressive Sehnsucht nach schlecht durchlüfteten Ambientes, die Marcel Lepper zu spüren meint bei dem von ihm beobachteten Zurücktasten einer «linksintellektuell sozialisierte(n) Generation» in die alte «Emil-Staiger-Welt». Obwohl sich daraus vielleicht sogar eine hinleitende Bemerkung machen läßt: «Wie kann sich der Diskurs über die Philologien nach zwanzig Jahren im Bannkreis der Kritischen Theorie und weiteren zwanzig Jahren unter den Vorzeichen des Poststrukturalismus und der Dekonstruktion» – zeigst du auf meinen Staiger, zeig ich dir deinen de Man und Jauß? – «das Ganzheits- und Heilungsfantasma immer noch nicht abgewöhnt haben? Oder sich gerade wieder angewöhnen? Nichts lag schon Friedrich Schlegel in seinen philologischen Skizzen ferner als der hermeneutische Reflexionsverzicht zugunsten der Ereignishaftigkeit.»[36] – Man muß eben zwischen Jargon, der viel über Schreiber, Hörer (enthusiastische) und Zeitgeist sagt, und den Gedanken eines Menschen unterscheiden, der viel von Literatur, sagen wir: Poesie verstand und nicht nur «sie empfand» und nichts weiter tat, als ihr Empfinden zu beschwören. Staigers Goethe-Biographie ist eben in mancher Hinsicht besser als die Conradys. Bei seiner Analyse der Pop-Musik beschreibt Diederichsen, wie bei dieser der «unmarked space», der Sound, den «marked space» (Musik, Text) als Bedeutungsträger ablöst.[37] In diesem Sinne gibt es auch eine Popintellektualität, auf der die Wirkung einer intellektuellen Erscheinung wesentlich beruhen kann – Heidegger ist zu nennen, wie vor ihm Nietzsche oder auch Schopenhauer, und man wird Hegel angesichts mancher durchaus heutiger Hegel-Lesender nicht unerwähnt lassen. Gewiß auch Adorno, vor allem, wenn man an die «Negative Dialektik» denkt.[38] Wieland hat in «Aristipp und einige seiner Zeitgenossen» dieses Phänomen für den Fall Platons beschrieben. Adorno hat andererseits im «Jargon der Eigentlichkeit» einen Sound und seine appellative Beschaffenheit beschrieben, und diese Beschreibung bleibt, um es in einem Wort dieses Jargons zu sagen, «gültig» auch dort, wo er zu Unrecht behauptet, dieser oder jener Text sei «nichts als» Jargon bzw. Sound. Trotzdem ist Heideggers philosophiehistorische Bedeutung (von der der anderen Genannten zu schweigen) zu unterscheiden von einem Großteil seiner Wirkung und seinem Selbstbild, das sich seinerseits von dem seiner naiveren Schülerinnen und Schüler wahrscheinlich gar nicht so sehr unterschied. Heideggers Bedeutung geht nicht im Appellcharakter seines Jargons auf, so wenig, wie Platons Bedeutung im Charakterbild des «kalten Schwärmers», das Wieland seinen Aristipp zeichnen läßt, aufgeht. – Wenn ich das schreibe, rede ich nicht einer substantiellen Trennung von Sound und «eigentlichem» Text das Wort, selbstverständlich nicht. Philosophie ist nicht Pop-Musik, der Text ist nicht negligeables Akzidens. Andererseits existiert er nicht unabhängig von seinem Sound, aus dem er nicht wie aus einer Klangwolke nackt heraustreten kann.

Emil Staigers «Kunst der Interpretation» also: Hier wird zu großen Teilen – und besser als anderswo – verhandelt, worum es geht, wenn man sich das Thema stellt, dessen Erörterung dieser Text gewidmet ist. Zu sagen, hier werde eine Art Kult um das Ergriffensein gestiftet oder fortzelebriert und dieser an Stelle «hermeneutischer Reflexion» (zunächst auch nur eine leere Vokabel) gesetzt, ist Ergebnis bloß soundorientierter Lektüre. Schließlich handelt es sich bei Staigers Formulierung, mit der er das Interpretieren eines literarischen Textes auf eine Formel bringt: «begreifen, was uns ergreift»,[39] im Grunde um eine Widerrede gegen Platons Sokrates und seine Nachfolger. Man könne sehr wohl über Literatur reden, ohne an diesem Versuch selbst zum dilettantischen Dichter werden zu müssen, wenn das auch oft geschehe, wie Staiger nicht vergißt anzumerken, wenn er über «peinlichste Nachdichtung in Prosa» und «impressionistisch vages Gerede» spricht. Aber wer dergleichen zu unternehmen vermeide, was bringe der denn Lesens- oder Hörenswertes zustande? «Angewiesen auf (sein) privates Gefühl» bleibe, wer über Literatur spricht, auch wenn er gut über Metrum, Syntax, Motiv und Metapher zu reden wisse: «Wer mag das lesen? Wer kümmert sich um eine solche fatale Verbindung von künstlerischem Sinn und Pedanterie?»[40]

Staiger redet eigentlich *gegen* den Sound, mit dem die Publikationen seiner Zunft seine Zeit beschallten. Er tut es nicht in einer Weise, die dann als «ideologiekritisch» schon durch das Wort ihre Berechtigung gesucht hat – diese Dimension war nicht in seiner Reichweite, dazu war dieser Sound ihm selbst zu sehr Gewohnheit. Trotzdem besteht sein Vorhaben in einem Bemühen, abzudimmen oder, um den Bildbereich zu wechseln und an die zitierte Denunziation anzuschließen: durchzulüften. Staiger möchte ein Problem nicht darum ad acta legen, weil man Schwierigkeiten hat, es so zu formulieren, daß man noch als up to date durchgehen kann. «Der Interpret (…) maßt sich an, auf wissenschaftliche Weise etwas über die Dichtung auszusagen, was ihr Geheimnis und ihre Schönheit, ohne sie zu zerstören, erschließt, und mit der Erkenntnis zugleich die Lust am Wert des Sprachkunstwerks vertieft. Ist das möglich?» Jedenfalls ist das allerlei gesagt. Lassen wir «Geheimnis» einmal beiseite – es fragt sich, was das heißen soll. Auch die Sorge, das Reden über Literatur als solches könne ihr Objekt irgendwie beeinträchtigen, gar «zerstören». Nein, die Antwort auf die Frage «Ist das möglich?» wäre nicht dort, wo der Deutschlehrer sie zu finden sucht, etwa in Brechts «Über das Zerpflücken von Gedichten», sondern im Befremden darüber, daß ein dummes Reden über Literatur mehr bewirken könne, als eben bloß einen dummen Eindruck zu machen. Und «Lust vertiefen»? – Nun, Staiger geht es vornehmlich um etwas anderes: «Es fragt sich, was Wissenschaft heißen soll.»[41]

Auch das fragt sich. Es ist müßig, sich hier um etwas wie «das Staigersche Wissenschaftsverständnis» rekonstruktiv kümmern zu wollen. Das gibt es nämlich ernstlich nicht, und wenn man seine diffusen Konturen etwas schärfer zeichnete, das so Umrissene historisch kontextualisierte, um zu zeigen, in welchem Umfeld er sich damals, Mitte des 20. Jahrhunderts, bewegt hat – was verschlüge es. Interessant bleibt aber die Opposition Wissenschaft/Gefühl.

Staiger begründet die Wahl seines Gegenstands, an dem er zeigen will, was Interpretieren sei – sein Unternehmen ist nämlich ein in erster Linie deiktisches! –, Eduard Mörikes «Auf eine Lampe». So geht er es an. Erstens will er, was er zeigen will, nicht an einem Text demonstrieren, vor dem einer in das Problem stolperte, das Adorno in den Fällen Hölderlin oder Celan so überaus beunruhigte (und das man nicht wegreden kann): Ist es noch Dichtung oder hat es schon keine Methode mehr?[42] Es handele sich um ein verständliches Gedicht, eines, das einem nicht schon durch Vertracktheiten der Syntax oder Artifizialitäten der Wortbildung Probleme mache. «Wer Deutsch kann, erfaßt den Wortlaut des Textes.» Zweitens:

> Ich liebe (diese Verse); sie sprechen mich an; und im Vertrauen auf diese Begegnung wage ich es, sie zu interpretieren. – Es ist mir klar, daß ein solches Geständnis im Raum der Wissenschaft Anstoß erregt. Das allersubjektivste Gefühl gilt als Basis der wissenschaftlichen Arbeit! (...) Ich glaube jedoch, dieses ‹subjektive› Gefühl vertrage sich mit der Wissenschaft – der Literaturwissenschaft! – sehr wohl, ja sie komme nur so zu ihrem Recht.[43]

Staiger trifft mit diesen Sätzen das zentrale Problem des Redens über Literatur. Kant hat es in der «Kritik der Urteilskraft» unter der Formulierung «subjektive Allgemeinheit» abgehandelt. Aber dazu, und ausführlich, weiter unten.

Das Gefühl müsse eben «das Richtige» treffen, «darauf läuft es nun freilich immer hinaus. Das Kriterium des Gefühls wird auch das Kriterium der Wissenschaftlichkeit sein.»[44] Daß Gefühle gemeinhin als etwas angesehen werden, das sich nicht nach «richtig» und «falsch» bestimmen läßt, muß kein Einwand sein. Sehr wohl gibt es die Rede von «falschen Gefühlen», etwa in der Psychologie, aber damit eine solche Redeweise Sinn hat, muß man den Rahmen angeben, in dem «richtig» und «falsch» bestimmt wird. Es kann ein verbindlicher und internalisierter Geschmack sein, der sich als Emotion mitteilt, als Hinwendung oder Abwendung, als Liebe und Bewunderung oder Abscheu. Aber man würde das nicht «wissenschaftlich» nennen. Was Staiger hier unternimmt, ist das, was im Vokabular der Systemtheorie «re-entry» genannt wird – eine Unterscheidung wird auf der einen Seite des Unterschiedenen wieder aufgenommen. Etwa so: egoistisch/altruistisch ist zunächst eine gut/böse-Unterscheidung. Wenn Lessings Saladin Nathan sagt, das Volk nenne ihn den «Weisen», erwidert Nathan, das heiße wenig, denn vielleicht solle «weise» bedeuten: «auf den eigenen Vorteil aus sein». Darauf Saladin: «Auf seinen wahren Vorteil, meinst du doch?» Nathan: «Dann freilich wär' der Eigennützigste / Der Klügste. Dann wär' freilich klug und weise / Nur eins.»[45] Der «wahre» Vorteil bestehe darin, nicht egoistisch zu sein, der am meisten Egoistische ist so der am meisten Altruistische. Staigers Unterscheidung Gefühl/Wissenschaft ist eine Variante von subjektiv/objektiv, und auf der Seite «subjektiv» wird nun, wie bei Saladin und Nathan, die Unterscheidung richtig/falsch eingeführt, wobei dann die Unterscheidung «beliebiges Gefühl/objektives Gefühl» herauskommt.

Man könnte nun bemängeln, daß Staiger uns jede Auskunft darüber vorenthält, wie man denn ein richtiges von einem falschen Gefühl unterscheiden könne. Er tut gut daran, es ginge nur tautologisch. Was Staiger tut, ist, das «Richtige» aus der Triftigkeit der Darlegung zu gewinnen, die die Brücke vom Gefühl zur Transsubjektivität schlägt. Anders als die Seeräuber im «Faust II» fragt er nach dem Wie, nicht nach dem Was. Staiger will, daß sich der erste Eindruck eines Wohlgefallens (an Kant angelehnt, an Platon: Ergriffenseins) als etwas formulieren lasse, das in der Darlegung als Eigenschaft des Gedichtes selbst daherkommt. Staiger nennt es den «Geist, der das Ganze beseelt».[46] Das macht etwas unwillig beim Lesen, Sound – siehe oben. Aber immer vorausgesetzt, man folgt der Unterstellung, es gehe ums Wie, läßt sich daraus mehr gewinnen als ästhetische Abneigung, und zwar in doppelter Hinsicht.

«Geist, der das Ganze beseelt», Staiger spricht auch von «Stil» (keine glückliche Terminus-Wahl); in ihm werde das «Mannigfaltige eins». Das klingt wie eine apotheosegeneigte Nacharbeitung eines Ideals von «Klassik», das sich überall finde, wo ein Kunstwerk eben gelungen, «vollkommen» gar sei. Eine solche Engführung schlüge alle Erfahrung mit dem Nicht-mehr-Schönen jenseits des (noch klassischen) Konzepts des Erhabenen in den Wind, mißachtete das Fragment, wendete sich ab von aller Anti-Klassik – und mündete ja auch alles andere als unversehens in Staigers Polemik gegen allerlei Kunstverfall (die zum erwähnten «Zürcher Literaturstreit» führte).

Es geht aber bei Staiger, wie ich ihn verstehen möchte, um ihn verwenden zu können, um etwas anderes als um seinen (zeitgebundenen) Sound. Es geht, noch einmal und im Vorgriff auf die fällige Erörterung, um das «subjektive Allgemeinheit» zu Nennende, was für Staiger das Grundproblem bei der Interpretation literarischer Texte ausmacht. Was er anbietet, ist ein erstes Gefühl, ein diffuses Erleben von Schönheit, Stimmigkeit, Harmonie und was solcher Wörter mehr sein mögen. Es geht ihm weniger um die Frage, woher solche Empfindung stamme, als darum, wie diese Empfindung in ein vermittelbares Urteil zu überführen sei. Staiger schreibt, man müsse diese Erstempfindung mit dem abgleichen, was man über Autor, Zeit und so weiter wisse, um zu verstehen, auf welche ästhetischen Konzepte dieses Gefühl reagiere («schöpferischer Nachvollzug» sagt der Jargonkundige dazu, aber es geht nicht um individuelle Divinatorik). Wissen kommt nicht zur Empfindung «hinzu», Empfindung nicht zum Wissen, das eine findet nicht «vor dem Hintergrund des anderen» statt, das eine ist nicht ohne das andere – besser: ist im Grunde dasselbe. «Die Kunst der Interpretation beruht auf dem ausgebreiteten Wissen, das ein Jahrhundert deutscher Literaturwissenschaft erarbeitet hat»,[47] und einigem mehr, gewiß. Entscheidend ist vor allem, daß es um Argumentationen geht, um einen Weg von hier nach da. Von «Nachweis» spricht Staiger gern. Aber er macht ein auf den ersten Blick fatales Eingeständnis: Man könne klar nur gegen ein Kunstwerk, d. h. seine «Stimmigkeit», argumentieren, wenn es eben die Standards nicht erfülle – nicht «klassisch sei», können wir ergänzen. Das fügt sich in vieles, das wir kennen. Da wird dann ein Gedicht gewürdigt, aber es wird konstatiert, daß ihm, sagen wir, «Ruhe» fehle oder «Klarheit» oder daß es nicht zur «klassischen Strenge» gelange oder zur «symbolischen Strahlkraft» sich erhebe, kurz, daß es mit ihm hapere. So gerät jede Textinterpretation zum Lob einer nie wirklich beschriebenen Klassik, die man auch nicht zu beschreiben braucht, weil sie sich aus der Evidenz des Stimmigkeitsgefühls ergibt, und nur wenn dieses sich (beim Kundigen) nicht einstelle, ist man aufgerufen, zu sagen, warum unser Gefühl durch Genußvermissung das Werk tadle.

Das rührt an Grundsätzliches. Natürlich ist es leichter über das zu reden, was nicht paßt, als über das, was paßt. Das paßt nicht? Na, sehen Sie doch, es steht da über! Aber: wieso paßt das? Na, sehen Sie doch, wie das paßt! So ist das eben. Es ist leicht, eine versalzene Suppe zu beschreiben, schwierig, eine perfekt abgeschmeckte. Da gerät man leicht ins Faseln und in abgeschmackte Metaphorik. Die Beispiele reichen nur, so weit sie eben reichen. Ob zwei Dinge ineinander passen, kann man sehen, über Suppen wird man sich meist einig. Bei Kunstwerken fragt man nach den Maßstäben, nach den «Kriterien», wenn man ganz gottverlassen daherredet. Doch ist der Affekt, der ärgerlich auf die Staigersche Art vom «Ganzen» und vom «Einswerden des Mannigfaltigen» reagiert, auf der rechten Spur. Wer nämlich der Mäkelei am Unklassischen begegnen will, wird dafür argumentieren müssen, daß der Mäkelnde etwas übersehe, daß hier nur die Blindheit dessen vorliege, der einen besonderen «Stil» (im Staigerschen Sinne) des Bemäkelten nicht zu erkennen vermöge. So wird der Nicht-bloß-Empörte resp. -auf-den-Schlips-Getretene die Staigersche Polemik gegen das Häßliche in mancher zeitgenössischen Kunst mit dem Nachweis (im Staigerschen Sinne) kontern müssen, hier sei durchaus Wohlgefügtes zu sehen/lesen, nur eben solches, das Staiger aus ganz anderen Gründen nicht in den Kram, seinen weltanschaulichen nämlich, passe.

Es ist darum notwendig, sich mit der Frage nach dem «Ganzen» aufzuhalten, weil es um ein Problem geht, das sich erst aus den Anforderungen ergibt, die dem Reden über Literatur erwachsen, wenn wir davon ausgehen, daß es argumentierende Rede sei. Die Geschlossenheit, von der Staiger spricht, oder vielleicht besser: von der man, das Stichwort Staigers aufgreifend, sprechen sollte, ist etwas, das sich aus der Anforderung an die Interpretation ergibt, und nicht eine Stileigenschaft des Kunstwerks.

Folgende Schritte sind es, laut Staiger, die das Wie der Interpretation ausmachen: der erste Eindruck, das Gefühl, das Ergriffensein und schließlich der Nachweis, daß es sich hier um eine docta emotio handelt, mit der auf eigene Weise das ganze Werk erfaßt – vorbegrifflich erfaßt – wird. «Daß dieser Nachweis möglich ist, das begründet unsere Wissenschaft.»[48] Dieser «Nachweis», setzen wir es ruhig in Zitatanführungszeichen, besteht darin, auf einen «Einklang» von «Motiv, Satzbau (...) Wahl der Bilder (...) Reim» und so weiter hinzuweisen. «Der individuelle Stil des Gedichts ist nicht die Form und nicht der Inhalt, nicht der Gedanke und nicht das Motiv. Sondern er ist dies alles in einem».[49] Das «alles in einem», der «Einklang», das muß dann «nachgewiesen» werden, und wenn Staiger schreibt, heute seien die «wissenschaftlichen Mittel fein genug», um derlei zu unternehmen, so heißt das nichts weiter, als daß «wir heute» uns mehr um Details wie Vers- und Strophenbau kümmern, als dies der Weltanschaulichkeiten produzierende Essay früher tat. «Doch früher oder später kommen wir an die Grenze des Nachweisbaren und können wir nur behaupten, die Verse klingen nach unserm Empfinden so.»[50]

Das liegt an der Besonderheit mancher in der Analyse literarischer Texte unumgänglicher Argumentationsschritte. Ein Reim ist nicht durch die Form der Buchstaben zweier Wörter gegeben, sondern durch den Klang der gesprochenen. Ein Versmaß sieht man ebensowenig. Oft muß man «darauf kommen», wie etwas zu lesen sei, und ist das dann richtig oder hat der recht, der es – «nach unserem Empfinden» – falsch liest? Das Argumentieren findet beim Reden über literarische Texte oft in Form hypothetischer oder protreptischer Imperative statt. Es sind oft Vorschläge, Hinweise: lies es (versuchsweise) mal so! Aber entscheidend ist hier, daß solche Hinweise, Beobachtungen, Informationen (welcher Art auch immer) ein Ganzes der Interpretation ergeben müssen. – Das hat eine methodologische und eine ethische Seite.

Methodologisch bezieht sich eine zusammenhängende Argumentation immer auf einen Zusammenhang in der Sache. Wenn man von Bedeutungen spricht, spricht man von etwas, das Teil eines bedeutungserzeugenden Ganzen ist. «Ganz» heißt nicht «final abgeschlossen», aber soviel wie Bezugsgröße, auf die hin das Einzelne sich auf anderes Einzelnes bezieht, innerhalb dessen von «sich beziehen auf» überhaupt erst geredet werden kann. Wer von Bedeutung redet, redet zusammenhängend über Zusammenhänge.

Die ethische Seite der Sache liegt in der appellativen Beschaffenheit des Sprechakts der Textinterpretation. Es liegt eine Anmaßung vor. Wer über einen literarischen Text redet – und darum ist das Staigersche Beharren darauf (oder, wenn man will, mein Beharren auf Staiger) so konsequenzreich –, der tischt sich auf. Er beginnt bei einer Emotion. Dabei bleibt er nicht – und darin besteht die Abmilderung der Anmaßung, daß einer mit einem «Ich habe gelesen» anderen die Zeit zu stehlen sich anheischig macht: Der Mitteilung der Emotion muß die Begründung folgen, warum es keine Zeitverschwendung ist, für eine Weile zuzuhören. Das verlangt – aus Gründen kommunikativen Anstands – geordnete Rede, Aufklärung über die Bedeutsamkeit, über die nun gesprochen wird. Das Minimum an Einlösung dieser Anstandsregel ist das Geordnet-Sein des Vorzutragenden. Und dem ist ein Bild des in Rede stehenden Textes implizit: daß er, weil er es lohnt, über ihn in ordentlicher Weise zu sprechen, ein Geordnetes sei, über das überhaupt möglich ist, in solcher Weise Auskunft zu geben. Wer über literarische Texte zu reden anhebt, verspricht, zusammenhängend über Bedeutungsvolles zu sprechen.

So schlage ich vor, Staiger zu verstehen. Man muß ja nicht von «berührt sein», von «ergriffen sein» sprechen, wenn einem das nicht liegt; wenn auch jeder und jedem klar sein wird, daß kein Mensch, der bei Trost und vollen Sinnen ist, einen großen Teil seines Lebens dem Lesen literarischer Texte widmen wird, wenn sich ihm dies nicht mit solcherart Gefühlen vergölte. Aber man muß ja nicht dick auftragen. Wichtig ist, daß am Anfang des Lektüreberichts – denn das ist eine Interpretation: ein Bericht über eine (mögliche, nicht vollständige) Lektüre – etwas steht wie der Hinweis auf etwas Auffälliges. Daß es dem Vortragenden aufgefallen ist – geschenkt, wem sonst. Aber ob nun so pointiert oder nicht, am Anfang steht nur dies eine: die Mitteilung eines Aufmerksamkeitszustandes, also eine Erregung, ein Affekt. Der Vollzug der Textinterpretation ist die Einlösung des mit der ersten Mitteilung gegebenen Versprechens, daß diese Mitteilung des Anhörens wert sei. Dieses Versprechen löst man ein, indem man den Text als Komposition vorstellt und die Bedeutsamkeit der ersten Aufmerksamkeit erläutert.

Man kann diese Überlegung auch in ein anderes Vokabular überführen. Der Beginn der Interpretation ist ein existentieller Akt. Er ist auf nichts gegründet als auf die Kontingenz des Einfalls; durch nichts in der Welt gehalten als den Entschluß, ihn mitzuteilen. Viel läßt sich gegen die pathetische Bewirtschaftung des Wortes «Entschluß» sagen, nur: daß der Entschluß-als-solcher leer sei,[51] ist kein Einwand, wenn auch selbstverständlich richtig. Und diese Leere ist der Einwand gegen pathetisches Drumherum. Gott würfelt und der Mensch entscheidet sich, beides ist von der Sache her läppisch. Es kommt darauf an, dem Zufall/der Freiheit den Gestus der Notwendigkeit zu verleihen.

Staigers Vortrag über die «Kunst der Interpretation», den wir hier nur in einem für uns zentralen Aspekt behandelt haben, hört Martin Heidegger 1950 in Freiburg. Ich habe erwähnt, daß Staiger seine Überlegungen anhand der Lektürevorstellung von Eduard Mörikes «Auf eine Lampe» (1946) angestellt hat. Das Gedicht geht so:

Noch unverrückt, o schöne Lampe, schmückest du,
An leichten Ketten zierlich aufgehangen hier,
Die Decke des nun fast vergeßnen Lustgemachs.
Auf deiner weißen Marmorschale, deren Rand
Der Efeukranz von goldengrünem Erz umflicht,
Schlingt fröhlich eine Kinderschar den Ringelreihn.
Wie reizend alles! Lachend, und ein sanfter Geist
Des Ernstes doch ergossen um die ganze Form –
Ein Kunstgebild der echten Art. Wer achtet sein?
Was aber schön ist, selig scheint es in ihm selbst.

Wie nicht verwunderlich, liest Staiger die letzte Zeile als Pointe; die Eingangsempfindung des Lesenden werde in ihr gewissermaßen als ästhetische Selbstreflexion bestätigt. Staiger liest Mörikes Gedicht als Ausdruck einer Spätzeitempfindung, einer nur noch auf dem halbresignierten Ahnungswege zitierbaren Idee von Schönheit, die nur noch im Bewußtsein dieses Schon-nicht-mehr-Genügens und dem Sich-Neigen vor dem, was sich – «naiv» hätte Schiller gesagt – selbst genügte und wohin kein Bemühen mehr hinkommt, weil es eben Bemühen ist, erfaßt werden kann. Das Bild von der Lampe, die nicht mehr in der Unmittelbarkeit ihres An-den-Platz-Gehörens da, aber doch noch vorhanden und der Erinnerung oder dem Phantasieren zugänglich ist, gebe das wieder wie die Versart, die Wortwahl, die aber doch auch («Lustgemach») vom Klassischen abweiche und ins regressiv Artifizielle («eine typisch barocke Bildung» ausweislich des Grimmschen Wörterbuchs[52]) spiele.

Und manches (nicht mehr sehr viel) mehr. Die Interpretation des Gedichts schließt mit der Interpretation der letzten Zeile – folgend auf «ein Satzbruchstück und einen Fragesatz»,

> Ein Kunstgebild der echten Art. Wer achtet sein?

– «der letzte Vers, der alles krönt»:[53]

> Was aber schön ist, selig scheint es in ihm selbst.

Ich lasse die Erläuterungen beiseite, die dann auch «Mörikes geistesgeschichtliche Situation» betreffen und die in die oben skizzierte Deutung eingehen. Das Fazit, wenn man so sprechen darf:

> «Die Schöne bleibt sich selber selig», sagt Goethe im zweiten Teil des «Faust». Er weiß darüber Bescheid. Er spricht sich entschieden und unzweideutig aus. Mörike geht nicht so weit. Er traut sich nicht mehr ganz zu, zu wissen, wie es der Schöne zumute ist. «Was aber schön ist, selig scheint es …», ist alles, was er zu sagen wagt. Und nun ersetzt er noch gar, mit jenem letzten Raffinement, über das nur ein Spätling verfügt, das «sich» durch «ihm»: «Selig scheint es in ihm selbst.» (…) Nachzudenken ist ihm gemäß, ihm, der sich als Nachgeborener fühlt. Im Nachdenken findet er aber den Trost, das Schöne bedürfe der Würdigung nicht; es sei sich selbst, «ihm» selbst genug.[54]

Wie gesagt, Martin Heidegger ist im Publikum, er schreibt Staiger, widerspricht der Interpretation, und es kommt zu einem Briefwechsel, den Staiger später zusammen mit seiner «Kunst der Interpretation» veröffentlicht. Müsse man nicht, schreibt Heidegger, das «scheint» in der letzten Zeile im Sinne von «lucet», nicht von «videtur» auffassen? Was schön sei, leuchte in/aus sich selbst, scheine nicht nur selig in seiner Schönheit zu sein. Daraus entspinnt sich etwas, und, um es vorweg zu sagen, es vergeht in Unaufgeregtheit; aber der Kasus ist interessant.

Nun wurde Staigers Interpretation schon dadurch etwas Verve genommen, daß er bei einem früheren Vortrag von Hermann Meyer darauf hingewiesen worden war, das von ihm herausgestellte «ihm» («selig scheint es in ihm selbst») könne im Schwäbischen in solchen Konstruktionen durchaus synonym mit «sich» gebraucht werden. Mit Meyer hatte sich Staiger dahingehend geeinigt, daß es Vieldeutigkeiten gebe in der Poesie. Worauf er sich auch mit Heidegger hätte einigen können, aber sie müssen durch die Kontroverse hindurch, um dort landen zu können und dann immer noch nicht den Schritt von der Hinnahme des Vieldeutigen zum Umgang mit der Eindeutigkeit der Vieldeutigkeit zu tun.

Die letzten beiden Verse, so Heidegger, «sprechen in nuce Hegels Ästhetik aus», und: «Das Gedicht selbst ist als sprachliches Kunstgebilde das in der Sprache ruhende Symbol des Kunstwerks überhaupt.» Man sieht, wer sich ein Hirte wähnt, dem wird alles zum Blöken. Die Idee, das Höchste in der Interpretation eines literarischen Textes sei dann erreicht, wenn sie den Text zum Exempel seiner selbst erklären kann, ist mittlerweile zur Mode geworden. Die Formulierung, ein Text «schreibe sich in sich selbst ein», ist ein emphatisches Extrem akademischer Langeweile. Ich gebe zu, Staiger/Heidegger liest sich unterhaltsamer, zum Beispiel:

> «Sie lesen ‹selig scheint es in ihm selbst› als *felix in se ipso (esse) videtur.* Sie nehmen das ‹selig› prädikativ und das se ipso zu felix. Ich verstehe es adverbial, als die Weise wie, als Grundzug des ‹Scheinens›, d. h. des leuchtenden Sichzeigens, und nehme das *in eo ipso* zu *lucet.* Ich lese: *feliciter lucet in eo ipso*; das ‹in ihm selbst› gehört zu ‹scheint›, nicht zu ‹selig›; das ‹selig› ist erst die Wesensfolge des ‹in ihm selbst Scheinens›. Die Artikulation und der ‹Rhythmus› des letzten Verses haben ihr Gewicht im ‹ist›. ‹Was aber schön *ist*› (ein Kunstgebild echter Art *ist*), ‹selig *scheint* es in ihm selbst!› Das ‹Schön-Sein› ist das reine ‹Scheinen›. – Lesen Sie dazu Hegels ‹Vorlesungen über die Ästhetik› 1835 nach, die Einleitung und das erste Kapitel des ersten Teils. Da heißt es (...): ‹Das Schöne bestimmt sich dadurch als das sinnliche ‹Scheinen› der Idee.›»[55]

Wenn wir von der angedeuteten Systematik einer Textinterpretation ausgehen, haben wir es hier mit dem anfänglichen Angesprochensein, dem Hut-in-den-Ring-Werfen des «Es fällt mir auf» zu tun. Noch nicht mit einer Argumentation für die Relevanz der Mitteilung solchen Beginns. Aber Heidegger greift aus: «Der Hinweis auf

Hegel aber liegt auf der Hand. Denn Mörikes Jugendfreund (wie er in Ludwigsburg aufgewachsen) und ständiger Berater in den Fragen der Ästhetik und Poetik war Friedrich Theodor Vischer.»[56] – Staiger ist durchaus irritiert, nimmt sich aber zunächst den Hinweis auf Vischer vor. Vischers Ästhetik sei so hegelisch gar nicht gewesen (er zitiert Belegendes), und außerdem habe Mörike gar keinen Sinn für Vischers Philosophieren gehabt, sich nur aus Freundschaftlichkeit überhaupt mit der Lektüre von dessen Schriften geplagt (er zitiert Belegendes). Und Hegel? Mörike habe Vischer einmal um eine kurze Zusammenstellung «der Hauptsätze des Hegelschen Systems» gebeten, von weiterer Beschäftigung sei nichts bekannt: «Der Hinweis auf Hegel liegt also keineswegs auf der Hand.»[57] Staiger nimmt also Heideggers Initialeinfall «Es klingt wie Hegel!» hin und befragt ihn auf den Mitteilungswert. Heidegger versuche, durch Hinweis auf biographische Wahrscheinlichkeiten gestützt, aus dem Einfall eine Interpretation zu machen: Mörikes Gedicht als die poetische Vergegenständlichung eines (vorgedachten) philosophischen Gedankens. Diese Haltung mißfällt Staiger. «Es handelt sich (…) zwischen Ihnen und mir offenbar nicht um eine beliebige Meinungsverschiedenheit, sondern um einen wesentlichen Unterschied in der Auffassung dichterischer und philosophischer Sprache.»[58]

Es handelt sich, so schlage ich vor, die Angelegenheit zu betrachten, um einen wesentlichen Unterschied in der Auffassung, was es heißt, einen literarischen Text zu interpretieren.

Staiger argumentiert so: Wenn es denn lohne, sich mit einem solchen Gedicht zu beschäftigen, dann lohne es sich, das Augen- und, wie wir sehen werden, Ohrenmerk auf das zu richten, was vielleicht – spielerisch – zu Aussageähnlichem tendiere, aber wenn es sich zur Aussage verfestige, poetischen Rang verliere. «Sie scheinen mir (…) zu sehr auf Begriffen zu insistieren und das Schwebende, Gleitende, Scheue, Vorsichtige, oft auch das Schlaue und Schillernde einer dichterischen Sprache, wie sie Mörike ausgebildet hat, zu übersehen. Es mag sein, daß der alte Fuchs auch ein wenig an *lucet* dachte (…) Aber höchstens ‹auch ein wenig›, spielerisch, versuchsweise. Feste Grenzen der Bedeutung gibt es in einer solchen Lyrik kaum». Nicht nur «in einer solchen Lyrik», sondern es handelt sich um die später zu erörternde Unmöglichkeit, literarische Texte zu paraphrasieren, weshalb eine Identifizierung mit einer (philosophischen) Aussage nicht nur an dem Beckettschen Satz, wenn er sagen könne, was seine Texte in philosophischer Hinsicht bedeuteten, hätte er das (in philosophischen Sätzen) getan, sondern an grundsätzlichen methodologischen, ich möchte sagen: Trivialitäten scheitert. In Staigers Worten: «Wollen Sie diese kostbare, höchst individuelle Farbe des Dichters und des fraglichen Verses aufopfern zugunsten eines Satzes, der nur noch eine nachträgliche Bilanz der Hegelschen Ästhetik wäre?»[59]

Staiger sagt, Heidegger trivialisiere ein Gedicht; ich meine, Heidegger weiß nicht, was es heißt, einen literarischen Text zu interpretieren. Wobei, nota bene, man natürlich so argumentieren kann wie Heidegger, nur sich die Aufgabe damit aufhalst, wie man eine solche Nachrederei in Versform denn eigentlich zu verstehen habe, ähnlich etwa wie bei Brechts Daktylenfassung des «Kommunistischen Manifests». Bei Staiger geht es so weiter: «Am stärksten empfinde ich das (den Unterschied in der Auffassung, was poetische Sprache sei, jpr) bei Ihrer Erklärung, der Nachdruck liege auf ‹ist›. Das scheint mir schlechterdings unmöglich.»[60] Warum es «unmöglich» sei, sagt Staiger nicht. Er ist, scheint es, einfach von solcher Zumutung abgestoßen. Anderswo, er fügt zwei Hölderlin-Verse an, könne es durchaus möglich sein, den Akzent auf die Kopula zu setzen, was einmal an Hölderlin («gewiß viel philosophischer» als Mörike), zum andern am Vers und der Interpunktion der fraglichen Zeile liege.

Zweifellos (oder: für mein Empfinden, gleichviel) wäre eine Erörterung, ob eine Zeile so oder so rhythmisiert werden könne, dürfe oder müsse, etwas gewesen, das alle anderen Kontroversen aufgewogen hätte. Ein wenig bewegt sich der folgende Briefwechsel in diese Richtung, aber zunächst will die Sache mit der Philosophie ins Reine gebracht sein. Hegel hin, Vischer her, schreibt Heidegger, so zu denken/empfinden, wie er es lese, habe damals «in der Luft gelegen». Zudem sei das «scheinen» als videtur zu lesen, ganz und von Grund auf unphilosophisch, will sagen unheideggerisch: «In der Sache (...) gibt es kein recht gedachtes ‹scheinen› im Sinne von ‹nur so aussehen als ob›, ohne den zugrundeliegenden Bereich des Scheinens im Sinne von sich offenbarendes Entbergen eines Anwesenden. Das griechische *phaínesthai* sagt beides.»[61] Es geht noch ein wenig so weiter, aber es ist ein Mißverständnis: «Ich habe nämlich», so Staigers Antwort, niemals «das ‹scheint› (...) im Sinne von ‹es sieht so aus, aber es ist nicht so› aufgefaßt.»[62] Die folgende Erläuterung übergehe ich. Am

Ende steht sowieso ein umfassendes Man-kann-es-so-sehen-aber-auch-anders, und warum denn auch nicht. «Alles was uns noch trennt», faßt Staiger zusammen, «ist wohl aus folgendem Unterschied zu verstehen: Sie lesen das Gedicht als Zeugnis *des* Dichterischen und *des* Schönen in seiner wandellosen Einfachheit. Ich lese es mehr als Zeugnis der besonderen, unwiederholbaren Art des Dichterischen und des Schönen, die in Mörike um die Mitte des letzten Jahrhunderts wirklich geworden ist. An *dem* Schönen, wie Sie es denken, hat Mörike Teil (im Sinne von *metéchei*). Auch ich, als Historiker, muß das erkennen. Aber noch mehr muß mich die Frage beschäftigen, *wie* er daran Teil hat, wie das Eine sich in seiner individuellen Erscheinung bricht.»[63] Das in Rechnung gestellt, was ich oben zum Problem des Sounds angedeutet habe – was wäre gegen diese Haltung zu sagen, was dagegen, sie als eine zeitbedingt tönende, dennoch durchaus konzise Antwort auf die Frage, was es heiße, einen literarischen Text zu interpretieren, zu lesen?

Daß Heidegger das «ist» betonen möchte, ist so sehr der Parodie benachbart, daß man meinen möchte, es wäre eine: «Das ‹ist› hat hier nicht die abgeschliffene Bedeutung der Copula, die wir oft genug gedankenlos in Rede und Schrift verwenden. Das ‹ist› nennt das ‹in-sich-schön-sein› zum Unterschied gegen das ‹bloß als schön vorgestellt werden› durch ein Achten auf das Schöne. Das ‹ist› hat hier die Bedeutung von ‹west›.»[64] Schön und recht und mag sein, aber wie ist zu betonen? – Heidegger gibt eine Darstellung des Aufbaus der impliziten Strophenform des Gedichts – 1–3, 4–6 und 7–8, 9–10. So hatte auch Staiger gegliedert, er allerdings, wie man so sagt, rein «formal» – er hat die Einteilung aus dem Umstand gewonnen, daß die erste und zweite Dreiergruppe aus jeweils einem Satz bestehen und darauf zwei Zweiergruppen folgen, nicht mehr einer eindeutigen syntaktischen Vorgabe folgend –, wogegen sich Heidegger vom «Inhaltlichen» bewegen läßt, es sprächen die ersten drei Verse vom Wie, die folgenden vom Was. Heidegger sagt, die Verse 7 und 8 brächten «das Ganze der voraufgehenden Verse zur Sprache».[65] Und warum ende das Gedicht nicht mit dem achten Vers, dort, wo die Beschreibung des Wie und Was zu Ende sei? Heidegger erklärt, mehr oder weniger explizit, dem Gedicht hätte dann die Aussage gefehlt, die in der Frage des neunten Verses vorbereitet und der Antwort des zehnten Verses getroffen wird – verstanden würde diese Aussage aber nur dann, wenn man betone, wie Heidegger verlangt, nämlich auf dem «ist». Begründung: Nur mit dieser Betonung bekomme das Gedicht nicht den resignativ-melancholischen Ton des «Wer achtet sein?» (ergänze wie im Schulaufsatz: in dieser heutigen profanen Zeit). Aber ein Mörike wäre kein Mörike, wenn er sich von der Zeiten Unart und der dabei empfundenen Melancholie niederdrücken ließe: «Er hält ihr stand.» Und Heidegger wäre kein Heidegger, wenn er nicht auf diesen Trichter gekommen wäre, durch den die Interpretation nun zu einem Exempel des Jargons der Eigentlichkeit wird. «Das Schöne bleibt, was es ist», und «was (...) als ein Schönes west, was kann es anderes als schmückend-lichtend ...», und zwar «nur, insofern es in ihm selbst leuchtend lichtet, das heißt: scheint.»[66] Was fiele einem da nicht alles ein.

Damit ist aber auch die Betonungskontroverse auf ihren Trivialpunkt gebracht. Heidegger liest, wie er liest, um zu hören zu bekommen, was sein ist: «Jedesmal, wenn ich versuche, Ihnen ganz entgegenzukommen und das ‹scheint› als *videtur* zu hören, stolpere ich im Rhythmus der Verse».[67] – Also gegen Staigers

Was aber schön ist – selig scheint es in ihm selbst

Heideggers

Was aber schön ist – selig scheint es in ihm selbst

– vielleicht sogar so:

Was aber schön : ist – – selig scheint es in ihm selbst.

Es folgen beide Betonungsweisen nicht der vorgegebenen Versart, dem sechshebigen Jambus. Ich habe Staiger unterstellt, er habe wie eben angegeben gelesen – kein Rezitator, der etwas auf sich hält, würde das Eingangs-«Was» unbetont lassen und den Akzent auf das «aber» setzen. Aber es bleiben Rezitationsvorschläge, die der, der über den Text redet, ebenso macht wie der, der vor Publikum vorträgt. Den Heideggerschen Vorschlag wird man für etwas outriert halten, kann ihn aber anhören, ohne die von ihm gewollten philosophischen Implikationen mithören zu müssen. Allenfalls schliche sich ein Weniges vom unsäglichen «Standhalten» mit ein, und man stellt sich einen evangelischen Pastor vor, der, während er «IST!» sagt, heilig-siegend in die Runde des kleinen Kirchentags von Böblingen blickt. Kurz, es ist eine Frage des Geschmacks, der Gesittung, der Urbanität, der Bildung, eine Sache aller derer, die wissen, daß eine Frage des Geschmacks nie nur eine Frage des Geschmacks ist. Man könnte sagen, Heidegger lese taktlos. Im in Rede stehenden Verstakt gesagt: Wer aber vorliest – Auskunft gibt er von sich selbst.

Riskant vielleicht, wird die Leserin oder der Leser meinen, auf diesen Satz hin das folgende Gedankenspiel vorzuschlagen. Das Wort «Lustgemach» aus der vierten Zeile war Staiger vor anderen aufgefallen, es hatte ihm unpassend geschienen, sich nicht dem beruhigt-klassischen Duktus des Ganzen fügend, «barock» hatte er die Wortfügung genannt und sie identifiziert als regressiven Manierismus des Spätgeborenen. Weiter nichts. Es fällt, fühle ich mich genötigt zu sagen, doch auf, daß ihm weiter nichts auffällt. Hätte Mörike seine Lampe doch aufhängen können, wo er wollte. Ein Zufallsfund aus dem Internet interpretiert, das Gedicht sei ein Abgesang aufs Ancien Régime, das Lustgemach ein Ort fürstlich-festlichen Sichergehens, und nur eine Lampe, schon erloschen, zeuge von vergangner Pracht, aber das ist insofern am Wortbestand vorbeigeklügelt, als ein «Gemach» (wenn man will, kann man das Grimmsche Wörterbuch zum Zeugen anrufen) nun einmal ein kleines Zimmer ist, kein Ort festlichen Gewimmels. Nein, das Lustgemach ist wohl nichts als das, ein Ort privater Lust, dafür ausersehen, gemacht, so genutzt. Nimmt man das Staigersche Stutzen als Anlaß, nicht nur auf die Lampe zu sehen, sondern auch darauf, wo sie hängen soll, dann geht der Blick auch aufs Design, das Staiger so wenig wie Heidegger kümmert. Eine Lampe halt, schön und gut, das Schöne meinethalben bedeutend, aber warum sieht seine Verkörperung *so* aus?

Die Lampe beschien von der Decke des Lustgemachs – nun doch: ein Bett, sie bewahrt im Design die Erinnerung an «die Kinderschar», dort gezeugt mit Lust, aber alles Vergangenheit, nur noch Erinnerung und auch die nur, weil – Zufall – die Lampe das alles zitiert. Es bleibt beim «Vorüber», aber in doch anderer Hinsicht. Das «Kunstgebild der echten Art» bleibt die und der Lampe, aber das Licht dieser Formulierung fällt auch auf das nur indirekt Angesehene: die Ehe-Paarung mit Lust und Begattung und Fortzeugung der Gattung, mit viel Freuden und Freude und alles vergessen, verstaubt, erloschen, unbeachtet nun, aber erinnerbar: Es war doch etwas, und selig scheint es in ihm selbst, denn Lust und Freude will keine Ewigkeit, will nur gewesen sein.

So ginge es auch. Es widerspräche anderem Lesen nicht. Ergänzte es die Staiger/Heideggersche Lektüre, soll heißen: wäre aus beidem eine übergreifende Interpretation zu machen? Wohl gar nicht, wenn man nicht an etwas wie Facetten des Vorbei-und-doch-beständig, das sehr verliert, wenn man es zu sehr erörtert, denkt. Interpretationen literarischer Texte sind keine Übersetzungen, die Etymologie führt, wie so oft, in die Irre. Auch das ist eine Frage der Kultur, in der man nicht bei der Auskunft meines Musiklehrers stehen bleibt, die leeren Quinten zu Beginn von Beethovens Neunter Symphonie bedeuteten das Nichts. Daß mir meine Patzigkeit beim Abfragen, die Neunte beginne mit leeren Quinten, die nichts bedeuteten, eine Fünf eintrug, ist noch kein Einwand gegen diesen Umgang mit dem Wort «bedeuten» im Zusammenhang des Redens über literarische Texte, über Kunstwerke schlechthin. Obwohl man ja oft die Erleichterung von Museumsbesuchern wahrnehmen kann, wenn ihnen von ihren personalen oder audioportablen Guides mitgeteilt wird, dieses Bild bedeute die Vergeblichkeit menschlichen Strebens, was der Erhabenheit der Auskunft wegen die Anschlußfrage verbietet, was schlechte Navigation im Packeis damit zu tun habe, und ob nicht das Gemälde eines abgebrochenen Gemäldes, das dieses Sujet unfertig zeige, einer solchen bedeutungsvollen Zuschreibung viel eher gerecht geworden wäre. Nun ist aber die wahrnehmbare Erleichterung auch oft ein bloßer Abfall der Spannung, die erzeugt wird, weil der Museumsbesucher weiß, daß von ihm erwartet wird, solche Erläuterungen zu erwarten. Daß er sie tatsächlich bekommt, ist da schon etwas. Denn er weiß auch, daß der Museumsbesuch nur dazu dient: Bedeutungen einzuheimsen, und da er von selbst nicht darauf kommt, was das nun wieder soll, und ihm nur der Ausweg offensteht, «Alles Quatsch!» zu sagen, so hört er lieber zu und sagt: «Aha!» Neben dem Spannungsabfall steht freilich auch das Ungenügensempfinden, denn die Auskunft ist es ja schwerlich wert gewesen, den Museumsbesuch nicht und schon gar nicht den Aufwand, ein Bild zu malen, das dann bedeutet, was der Guide einem sagt.

Die Nachricht vom Tode des Autors scheint übertrieben

Das allgemeine Kennzeichen des Werkes, von dem auszugehen ich vorschlage, ist dessen Gemachtheit.
Gunnar Hindrichs

In dem 1969 von Hilde Domin herausgegebenen Band «Doppelinterpretationen» findet sich der Aufsatz der Herausgeberin «Über das Interpretieren von Gedichten», verfaßt drei Jahre zuvor, wohl als der Band projektiert wurde, als Einleitung dem Folgenden vorgegeben. Sie zitiert dort einen wunderbaren Einwand gegen das Interpretieren von Gedichten, Susan Sontag hätte ihn nicht besser formulieren können, sie hat ihn auch nicht so gut formuliert: «Fragste die Lilie, die Rose / warumse, weshalbse, wiesose?»[68] Man könnte aus dieser in scheinbar flapsigem Ton gehaltenen Poetisierung der Frage von Sontag, warum man ein Kunstwerk nicht wie ein Naturding – als nicht interpretierbar – behandle, schon viel über das Reden über Poetisches gewinnen: etwa den Hinweis, daß die Antwort auf Sontags Frage zunächst im simplen «Weil Kunstwerke nun eben keine Naturdinge sind» besteht, und auch eine Pointierung des Sinnes hinter der Frage, der in zweierlei liegt: dem Nichtantwortenkönnen und dem Hinweis auf die menschliche Fähigkeit, Schönheit ohne interpretierendes Bemühen wahrzunehmen. Es wäre albern, beim Anblick einer Rose (nehmen wir zum Beispiel die, an die ich gerade denke) zu sagen: Jaja, das sagt mir was. Der Doppelvers mit kalauerndem Reim nimmt aber gerade die Selbstverständlichkeit aus dieser Aussage heraus und – scheint mir – stellt auf einmal die Frage ganz ernst: Warum fragen wir die Rose nicht? (Und flugs sind wir in der großen Debatte um das Natur- und Kunstschöne, das Erhabene in Natur und Kunst und so weiter, was einem bei Sontags groben Argumenten nie in den Sinn käme.) Und er liefert die Antwort gleich mit: Die Rose reimt sich nicht, nur das Wort «Rose» tut das.

Domins Aufsatz ist in erster Linie der Versuch, etwas wie eine «Standortbestimmung» (so sagte man in jenen Zeiten) der Gegenwartslyrik zu geben. Es handelt sich um ein sehr interessantes historisches Dokument, aber darauf soll es hier nicht ankommen. Über das Interpretieren von Gedichten sagt Domin, ihren Aufsatz abschließend, dies: «Es gibt keine ‹Instanz› für ein Gedicht. Das Gedicht ist für jeden da, der es benutzen will: Je ‹besser› ein Gedicht ist und je ‹besser› der Leser – je weiter gespannt, je vielschichtiger die Erfahrung des Lesenden und die in dem Gedicht zu Wort gekommene ist, je mehr ‹Welt› in beiden lebendig ist –, umso mehr kann mit einem Gedicht getan werden. Hier, wie überall, erhöht Qualität die Freude an der Sache. Nur ist ‹Qualität› weit schwerer zu bestimmen als bei den Gebrauchsgegenständen niederen Grades. Sich immer neu ausrichten an den Meisterwerken der Vergangenheit, immer hinhören auf die Stimmen der Gegenwart – und vor allem hinhören auf die eigene Stimme und diese leiseste Stimme zu Worte kommen lassen –, ist das einzige Rezept für Autor und Leser.»[69] Man weiß nur nicht, was das «Benutzen» ist, das das Gedicht in die Reihe jener Gebrauchsgegenstände stellt, die – bei aller Neigung zu dieser Brechtschen Attitüde – denn doch von «niederen Graden» (sie möchte «Art» und «Rang» vermeiden) seien.

Warum eigentlich? Von Gebrauchsgegenständen zu sagen, sie seien von höherer oder niederem Wasauchimmer, ist offensichtlicher Unsinn. Gebrauchsgegenstände funktionieren oder nicht. Kann sein, sie sind zudem häßlich oder schön, aber da redet man, unterwirft man sich nicht dem auch nicht so einfach zu verstehenden form-follows-function, schon über etwas anderes – anderes, nicht Höheres. «Gebrauchen», gar «benutzen» heißt für Domin: damit machen, was man will. Daß ein Gedicht in diesem Sinne einen Gebrauchswert hat, zeigt sich darin, daß einer etwas damit macht. Und dieses «Etwasmachen» besteht (u. a.) in der Interpretation, den möglichen Interpretationen, (u. a.) in denen, die Domin versammelt, tolle vide. Das Experiment, das Domin mit ihrer Herausgabe der «Doppelinterpretationen» – ein Text wird jeweils von seinem Autor und einem Leser interpretiert – unternahm, war dazu da, um die Grenze zwischen Autorin und Leser in gewisser Hinsicht zu verwischen. In der Interpretation wird die Leserin selbst zum Autor, die Autorin in der Selbstinterpretation zum Leser. Sagen wir: tendenziell. Das mag man hinnehmen, versuchsweise. Wichtiger für unseren Zusammenhang ist, daß Domin den Gebrauchsgegenstand Gedicht für gebrauchsoffen erklärt – und das ist es, was ihn am meisten vom Gebrauchsgegenstand, der kein Gedicht ist, unterscheidet. Zwar kann ein Büchsenöffner unter Glas in einer Kunstgalerie zu finden sein, auch ist es möglich, sich jemanden zu denken (wie Arno Schmidt das tut[70]), der «eine abstrakte Kleinplastik notfalls als Büchsenöffner» verwendet, aber einen Büchsenöffner als Gartenschere zu verwenden, wäre offensichtlich verfehlt, wenigstens unpraktisch, und letztere Kategorie wäre auf eine Gedichtbenutzung schwerlich anzuwenden, es sei denn, man wendete diese Kategorie explizit gegen Brecht: Zum Anlernen der Leute, was ihre Bereitschaft zur proletarischen Revolution angeht, ist «Der gute Mensch von Sezuan» eher unpraktisch. Aber das ist ein Sonderfall. Das Benutzen von Gedichten ist bei Domin letztlich mit dem Interpretieren von Gedichten identisch – die (aufgeschriebene) Interpretation ist ein Zeugnis solchen Benutzens des Gebrauchsgegenstands Gedicht.

Wider Erwarten – weiter gespannt, vielschichtiger, immer neu sollen die Interpretationen sein, und je weiter, neuer, mehrschichtiger, umso besser insgesamt – gibt es Fehlinterpretationen, falsches Benutzen also: «Ein Gedicht kann (...) objektiv falsch gelesen werden, fehlinterpretiert.» Und: «Fehlinterpretationen sind relativ häufig. Die Kritiken eiliger Rezensenten wimmeln davon.» Aber wieso eigentlich? Ich frage nicht nach den «Kriterien» einer Fehlinterpretation (nach «Kriterien» fragt der, der nicht weiß, daß es die in der Abrufbarkeit, die er gerne hätte, fast nie gibt – man frage nicht nach Kriterienlisten, sondern verstehe die Praxis, um die es geht). Die Frage ist, wie denn ein solcher Fehler gedacht werden könne und ob er diesem ähnlich sei: «Ebenso können in einem Gedicht die Wörter falsch benutzt worden sein, der Dichter, ein unvollkommener Handwerker, hat unabsichtlich danebengegriffen» – unabsichtlich: «Absichtlich daneben greifen wäre ein Kunstmittel.»[71] Da haben wir schon fast alle Probleme auf der Schnur. Wie kann ein Interpretieren/Benutzen überhaupt falsch sein, fehlgehen, wie kann ein Gedicht, ein literarischer Text überhaupt ein falsches Wort enthalten? Die «Vollkommenheitshypothese» zweifelt Domin durchaus an,[72] aber eine Hypothese ist das eben nicht, sondern eine hermeneutische Regel: Es bleibt mir gar nichts anderes übrig, als mit der Voraussetzung zu lesen, daß alles am rechten Platze sei, rechtens und richtig – und: absichtlich? Natürlich wäre es vollkommen unsinnig, zu meinen, ein Dichter habe nun wirklich jedes Wort mit Überlegung, Sinn und Hintersinn gesetzt, wie er es gesetzt habe, und jede Korrektur, die eine Kritische Ausgabe verzeichnet, sei mit einer Überbietung des Anfangsgedankens erfolgt – aber ist die Tätigkeit des Interpretierens eines literarischen Textes von solchen empirischen Selbstverständlichkeiten nicht durch schiere methodologische Reflexion geschieden? Es wurde ja nicht ohne Grund der Rattenkönig von Skrupeln dort, wo man meint, die Schwänze wüchsen zusammen, durchgeschlagen und dekretiert, den Autor gebe es nicht – statt nur, wie es jenseits der *autos-epha*-Adoration des späten 19. Jahrhunderts üblich wurde, die Aussage eines Autors über seinen Text als eine mögliche unter anderen zu sehen. Daß es «den Autor» eigentlich gar nicht «gebe», will wohl sagen, daß man ein Kunstwerk anzusehen habe wie ein Naturding, nicht wie ein Gemachtes, so wie eben nicht nur Geschriebenes eine «Schrift» sei, sondern, nach Novalis, ebenso die Natur oder, wie fast jedermensch weiß, der eins hat, das Fliesenmuster vor dem Klo, das ein veritables Delphi sein kann für den kommenden Tag, wenn man's zu lesen weiß.

Einigermaßen geeinigt hat man sich auf die Haltung, es komme zwar auf den empirischen Autor in dieser oder jener Hinsicht an, aber als Interpret seiner Sachen trete er ins Glied der Umstehenden, denn mehr als die, wußte schon Sokrates, hat er sowieso nicht zu sagen. Was aber wäre, wenn wir einen Zettel fänden, auf dem Goethe notiert hätte, er hätte sein «Märchen» nur geschrieben, um das Publikum vielleicht nicht geradezu zu foppen, aber doch mit etwas zu versorgen, von dem er wußte, daß es die Deutungsreflexe elektrisieren werde, gerade weil es – von der Autorintention her – *gar nichts bedeuten* sollte, sondern nur schön aussehen?

Niedergeschrieben hat Goethe zwar Deutungsmöglichkeiten seines Stücks, aber es waren solche, die andere vorgetragen hatten,[73] und warum hat er sie zu Papier gebracht? – «es gibt kein Warum» in dieser Hinsicht, dekretiert die Theorie vom Tod des Autors, die schon darum eine totalitäre ist, die ihre Beschränktheit zur Legitimation ihres Machtanspruchs hochjubeln läßt – warum also hat er diese Deutungsmöglichkeiten zu Papier gebracht? Wahrscheinlich um sich zu mokieren. – Zählt ein Autor nicht unter die erstrangigen, läßt man Uninterpretiertes einfach stehen. Arno Schmidt weist darauf hin, der blau-gelbe Schild des Ritters in Fouqués «Undine» sei nicht einfach dekorativ «bunt», sondern es handele sich um die Farben des Fouquéschen Wappens.[74] Und daß der Autor dieser Figur seiner Erzählung seine Wappenfarben zugeordnet hat, wird man doch nicht anders verstehen können, als daß es seine Absicht gewesen sei, dies zu tun. Da heißt denn, von der Autorintention sei abzusehen, doch nur so viel, daß sich diese von selbst verstehe und man kein großes Gewese darum machen solle. Wenn allerdings Albrecht Schöne seine Interpretation von «Alexis und Dora»[75] damit schließt, ohne die Annahme eines Autors, der seinen Text auf eine bestimmte Interpretation hin organisiert habe, sei sie (oder jeder Widerspruch gegen sie) hinfällig, und das allein richte alle Textauffassungen, die dahin gehen, «der Text» sei die Summe aller möglichen (oder, zahmer, bisher dokumentierten) Ansichten über ihn, dann zeigt er an einem gewichtigen Beispiel – gewichtig umso mehr, als hier kein Rekurs auf eine Goethesche Äußerung von außerhalb des Textes stattfindet –, daß eben von Textbedeutungen in Absehung von seinem Status als Artefakt nicht sinnvollerweise gesprochen werden kann.

Wie lesen wir, was Autoren über ihre Werke schreiben? Es ist, wie erwähnt, mode- oder epochenabhängig. Im großen Kontext der (Weimarer) Klassik wurde das *autos epha*, das «er selbst hat es gesagt», jedenfalls im Falle Goethes zur verbindlichen Auskunft und oft, weil nicht anders zu handhaben, zum Orakel. Bis heute wird der Briefwechsel mit Schiller als Programmrede gelesen. Dabei ist er so nicht entstanden, allenfalls von Goethe im Vollzuge langsam so verstanden worden. Jedenfalls hat er ihn mit dieser Intention publiziert.

Es gibt leichtere Fälle und schwierigere. Leicht ist es, einem Autor nicht zu glauben, wenn er sagt, er habe den-und-jenen in seinem Roman nicht porträtiert. Er will Ärger vermeiden. Wenn er die Sache höher hängt und sagt, daß Romane und Wirklichkeit niemals … (und so weiter), dann kann man sagen, das hätte er wohl gerne so, und außerdem sei das Ausdruck jener Ästhetik, die unsereins mit guten Gründen längst aufgegeben habe … – und wie ein solches Standardgespräch eben geht. Oder man bringt das Unbewußte ins Spiel. Redet man dann noch von «Intention» (aber unbewußter)? Oder von etwas jenseits der Intention (der bewußten)?

Zumindest eine Sonderrolle hat der Autor, wenn er über seinen

Text redet, Narrenfreiheit. Er kann scherzen, es muß nicht Hand noch Fuß haben. Nicht einmal Methode oder Konsistenz. Das tragen wir vielleicht noch als Erbe sokratisch/platonischer Süffisanz mit uns herum. In Domins «Doppelinterpretationen» lesen wir dieses Gedicht von Heinz Piontek:[76]

Mit einer Kranichfeder

Dein harscher Ton.

Am Kehllaut erkenn ich
die Schönheit.
Die Partisanin.

Erhell mein
hinterlistiges Herz.

Schwarz auf weiß.

Der Zweitinterpret, also nicht der Dichter, Heinz Politzer, beginnt seine Interpretation so: «Das Gedicht ist ein Rätsel. Als ersten Schritt zu seiner Lösung empfiehlt sich die Beschreibung.»[77] Hier ist zu stutzen. Wieso ist das Gedicht ein Rätsel? Weil ich nicht weiß, «was es bedeutet»? Was sagte ich, wenn ich sagte, jetzt wüßte ich, «was es bedeutet»? Nun, das sind eben die Fragen, die hier anstehen, anzustehen scheinen, und Politzer muß sie explizit nicht beantworten, er geht auf allerlei Implizites als Voraussetzung ein, zum Beispiel, daß ein Sonett auf ein Klavier und dessen Klang vermutlich nicht als Rätsel angesehen werden würde (dennoch «interpretierbar» sei), sehr wohl aber ein paar Zeilen, die «Kranichfeder» und «Partisanin» zusammenbringen. «Das Gedicht besteht aus einem Titel und achtzehn Wörtern. Die achtzehn Wörter sind in Reihen geordnet; die erste und letzte Reihe zählen je drei Wörter – genau so viel wie der Titel – und besitzen weder Subjekt noch Prädikat: Akkorde des Anfangs und des Endes, Stimmungsträger zunächst. Der eigentliche Leib des Gedichts gliedert sich …»[78] – ich unterbreche. Es geht nach der Staigerschen Regel: Es fällt etwas auf, damit ist zu beginnen. In diesem Falle ist es der Widerstand, gleichviel ob der «Widerstand, den einem der Text entgegensetzt» (pretiöse Formulierung), oder der Widerstand dessen, der den Auftrag hat, eine Interpretation abzuliefern, und der geschickt einsetzt: ein Rätsel; zunächst. Die anschließenden «Textbeobachtungen», die «Beschreibungen» sind Häufungen, Verlegenheitshäufungen, die das, was folgt, ein ziemlich freies Assoziieren, einhegen sollen: Hier wird solide gearbeitet, nicht Allotria getrieben! Aber Politzer assoziiert recht ungehegt, ungebremst auch: «‹Kehllaut› assoziiert einen Seufzer entbundener Leidenschaft: in ihm befreit sich ein Stöhnen, das auf diese Gelegenheit gewartet hat. Tyrannisch und animalisch, an diesen Eigenschaften des gleitenden Kiels» – Politzer identifiziert den Laut mit dem «Geräusch der Feder, die über das Papier zieht» – «erkennt die lyrische Person die Schönheit. Schönheit als Auftrag, Schönheit, dem Schluchzen verwandt – verlautet hierin das Credo des dichterischen Ich und seines ‹hinterlistigen Herzens›? – Hinterlistig heißt dieses Herz wohl darum, weil es sich auf den Schleichwegen der Vernunft, mit den Finten des ‹Erkennens›, der ‹Erhellung› bislang entzogen hat ...»[79] Ich unterbreche wieder. Vielleicht ahnen Leserin und Leser, worauf es hinauslaufen wird, auf den Klassiker, das Gedicht schreibe über sich selbst. Etwa so wie Mörike in «Auf eine Lampe». Das «Rätsel» des Gedichts ist das ewige Rätsel der Schönheit, und «so wendet auch die Schönheit als Partisanin ‹Hinterlist› an, um das ‹hinterlistige Herz› der lyrischen Person mit den eigenen Mitteln zu schlagen und zu sich, dem Rechten, dem Schönen, zu zwingen. (...) ‹Schwarz auf weiß› (...) diese Worte, diese drei Silben (...) wie sie in aller Endgültigkeit auf dem Papier stehen, bieten die Gewähr der Erfüllung. ‹Schwarz auf weiß›, dies *ist* die erbetene Erleuchtung. Die Worte sprechen aus, was sie verschweigen; die Partisanin, die Schönheit, hat ihren Sieg erfochten, und zwar vermöge des toten Dings, der Kranichfeder, die durch diesen Triumph erst ihr Leben erhält. Die Lösung des Rätsels ist das Gedicht, wie es nun vor dem Leser liegt.»[80]

Woher sie das alle wohl haben. Wenn man sagt, ein Text (ein literarischer) spreche am Ende nur von sich selbst, spreche sich durch sich selbst aus, sei in sich selbst eingeschrieben, und wie das Wortgeklingel auch gehen mag – der verschwundene Brief in Poes «Verschwundenem Brief» ist der «Verschwundene Brief» selbst (hat das schon mal einer geschrieben? vermutlich; vermutlich Lacan) –, dann hat man automatisch gewonnen. Dabei ist im Einzelfall, meinethalben auch im Falle Piontek/Politzer gar nichts dagegen einzuwenden, außer daß es immer geht, die Sache so zu drehen, das zuvor angestaunte Rätsel mit diesem Zaubertrick zu lösen, daß so jede Interpretation jedes Textes zu demselben Zylinder wird, aus dem man immer denselben Hasen zieht. Das geht darum so leicht, weil das bei anderen Dingen mit anderen Zuschreibungen nicht geht. *Und* es geht nur bei poetischen, sprich: gemachten. Ein Sonnenuntergang ist ein Sonnenuntergang und eine Rose eine Rose und sie will nichts und soll nichts, aber man kann, wenn man es für angebracht hält, vom gemalten Sonnenuntergang wie von der bedichteten Rose sagen, sie sei eben keine Rose, sondern eine Wortfolge in einem Gedicht und stehe, wenn für etwas, so für sich selbst als Exempel. Im «Geh aus, mein Herz» wird die Freude, im «Stille Nacht» die Weihe, im «kranken Nachbarn» das Ungeheure des Nächtlichen dem Gedicht eingeschrieben. Und in diesem ist dann auch die Kraft des Poetischen selbst … – es ist eine Konvention, dies für der Erkenntnis letzten und staunenswerten Schluß zu halten, anstatt zu sehen, daß es sich hier vielmehr um eine der Erwähnung doch nur nebenher werte Voraussetzung des Nachdenkens über literarische Texte handelt; diese dann zu wörtlich zu nehmen und im Gedankenweg an die falsche Stelle zu setzen hat etwas Neunmalkluges. Es ist vielleicht nicht müßig zu sagen, daß fast alle der von Domin versammelten Gedichtinterpretationen auf die eine oder andere Weise dieselbe Pointe an ihr Ende setzen. Und wohl nicht «seitdem» ist so eine Pointe überhaupt das, was Gedichtinterpretationen adelt, bis hin ins fußgängerhafteste Feuilleton hinein, in dem sich die Empfehlung findet, wer das Denken von Quentin Meillassoux verstehen wolle, der müsse unbedingt dessen Essay «Die Zahl und die Sirene» lesen, «die Interpretation eines der rätselhaftesten Gedichte der Moderne, Mallarmés ‹Coup de Dés› von 1897 (…) ‹Das Gedicht›, so Meillassoux, ‹ist im Begriff, das zu verwirklichen, was es beschreibt.›»[81]

Wenn ein Gedicht «Mit einer Kranichfeder» heißt, ist es naheliegend, darüber Gedanken anzustellen. «Das Air von etwas Erlesenem» eigne dieser Wahl des Schreibgerätes, meint Politzer (obwohl eine Kranichfeder kaum je als Schreibfeder gedient haben dürfte), und der Kranich sei von Schiller bis Brecht ein «Vogel des Geheimnisses».[82] Auch in Pionteks Eigeninterpretation, die ausdrücklich keine sein will, sondern «Begleit-Assoziationen» zum Gedicht geben, ist die Kranichfeder, wie das «mit» des Titels signalisiere, ein Schreibgerät, auch bei Piontek krächzt sie beim Schreiben. Damit hören die Gemeinsamkeiten auf. Abgesehen davon, daß es natürlich auch bei Piontek um das Schreiben selbst geht, aber mehr um die angeblichen Gefahren des «schwarz auf weiß» als um die Erlösung in der Niederschrift: «Ich sehe eine Gefahr für die Wahrheit (...) Die Gefahr, die im Schwarzweiß des Gedichts liegt».[83] Mit der «Partisanin», doch dem am meisten Aufmerksamkeit heischenden Wort, wissen beide erstaunlich wenig anzufangen. Piontek assoziiert die Wörter seines Gedichts weiter und sagt «ich» dabei, Politzer versucht, aus den Wörtern und ihrer Anordnung einen Zusammenhang von Bedeutungsverweisungen zu machen, seine Assoziationen als nicht willkürlich, nicht bloß angestoßen, sondern gelenkt zu zeigen. Der «Gebrauch», den er vom Gedicht macht, ist, so soll es sein, ein subjektiver, aber kein beliebiger. Kann man etwas dagegen einwenden, außer daß, wie ich oben angedeutet habe, für meinen Geschmack viel Aufwand für wenig Ertrag gemacht wurde? (Was durchaus am Gedicht liegen mag. Wenn sich etwas sagen läßt, dann dies, oder man zuckt die Achseln?)

Was ließe sich gegen Piontek sagen? Man könnte sein Gedicht und seine Begleitassoziationen für langweilig halten. Das könnte man auch von Politzers Interpretation sagen. Aber es wäre jeweils ein anderes «langweilig». Ein langweiliges Bild ist etwas anderes als ein langweiliger Rahmen drumherum. Das Bild ist an sich langweilig; der Rahmen für das Bild. Man kann ihn, ist er mißraten, wegdenken oder ihn abnehmen. Er kann, ist er geraten, die Schönheit oder das Nicht-Langweilige des Bildes steigern, pointieren, sichtbarer machen. Jedenfalls gewinnt er seine Eigenart aus seinem Verhältnis zum Bild, ist nicht ein Kunstgegenstand, der, inspiriert vom Bild, darum herum montiert ist. Piontek hat neben sein Gedicht einen Prosatext gestellt, der mit den Wörtern des Gedichts etwas anderes anstellt. Man wird das nicht Ratlosigkeit nennen. Aber wenn der Nicht-Autor dasselbe tut, wird man zu Recht meinen, er mißbrauche sein Metier. Er muß argumentieren, nicht frei assoziieren.

Er muß in seiner Argumentation den Text als ein von einem anderen intendiertes Werk erfassen. Jedes Reden über Bedeutung schlägt sich mit dem Umstand herum, daß etwas in der Welt ist, weil es intendiert war. Nur an diesen Umstand kann sich ein «warumse, wiesose» anschließen, und wer von «Bedeutung» in der Natur spricht, tut das entweder, weil er ganz bewußt von einem Urheber sprechen will oder weil er dies in einem Als-ob-Sinne tut. Die «nicht intendierte» Bedeutung – also etwas, was einer aus einem, sagen wir: Benehmen herausliest, wenn etwa Bescheidenheit für herrscherliches Understatement angesehen wird – braucht die Idee der intendierten Bedeutung, um überhaupt formuliert werden zu können.

Domins Sammelband enthält das folgende Gedicht «Mein Standpunkt»:[84]

> MEIN Standpunkt und der Kirschbaum oder die Wegfahrt und der Überblick
> oder die Handhabe und das Fortbleiben oder Josef K. und der Vormärz
> oder die Polizei und das dritte Fenster oder ein Horizont und das
> zerrissene Blatt oder der Duft und der Anflug das Verwelkte und das Schiff
> oder das Unerwartete und das Wort oder die Zärtlichkeit und das Gehn
> oder das Lesebuch und das Selbst oder die Nachwelt und Paris oder das
> ermüdete Sein und noch ein Händedruck oder irgendwo und Niemand

Dieses Gedicht läßt sich sehr gut vortragen, und aus dem Vortrag läßt sich ebensoviel Sinntremolo gewinnen wie aus dem anderer vergleichsweise wenig aussageähnlich formulierter Gedichte.[85] Interessant wäre gewesen, hätte Domin das Gedicht jemandem vorgelegt, ohne daß sie ihm die Information mitgegeben hätte, es handele sich hier um keine Verfasserschaft, sondern um einen Zufallstext. «Er», so Max Bense, der «Verfasser», in seiner Selbstauskunft, «gehört zu einer Reihe sprachlicher Versuche, deren Ziel darin bestand, aus einer vorgegebenen Menge von Wörtern oder Texten, lineare Mengen von Wörtern derart zu selektieren und zusammenzustellen, daß ein ‹Sprachprodukt› entstand, das noch als apperzipierbarer, d. h. identifizierbarer Text, Teiltext oder Textschliff[86] aufgefaßt werden konnte. Das Repertoire der Selektion, die, was die Substantive und Adjektive anbetrifft, stochastisch, also über Zufallszahlen vorgenommen wurde, bestand in rund 1200 Wörtern der Literaturbeilage einer Tageszeitung mittlerer Auflage. Das Personalpronom ergab sich ebenfalls zufällig. Artikel und Verknüpfungspartikel wurden vorgegeben.»[87]

Nehme ich das zur Kenntnis, wird die Bitte um «eine Interpretation» wunderlich – wieso Interpretation? ist doch ein Zufallstext! ist die einzig mögliche Antwort. Zwar spricht der ausgewählte Autor, Reinhard Döhl, seinen Text als «Interpretation» an, aber von Bedeutung/en spricht er nicht. Er sagt deshalb «Interpretation», weil er Wert auf das legt, was *kein* Zufall an dem Text/Gedicht ist. Der Arrangeur des Zufallsvokabulars habe einen gedichtähnlichen Text herstellen wollen, und zwar einen mit … – nun eben einer solchen Pointe, die uns Döhl dann serviert. Wir hätten es mit einem Textgebilde zu tun, das, in seinem Arrangement an den Bense-typischen aphoristischen Stil erinnernd, fordere, sich mit ihm selbst und seinem an Bense erinnernden Stil auseinanderzusetzen: «… eine Parallele der im Aphorismus möglichen unmittelbar zusammenhanglosen Nebeneinandersetzung von Gedankensplittern. Das Subjektive, das Überspitzte, der Anspruch auf Allgemeingültigkeit des Aphorismus fordern vom Leser die eigene Auseinandersetzung. Uns scheint, daß auch die ‹Dünnschliffe› eine solche Auseinandersetzung fordern …»[88] Weil sie aussehen wie intentionale Gebilde. Doch welche «Auseinandersetzung» wäre das dann? Ein Zufallssatzteil kann «keinen Anspruch auf Allgemeingültigkeit» erheben, weil er *gar keinen* erheben kann. Es ist wie mit dem Kiesel, von dem ich sagen kann: Was würde Gott uns mit ihm sagen wollen, wenn es ihn, Gott, denn gäbe? Was würde dieser Aphorismus von uns fordern, wenn es denn einer wäre? Döhl liest den Zufallstext nicht nur nicht als Zufallstext, das würde nicht reichen, sondern er muß zunächst darlegen, warum es *kein* Zufallstext ist, und zwar einmal, weil in seine Herstellung sich Absichtliches gemischt hat (was seine Ähnlichkeit mit Benses Privatstil ausmache), und dann, weil er ein literaturdidaktisches Anliegen habe: den Leser darauf zu verweisen, daß er sich so seine Gedanken zu machen habe. (Und, würde wohl manch einer hinzufügen, so ist denn diese Intention des Poetischen sogar in dieses sich poetischen Verfahren entziehen wollendes Produkt «eingeschrieben».)

Der Sinn des Benseschen Experiments – solcher Werke aus seiner Experimentierwerkstatt – war, zu zeigen, daß auch poetische Gebilde aus einzelnen Wörtern bestehen, die, bevor ihnen eine Ordnung (Aphorismus, Sonett) gegeben wird, keine haben. Daß man aber eine herstellen kann, indem man das Vorfindliche eine Ordnung *nennt* und diese dann etwa mit Mitteln der Statistik beschreibt. Wenn

Bense aber sagt, der so entstandene Text (lassen wir dem Gebilde das Wort) sei «das strukturelle (semantische und ästhetische) Skelett eines möglichen Textes»,[89] so ist das ein ganz erstaunlicher Unsinn. Beides: Ästhetik und Semantik sind Funktionen des fertigen Textes. Bei dem einen wie dem anderen handelt es sich um Beziehungen von Elementen aufeinander, aus denen sich das ergibt, was wir dann «Ästhetik» oder «Semantik» («Form» und «Inhalt») nennen. Zufällige Wörter sind weiter von einem bedeutungstragenden Text entfernt als Zucker- und Stärkemoleküle von einem Adventskeks. Wörter in einem Zufallstext sind nichts als Linien auf Papier. «Jedes Kunstwerk ist etwas Gemachtes. Ein Text wurde geschrieben, ein Bild wurde gemalt, ein Musikstück wurde komponiert. Sie alle wurden von einem oder von mehreren Menschen gemacht, und die Tätigkeit dieses Menschen betrifft ihre Verfassung.»[90] Ohne den Status des Gemachtseins ist die Rede von «Bedeutung» sinnlos (oder metaphorisch).

Sprechen wir von Bedeutungen – also von Verstehen –, so sprechen wir über die Bezüge semantischer Einheiten aufeinander, die erst durch diesen Bezug semantische Einheiten werden (als solche angesehen werden können). Sprechen wir von Bedeutungen, so sprechen wir von einem Ganzen (es mag veränderlich sein, wie es will) und wir sprechen von einem intentionalen Gebilde. Und wir sprechen von einem Autor. Wir müssen ihn nicht kennen, wir müssen keine Vorstellung von seiner empirischen Gegebenheit haben, als Hintergrundfigur ist er eine notwendige Annahme. Tatsächlich begrenzt uns weder die bloße Annahme eines Autors, weil sie notwendig ist, noch das Wissen um eine konkrete Autorin/einen Autor in unseren faktischen Assoziationen anhand der und Spekulationen über die jeweiligen Texte, aber die Idee, daß dieses Assoziieren und Spekulieren Grenzen habe – daß es «Fehlinterpretationen» gebe –, ist nicht ohne den Autor als Hintergrundfigur zu denken. Ohne die Idee eines Autors ist die Vorstellung eines «Werks», eines Ganzen, das so und nicht anders abgeschlossen ist (und sei es als Fragment) und Aussagen über Ästhetik und Semantik erlaubt, nicht möglich.

«Der Autor» ist insofern eine historische Erscheinung, als er einen Anfang hat – irgendwann wurde zuerst jemand als Autor eines Textes ins Spiel gebracht – und ein Ende immer denkbar ist. Nur spräche man mit einem solchen Gedankenspiel über eine von Grund auf andere literarische Kultur. Das ist müßig. Aber wir haben es doch immer wieder mit Grenzphänomenen zu tun, die uns solche Gedankenspiele aufzunötigen scheinen. Was ist mit der maschinenkomponierten Symphonie, die «genauso gut» ist wie eine von Hand & Kopf? Sind doch schon Schachpartien … Nun, Schachpartien sind Schachpartien. Man mag Schach als Kunst, Sport, Spiel oder alles zusammen auffassen, man mag auch die Frage des Copyrights an Partien (dem Abdruck der notierten Zugfolgen) folgenreich diskutieren, aber dennoch sind Schachpartien keine Werke, wie Gouachen, Terzette oder Sonette in unserer Kultur als Werke aufgefaßt werden. Ein Reden, das – irgendwie – um «Bedeutung» kreist, stellt sich bei Schachpartien nicht ein, so dramatisch auch Erzählungen über das Drum und Dran ihrer Entstehung ausfallen mögen, und wenn auch mal ein Psychoanalytiker das Damenopfer in Robert Fischers «Jahrhundertpartie» als symbolisierte Ermordung seiner Mutter Regina deuten mag, so macht das die Partie nicht zu einem Werk in dem hier verhandelten Sinn. Diese Deutung ist ebensowenig vom Schlage der Interpretation eines Heine-Gedichtes wie die Deutung der Erblindung von Muhammad Ali in der fünften Runde des ersten Kampfes gegen den Weltmeister Sonny Liston als Kastrationsphobie.[91]

Auch dort, wo der Autor das Bild von sich pflegte, er empfange seine Werke von anderswo – oder wo (siehe Platon) dieses Bild gepflegt wurde –, war er doch für das hier in Rede Stehende der Verantwortliche, und das berühmte Schild am Schlafzimmer des Poeten, der sei bei der Arbeit, ist ein Spiel damit, daß es nicht so ist. Écriture involontaire ist keine solche, das ist ihre Pointe. Wenn Arno Schmidt in einer Druckfahne einen Fehler stehenließ, weil er sich darüber freute, daß das Ubw des Setzers mitgearbeitet habe, blieb es sein Werk, ihn stehenzulassen (und ihm blieb die Freude, zu meinen, die Fehlleistung des Setzers sei durch ihn, den Autor, induziert).

Das Gemälde eines Schimpansen ist kein Werk, sondern ein Ereignis. Der auf derlei Einwände Abonnierte mag hier «Speziesismus» einwenden; soll er. Es ist ein Speziesismus/Anthropozentrismus, dem nicht zu entkommen ist und der die Möglichkeit erst eröffnet, diesen Einwand zu erheben. Ein Schimpansengemälde als Ereignis und nicht als Werk zu bezeichnen besagt nichts darüber, ob es nicht «tatsächlich verblüffenderweise genauso aussieht wie» das Gemälde des Malers XY, außer daß die Formulierung falsch ist. Das Bild des XY sieht aus wie von einem Schimpansen gemalt, so wird's ein Schuh.

Ein Schimpansengemälde so und nicht anders zu bezeichnen, besagt auch nichts über Schimpansen (über das, was «in ihnen vorgeht», über das, was ein spezifisch «Schimpansisches» in ihrer Kunstauffassung sei, ob Schimpansen so etwas wie «Kunst» meinen, wenn sie Farbe auf Papier auftragen, oder ganz etwas anderes). Es besagt etwas darüber, wie wir Kunst wahrnehmen, nämlich als etwas Bedeutungsvolles eigener Art. Die uns von Platon mitgeteilte Bemerkung des Sokrates, alle Umstehenden hätten mehr und Besseres über die Werke sagen können als deren Urheber, ließe sich auch über Schimpansen auf einer Ausstellung von Schimpansengemälden sagen, aber wir würden etwas ganz anderes damit meinen.

Das 2011 im Internet verbreitete Foto eines Makaken, das entstanden war, als dieser einem Fotografen dessen Apparat geklaut und diverse Male den Auslöser gedrückt hatte, war kein Selbstporträt des Makaken – auch kein «zufälliges Selbstporträt», wenn auch ein «zufälliges ‹Selbstporträt›». Die sich daran anschließende Frage, ob dem Fotografen die Rechte an diesem Bild gehörten, hatte er es doch nicht «selbst gemacht», war – wie immer der Rechtsstreit ausgehen wird[92] – abwegig. Ein Auslöser kann auch von einem herabfallenden Stein gedrückt werden. Ohne die Intention, ein Foto zu machen, wozu gehört, zu wissen, was «ein Foto» ist, und das heißt, einigermaßen über den kulturellen Kontext Bescheid zu wissen, in dem Fotos irgendeine Rolle spielen, gibt es sinnvollerweise keine Urheberschaft. Und wer einen Fotoapparat mit Steinen bewirft, bis einer zufällig den Auslöser trifft, spielt sein ästhetisches Spiel mit diesem Umstand.

Metaphern verstehen

... als sie plötzlich in der Werkstatt einen Schritt hörte und durch die Glastür Mr. Edward Chester erspähte, der dort unter den riesigen Schlössern und Schlüsseln stand wie ein Engel unter Rosen.
(Ein passender Vergleich, für den der Historiker keinerlei eigenen Ruhm beansprucht, da derselbe in einer gefühlvollen Laune dem Hirn der keuschen, bescheidenen Miggs entsprang, die Mr. Chester von den Eingangsstufen aus, welche sie gerade scheuerte, erblickte und ihren züchtigen Betrachtungen diesen Ausdruck verlieh.)
Charles Dickens, Barnaby Rudge

Sprechen wir also über Bedeutungen, sprechen wir über «Verstehen». Tun wir das an einem Sonderfall, der uns zugegebenermaßen allerlei vorauszusetzen nötigt, aber doch weiterführen kann, sage ich werbend. Sprechen wir darüber, was es heißt, eine Metapher zu verstehen.[93]

Das ist bekanntlich ein weites Feld, aufwendig, aber nicht kompliziert, es auszumessen.[94] – Theorien der Metapher/des Metaphernverstehens gehen davon aus, daß ein Problem vorliege. Das Zentrum des Verständnisses jeder Theorie liegt in ihrem Verständnis dessen, was ein Problem ist und wie es formuliert werden soll. Man kann die Wittgenstein-/Davidsonschen Überlegungen zum Zweifel als Lernmodell nehmen: Was alles muß ich für gewiß halten, um etwas mit Fug bezweifeln zu können? Was muß ich als unproblematisch voraussetzen – welche meiner Voraussetzungen –, um verständlich zu machen, dies oder das sei ein Problem? Bei Aristoteles ist das bekanntlich der Begriff der Bedeutung, aus dem dann, als Spezialfall, der der «uneigentlichen Bedeutung» (*ónóma allótríon*, also eine «spielerische Bezeichnung») abgeleitet wird, analysiert als «Übertragung» nach «den Regeln der Analogie».[95] Die weitere Analyse ist dann eine Analyse ihres rhetorischen Einsatzes.[96]

In Searles «Metapher»,[97] einem der wichtigen Aufsätze des Genres, ist es die «wörtliche Bedeutung». Searle fängt so an, wie man meistens anfängt, wenn man über Metaphern – Metaphern als Problem – sprechen will, man unterscheidet, grob gesprochen, zwischen zwei ... – und hier stockt man schon, denn sind es zwei Bedeutungen desselben Wortes (was heißt dann «Wort»?), zwei Facetten derselben Bedeutung (was heißt dann «Bedeutung», falls wir das vorher gewußt haben?) – sagen wir also, um vom Fleck zu kommen (klarer wird dadurch nichts): Bedeutung A und Bedeutung B. Bei Aristoteles ist das *ónoma* und *ónoma allótrion*, bei Searle heißt es: «Das Problem, die Funktionsweise von Metaphern zu erklären, ist ein Spezialfall des allgemeinen Problems, das Auseinanderklaffen von Äußerungsbedeutung und Satz- bzw. Wortbedeutung zu erklären. Das heißt, es ist ein Spezialfall des Problems, wie es möglich ist, etwas zu sagen und etwas anderes zu meinen».[98]

Das ist die Grundmelodie aller Theorien der Metapher, je nach Theorieduktus mal so, mal so formuliert. Eine Störung muß immer angenommen werden. Dem liegt die Unterstellung zu Grunde, «Verstehen» sei allgemein etwas Ungestörtes, und also komme man beim Verständlichmachen von Besonderem durch die Annahme weiter, eine Störung liege vor, und nun gehe es ans Beschreiben einer Art hermeneutischen Reparaturbetriebs. Searle jedenfalls kommt zu dem Ergebnis, daß wir eine Metapher dann verstanden haben, wenn wir ungefähr verstanden haben, was derjenige, der die Metapher verwendet, damit gemeint haben könnte.[99] Damit formuliert er das gemeinsame Ergebnis aller Metapherntheorien.

Searle kritisiert eingangs die klassischen Metapherntheorien, die des Vergleichs (die auf die zitierte Aristoteles-Stelle zurückgehen) und die, wie er sie nennt, «Theorien semantischer Wechselwirkung», die allerdings nicht unbedingt zwei unterschiedliche und konkurrierende Theorientypen sind. Während die Vergleichstheorien die sprachliche Form «Metapher» als Ausdruck einer Suchbewegung nach dem, worüber gesprochen wird, verstehen, fassen die Theorien der «Wechselwirkung» «Metapher» als ein Spannungsverhältnis von unkonventionell zueinander in Beziehung gesetzten Wörtern auf. Man kann sich mit beiden beschäftigen, und man kann es so tun, daß sich das eine in das andere übersetzen läßt. Wechselwirkungstheorien benutzen, um zu explizieren, was sie an der metaphorischen Äußerung rekonstruktiv als ihr Funktionieren beschreiben wollen, letztlich immer Topoi aus den Vergleichstheorien. Letztere wiederum unterscheiden sich darin, wie eng oder wie weit man den Begriff «Vergleich» faßt und wie weit man sich auf Explikationen der Art «Die Metapher X vergleicht A mit B, indem ..., obwohl ...» einläßt. In der Regel reicht es, sich auf die Probleme der Vergleichstheorie(n) ein wenig einzulassen, um – das Problem neu zu fassen oder fallen zu lassen und anders wieder aufzunehmen.

Den Haupteinwand gegen die sich von Aristoteles herschreibenden Theorien formuliert Searle lakonisch und nebenbei:

> Ähnlichkeit ist ein nichtssagendes Prädikat: Zwei beliebige Dinge ähneln einander in der einen oder andern Hinsicht.[100]

Anders gesagt: Zu behaupten, eine Metapher sei eine eigene (verkürzende, poetisierende, merkwürdige) Form, eine Behauptung à la «A ist B ähnlich» aufzustellen, führt nur zu achselzuckenden Reaktionen wie «Na, irgendwie schon» oder «Mag sein, aber was weiter?» oder: «Woher wissen Sie, daß das die Pointe der Metapher ist?» – die Ähnlichkeitstheorie «sagt uns (...) nicht, wie wir dahinterkommen, welche Ähnlichkeitshinsichten der Sprecher im Sinn hat und welche Ähnlichkeiten er metaphorisch meint».[101]

Nach Searle gibt es darum «kein einzelnes Prinzip, nach dem Metaphern funktionieren. – Die Frage ‹Wie funktionieren Metaphern?› ist ein bißchen wie die Frage ‹Wie erinnert uns ein Ding an ein anderes?›. Auf beide Fragen gibt es jeweils nicht eine einzige Antwort, obwohl Ähnlichkeit ganz offensichtlich bei der Beantwortung beider Fragen eine beträchtliche Rolle spielt.»[102] Donald Davidson, auf den weiter unten noch einzugehen sein wird, hat dies einmal in dieser Weise ironisiert:

> Virginia Woolf hat einmal gesagt, ein Intellektueller sei «jemand von Vollblutintelligenz, der auf der Jagd nach der Idee seinen Geist im Galopp querfeldein reitet». Welcher Vergleich entspricht dem? Vielleicht in etwa dieser: «Ein Intellektueller ist jemand, dessen Intelligenz wie ein Vollblutpferd ist und der beim Nachdenken über eine Idee

> beharrlich ist wie ein Reiter, der querfeldein galoppiert auf der Jagd nach ... naja, irgend etwas».[103]

Nicht «ein Prinzip» also, sondern mehrere: «unsere Ausgangsfrage – ‹Wie funktionieren Metaphern?› – (läßt sich so) neu fassen: Welche Prinzipien ermöglichen es Sprechern, metaphorische Äußerungen zu formulieren, und Hörern, sie zu verstehen?»[104] Bevor nun Searle diese Prinzipien angibt, versucht er zu umreißen, wann denn ein sprachliches Problem, das «Metapher» genannt werde und besondere prinzipiengeleitete Operationen erfordere, vorliege: Erstens müsse eine Äußerung, «wörtlich genommen, nicht in Ordnung» sein (das kann eine Äußerung zwar, wie Searle selbst, allerdings an anderem Ort, einräumt, gar nicht sein, aber wir mögen uns hier mit dem bescheiden, was sich in etwa unter so einem «nicht in Ordnung» verstehen läßt, etwa: «Wieso ist Peter ein Schwein? Ist er doch gar nicht»), man müsse also (da man sie nicht einfach als Unfug verwerfen will) nach einer speziellen «Äußerungsbedeutung» suchen, «die sich von der Satzbedeutung unterscheidet»[105] (vulgo: «Er meint doch gar nicht wirklich Schwein»). Zweitens suche man nach Ähnlichkeiten und achte auf die, die besonders geeignet erscheinen, damit das Ganze einen Sinn ergibt.[106] Drittens: Man denke nach, was das Angesprochene mit der scheinbar unpassenden Bezeichnung gemein haben könnte, damit das Ganze einen Sinn ergibt.[107]

Der im Umgang mit Metapherntheorien Ungeübte mag ein wenig die Brauen ziehen, aber ihm sind in den Fußnoten die Sätze angegeben, auf die sich die obigen Paraphrasen beziehen. Mehr ist tatsächlich nicht dran. Wer immer sich an Theorien der Metapher versucht – und es sind, siehe Searle, nicht die Schlechtesten, die sich daran versucht haben – und es dabei unternimmt, das Ausgangsproblem, eine Metapher sei ein ungewöhnlicher und auffälliger Gebrauch eines Wortes, der sich aber meist mit dem Hinweis, es werde irgendwas mit irgendwas verglichen («na, so etwa, Sie verstehen schon»), hinreichend aufklären läßt, deutlicher zu formulieren oder das Gesagte in eine eigene Theoriesprache zu überführen, wird keineswegs deutlicher, sondern garniert vielmehr die Scheindeutlichkeit mit derartig vielen Scheinpräzisionen und Scheinplausibilitäten, daß am Ende nichts klarer, aber alles nach wie vor undeutlich und ein wenig skurril, wenn nicht lächerlich daherkommt.

Nun zu Searles Prinzipien. «Prinzipien» nennt er Aspekte, unter denen etwas wie «Ähnlichkeit» behauptet, plausibel gemacht, für den vorliegenden Zweck zureichend ins Spiel gebracht werden kann. Es seien acht Prinzipien oder vielleicht neun, Searle weiß es nicht genau, formulieren tut er sechs. Eines kann per definitionem wie das andere sein; eines kann kontingentermaßen wie das andere sein; von einem kann einer sagen, daß es wie das andere ist (obwohl das gar nicht stimmt); eines kann auch überhaupt nicht und ganz und gar nicht wie das andere sein, aber manchmal fällt uns das eine ein, wenn wir vom anderen reden; es gibt Fälle, die sich gar nicht sinnvoll beschreiben lassen, aber doch irgendwie funktionieren.[108]

Natürlich ist das Referat etwas spöttisch geraten, aber wenn man sich durch die stoische Scheinpräzision der Ausdrucksweise nicht ins Bockshorn jagen läßt, wird man sehen, daß die obigen Paraphrasen das sind, was den Ertrag ausmacht, und es wird nicht wunder nehmen, daß am Ende von Searles Aufsatz der eingangs zitierte Satz steht, mit einer Metapher «meine» eben einer etwas anderes, als was er (wörtlich) «sage» – und: weiß der Teufel, wie man diesen Unterschied zwischen «meinen» und «sagen» eigentlich hinkriegt. Bei Searle ist der Fall darum so kurios, weil er – im Rahmen seiner eigenen Sprachtheorie, die ihm seinen Platz auf dem Olymp der Sprachphilosophen/Linguisten sichert – diesen Unterschied leugnet, leugnen muß. In seinem Aufsatz «Wörtliche Bedeutung» schreibt er zwar, er sage «nicht, daß Sätze keine wörtliche Bedeutung haben»,[109] entkleidet aber die Bezeichnung «wörtliche Bedeutung» jedes unterscheidenden Sinnes. «Wörtliche Bedeutung» will Searle nicht als Bedeutung eines Satzes ohne Ansehung des Äußerungskontextes verstehen. «Wörtliche Bedeutung», führt er aus, habe «nur relativ zu dem Koordinatensystem unserer Hintergrundannahmen Anwendung». Das heiße: «Der Bedeutungsbegriff (...) steht in allen möglichen systematischen Beziehungen zu unserer Sprachtheorie und unseren vortheoretischen Überzeugungen über Sprache. Bedeutung hängt zusammen mit unserem Begriff von Wahrheitsbedingungen, Folgerung, Widerspruch, Verstehen und einer Unmenge von anderen semantischen und geistigen Begriffen. Die These von der Relativität der Bedeutung ist nun die These, daß man diese Verbindungen nur relativ zu irgendeinem Koordinatensystem von Hintergrundannahmen herstellen kann.»[110] Das möchte vielleicht niemand mehr bestreiten; aber was wäre dann «wörtliche Bedeutung» im Unterschied zu «Bedeutung»? Searle beantwortet diese Frage nicht, und er stellt sie nicht einmal. Dabei ist, an einer Besonderheit von «Wörtlichkeit» festzuhalten, die Bedingung dafür, eine Metapher als die Behebung einer Störung eines sich (zunächst) auf «wörtliche Bedeutung» beziehenden Verständnisses einer Äußerung aufzufassen. Searle betreibt viel überzeugenden argumentativen Aufwand, um zu demonstrieren, wie viele (inexplizite, verschwiegene, unbewußte) Hintergrundannahmen wir machen müssen, um so abgedroschene Beispielsätze wie «Die Katze ist auf der Matte» zu verstehen. Jedes mögliche Verständnis sei «relativ zu» solchen Annahmen. Was aber wäre dann der Unterschied zu der «wörtlichen Bedeutung» eines Satzes, die ebenso abhängig ist von solchen Hintergrundannahmen, wie es «nicht wörtliche Bedeutungen» sind? Es ist ja gerade die Pointe der Sprechakttheorie, die Bedeutung von «Es ist heiß hier!» als «Kann mal (gefälligst) jemand ein Fenster aufmachen?» nicht als eine sekundäre, über allerlei Konstruktionen herzuleitende aufzufassen. Der Verdacht liegt auf der Hand, daß «wörtliche Bedeutung» nur im Kontext einer Metapherntheorie, die irgendwie anschlußfähig sein soll an traditionelles Theoretisieren über Metaphern, einen greifbaren Sinn ergibt.[111]

Bei anderen Autoren wird relativ unbefangen von dem Terminus «wörtliche Bedeutung» Gebrauch gemacht. Nehmen wir einen Klassiker wie Max Black, der zu den Vertretern der «Übertragungs-» oder «Wechselwirkungstheorien» gezählt wird, weil er nicht von einem Vergleich des einen (des «wörtlich Bezeichneten») mit dem anderen (dem «Gemeinten) spricht, sondern von der Kontamination des einen (Gemeinten) durch die «Implikationsmuster» des anderen. Nehmen wir seine Erläuterung von «Der Mensch ist ein Wolf»: Der «fragliche Satz (wird) seine intendierte Bedeutung keinem Leser vermitteln, der über Wölfe nicht genug weiß. Erforderlich ist weniger, daß der Leser die Wörterbuchbedeutung von ‹Wolf› kennt – oder dies Wort im wörtlichen Sinne gebrauchen kann, als die Kenntnis dessen, was ich das System *miteinander assoziierter Gemeinplätze* nenne.» Dieses «System miteinander assoziierter Gemeinplätze» ist auch wieder nichts anderes als das, was einem zu «Wolf» so alles einfallen kann. «Der Effekt», heißt es bei Black weiter, «den Menschen (metaphorisch) einen ‹Wolf› zu nennen, beruht also darauf, das Wolf-

System von untereinander verwandten Gemeinplätzen ins Spiel zu bringen.» Black führt auf, was wir zu «Wolf» an Äußerungsintention schon verstanden haben, sobald wir «Der Mensch ist ein Wolf» hören oder lesen. Der Wolf in der Metapher sei nicht der wörtliche, aber auch nicht zu weit von ihm entfernt: «Die Wolf-Metapher unterdrückt einige Details und betont andere.»[112] Man meint, etwas verstanden zu haben, weil es sich um eine hochkonventionalisierte Metapher handelt. Was wäre, würde Black mit der Metapher «Der Mensch ist ein Hummer» konfrontiert? Oder: «Kein Mensch ist ein Hummer» – ist das unsinniger als «Kein Mensch ist eine Insel»?

Vielleicht gibt man Aristoteles zu große Schuld an dem, was mit seinen Sätzen möglicherweise nur scheinbar begonnen hat. Worum es Aristoteles ging, war, zu betonen, worauf auch Searle und Black und andere am Ende die Rede richten, ohne daß es aber mehr bliebe als ein unverbindliches «Worum es uns eigentlich gehen sollte». Metaphern «organisierten unsere Ansicht vom Menschen», sagt Black;[113] sie gäben uns, wie Dr. Johnson gesagt habe, «zwei Ideen für eine»;[114] Aristoteles sagte, Metapherngebrauch erweitere unseren Sinn für die Ähnlichkeiten in der Welt, für die Komplexitäten der Weltbezüge würden wir heute vielleicht sagen. Gleichwohl hat Aristoteles uns das ärgerliche Reden vom Rätsel (*aínigma*) hinterlassen, das eine Metapher zunächst darstelle, und das von der Abweichung vom wörtlich Gewohnten («unvereinbare Wörter miteinander zu verknüpfen»/ *«légonta hypárchonta adýnata synápsai»*).[115] Eine andere Seite der Überlegungen des Aristoteles zieht traditionellerweise weniger Aufmerksamkeit auf sich, führt aber weiter. Aristoteles interessiert sich für die Kritik am Metapherngebrauch und faßt sie als Mißverständnis auf. Die Kritik, für die er einige Autoren aufruft, besteht grob gesprochen in dem Vorwurf, Metaphern würden verständliche Ausdrücke durch unverständliche oder wenigstens ungebräuchliche («So spricht doch kein Mensch!») ersetzen. Letztlich, so Aristoteles, gehe es um den Unterschied zwischen Alltags- und poetischer Sprache. Man könne lernen, sich schicklich auszudrücken; Metapherngebrauch könne man nicht lernen: «Dies ist das Einzige, das man nicht von einem anderen lernen kann, und ein Zeichen von Begabung. Denn gute Metaphern zu bilden bedeutet, daß man Ähnlichkeiten zu erkennen vermag.»[116] Metaphorische Rede ist, so könnte man vielleicht sagen, nach dieser Auffassung gleichermaßen «ursprüngliche» Rede wie – ja, wie was: «wörtliche»? «nicht metaphorische»?

Es ist wohl tatsächlich erst Donald Davidson gewesen – und im Anschluß an ihn Richard Rorty –, der mit aller bisherigen Metapherntheorie insofern brach, als bei ihm die Unterscheidung von «Eigentlichem» und «Uneigentlichem», «wörtlicher» und «übertragener Bedeutung», «gesagt» und «gemeint» ohne Rest aufgegeben wird. Allerdings um den Preis, daß Aristoteles' «Rätsel» noch mehr an Prominenz gewinnt. Man könnte sagen, daß am Rätsel festgehalten wird, aber alle Lösungswege verworfen werden.

Auch Davidson geht es um die kommunikative Leistungsfähigkeit der Metapher. Sie sei ein Mittel, um mit anderen einen unkonventionellen Weltbezug herzustellen, etwas wahrzunehmen, das wir zuvor nicht oder jedenfalls nicht «so» wahrgenommen haben. Dies erfolgreich zu tun heißt nach Davidson nicht, etwas – und sei es unbewußt, gewissermaßen im Schnellverfahren – über ein Sprachmittel herauszubekommen und dann flink anzuwenden. Entsprechend ist es nicht Aufgabe der Sprachtheorie(n), solche Wege zu rekonstruieren (also zu erfinden) und dann zu behaupten, dergleichen spiele sich ab, wenn man eine Metapher verstehe. Es gebe bei Metaphern nichts (Besonderes) zu verstehen. «Metaphern (bedeuten) eben das, was die betreffenden Wörter in ihrer buchstäblichsten Interpretation bedeuten, und sonst nichts.»[117] «In ihrer buchstäblichsten Bedeutung», ein eigentlich beinahe lustiger Superlativ, der viel Räsonieren überflüssig macht. Was immer ihr unter «wörtliche» oder «buchstäbliche Bedeutung» versteht, nehmt's noch ein Stückchen radikaler und ihr habt's. Schaut eben im Lexikon nach: etwa so! Oder, wie Rorty es faßt: Wer Deutsch kann, weiß, was es heißt. Und dann? Das Problem, das für Searle noch von großer Bedeutung gewesen ist, die Schwierigkeiten beim Paraphrasieren von Metaphern,[118] legt Davidson als uninteressant beiseite:

> Ich stimme zwar der Auffassung zu, daß Metaphern nicht paraphrasiert werden können, glaube aber nicht, daß das daran liegt, daß Metaphern etwas zu Neuartiges für den buchstäblichen Ausdruck sagen, sondern daran, daß da gar nichts zu paraphrasieren ist. Die Paraphrase – ob möglich oder nicht – gehört zu dem, was *gesagt* wird; in der Paraphrase versuchen wir es auf andere Weise zu sagen. Doch

> wenn ich recht habe, sagt die Metapher gar nichts, was über ihre buchstäbliche Bedeutung hinausginge (...) Damit soll freilich nicht bestritten werden, daß die Metapher eine Pointe hat, noch soll geleugnet werden, daß sich diese Pointe durch Verwendung weiterer Worte verdeutlichen läßt.[119]

Auch Davidson schlägt sich mit den Sonderbarkeiten der klassischen Metapherntheorien herum. Vergleichstheorien ließen allesamt «die verborgene Bedeutung der Metapher allzu offensichtlich und zugänglich erscheinen. In jedem Fall wird die verborgene Bedeutung einfach dadurch ausfindig gemacht, daß man sich auf die buchstäbliche Bedeutung eines normalerweise peinlich trivialen Vergleichs beruft. Dies ist wie das – Tolstoi wie ein Kind, die Erde wie ein Boden. Das ist trivial, weil ein jegliches Ding wie jedes andere ist, und zwar in unendlich vielen Hinsichten.»[120] Und, ins Theorieübergreifende gewendet und den paradoxen Gehalt aller traditionellen Metapherntheorien pointierend:

> Einerseits will die übliche Auffassung geltend machen, die Metapher leiste etwas, wozu keine schlichte Prosa imstande sei, und andererseits will sie die Leistung der Metapher dadurch erklären, daß sie sich auf einen kognitiven Gehalt beruft – also genau das, zu dessen Ausdruck die schlichte Prosa da ist.[121]

Davidson schlägt nicht vor, auf irgendeine andere komplizierte oder überraschende Weise jenen Brückenschlag doch noch zu versuchen, an dem alle anderen gescheitert sind. Es führt keine Brücke über den Abgrund, der das eine Ufer (die buchstäbliche Bedeutung) von dem anderen (was immer es sei) trennt. Man muß springen und landet dann irgendwo. Wenn man sich umsieht, ist da gar kein Abgrund gewesen.

> Wir müssen die Auffassung fallenlassen, wonach die Metapher Trägerin einer Botschaft ist, wonach sie einen Gehalt hat bzw. eine Bedeutung (neben ihrer buchstäblichen Bedeutung versteht sich). Die verschiedenen (traditionellen, jpr) Theorien (...) verfehlen ihr Ziel. Wo sie eine Methode zur Entzifferung eines verschlüsselten Inhalts zu liefern glauben, sagen sie in Wirklichkeit etwas (bzw. versuchen etwas zu sagen) über die *Wirkungen*, die Metaphern auf uns ausüben.[122]

Davidson greift auf Aristoteles zurück, nicht auf das «Rätsel», sondern auf die kommunikative Leistung.[123]

Und hier setzt Davidson eine Pointe, die im Anschluß von Rorty radikalisiert wird: Die Vermutung, eine Metapher «könne nur durch die Mitteilung einer verschlüsselten Botschaft wirksam sein, ähnelt dem Gedanken, ein Witz oder ein Traum mache eine Aussage, die ein gescheiter Deuter in schlichter Prosa neu zu formulieren vermöge. Witz, Traum oder Metapher können uns zwar – ebenso wie ein Bild oder eine Beule am Kopf – dazu veranlassen, eine bestimmte Tatsache zu erkennen – aber nicht, indem sie diese Tatsache bezeichnen oder sie zum Ausdruck bringen.»[124]

Das Bild von der «Beule am Kopf» wirkt für denjenigen, der sich Seiten um Seiten durch die unterschiedlichen Theorien, was eine Metapher sei und was es heiße, sie zu verstehen, hindurchgelesen hat,[125] wie ein Schlag auf den Kopf. Vielleicht ein wenig wie die Ohrfeigen, die Wittgenstein seinen Schülern in Otterthal gegeben haben soll, damit sie sich das Gehörte besser einprägten, oder wie die Ohrfeige des Balian zu Jerusalem: «und das ist, damit du das nie vergißt!»[126] Diesen Schlägen aber waren Belehrungen vorausgegangen, bei Davidson ist die Beule alles, was man hat. Einem fällt etwas ein oder auf, aber wie eine Paraphrase davon aussehen könnte, weiß man nicht, auch nicht, wie irgendeine nicht als genaue Paraphrase ausgegebene hinführende Rede. Davidson meint nicht die Beule als Artefakt (und den Schlag als vorgängige, auch kommunikativ verstehbare Handlung), sondern als etwas, das nur «da» ist, wenn auch aufmerksamkeitsheischend.

Hier setzt Rorty an und fort. Er faßt Davidsons Position so zusammen: Zweierlei müsse man auseinanderhalten: «Das eine ist die Feststellung, daß die Fähigkeit, die wörtliche Bedeutung eines deutschen Satzes zu verstehen, kausal notwendig dafür ist, daß man mit seiner metaphorischen Verwendung etwas anfangen kann, das andere die Behauptung, daß diese Fähigkeit gewährleistet, daß man das kann. Wenn Davidson recht hat, kann *nichts* das gewährleisten. Der Unterschied zwischen einer wörtlichen und einer metaphorischen Verwendung eines deutschen Satzes liegt nach Davidsons Auffassung eben darin, daß ‹Deutsch zu können› (...) hinreichend ist, um die erstere zu verstehen. Das ist der Grund, weshalb wir diese Verwendung ‹wörtlich› nennen. Aber nichts, was vor dem Auftreten der

Metapher existiert, ist hinreichend für das Verstehen der metaphorischen Verwendung. Wenn ‹interpretieren› oder ‹verstehen› heißt ‹unter ein vorgängiges Schema bringen›, dann kann man Metaphern nicht verstehen oder interpretieren. Wenn wir aber diese Begriffe so erweitern, daß sie etwas bedeuten wie ‹Nutzen ziehen aus› oder ‹zurechtkommen mit›, dann können wir sagen, daß es uns in der Weise gelingt, Metaphern zu verstehen, wie es uns gelingt, anomale natürliche Phänomene zu verstehen. Wir verstehen sie, indem wir unsere Theorien dem neuen Material anpassen.»[127] Eine Metapher zu verstehen hieße dann, etwas in der Welt besser zu verstehen/interpretieren/erklären/etc. und dies mit dem Hinweis zu tun: «Durch diese Metapher bin ich darauf gekommen.»

Rorty beschäftigt sich mit einem möglichen Einwand gegen diese Auffassung: «Philosophen wie Habermas und Hesse – Philosophen, denen der Positivismus verdächtig ist – ist Davidsons Angriff auf die ‹These, wonach mit der Metapher ein bestimmter kognitiver Gehalt verknüpft ist, den der Autor mitteilen möchte›[128] wahrscheinlich auch deswegen verdächtig, weil er den Höhenflügen des Genies denselben metaphysischen Status zuzuschreiben scheint wie Donnerschlägen oder Vogelgezwitscher.»[129] Das ist das alte Argument, eine Erkenntnis werde nur darum bezweifelt oder zurückgewiesen, weil sie eine Kränkung darstelle. Andererseits macht der Umstand, daß jemand sich durch eine Behauptung gekränkt oder sonstwie irritiert fühlen mag, diese noch nicht richtig oder auch nur plausibel. Rorty drückt sich um ein Problem herum, das durch Davidsons «Beule» deutlich wird. Er führt die Kritik an Davidsons Auffassung der Metapher als einer Art Naturding auf das Mißverständnis zurück, das empiristische Erkenntnistheorien mit sich führten, nämlich die «Behauptung, daß Sinneswahrnehmung (von z. B. Vogelgezwitscher) ein Stimulus für Erkenntnis ist, und die Behauptung, daß sie Erkenntnis vermittelt».[130] Gewiß, das Zwitschern «sagt» mir nicht, daß da irgendwo ein Vogel ist, sondern ich nehme Zwitschern wahr und nehme auf Grund meiner Erfahrungen und Kenntnisse an, daß da drüben ein Vogel ist (und zwitschert). Das Zwitschern für sich selbst (wie es an mein Ohr kommt, ich rede nicht von der Bedeutung, die es für andere Vögel hat oder haben kann, und ob man hier zu Recht oder nur in irgendeinem anderen (metaphorischen?) Sinn von «Bedeutung» sprechen kann) sagt gar nichts. Daraus folgt aber nicht die Umkehrung, daß etwas, dem ich nicht gemäß konventioneller Theorien «Bedeutung» zuspreche (was im erörterten Material immer hieß: Überführung einer nicht «wörtlich» zu verstehenden Äußerung in eine Paraphrase oder komplizierte Darlegung via Herleitung des «eigentlich Gemeinten»), nun also, und zwar gleichsam logisch folgend, denselben Status hat wie ein nicht von einem Menschen hervorgebrachtes Geräusch. Es folgt schon darum nicht, weil es so nun einmal nicht ist, und die Pflicht des Theoretikers besteht darin, nicht darüber hinwegzuformulieren.[131]

Das *proton pseudos* Rortys besteht in dem titelgebenden Wort «Geräusch» (noise). Der Ruf des Quetzals im Dschungel ist ebenso ein «ungewohntes Geräusch» («unfamiliar noise») wie eine nie gehörte Metapher oder ein Paradox – genaugenommen müßte man von Wortfolgen sprechen, denn ob es Metaphern gewesen sind, weiß (was immer das «wissen» heißt) man erst, wenn die Wortfolgen «less unfamiliar» geworden sind. Genaugenommen weiß ich beim ersten Hören gar nicht, ob es sich um Wortfolgen handelt oder nur um Lautfolgen, die sich wie Wörter anhören, aber doch nur zufälligerweise gewohnte Geräusche zu sein *scheinen*. Rorty hätte sich auf die Bräuche in manchen Zen-Klöstern beziehen können, wo den Novizen seltsame Geschichten erzählt, sinnlose Aufgaben gestellt, Triviales auratisch vorgetragen wird oder einfach Prügel verpaßt werden. Alle diese Aktionen sind, im Davidson/Rortyschen Sinne, «unfamiliar», transformieren keine kognitiven Inhalte, haben weder eine wörtliche Bedeutung, noch lassen sie sich durch Unterweisung in bedeutungsvolle Sätze überführen. Doch bleibt der Unterschied zum Ruf des Quetzals und zur Beule, für die der Schrank und nicht der Knüppel des Zen-Meisters die Ursache ist, deutlich: Es ist in einem bedeutungsvollen Kontext geschehen, absichtsvoll. Was Rorty das Adjustieren der Theorien nennt, findet eben in diesem Zusammenhang statt, und es scheint mir unstatthaft zu sein, ihn zu ignorieren. Rorty ist zuzustimmen, wenn er sagt:

> Es ist witzlos zu fragen, was an dem Geräusch die Möglichkeit begründet, es doppelt zu beschreiben, als Geräusch und als Sprache. Ob es doppelt beschreibbar wird, hängt davon ab, was im übrigen Universum vor sich geht, und nicht von etwas, was tief im Geräusch selbst beschlossen lag.[132]

Nur eben: gewiß «im übrigen Universum», aber vor allem in der Zen-Schule, im ungefähren Wissen, was da vor sich geht, im Wissen darum, daß auch die Weigerung, zwischen Mitteilung und Ereignis zu unterscheiden, eine Intention darstellt und nicht ein Ereignis wie andere ist. Kurz, es gilt hier, was Wittgenstein vom Witz sagt, um einen zu verstehen, müsse man die Kultur kennen/verstehen, in der er gemacht wurde. Metaphern werden nur dort verstanden, wo man Wert auf sie legt. Sonst sind sie nur ungewohnte Geräusche.

In einem Absatz seines Aufsatzes über das Metaphernverstehen ist Davidson einen entscheidenden Schritt über Rorty hinausgegangen.

> Metaphern sind die Traumarbeit der Sprache, und ihre Deutung sagt – wie bei aller Traumarbeit – durch Spiegelung über den Deutenden genausoviel aus wie über den Urheber. Die Traumdeutung verlangt Zusammenarbeit zwischen einem Träumenden und einem Wachenden, seien sie auch dieselbe Person; und die Ausführung der Deutung ist selbst eine Leistung der Vorstellungskraft. Auch das Verstehen einer Metapher ist ebensosehr schöpferisches Bemühen wie das Hervorbringen einer Metapher, und es ist ebensowenig von Regeln geleitet.[133]

Das Verstehen einer Metapher ist etwas, das kontextualisiert geschieht, aber nicht so wie das ungewohnte Geräusch – irgendwo, irgendwann, einer macht etwas draus –, sondern in einem auf Bedeutungen ausgerichteten Ambiente, in dem es von vornherein darauf ankommt, das «Geräusch» nicht als Geräusch, nicht als bloßes Geschehen, sondern als gemacht – gesagt, geträumt, intendiert – und damit als bedeutungsvoll aufzunehmen in einer Weise, die die Möglichkeit eröffnet, so anzuschließen: «Da hast du mich verstanden»/«Das hast du ganz falsch verstanden»/«Was hast du denn da verstanden?»/«Soll ich das jetzt verstehen, oder was?» Dieses Verstehen mit der Möglichkeit, solcherart anzuschließen, setzt ein Ambiente, sagen wir: eine Kultur voraus, die weiß, was eine Metapher ist. Wer das nicht weiß, kann den Schritt vom ungewohnten Geräusch oder, wie es die klassischen Theorien möchten, der falschen Wortverwendung zum «Verstehen, was gemeint ist», nicht tun.

In seinem klassisch gewordenen Aufsatz «Semantik der kühnen Metapher» kehrt Harald Weinrich den Gedanken, eine Metapher sei irgendwie ein verkürzter Vergleich, um:

> Die Metapher ist nicht ein verkürztes Gleichnis, sondern das Gleichnis ist allenfalls eine erweiterte Metapher.[134]

Eine der Überlegungen, an denen er diesen Gedanken demonstriert, ist, daß man, entgegen der allenthalben (auch von ihm selbst im selben Aufsatz) geäußerten Selbstverständlichkeit, daß man alles mit allem vergleichen könne, nicht alles mit allem vergleichen kann (jedenfalls nicht «einfach so»). Gewohnt sind wir, vom «Licht der Wahrheit» zu sprechen, aber was wäre der Vergleich? «Zwischen Wahrheit und Licht gibt es kein tertium», schreibt Weinrich und kommt dem Einwurf, mache nicht beides die Welt irgendwie, nun ja: heller?, zuvor: «kein tertium, das nicht selber metaphorisch wäre.»[135] Das Operieren mit Metaphern ist etwas anderes als das Operieren mit Wortfolgen anderer Art. Es gibt kein Primäres. Den Umstand, auf den schon Aristoteles hinweist, daß Metaphern gewissermaßen umkehrbar sind, so daß der Lebensabend für das fortgeschrittene Alter zum Tagesalter für den angebrochenen Abend werden kann, zeigt, daß wir uns in einem eigenen semantischen Raum befinden, in dem es dann die Konventionen sind, die der einen Metapher den Vorzug der unmittelbaren Eingängigkeit verleihen, der anderen den Eindruck des «Kühnen», sprich: eine ungewohnte Metapher zu sein.[136] Ohne zu wissen, was eine Metapher «ist», wäre eine neue, ungewohnte Metapher ein ungewöhnliches Geräusch oder ein Fehler, weiß man's aber, ist es eine kühne Metapher.

Eine für den heutigen Leser besonders verblüffende Schrift des Aristoteles ist seine Abhandlung über die «sophistischen Fehlschlüsse». Was dort vorgeführt wird à la «Sieh mich an und den Baum: bin ich nicht klein? Aber sieh mich an und die Maus: bin ich nicht groß? Also kann etwas groß und klein zugleich sein» ist gewiß hanebüchen. War es aber augenscheinlich nicht. Aristoteles hielt es für notwendig, eine Art Lehrbuch zu verfassen, in dem er die Leute darüber informierte, daß manche Begriffe nur in Aussagen über Relationen Sinn ergeben. Man muß das hinnehmen.

Daß Humorkulturen sich schnell ändern, weiß jeder, der merkt, daß seine Lieblingswitze nicht nur allgemein bekannt sind, sondern auf seltsame Weise schal wirken, vor allem bei jüngeren Hörern. Wenn ich mir den ersten Witz, an den ich mich erinnere, vorsage, stehe ich vor mir selbst mit Staunen: «Gehen zwei Männer an Bahngleisen entlang. Der eine: Ich habe Hunger! Der andere: Iß doch die da! Der eine: Die sind zu hart. Der andere: Dann warte bis zu den Weichen.» Nur demonstrationshalber. Aber man versteht, wie das «als Witz» gemeint war. Wer wissen will, worüber ein Grieche gelacht hat, wird sich wundern:

> Als ein Kymäer im Schwimmbad war und es zu regnen anfing, tauchte er unter, um nicht naß zu werden.[137]

Ob ein Grieche oder Römer über den Monty-Python-Sketch vom toten Papagei hätte lachen können? Eher über den platzenden Gourmand in «The Meaning of Life», aber, wie wir argwöhnen, «irgendwie anders». Warum funktionieren manche Witze bei Shakespeare noch (noch immer? immer?), manche nur, weil wir uns seelisch einschwingen in treuherzigere Zeiten, manche gar nicht mehr? Hat der ägyptische Handwerker, der auf einen kleinen Stein schrieb: «noch ein kleiner Stein»,[138] einen Witz gemacht, über dem wir nach Aberhunderten von Jahren noch nachts im Bette plötzlich munter werden können und lächeln, oder was ist da los gewesen?

Im Jahre 1755, in Lissabon bebt die Erde, veröffentlicht Christoph Martin Wieland (anonym) die «Ankündigung einer Dunciade für die Deutschen»;[139] den Titel entlehnt er Alexander Popes «The Dunciad. An heroic poem» (dunce = eingebildeter Dummkopf). Es sollte eine große Abrechnungsschrift im Kampfe der Bodmerianer gegen die Gottschedianer sein, eine Auseinandersetzung zweier wohl doch nur im literarhistorischen Rückblick so genannten Dichterschulen. Wieland verteidigte vor allem Johann Heinrich Bodmer – Wieland empfand sich damals als Schüler und Verehrer Bodmers, jenes «wirklich oder vermeintlich großen Mannes», wie er später sagte[140] – gegen Anwürfe aus einem ästhetischen Lager, das allerlei Grundsätze pflegte, die schon bald als überlebt und sonderbar galten (wie etwa die Kritik von Geistererscheinungen auf der Bühne (Hamlet!), womit Lessing sich noch in der «Hamburgischen Dramaturgie» meinte herumschlagen zu müssen).

Die Vorgeschichte sei colorandi causa kurz zusammengefaßt. 1754 erscheint in Breslau eine Schrift Christoph Otto Freiherr von Schönaichs mit dem Titel «Die ganze Aesthetik in einer Nuß, oder Neologisches Wörterbuch; als ein sicherer Kunstgriff, in 24 Stunden ein geistvoller Dichter zu werden», die Wieland – vermutlich ist es Wieland – im selben Jahr in den «Freymüthige(n) Nachrichten Von Neuen Büchern, und andern zur Gelegenheit gehörigen Sachen» anzeigt und angreift: «Ich erwähne mit Abscheu und Entrüstung des eckelhaften Werkes, das unter dem Titel der *Aesthetik in einer Nuß* auf diese Herbstmesse geführt worden. (...) Der unglückselige Verfasser mißhandelt die Personen und die Schriften einiger bekannter und wackerer Scribenten, mit dem boshaftesten Muthwillen. Er verfälschet, verkleidet, zerreisset, zersticht, kreutziget, vergiftet, mördet ihre schönsten Ausdrücke, ihre tugendhaftesten Sittensprüche, und ihre anmuthigsten Vorstellungen. Nicht selten werden in ihnen Homer und Pindarus zergeisselt, und die Propheten und Psalmisten fallen nicht wenigemal in dieselbe Verdammniß. Und womit haben die neuen Poeten diese niederträchtige Wuth verdienet? Sie haben ihre orientalischen Personen ein festlicheres Deutsch reden lassen, als man im *Hermann* redet».[141] «Hermann»: 1751 hatte Schönaich einen «Hermann, oder das befreyte Deutschland, ein Heldengedicht. Mit einer Vorrede ans Licht gestellet von Joh. Chr. Gottscheden» herausgebracht. Diesen «Hermann», in dem sich – nur um einen Eindruck zu vermitteln, denn Wielands polemischer Stil ist zwar einerseits zeittypisch, andererseits für (den späteren) Wieland ganz untypisch, aber was die Sache angeht auch aus heutiger Sicht durchaus verständlich – Stellen finden wie: «Niemand als Segesthes wars, der sein oft verwürktes Leben / In des Sohnes Händen sah und Thusneldas Reitzen schweben» oder «Doch Tarpejus, dessen Wüthen sich nunmehr entdecket sah, / *Schoß* wie ein ergrimmter Adler *nun daher* und *stand schon da!*»[142] Man wird auch Bodmer nicht mehr so lesen, wie der sehr junge Wieland ihn gelesen hat, aber für uns so unmittelbar komische Stellen finden sich seltener bei ihm. Wieland faßt also Schönaichs «Aesthetik in einer Nuß» als Propagandaschrift auf und antwortet ebenso.

In der «Dunciade», die er im Jahr darauf folgen läßt, nimmt er sich den «Hermann» vor und tut an ihm zu Recht, was er meint, daß Schönaich an anderen zu Unrecht getan habe. Und er schlägt den Bogen: «‹*Helden müssen weiter nichts als nur schlagen, kämpfen, fechten.*› – Wie schön schickt sich hierzu der folgende Vers, den der Reim auf *fechten* geschaffen hat: ‹Und die Tugend *muß* den Kranz, den ein Held verdienet, flechten.› – Nunmehr wissen wir, warum Noah, Abraham, Joseph, und der Messias selbst keine *Helden* sind.»[143] Gemeint sind Bodmers «Noah» und «Joseph und Zulika», Klopstocks «Messias» sowie vermutlich Wielands «Der gepryfte Abraham» und immer im Hintergrund Milton – und später Shakespeare.

Zu dem, was aus Richtung Gottsched, wenn man sich so grob ausdrücken darf, unter anderem getadelt wurde, gehörte alles, was einer gewissen Vorstellung aufgeklärter Literatur nicht entsprach, Wunderbares und Wunderliches (Geistererscheinungen, s. o.), Fabelhaftes und dergleichen. Antike Versmaße mochte man nicht, und ebenso verpönt war, was man als eine zu arg geschmückte Rede empfand. Diesem Aspekt wendet sich Wieland gegen Ende der «Dunciade» zu. Greift er Schönaich an, meint er Gottsched mit: «Es ist unstreitig, daß es eine Geburt aus Gottschedischem Saamen ist.»[144] Die Kritik Schönaichs hat auch den Gebrauch von Metaphern bei Haller und Bodmer zum Gegenstand, und hier stoßen wir auf den Umstand, daß Schönaich offensichtlich ebenso unsicher ist, was er damit machen soll, wie die Athener mit den sophistischen Fehlschlüssen. Ich zitiere ausführlich Wielands ironisierende Kritik:

> Ferner, die unvernünftige Application der Metaphern, von denen es doch jedermann bekannt ist, daß sie nicht promiscue mit jedem andern Subject verbunden werden dürfen, z. E. Haller sagt, – Sich zum Manne modeln, folglich sagt der Neologist, auch, sich zur Jungfer modeln, zum Narren modeln, zum Haller modeln; Klopstock sagt, wir wollen dir in feyrendem Aufzug entgegen segnen; also, schließt der Nußknacker, hat Frau Eve eine Kleiderkammer, wo sie ihre himmlische Feyerkleider aufhebet, denn heißt Aufzug hier nicht Equipage? Die Equipage der Frau Eve! ha! ha! ha! Eine andere ihm sehr geläufige Manier die gestümmelten Redensarten der Poeten, oder vielmehr sich selbst lächerlich zu machen, ist, wenn er sich stellet, als ob die Metaphern *eigentliche Redensarten* wären, und daraus abgeschmakte Folgen zieht; z. e. *schlüpfrige Schönen*; So giebts auch trokne, fragt der Neologist; ein begeisterter Hayn, ist ihm ein *Wald voll Geister*; Bodmer sagt, der Lautenklang fallender Wasser; hieraus schließt der Neologist, er lasse das Wasser eine Laute spielen.[145]

Man kann nun nach dem Lehrbuch auseinanderlegen, was da Schönaich wie verpfuscht, aber es geht immer nur um eines: zu wissen, was eine Metapher ist. Und ob einer das weiß, zeigt sich im Umgang damit. Nicht in der Kritik an dieser oder jener mißratenen Metapher, das ist ein anderer Streit, sondern an dem, welche Implikationen solche Kritik hat bzw. welche implizite Voraussetzungen sie hat. So nimmt Schönaich das Wort «schlüpfrig» in seiner «wörtlichen» oder «buchstäblichen Bedeutung» statt als Bestandteil einer Metapher, wozu es nicht nur gehört, «Deutsch zu können», sondern auch, einen Begriff von Metaphorik zu haben. Desgleichen beim «Lautenklang fallender Wasser». Man muß, um solche sonderbaren Mißgriffe nicht zu tun, ja kein Kenner von Metapherntheorien sein, ein einfaches «Hören Sie mal, es geht hier um ein ‹im übertragenen Sinn›!» reicht aus, und zwar ohne eine Debatte darüber, ob dieser Ausdruck einer genauen sprachphilosophischen Strapazierung standhält. Für Schönaich war der «Lautenklang fallender Wasser» unfamiliar noise – und für ihn lag gerade darin *kein* Erkenntnisstimulus. Ein Rortysches ungewohntes Geräusch ist ebensowenig durch sich selbst stimulierend wie eine Davidsonsche Beule am Kopf. Wer mit Metaphern umzugehen weiß, d. h. der Angehörige einer bestimmten Kultur, für den ist im Rahmen des Gewohnten eine ungewohnte («kühne») Metapher ein Stimulus. Das ist ein anderer als der, den das bloß Unerwartete erzeugt.

Auch eine verkorkste Metapher kann ein unfamiliar noise sein. Die Kritik verdorbener Metaphorik – «im Gaskrieg bis aufs Messer kämpfen» – hat das Werk von Karl Kraus angetrieben; seine Kritik, die sich auf eine normative Binnenlogik des Metapherngebrauchs bezieht, wäre mit den Davidson-/Rortyschen Explikationen nicht zu fassen (allerdings mit anderen eingeführten Metapherntheorien ebensowenig oder um den Preis der Lächerlichkeit), und auch nicht seine Stilistik, die auf der praktischen Extension des in einer Metapher Angelegten beruht oder in der Wendung von etwas, das wörtlich genommen werden will, ins Metaphorische und umgekehrt besteht: Kraus operiert zuweilen durchaus mit den Möglichkeiten, eine Metapher à la Schönaich nicht zu verstehen, nur eben auf einer Kulturstufe, die es erlaubt, mit dem, was anderswo schierer Unverstand wäre, sein Spiel zu treiben.

Die Metapher ist nicht ein Modell des literarischen Textes im Kleinen, aber die Probleme hier und da sind nicht so weit voneinander entfernt. Ich kann mit einem literarischen Text nicht dasselbe machen wie mit einem nicht-literarischen – und umgekehrt. «Eine Metapher verstehen» ist etwas anderes, als etwa eine beliebige Prädikation («wörtlich») zu verstehen, «einen literarischen Text verstehen» etwas anderes als einen nicht-literarischen. In welcher Hinsicht?

Verstehen

Geoffrey äußert die Wörter «It is raining», und unter den richtigen Umständen wissen wir, daß er gesagt hat, es regne.
Donald Davidson, Radikale Interpretation

«Wenn ich mich verspreche und Sie sich gleichzeitig verhören, kann es doch sein, daß Sie genau das verstehen, was ich eigentlich sagen wollte.»
«Ich finde es zumindest Nazivollbart.»
«Ich finde es auch nachvollziehbar.»
Rattelschneck

Verstehen ist kein Sprachspiel. Woher denn; warum sollte man in Erwägung ziehen, das so zu nennen? Verstehen ist auch kein «Zug in einem Sprachspiel». Allerlei, was zum Verstehen gehört, kann man als «Zug in einem Sprachspiel» bezeichnen: nachfragen, antworten, korrigieren und so weiter. Was ist «Verstehen», wenn es kein Tun ist? Sehr häufig wird versucht, «verstehen» zu erläutern unter Verwendung des Wortes «verstehen» (oder eines Synonyms) als etwas wie «jemand hat verstanden, wenn er verstanden hat, daß ...». Wolfgang Künne etwa spricht von «erfassen» und unterscheidet so sechs Stufen des Verstehens: 1. erfassen, daß überhaupt gesprochen wird (Sprechen von anderem Lärm unterscheiden), 2. die wörtliche Bedeutung erfassen (erkennen, daß es Deutsch ist, und «die Wörter verstehen»), 3. die Äußerung als Äußerung (d. h. in dem Äußerungskontext) erfassen, ihren «Sinn» erfassen, 4. den Sinn der Äußerung in einem erweiterten Kontext erfassen (von der Tageszeit bis zum weltpolitischen Kontext), 5. erfassen des (scheinbaren[146]) Drumherums (Gesten, Tonlage etc.), 6. erfassen, ob uns das alles irgendwie weiterbringt («Welche

Relevanz, welche Pointe, welchen ... Sinn kann diese Äußerung haben?»).[147] – Man kann es so oder anders machen, es bleiben zweierlei Probleme: «erfassen, daß» (oder wie immer man es nennt) ist um nichts klarer als «verstehen», und am Ende verliert sich alles ins Ungefähre, wogegen sich nichts einwenden läßt, wenn man es dann auch so nennt. Jedenfalls kann man dort philosophisch anschließen und sich bis zum Seinsverstehen vorarbeiten, aber da geraten wir auf ein allzu weites Feld.

Man kann vielen Problemen entgehen, wenn man, wie es Luhmann getan hat, «verstehen» als «anschließen» auffaßt. Damit wird nicht versucht zu beschreiben, was da passiert, wenn einer versteht, sondern nur der Prozeß der Verständigung (oder: Kommunikation), in dem es immer weitergeht, indem immer wieder angeschlossen wird, reibungslos, widersprechend, ablehnend und so weiter oder mit einem «Das hast du nicht verstanden» (und was folgt, kann man als Rekursion beschreiben, aber einfacher wohl als Auf-diese-spezielle-Weise-Weitergehen).

Und wenn man doch insistiert und fragt, vielleicht nach Manier der Stoiker: Was ist Verstehen (in sich selbst)? So zu fragen ist vielleicht nur Eigensinn und das Beharren darauf, daß, wo es möglich ist, eine Frage zu formulieren, auch eine Antwort zu finden sein müsse. Wittgenstein führt, recht früh in seinen «Philosophischen Untersuchungen», den Begriff «Sprachspiel» so ein:

> Das Wort «Sprachspiel» soll hier hervorheben, daß das Sprechen der Sprache ein Teil ist einer Tätigkeit, oder einer Lebensform.
> Führe dir die Mannigfaltigkeit der Sprachspiele an diesen Beispielen, und anderen, vor Augen:
> Befehlen, und nach Befehlen handeln –
> Beschreiben eines Gegenstands nach dem Ansehen, oder nach Messungen –
> Herstellen eines Gegenstands nach einer Beschreibung (Zeichnung) –
> Berichten eines Hergangs –
> Über den Hergang Vermutungen anstellen –
> Eine Hypothese aufstellen und prüfen –
> Darstellen der Ergebnisse eines Experiments durch Tabellen und Diagramme –

Eine Geschichte erfinden; und lesen –
Theater spielen –
Reigen singen –
Rätsel raten –
Einen Witz machen; erzählen –
Ein angewandtes Rechenexempel lösen –
Aus einer Sprache in eine andere übersetzen –
Bitten, Danken, Fluchen, Grüßen, Beten.[148]

«Verstehen» gehört nicht in diese Reihe, aber ohne «Verstehen» läßt sich nicht verstehen, was diese Sprachspiele zum jeweiligen Sprachspiel macht. «Verstehen» heißt «erfassen», welches Spiel gespielt wird, und damit, welcher Zug als nächster möglich ist. Was hat man verstanden, wenn man das verstanden hat? Man weiß «verstehen» innerhalb eines bestimmten sprachphilosophischen Terrains zu paraphrasieren. Man hat verstanden, was «verstehen» im Bezugsrahmen der Sprachauffassung der «Philosophischen Untersuchungen» heißt. Mehr oder weniger.

Drehen wir die Frage: Was hieße in diesem Zusammenhang «mißverstehen»? Zweifellos allerlei, dies und das. Zum Beispiel: es sänge einer eine Bauanleitung vom Blatt. Nun, wie man's nimmt. Ich kenne einen Fall, in dem eine Hebammenschülerin, eine liebenswerte Person mit skurrilen Zügen, während einer Prüfung die Antworten auf die gestellten Fragen sang. Die Prüfer waren nett, und da die Worte stimmten, kam sie damit durch. Hat sie etwas mißverstanden? Ja, wenn die Prüfer anders reagiert hätten. Es läßt sich nicht von vornherein sagen, was zum Sprachspiel «Prüfungsfragen beantworten» gehört, siehe oben: Ein Sprachspiel ist Teil einer Lebensform, und zu der gehören allerlei normative Elemente (über die sich zu streiten ein anderes Sprachspiel wäre). Die Prüfer hatten sich stillschweigend darauf geeinigt, daß es auf eine bestimmte Art und Weise des Vortrags der Antworten nicht ankommen soll, und also die Lebensform «Hebammenprüfung» im Vollzug (oder, wenn man will, im Gewährenlassen) definiert. Läßt sich also gar nicht so einfach sagen, was ein Mißverständnis ist? «Sie haben uns wohl mißverstanden: das ist eine Hebammenprüfung, kein Vorsingen!» *oder*: «Machen Sie ruhig weiter, war richtig bisher»? Ist es wichtig, sich zu entscheiden, ob man sagen will, die Interpretation des Sprachspiels/Lebensform

 «Hebammenprüfung» durch die zu Prüfende, der die Prüfer gefolgt sind, habe das Spiel «Hebammenprüfung» geklärt oder verändert, und also habe es sich gar nicht um ein Mißverständnis gehandelt? Und ist es im Falle des Dissenses wichtig, ob man zu dem Schluß kommt, die Schülerin habe die Prüfungssituation mißverstanden («Ein Minimum an Ernst kann man verlangen!»), oder zu dem, hier liege ein symmetrischer Dissens vor («So können Sie sich nicht aufführen!» – «Wo steht das?») oder hier hätten die Prüfer etwas mißverstanden (worüber sie ein angerufenes Schiedsgericht belehren könnte: «Die Art des Vortrags ist für die Beurteilung der Richtigkeit der Antworten ohne Belang»)?

Kaum; weil es darum gar nicht geht. Die aufgeführten Beispiele zeigen Möglichkeiten der Veränderung eines Spiels, Wege, die die Beteiligten einschlagen können, und auf die uralte Frage, wann etwas im Prozeß einer Veränderung «noch dasselbe» oder «schon ein anderes» ist, gibt es nur die uralte Antwort: Kommt darauf an bzw. je nachdem. – Ganz anders scheint die Sache zu liegen, wenn ein Mißverständnis ein Hörfehler ist – aber wann ist er, reproduziert, ein Fehler, wann eine Fehlleistung, wann Literatur (Lichtenberg: Agamemnon/angenommen; Gernhardt: Golgatha/Colgate)? Wann ist fraglich, ob man das, was man vor sich hat, überhaupt «Mißverständnis» nennen kann? Wittgenstein sagt irgendwo sinngemäß, daß man etwas wie 2 × 2 = 347 nicht einen «Rechenfehler» nennen könne – es ist klar, daß da etwas anderes passiert sein muß. Und was ist hiermit?:

> Da schau her, Kunigunde, der wunderbare Tintenfisch da oben!
> Wo oben?
> Da oben.
> Des ist doch kein Tintenfisch, des is ja a Steinadler.
> Jaja, Steinadler wollt ich sagen, ich hab mich nur versprochen.

Karl Valentin, «Im zoologischen Garten». Weder «Ich hab mich nur versprochen» ist ein passender Kommentar, noch wäre «Achja, ich hab mich geirrt» einer. Auch «Ich habe doch Steinadler gesagt! – Ach, da habe ich dich mißverstanden, ich dachte, du hättest Tintenfisch gesagt» wäre mit «Mißverständnis» nicht richtig etikettiert.

Aber was immer da in Gang gesetzt wird, um mit der arretierten Kommunikation weiterzukommen, vergleichbar ist es nicht mit der

Metapher, die der Hörer (in der Fiktion der Metapherntheoretiker)
für ein Mißverständnis hält, die er dann aber mit Hilfe irgendwelcher verständnisaufhelfender Operationen einem angemesseneren Verständnis zuführt. Für den, der sich mit einer Metapher verheddert, ist allein mit der Auskunft, dies sei eine Metapher, geholfen, und die wäre der Einstieg in eine Lebensform, die mit Metaphern umzugehen weiß.

Verständnis ist, was das Beheben eines Mißverständnisses herstellen will. Ein Mißverständnis ist eine Arretierung einer Kommunikation, die man «Mißverständnis» nennt, um sie von einem Dissens abzugrenzen. Zur Behebung dieser Arretierung werden bestimmte, nur in manchen Fällen vorher absehbare weitere Kommunikationsschritte unternommen. «Rekursiv» sind diese weiteren Kommunikationsschritte aus der Selbstbeschreibungsperspektive.

«Verstehen» ist kein Sprechakt, nichts, was produktiv oder erhellend analog zu irgendwelchen Handlungen oder auch nur Tätigkeiten beschrieben wird. Verstehen ist, was passiert, wenn kommuniziert wird, ohne daß das Begehren aufkommt, ein Mißverständnis zu beseitigen. Es – wenn wir denn überhaupt von einem oder unter Verwendung eines «es» sprechen wollen – läuft nebenher. Bis es das nicht mehr tut.

Das Mißverständnis-Beheben ist niemals in dem Sinne rekursiv (auch nicht aus der Selbstbeschreibungsperspektive), daß etwas, dessen Gestörtsein man konstatiert hat, nun (versuchsweise) ungestört und gleichsam tiefengereinigt vorgeführt würde. Darum führt die Selbstbeschreibung der Rekursion auch nicht besonders weit. Man macht eben weiter, und es ist außerordentlich unterschiedlich, was da geschehen kann: bitten, ein Wort lauter zu wiederholen; ein Lexikon aufschlagen; nach einer Übersetzung fragen; bitten, dasselbe in anderen Worten noch einmal zu sagen; «nach dem Bahnhof scharf links oder schräg links?» fragen; sich darüber belehren lassen, was «ein Visum beantragen» ist – die Liste unterscheidet sich nicht sehr von der oben aus den «Philosophischen Untersuchungen» zitierten. Das alles sind «Sprachspiele», aber eben unterschiedliche, und daß sie alle – unter Umständen – als «ein Mißverständnis beheben» firmieren können, macht sie nicht zu einem gemeinsamen Sprachspiel. Es gibt hier die berühmten «Familienähnlichkeiten»: «es ist diesen Erscheinungen garnicht Eines gemeinsam, weswegen wir für alle das gleiche Wort verwenden, – sondern sie sind miteinander in vielen verschiedenen Weisen *verwandt.*»[149]

Diese Familie Mißverständnisse-Beheben oder vielleicht besser Verständnis-Herstellen hat sehr viele unterschiedliche Mitglieder – ein Mitglied dieser Familie wollte Dr. Wolff treffen. Grundsätzlich ist hier kaum eine Verwandtschaft zu fern – fern von wo auch, wenn man nicht als Kernfamilie, wofür einiges spricht, Erkundigungen nach Wortbedeutungen nimmt. Aber auch so betrachtet: was hieße «zu fern»? Der Bogen spannt sich vom bloßen «Hä?», dem «Nochmal bitte!», der erwähnten Worterkundigung («Was heißt: ‹randständig›?» oder, anders: «Was meinst du mit ‹randständig›?!» oder, noch anders: «Was meinst du denn *jetzt* mit ‹randständig›?» – con variazione), der Erkundigung, worauf sich einer beziehe, was er im Sinn habe, eigentlich meine, der Vergewisserung, ob man das allen Ernstes so und genau so richtig verstanden habe, dem Angebot, es anders zu sagen («Du meinst doch wahrscheinlich ...») bis zu: «Das verstehst du erst, wenn ich dir erzähle ...», worauf eine Lebensgeschichte folgen kann.[150]

Trivialerweise ist nicht alles jederzeit am Platze, auch wenn es einem geschehen kann, daß eine Erkundigung nach einer im Gesprächskontext nicht recht unterzubringenden Äußerung mit einem lebensgeschichtlichen Exkurs beantwortet wird; ob das dann als «passend» *aufgefaßt* wird oder nicht, hängt davon ab, ob es als passend *angenommen* wird oder nicht. Immer aber – darum der eben tentativ angesprochene «Kern der Familie» – ist als Möglichkeit vorhanden, sich nach Wortbedeutungen zu erkundigen. Immer kann man ein Wörterbuch aufschlagen oder sich so benehmen, als täte man das. Man kann ein Synonym nennen, einsetzen. Oder man kann eine Bedeutung eines Wortes so umschreiben, daß sich ein Synonym – andere Lautfolge, selbe Bedeutung – bilden ließe. Sätze lassen sich paraphrasieren, und man sagt damit: Das ist es, was ich sagen wollte.

Was heißt denn «Synonym» (andere Lautfolge, selbe Bedeutung)? Es heißt, daß ich vereinbarungsgemäß – wenn etwas nämlich zum Synonym *erklärt* worden ist – das eine Wort an Stelle des anderen setzen kann, «ohne daß sich etwas ändert». Nota bene: ohne daß sich etwas hinsichtlich der Wortbedeutung und der semantischen Beziehungen der Wörter im Satz, in dem das Synonym steht, ändert. Der Klang des Satzes ändert sich selbstverständlich, aber die Operation «ein Synonym bilden» setzt voraus, daß das keine Rolle spielt.

Rede, die (rekursiv) sich ihrer Verständlichkeit versichert, ist auf die Möglichkeit der Synonymbildung angewiesen. In gewissem Sinne heißt «Wortbedeutung»: «Möglichkeit der Synonymbildung». Diese Möglichkeit ist gegeben, weil wir gemeinhin «Wort» nicht mit «Lautgestalt» identifizieren – es sei denn, wir zielten auf diese Pointe ab. Käme es auf die Lautgestalt an, wären die diese Gestalten umgebenden anderen «Wörter» auch in ihrer Eigenschaft als Laute benannt und nicht als ersetzbar durch Synonyme. Dann wäre die «Bedeutung eines Wortes» nicht seine Verwendung in der Sprache/einem Sprachspiel, sondern in *einem, nur diesem* Kontext und der Begriff «Bedeutung» im Grunde sinnentleert.

Wittgenstein hat in einem seiner beiden berühmtesten Sätze auf das Problem hingewiesen, da es aber in den Zusammenhängen, in denen Wittgenstein normalerweise zitiert wird, darauf nicht ankommt, zitiert man den Eingang meist nicht: «Man kann für eine *große* Klasse von Fällen der Benützung des Wortes ‹Bedeutung› – wenn auch nicht für *alle* Fälle seiner Benützung – dieses Wort so erklären: Die Bedeutung eines Wortes ist sein Gebrauch in der Sprache.»[151] Es gibt sehr wohl Wörter, deren Bedeutung nicht ihr Gebrauch in der Sprache ist, sondern, setze ich hinzu: ihre Stellung als Lautgestalt in diesem-und-nur-diesem Satz. Etwa als Reimwort.

Man kann von einem Wort, das sich auf ein anderes reimt, kein Synonym bilden. Gewiß, «man kann», und zwar «unter Absehung davon, daß es sich dann nicht reimt». Aber es kommt darauf an, daß es sich reimt, daß es dieses Wort, d. h. diese Lautgestalt ist (nicht: hat). Man kann zu einem Wort-bei-dem-es-auf-die-Lautgestalt-ankommt kein Synonym bilden. Das heißt, man kann seine Bedeutung nicht angeben (man sich ihrer auf keiner der für Verständigungsbildung zuhandenen Strategien vergewissern).

Nun sind «literarische Texte» solche, bei denen es auf die Lautgestalt ihrer Wörter ankommt. Warum ist das so? Weil wir so über literarische Texte reden. Wir reden über Reim, Rhythmus, Metrum, wir reden über Vokalhäufigkeiten, über Anspielungen (die nur auf Grund der Ähnlichkeit, d. h. der lautgestaltlichen Ähnlichkeit von Wörtern «Anspielungen» heißen). Auch ein nicht-literarischer Text mag Reime enthalten. Unfreiwillige, sind wir allenfalls bereit zuzugestehen, und das ist keine Frage des «Stils» (was es sein kann, aber darauf kommt es nicht an), sondern eine Frage, worüber wir reden, wenn wir über einen Text reden. Gewiß kann Navid Kermani über die Schönheit der ersten Wörter des Grundgesetzes der Bundesrepublik Deutschland sprechen,[152] doch damit hat er nichts als eine Pointe gesetzt:[153] Er spielte damit, daß diese Art, zwischen Texten zu unterscheiden, zum Grundbestand unserer Kultur gehört. Man kann vor Gericht kein Plädoyer halten mit dem Hinweis, die eigenen Argumente gewönnen dadurch an Triftigkeit, daß man sie in Reime gesetzt habe, und man kann auch in einem Vortrag anderswo eine Nachfrage nicht damit bescheiden, es sei eine sprachliche Unmöglichkeit, den eben geäußerten Satz «noch einmal in anderen Worten» zu sagen.

Ein literarischer Text ist ein Text, bei dem es auf die Lautgestalt der in ihm verwendeten Wörter ankommt (was gleichbedeutend ist mit: bei dem wir beim Reden über ihn die Lizenz – und zuweilen die Pflicht – haben, über seine Lautgestalt zu sprechen). Mithin: zu Wörtern in literarischen Texten gibt es keine Synonyme. Literarische Texte sind nicht paraphrasierbar.

Darauf zielte Wittgenstein mit seinem «eine große Klasse von Fällen, wenn auch nicht alle Fälle». Er setzt diese Überlegung so fort:

> Wir reden vom Verstehen eines Satzes in dem Sinne, in welchem er durch einen andern ersetzt werden kann, der das Gleiche sagt; aber auch in dem Sinne, in welchem er durch keinen andern ersetzt werden kann. (So wenig wie ein musikalisches Thema durch ein anderes.)
>
> Im einen Fall ist der Gedanke des Satzes, was verschiedenen Sätzen gemeinsam ist; im andern, etwas, was nur diese Worte, in diesen Stellungen, ausdrücken. (Verstehen eines Gedichts.)
>
> So hat also ‹verstehen› hier zwei verschiedene Bedeutungen? – Ich will lieber sagen, die Gebrauchsarten von ‹verstehen› bilden seine Bedeutung, meinen *Begriff* des Verstehens.
>
> Denn ich *will* ‹verstehen› auf alles das anwenden.
>
> Wie kann man aber in jenem zweiten Falle den Ausdruck erklären, das Verständnis übermitteln? Frage dich: Wie *führt* man jemand zum Verständnis eines Gedichts, oder eines Themas? Die Antwort darauf sagt, wie man hier den Sinn erklärt.
>
> Ein Wort in dieser Bedeutung *hören*. Wie seltsam, daß es so etwas gibt.[154]

Paraphrasieren

Ein musikalischer Gedanke ist, abgesehen von den Gefühls- und Sinnesregungen, denen er entspringen mag und die er hervorzurufen vermag, gekennzeichnet durch eine Reihe von Eigentümlichkeiten des Verhältnisses der Tonhöhen zueinander und zu einer zugrundeliegenden Zeiteinheit.

Arnold Schönberg, Zur Darstellung des musikalischen Gedankens

Unsere Schprache ist Gezisch & Hexerei, werthe Graue. (Wer's beschtreitet, schpreche diesn Satz gleich noch einmal.

Arno Schmidt, Kaff auch Mare Crisium

Inhalt ist, was die Paraphrase wiedergibt, bzw. wir sprechen von «Inhalt», wenn wir eine Paraphrase bilden können, wenn wir in verschiedener, «gleichbedeutender» Weise sprechen können und damit ausdrücken, «über etwas» zu sprechen. Das klingt outriert. Es klingt nach erkenntnistheoretischen Sperenzien, aber dergleichen ist nicht gemeint, damit will ich niemanden aufhalten. Es reicht festzuhalten, daß das Reden über «Inhalt» von Texten die Möglichkeit zu paraphrasieren voraussetzt, und die die Möglichkeit zur Synonymbildung. «Paraphrase» ist ein weites Feld, vom (kaum je vorkommenden, aber prinzipiell möglichen) ganz aus Synonymen gebildeten Satz bis zur groben Zusammenfassung, wie sie ein Lehrbuch vornimmt.

Wo die Paraphrasierung unproblematisch ist, kommt es auf die Form nicht an – wenn wir unter «Form» alles das im Zusammenhang eines Textes verstehen, bei dessen Erläuterung wir letzten Endes auf die Lautgestalten (zuweilen Schriftgestalten) rekurrieren müssen. Jedes Reden über Form besteht in der Möglichkeit, sich auf Lautgestalten zu beziehen, wie das Reden über Inhalt auf der Möglichkeit beruht, sich auf Synonyme zu beziehen. Beide Möglichkeiten schließen einander aus.

Insofern unterscheiden sich literarische und nicht-literarische Texte im Fundament. Genauer: das Reden über literarische Texte ist auf eine Möglichkeit gebaut, die die Möglichkeit, auf die das Reden über nicht-literarische Texte gebaut ist, ausschließt.

Man könnte, wenn man Gefallen an Zuspitzungen findet, sagen, nicht-literarische Texte hätten keine Form (sondern nur eine zufällige Gestalt), literarische keinen Inhalt. Diese Zuspitzung ist vielleicht darum nicht überflüssig, weil es eine gewisse moderne Tendenz beim Reden über literarische Texte gibt, solche Zuspitzung als Pointe einer Interpretation vorzuführen. So etwa Adorno, dem manche literarische Texte zu Musikbeispielen der Sprache werden – ich verwende natürlich bewußt den Ausdruck, den Carnap abschätzig für bestimmte Stile in der Philosophie (und nicht nur Stile im engeren Sinne, sondern generell Versuche, seiner Auffassung nach Unsagbares resp. Unsinniges zu sagen) verwendete.

Diese Assoziation mit der Musik – wir hören ein Wort, von der Lautgestalt ist es nur ein Weniges zur Klanggestalt, wir sprechen zum Beispiel von Vokal-«Harmonie» – ist immer gegeben, die Literatur selbst bedient sich ihrer ungeniert und oft virtuos:

> Sie standen da und sogen
> mit offner Brust,
> halb angezogen,
> den holden Balsamduft
> der Morgenluft,
> und sahn
> so ihre Lust daran,
> wie Zweig an Zweig gebogen
> voll Blüthen hing,
> und wie sie flogen
> so oft ein Lüftchen ging.
> (C. M. Wieland, Das Sommermärchen)

Bronze by gold heard the hoofirons, steelyringing.
Imperthn thnthnthn.
Chips, picking chips off rocky thumbnail, chips.
Horrid! And god flushed more.
A husky fifenote blew.
Blew. Blue room is on the.
Goldpinnacled hair.
A jumping rose on satiny breast of satin, rose of Castile.
Trilling, trilling: Idolores.
Peep! Who's in the …. Peepofgold?
Tink cired to bronze in pity.
And a call, pure, long and trobbing. Longindying call.
Decoy. Soft word. But look: the bright stars fade. Notes chirruping
answer.
O rose! Castile. The morn is breaking.
Jingle jingle jaunted jingling.
Coin rang. Clock clacked.
(James Joyce, Ulysses)

Glockenschall, Glockenschwall supra urbem, über der ganzen Stadt, in ihren von Klang überfüllten Lüften! Glocken, Glocken, sie schwingen und schaukeln, wogen und wiegen ausholend an ihren Balken, ihren Stühlen, hundertstimmig, in babylonischem Durcheinander. Schwer und geschwind, brummend und bimmelnd –
(Thomas Mann, Der Erwählte)

Weht Morgenathem an die Frühjahrsblüthe,
so siehst du Thau.
Daß Gott der Sprache dieses h behüte!
Der Reif ist rauh.
(…)
Unnütz ist doch so 'n Hauchlaut im Verkere.
Von Jar zu Jar
lert man drum eine Regel, die als Leere
recht annembar.
(…)
Und keine Thräne wird den Roling hindern
für und für.

Er warf das h, der Träne Schmerz zu lindern,
raus zur Tür.
(Karl Kraus, Elegie auf den Tod eines Lautes)

Es sind die bekannten, auch, um ein Bild aus der optischen Kunst zu nehmen, plakativeren Beispiele, und das letzte Beispiel zeigt, wie die «Lautgestalt» auch nicht zu denken ist ohne die graphische Philphallt (um Arno Schmidt zu zitieren) möglicher Schreibungen desselben Lauts –

Der Orthograph kennt Muth nicht, hat nur Mut
vor einem Laut
(...)
Nicht Wahn ist, was er tut, er ist kein Thor,
er müt sich brav.
Doch hat er wol für Gottes Wort kein Ohr,
der Ortograf

– es kommt für das Argument an diesem Ort auf dasselbe hinaus. Die abweichende Schreibung betont die Lautgestalt, indem sie abweicht, oder – wie in Kraus' Gedicht – erkennt sie in der Beibehaltung einer bloßen Konvention, die keine mehr ist, gerät sie in Gefahr, eine überholte zu werden. Der verständige Leser liest auch die Majuskel zu Kapitelbeginn, um die sich Blüthen ranken und auf denen Vögel sitzen, um ein Weltideechen anders als ohne.

Die Feststellung des Sokrates, alle Umstehenden hätten besser über die Dichtungen zu reden gewußt als ihre Urheber, kann man, wenn man möchte, als die soziale Seite des Problems der Nichtparaphrasierbarkeit der Dichtung – Becketts unwirsches, wenn er Philosophie hätte treiben wollen, hätte er's getan – ansehen. Aber eben auch als das nonchalante Sichdarüberhinwegsetzen, was «eigentlich» geht und was nicht. Es ist auch – bis zu einem gewissen Grade, darauf wird man bestehen müssen – gleichgültig. Wie sehr das Vorhandensein und das Gelesenwerden von Literatur in unserer Kultur zusammengehören, zeigt das Gedankenspiel, was wäre, wenn es anders wäre.

Es wäre ja immerhin denkbar, daß man nicht über Literatur redete. Nicht aus irgendeinem Grund, sondern weil es eben Brauch wäre, es nicht zu tun. Es hätten nicht auf dem Marktplatz zu Athen die Umstehenden öffentlich die neuesten Stücke beredet, Ion hätte nicht Homer rezitiert und ausgelegt, Aristophanes nicht in den «Fröschen» Stoffbearbeitung und Rhythmus ernst-ironisch abhandeln lassen, Gottfried von Straßburg hätte keine Seitenhiebe auf Wolfram von Eschenbach gemacht, die deutsche Debatte über das französische Theater mit ihren Protagonisten Gottsched und Lessing hätte nicht stattgefunden, Goethe hätte nicht seine «Hamlet»-Interpretation in das Zentrum der «Theatralischen Sendung» und der «Lehrjahre» gestellt und so Generationen von Germanisten Stoff für Dissertationen geliefert; das eigentliche Ereignis wäre die Premiere und nicht die Rezension, der neue Handke und nicht der Streit von Reich-Ranicki und Löffler darüber, oder, oder … das also alles nicht, sondern es hätte sich bereits in der Antike der Brauch herausgebildet, Literatur nicht nur stumm zu lesen, sondern auch nach der Lektüre stumm zu bleiben – ganz ähnlich bei Konzerten und Singspielen, beim Betrachten von Bildern und Statuen in Galerien und in Privathäusern. Man stelle sich einfach vor, es sei so gewesen. Es geht nicht. Warum? Die Stummheit wäre ja ein Schweigen, und jedes Schweigen ist auch ein Schweigen von etwas, also eines, wo man auch reden könnte, aber nicht will oder soll. Und ein so kulturell bedeutsames Schweigen wäre aus sich selbst Konkurrenz zum nur der Konvention folgenden Nicht-Gesprochenen, *wäre* Redekonkurrenz. Und da alles und jedes irgendwann Gegenstand der Kunst wird, so auch dies, zum Beispiel so: eine Komposition «Stummes Lied eines vor der Statue der Diana von Ephesos Schweigenden»; ein Bild: «Ein Athener, ein Spartaner, ein Korinther und ein Abderit kommen aus dem Theater» – oh, daraus kann man große Kunst machen, wie es uns wohl Parrhasius, wie wir bei Plinius lesen, vorgemacht hat, und Wieland hat uns gezeigt, wie ein solcher Vorwurf und seine Ausführung Gegenstand einer intelligenten Debatte werden kann (aber das ist schon wieder Reden). «Das Schweigen eines Dummkopfs bei der Lektüre des ‹Tristram Shandy›» – was für ein Stoff für einen, nun, sagen wir: Laurence Sterne. Oder man denke an Daumiers Zeichnung «Einige taubstumme Bauern, die sich in eine Aufführung von Glucks ‹Alceste› verirrt haben», gar an Diderots «Verstummen junger Mädchen über verwirrt beiseitegelegten Liebesgedichten». Es geht nicht. Wo das Schweigen Gegenstand der Darstellung wird, wo es satirisch zu kommentieren auf der Hand liegt, ist es immer schon so beredt, daß es auch gleich Rede werden kann, Rede und Reden, Geplauder, Tief- und Unsinn, was man will. Zu unserer Freude, zu unserm Bedauern, von Georg Kreislers «Jetzt kommt eine Pause / Manche geh'n nach Hause / Manche essen Jause / Dazu g'hert die Pause. / Wie schön ist es, in einen Käse zu beißen / und gleichzeitig Opern zu verreißen» bis zum erkenntnistheoretischen Extempore der Lektüre von Johannes I,1 durch Heinrich Faust, die Fichte so umgetrieben hat – es ist nun einmal so.

Das Reden über Literatur – und das ist stets auch Interpretation, denn es wird immer Befragbares geäußert, immer ist Engagement in der Sache (sie würde sonst gar nicht aufs Tapet gebracht), immer die Frage nach der Verallgemeinerbarkeit des subjektiven Ich-meine, immer ist ein Was-geht-mich-das-an im Spiel – das Reden über Literatur, das Interpretieren literarischer Texte ist keine Zutat zu einer «literarischen Kultur», sondern ihr unabdenkbarer Bestandteil. Es gibt die Literatur, und es gibt das Reden darüber. Wir messen dem einen wie dem anderen Bedeutung bei; «literarische Kultur» ist dann, wenn beides aufeinandertrifft. Den Faden beißt die Maus nicht ab.

Das alles ändert aber an dem in diesem Abschnitt traktierten Problem nichts. Man könnte die Sache, sagen wir, phänomenologisch angehen. Plessner hat das getan mit der Frage nach der «reinen Musik» und der phänomenalen Bedingung der Möglichkeit, Töne ohne weitere semantische Beigaben wie Text oder Tanz als «bedeutungsvoll» zu hören, nämlich mit der durch die Zeitlichkeit der Tonfolgen gegebenen Nötigung, Erwartungen zu hegen.[155] In Weiterführung von Schopenhauers Gedanken zur Ästhetik der Architektur, die aus dem Grundverhältnis von Stütze und Last ihre Folgerungen ziehen,[156] wären vielleicht die sogenannten bildenden Künste als absichtsvolle Gestaltung dreidimensionaler Oberflächen oder zweidimensionaler hinsichtlich von Kontur und Fläche, Musik als Anordnung von Tönen hinsichtlich Tonhöhe und zeitlicher Folge/Taktung[157] zu fassen. Und wie verhält es sich mit der Literatur? Ihr Material sind nicht Laute, nicht Zeichen. Ihr Material sind semantische Einheiten. (Und wo Literatur mit dem rein Lautlichen oder Graphischen experimentiert, tut sie das als Spiel mit dem, was sie nicht ist.)

Nun kann man mit Wörtern nicht einmal ausnahmsweise umgehen, als wären sie keine. Der Mensch neigt im Gegenteil dazu, überall einen Bedeutungsüberschuß wahrzunehmen, vom erwähnten Fliesenstarren bis zur Beschenkung des Ausdruckslosen mit Anthropomorphisierungen, wobei sogar deren Leugnung mit solchen bedacht wird: Die Natur dächte gar nicht daran (Klopstock freundlich zu lächeln etwa). Wir wollen uns wohlweislich auf keine historisch-genetischen Spekulationen über die Entstehungsbedingungen von Literatur, Hau-ruck!- vs. Tralala-Hypothesen, einlassen. Material der Literatur ist immer alles zuhandene sprachlich-semantische Material gewesen, auch in Zeiten, wo nicht alles genutzt wurde. Daß Literatur sich von nicht-literarischem Sprechen und Schreiben abzugrenzen suchte, erkennen wir an den Vers- und Reim-Traditionen und den Debatten über die Schicklichkeit der Verwendung von Vers und Reim, aber es wäre fürchterlich banausisch, solche und andere Mittel der Textformung auf eine Art Kastendünkel innerhalb der sprachlichen Ausdrucksformen zurückzuführen.

An dieser Stelle ist festzuhalten, daß, obiges Räsonnement hin oder her, das Reden über literarische Texte die Paraphrase nicht entbehren, sich ihrer nicht entschlagen kann, allenfalls dort, wo es über verfasserlose Texte wie den oben angeführten aus der Werkstatt Benses geht, aber das ist ja auch kein literarischer Text. Man hat Literaturlexika, Rezensionen, erzählt, was man gestern gelesen hat, fragt den Lehrer, was dieser oder jener Satz bedeute. Es geht nicht ohne Paraphrase, *und* es geht nicht ohne Absehung von der Tatsache, daß es sich um einen literarischen Text handelt. Aber es bleibt ein Als-ob. Man weiß es ja anders. Weil man es anders weiß, ist es möglich, von der Paraphrase in die Erörterung der Form als das nicht paraphrasierbare So-und-nicht-anders zu wechseln.

Dieser Wechsel geschieht – vom Gedanken her –, wenn sich etwas der Paraphrase nicht fügt – oder eben wenn derjenige, der über den Text spricht, sagt: «jetzt muß man aber auch noch darauf achten, daß …», oder: «nun ist diese Beschreibung aber in Strophenform angeordnet», oder: «und mit diesen Worten Edgars zu Fanny schließt das Kapitel». Der Wechsel vom Als-ob der Paraphrase – als ob es sich um einen Tatsachenbericht (und nicht einen Roman) handele, als ob es sich um eine botanische Beschreibung handele und nicht um ein Gedicht Brockes' – in die Betrachtung der Wörter, ihrer So-und-nicht-anders-Folge, ihres So-und-nicht-anders-Lautens, ist jener nicht weiter begründbare, oben ein wenig zögernd ob der vielleicht unwillkommenen Assoziationen existentiell genannte Moment, in dem das Interpretieren eines literarischen Textes nur in Gang kommt, wenn der Interpretierende sein eigenes *Mir*-ist-aufgefallen ins Spiel bringt. Wer einen literarischen Text interpretiert, hat sein Sach' aufs Ich gestellt. Und geht, da er über den Text als «einer von den Umstehenden» redet, eine Verpflichtung ein: daß dieses Aufmerksamkeitheischen wert sei, darauf einzugehen. Daß er den anderen, die ihm zuhören aus dem einzigen Grund, weil er so laut «Ich» sagt, ihre Zeit nicht stehle, sondern sie beschenke. Der existentielle und der ethische Aspekt der Literaturinterpretation sind zwei Seiten desselben.

Dieser Weg von der bloßen, durch nichts gesicherten, auf nichts gestellten basislosen Subjektivität hin zu einer Vergemeinschaftung des ästhetischen Urteils ist eine äußerst merkwürdige Angelegenheit. Kant ist der erste, der dieses Problem gesehen und in aller Deutlichkeit thematisiert hat. Andere philosophisch-ästhetische Entwürfe haben sich darum kaum gekümmert: was Kunst/Literatur sei, *von den Bedingungen des Sprechens über sie her* zu verstehen.

Subjektive Allgemeinheit

Es gibt Künstler, Männer und Frauen, die die wunderbare Gabe besitzen, Formen und Farben aufeinander abzustimmen, bis sie ‹in Ordnung sind›.

Ernst Gombrich

Faust: Man sieht sich um und fragt – –
Helena: Wer mitgenießt.

Johann Wolfgang von Goethe, Faust. Der Tragödie Zweiter Theil

Ich weiß nicht, wie schlecht der Ruf von Kants Definition des Schönen als dem Gegenstand interesselosen Wohlgefallens immer noch ist. Aber auch denen, die gerne Brecht zitiert haben, scheint nicht aufgefallen zu sein, daß dessen Definition von Schönheit als dem Lösen von Schwierigkeiten, die den Verseschmied, den Ingenieur der Seele und den Kommandeur der Hirsearmeen zusammenbringen sollten, doch eher die Politik ästhetisierte als die Kunst politisierte. Im Grunde sind die Versuchsreihen, ein Form-follows-function-Prinzip in der Literatur zu installieren, die dann die Krone der Poesie Wandzeitungen, Schunkelliedern, Chinoiserien, schlechter Prosa in Zeilenanordnung oder den von anderen Leuten zusammengefaßten Tonbandaufzeichnungen Günter Wallraffs zuerkennen wollten, ein guter Beleg dafür, daß Kants Gedanken zum Schönen nicht nur eine starke theoretische Validität haben, sondern auch empirisch «stimmen»: darüber redet man, wenn man in unserer Kultur (und nicht nur in dieser, vermutlich in allen literarischen) von ästhetischem Gelingen spricht. Form doesn't follow.

Lassen wir auch das mit dem Nicht-mehr-Schönen in den Künsten, das Erhabene vs. das Schöne beiseite, zunächst. Kants Ausgangspunkt ist einfach, fast trivial. Es geht zunächst um das, worum es nicht gehen soll, das Gefallen aus Interesse, also um den vermittelten Nutzen durch das Gefallenfinden am Zweckmäßigen, weil es praktische Erleichterung verspricht (nicht weil es «gut gelungen» ist). Auch nicht um andere Arten des Nutzens wie etwa der sexuellen Erregung beim Anblick einer Putte (wer das «Kunstgenuß» nennt, hat Kant nicht gelesen, was vorkommt). Es geht, anfangs, nur um diese Grobunterscheidung; wenn einer sich, sagen wir: von Rubensgemälde ab und einem Cranach zuwendet und sagt: «*Das* ist mein Typ», dann redet er in dem gemeinten Sinne nicht von Kunst. – Ich werde im Folgenden den Strang aus Kants «Kritik der Urteilskraft» herauspräparieren, der der Themenstellung des vorliegenden Buches entspricht.

> Geschmack ist das Beurteilungsvermögen eines Gegenstandes (...) durch ein Wohlgefallen, oder Mißfallen, *ohne alles Interesse.* Der Gegenstand eines solchen Wohlgefallens heißt *schön.*[158]

Diese Unterscheidung von dem, worüber wie geredet werden soll und wie (und worüber) nicht, führt Kant zu einer entscheidenden Weiterung, die er, und das ist wichtig, als *Implikation* ausweist. Wer über sein eigenes Gefallen in diesem Sinne rede, d. h., ohne eine Ambition auf Nutz und Zweck zu äußern, rede notwendigerweise mit der Ambition auf Allgemeingültigkeit. Was oben als der Zusammenhang von existentiellem, nur ich-gestütztem Beginn des Redens über einen literarischen Text mit der ethischen Seite dieses Beginns (nämlich auszuweisen, was dies andere angehe) ausgeführt worden ist, nimmt bei Kant diese Form an:

> Denn das, wovon jemand sich bewußt ist, daß das Wohlgefallen an demselben bei ihm selbst ohne alles Interesse sei, das kann derselbe nicht anders als so beurteilen, daß es einen Grund des Wohlgefallens für jedermann enthalten müsse. Denn da es sich nicht auf irgend eine Neigung des Subjekts (noch auf irgend ein anderes überlegtes Interesse) gründet, sondern da der Urteilende sich in Ansehung des Wohlgefallens, welches er dem Gegenstande widmet, völlig *frei* fühlt: so kann er keine Privatbedingungen als Gründe des Wohlgefallens auffinden, an die sich sein Subjekt allein hinge, und muß es daher als in demjenigen begründet ansehen, was er auch bei jedem andern voraussetzen kann; folglich muß er glauben Grund zu haben, jedermann ein

> ähnliches Wohlgefallen zuzumuten. Er wird daher vom Schönen so sprechen, als ob Schönheit eine Beschaffenheit des Gegenstandes und das Urteil logisch (durch Begriffe vom Objekte eine Erkenntnis desselben ausmache) wäre; ob es gleich nur ästhetisch ist und bloß eine Beziehung der Vorstellung des Gegenstandes auf das Subjekt enthält: darum, weil es doch mit dem logischen die Ähnlichkeit hat, daß man die Gültigkeit desselben für jedermann daran voraussetzen kann. Aber aus Begriffen kann diese Allgemeinheit auch nicht entspringen. Denn von Begriffen gibt es keinen Übergang zum Gefühle der Lust oder Unlust (...). Folglich muß dem Geschmacksurteile, mit dem Bewußtsein der Absonderung in demselben von allem Interesse, ein Anspruch auf Gültigkeit für jedermann, ohne auf Objekte gestellte Allgemeinheit anhängen, d. i. es muß damit ein Anspruch auf subjektive Allgemeinheit verbunden sein.[159]

Das entscheidende, oben im Zusammenhang mit den Überlegungen Staigers zitierte Wort ist das von der «subjektiven Allgemeinheit», in das Kant das Problem, um das es geht, faßt. Kants Argumentationsschritte sind die folgenden: 1. Ist das Wohlgefallen interesselos, d. h. ohne im weitesten Sinne gebrauchsbezogene Ambition, ist ein Gefallensurteil insofern *frei*, als es nicht auf eine sach-bezogene Rechtfertigung rekurrieren kann und also muß, um kommunikabel zu sein. 2. Diese Freiheit stiftet Allgemeinheit. Mit Schopenhauer könnten wir sagen, die Schönheit negiere (wie die Moral) das Principium individuationis. Sie – unsere Fähigkeit, sie wahrzunehmen als etwas außerhalb der Zweckreihen, die unser Bestehen in der Welt bedingen – schafft Gemeinschaft aus Freiheit. (In diese Richtung geht Schillers Idee einer sich um gemeinsamen Kunstgenuß bildenden Elite als Revolutionssubstitut,[160] aber in der Verkrüppelung des Gedankens auf die Idealisierung der Redaktionsgemeinschaft der Xenien.) 3. Weil er diese Voraussetzung macht, kann er sich anmaßen, sein eigenes Urteilen anderen mitzuteilen ohne Belästigung. 4. Er wird sein ästhetisches Urteil so darlegen/begründen, als ob er von Eigenschaften des Gegenstandes, über den er spricht, rede, als liege/läge es «in ihm selbst». 5. Das ist eine Verwechslung eines Sachurteils mit einem Geschmacksurteil («es ist» statt «es ist mir»), aber eine verständliche. Daß man überhaupt ästhetische Urteile fällt, setzt voraus, daß sie (wenn sie richtig sind) ebenso zwingend sind wie logische Schlüsse, da sich keine aus konkurrierenden Zwecksetzungen und damit verbundenen Welturteilen resultierende Subjektivismen einmischen. 6. Die Verständlichkeit der Verwechslung erlaubt nicht, sie zur Rechtfertigung heranzuziehen. Es geht nicht um «objektives Urteilen», sondern um «subjektives» – mit dem Anspruch auf Allgemeinheit. – Dieser Anspruch, das ist die Pointe, ist aber überhaupt die Bedingung der Möglichkeit ästhetischen Urteilens.

Noch einmal betont Kant den Unterschied zwischen Wohlgefallen-aus-Gründen und aus Gründen und wie auch immer beschaffenem bloßem Angenehmsein, dem reflexionsunbedürftigen Ich-mag-das! im allgemeinen Sinne von der Beschaffenheit der Matratze über die schöne Stelle in irgendeinem Musikstück, die Vorliebe für eine Eissorte oder die Körpermaße eines für attraktiv befundenen Menschen. Im Ich-mag-das! gibt es keinen Unterschied zwischen Mondrian und einer Tapete, den man sonst behaupten mag. Ein ästhetisches Urteil *muß* ihn behaupten (oder negieren, das spielt für das Argument keine Rolle). – Es gibt Menschen, die auf diese Unterscheidung alltagspraktischen Wert legen. Die Nichtzustimmung zu einem ästhetischen Werturteil wird als Defekt des Gegenübers wahrgenommen. Andererseits wird es als liberal angesehen, wenn alles als bloße Meinung passiert. Hannah Arendt hat diese Beliebigisierung (politischen) Urteilens als Spätfolge totalitärer Herrschaft angesehen. – Man versteht das *de gustibus est disputandum* entweder als «Über Geschmack läßt sich streiten» mit dem Tonfall eines, der sich über eine Hummelfigur nicht weiter auslassen möchte, oder man ergänzt ein «non»: «Über Geschmack läßt sich nicht streiten», womit man dasselbe meint («Du bist ein Spießer, was soll's»), oder forscher, als Abwehr der Möglichkeit, überhaupt zu debattieren. Gemeint ist: man *muß* über Geschmack streiten, weil man es *kann* (auch hier eine Parallele zu einer berüchtigten ethischen Maxime). Weil nur der Streit, die Akzeptanz der Möglichkeit zu debattieren/argumentieren das ästhetische Urteilen von Gefallensartikulationen wie «lecker» unterscheidet.

> Reiz und Annehmlichkeit mag für ihn vieles haben, darum bekümmert sich niemand; wenn er aber etwas für schön ausgibt, so mutet er andern eben dasselbe Wohlgefallen zu: er urteilt nicht bloß für sich, sondern für jedermann, und spricht alsdann von der Schönheit, als wäre sie eine Eigenschaft der Dinge.[161]

> Das Geschmacksurteil selber *postuliert* nicht jedermanns Einstimmung (...); es sinnet nur jedermann diese Einstimmung an, als einen Fall der Regel, in Ansehung dessen er die Bestätigung nicht von Begriffen, sondern von anderer Beitritt erwartet. Die allgemeine Stimme ist also nur eine Idee.[162]

Das Treibende in ästhetischen Urteilen ist die Begierde nach Teilnahme. Sachurteile, die nicht auf bloße Zustimmung im Meinen ziehen, führen etwas mit sich wie den Anspruch, daß jemand, der hier nicht zustimme, uninformiert oder nicht bei Trost sei. Es gibt genügend Behauptungen über die Welt, die keine Ansichtssachen sind. Wahr und falsch sind keine leeren Prädikate, von einer (wahren) Aussage zu sagen, sie sei wahr, ist keine Tautologie, die Konsenstheorie der Wahrheit verwechselt letzten Endes Genesis und Geltung und so weiter (um die philosophischen Heulbojen einmal zu setzen). Über Geschmack läßt sich streiten – ein Dissens über die Gültigkeit eines mathematischen Beweises oder eines physikalischen Gesetzes ist etwas anderes (nicht dasselbe), und etwas ganz anderes ist der Dissens über die Bedeutung einer Zentralbank für die Wirtschaftspolitik eines Landes. Über Geschmack läßt sich streiten nicht mit dem Ziel, einen eventuellen Dissens zu beenden, sondern eine Gemeinsamkeit im und durch den Streit erst herzustellen. Gewiß nicht, das wird Kant an anderer Stelle noch einmal betonen, durch faktische, kontingente Konsensbildung (nicht durch «Stimmensammlung und Herumfragen»), sondern – im Grunde kreist seine Argumentation um diesen nie recht formulierten Gedanken. Kant ist, worauf der ungeübte Kant-Leser nicht recht vorbereitet ist, von einer erstaunlichen Redundanz. Er paraphrasiert die eigenen Problemstellungen und tut damit so, als käme er der Lösung einen Schritt näher – ein wenig neu schattiert ist die Paraphrase denn doch immer. Aber in der folgenden Paraphrase geht es doch einen Schritt über die Wiederholung hinaus:

> Die subjektive allgemeine Mitteilbarkeit der Vorstellungsart in einem Geschmackurteile, da sie, ohne einen bestimmten Begriff vorauszusetzen, Statt finden soll, kann nichts anders als der Gemütszustand in dem freien Spiele der Einbildungskraft und des Verstandes (sofern sie

> unter einander, wie es zu einem *Erkenntnisse überhaupt* erforderlich ist, zusammen stimmen) sein, indem wir uns bewußt sind, daß dieses zum Erkenntnis überhaupt schickliche subjektive Verhältnis eben so wohl für jedermann gelten und folglich allgemein mitteilbar sein müsse, als es eine jede bestimmte Erkenntnis ist, die doch immer auf jenem Verhältnis als subjektiver Bedingung beruht.
>
> Diese bloß subjektive (ästhetische) Beurteilung des Gegenstandes, oder der Vorstellung, wodurch er gegeben wird, geht nun vor der Lust an demselben vorher, und ist der Grund dieser Lust an der Harmonie der Erkenntnisvermögen, auf jener Allgemeinheit aber der subjektiven Bedingungen der Beurteilung der Gegenstände gründet sich allein diese allgemeine subjektive Gültigkeit des Wohlgefallens, welches wir mit der Vorstellung des Gegenstandes, den wir schön nennen, verbinden.
>
> Daß, seinen Gemütszustand, selbst auch nur in Ansehung der Erkenntnisvermögen, mitteilen zu können, eine Lust bei sich führe: könnte man aus dem natürlichen Hange des Menschen zur Geselligkeit (empirisch und psychologisch) leichtlich dartun. Das ist aber zu unserer Absicht nicht genug. Die Lust, die wir fühlen, muten wir jedem andern im Geschmacksurteile als notwendig zu, gleich als ob es für eine Beschaffenheit des Gegenstandes, die an ihm nach Begriffen bestimmt ist, anzusehen wäre, wenn wir etwas schön nennen; da doch Schönheit ohne Beziehung auf das Gefühl des Subjekts für sich nichts ist.[163]

Genaugenommen sind es hier drei Schritte. 1. Was ist denn überhaupt ein «Geschmacksurteil» (und was teilte man mit, teilte man es mit)? Es ist ein In-Beziehung-Treten von «Einbildungskraft» und «Verstand», wir lassen die Wörter so stehen. Dieser Vorgang ist individuell. Mein Denken und meine Phantasie kommen bei mir vor einem individuellen Erfahrungshintergrund zusammen; sie und ihr Zusammenkommen sind Resultate meiner Biographie. Mit der Mitteilung meines Geschmacksurteils gebe ich Auskunft über mich. Ohne solche Art der Mitteilung ist nichts mitzuteilen; aber auch nur darin liegt die Möglichkeit, daß ich verstanden werde. Und Zustimmung erhalte. 2. Dieses In-Beziehung-Treten von Denken und Phantasie ist es, was die Bedingung meines ästhetischen Vergnügens, meiner «Lust» ist. Nicht nur der Gegenstand meines Vergnügens gefällt mir, sondern ich gefalle mir in meiner Fähigkeit zu solchem Vergnügen, genauer: im Erleben/Ausüben solcher Fähigkeit. – Anthropologisch gesagt: In meiner affektiven Bejahung eines Kulturguts bejahe ich die Kultur, die mich zu dem gemacht hat, das ich bin. 3. Warum ein ästhetisches Urteil mitteilen? Nun, weil wir gerne unsere Affekte gemeinsam erleben, wäre eine Antwort. Die Antwort ist richtig und reicht nicht. Denn wir sprechen, so sehr wir das auch tun, doch nicht über uns selbst, sondern über einen «schönen Gegenstand», von dem wir sprechen (müssen), «als ob» er *allein* es wäre, der zum Entzücken ist. Was wir mitteilen wollen, ist nicht mit einer Antwort à la «Ich verstehe dich schon» abzutun.

> Das Geschmacksurteil sinnet jedermann Beistimmung an; und, wer etwas für schön erklärt, will, daß jedermann dem vorliegenden Gegenstande Beifall geben und ihn gleichfalls für schön erklären *solle*. Das *Sollen* im ästhetischen Urteile wird also selbst nach allen Datis, die zur Beurteilung erfordert werden, doch nur bedingt ausgesprochen. Man wirbt um jedes andern Beistimmung, weil man dazu einen Grund hat, der allen gemein ist; auf welche Beistimmung man auch rechnen könnte, wenn man nur immer sicher wäre, daß der Fall unter jenem Grunde als Regel des Beifalls subsumiert wäre.[164]

Ein *Sollen*! Darüber darf man nicht hinweglesen. Die Parallele betrifft nicht mathematische oder durch eine Fülle empirischer Belege gestützte Urteile, sondern die Moral: Du sollst – aber warum? Weil du, als (Mit-)Mensch so empfinden *kannst*? Ja, Kant meint tatsächlich soviel wie: das müßte zu jedermanns Entzücken sein, wenn wir nur alle denselben Maßstäben folgten. Ob wir das tun – da können wir uns nie sicher sein. – Und, wäre hinzuzufügen, weil das Subsumieren unter eine Regel (das Urteilen) nicht gelernt, sondern nur geübt werden kann – Kant definiert so das Urteilen und die Urteilskraft –, wäre auch ein Mangel an Übung, in diesem Fall Unbildung, Unbelesenheit und so weiter, ein Hindernis des allgemeinen Beifalls. Der Mangel an Urteilskraft sei die eigentliche Dummheit; es gibt zudem ästhetische Dummheit, wir nennen es auch Stumpfheit oder, im ursprünglichen Sinne, «Blödigkeit».

> Wenn Geschmacksurteile (gleich den Erkenntnisurteilen) ein bestimmtes objektives Prinzip hätten, so würde der, welcher sie nach

> dem letztern fället, auf unbedingte Notwendigkeit seines Urteils Anspruch machen. Wären sie ohne alles Prinzip, wie die des bloßen Sinnengeschmacks, so würde man sich gar keine Notwendigkeit derselben in die Gedanken kommen lassen. Also müssen sie ein subjektives Prinzip haben, welches nur durch Gefühl und nicht durch Begriffe, doch aber allgemeingültig bestimme, was gefalle oder mißfalle. Ein solches Prinzip aber könnte nur als ein *Gemeinsinn* angesehen werden; welcher vom gemeinen Verstande, den man bisweilen auch Gemeinsinn (sensus communis) nennt, wesentlich unterschieden ist: indem letzterer nicht nach Gefühl, sondern jederzeit nach Begriffen, wiewohl gemeiniglich nur als nach dunkel vorgestellten Prinzipien, urteilt.
>
> Also nur unter der Voraussetzung, daß es einen Gemeinsinn gebe (wodurch wir aber keinen äußern Sinn, sondern die Wirkung aus dem freien Spiel unsrer Erkenntniskräfte verstehen), nur unter Voraussetzung, sage ich, eines solchen Gemeinsinns kann das Geschmacksurteil gefällt werden.[165]

Gemeinsamkeit im ästhetischen Urteil ist nicht common sense. Common sense besteht (nach Kant, andere lesen ihn anders) im so oder so Für-wahr-Halten (meist aus nicht sehr durchdachten Gründen), nicht im Als-schön-Erkennen. Dennoch setzt die Gemeinsamkeit im ästhetischen Urteil – wir erinnern uns: es wird nicht vorausgesetzt, sondern «angesonnen», um den Beitritt zum Urteil wird geworben – etwas Gemeinsames voraus, das Kant «Gemeinsinn» nennt, aber eben nicht mit common sense übersetzt haben möchte. Er unterstreicht es noch einmal:

> Diese unbestimmte Norm eines Gemeinsinns wird von uns wirklich vorausgesetzt: das beweiset unsere Anmaßung, Geschmacksurteile zu fällen.[166]

Kant zieht ein emphatisches Zwischenfazit – «subjektive Allgemeinheit»:

> Wenn nun diese Allgemeingültigkeit sich nicht auf Stimmensammlung und Herumfragen bei andern, wegen ihrer Art zu empfinden, gründen, sondern gleichsam auf einer Autonomie des über das Gefühl

der Lust (an der gegebenen Vorstellung) urteilenden Subjekts, d. i. auf seinem eigenen Geschmacke, beruhen, gleichwohl aber doch auch nicht von Begriffen abgeleitet werden soll: so hat ein solches Urteil – wie das Geschmacksurteil in der Tat ist – eine zwiefache und zwar logische Eigentümlichkeit: nämlich *erstlich* die Allgemeingültigkeit a priori, und doch nicht eine logische Allgemeinheit nach Begriffen, sondern die Allgemeinheit eines einzelnen Urteils; *zweitens* eine Notwendigkeit (die jederzeit auf Gründen a priori beruhen muß), die aber doch von keinen Beweisgründen a priori abhängt, durch deren Vorstellung der Beifall, den das Geschmacksurteil jedermann ansinnt, erzwungen werden könnte.[167]

«Subjektive Allgemeinheit», das ist 1. keine Allgemeinheit, die auf faktischem Konsens beruht (obwohl sie mit ihm einhergehen kann); 2. eine Angelegenheit der Reflexion, denn es ist ein Urteilen, nicht ein bloßes Empfinden; man empfindet, aber kann mitteilen, warum so; 3. die Mitteilung argumentiert nicht, als ginge es um die Explikation objektiver Sachverhalte, sondern expliziert die Empfindung, und zwar nicht als schieres Mir-gefällt; 4. ein solches Urteil gilt (erfolgt aus Gründen) a priori, aber, noch einmal, nicht aus begrifflicher/denkerischer Notwendigkeit, sondern aus – und hier kommt die Kantische Redundanz, was diesen (entscheidenden) Punkt angeht, doch störend ins Spiel, denn – ja, woraus denn? aus der behaupteten Allgemeinheit, aus dem Recht, es jedermann anzusinnen, heraus. Aber das ist – so weit – zirkulär. Und noch einmal und wieder – und jedesmal, durch die Pointierung, schön gesagt:

Das Geschmacksurteil bestimmt seinen Gegenstand in Ansehung des Wohlgefallens (als Schönheit) mit einem Anspruche auf *jedermanns* Beistimmung, als ob es objektiv wäre.[168]

Das Geschmacksurteil ist gar nicht durch Beweisgründe bestimmbar, gleich als ob es bloß *subjektiv* wäre.[169]

Unter einem Prinzip des Geschmacks würde man einen Grundsatz verstehen, unter dessen Bedingung man den Begriff eines Gegenstandes subsumieren, und alsdann durch einen Schluß herausbringen könnte, daß er schön sei. Das ist aber schlechterdings unmöglich. Denn ich muß unmittelbar an der Vorstellung desselben die Lust emp-

> finden, und sie kann mir durch keine Beweisgründe angeschwatzt werden.[170]

Kant faßt den Problembegriff «subjektive Allgemeinheit» als letztlich antinomisch auf. Man hat darauf gewartet; einmal weil ja gerade das Antinomische die Wiederholung, die Redundanz des Paraphrasierens antrieb, zum andern, weil es sich um ein Architekturprinzip der Kantischen Philosophie handelt. Die «Kritik der reinen Vernunft» hatte ihren Antinomie-Abschnitt ebenso wie die «Kritik der praktischen Vernunft», und diese Abschnitte gehören, weniger unter dem Aspekt der philosophischen Debatte als dem der didaktischen Fruchtbarkeit, zu denen, die die Intentionen Kants am besten verdeutlichen. In der «Kritik der Urteilskraft» liest sich die antinomische Architektur des zentralen Begriffs der «subjektiven Allgemeinheit» so:

> Es zeigt sich also in Ansehung des Prinzips des Geschmacks folgende Antinomie:
>
> 1) *Thesis.* Das Geschmacksurteil gründet sich nicht auf Begriffen; denn sonst ließe sich darüber disputieren (durch Beweise entscheiden).
> 2) *Antithesis.* Das Geschmackurteil gründet sich auf Begriffen; denn sonst ließe sich, ungeachtet der Verschiedenheit desselben, darüber auch nicht einmal streiten (auf die notwendige Einstimmung anderer mit diesem Urteile Anspruch machen).[171]

Man könnte auch sagen, hier werde dem schon oben besprochenen Spruch «de gustibus est disputandum» seine Ambivalenz als antinomisches Design ausgelegt. Antinomien kann man stehenlassen; oder man kann versuchen, sie aufzulösen – Kant versucht das letztere, es hat etwas von einem intellektuellen Zaubertrick, und man muß lange darüber nachdenken, ehe man entscheiden kann, ob und, wenn ja, in welcher Hinsicht man etwas davon hat.

> Nun fällt aber aller Widerspruch weg, wenn ich sage: das Geschmacksurteil gründet sich auf einem Begriffe (...), aus dem aber nichts in Ansehung des Objekts erkannt und bewiesen werden kann, weil er an sich unbestimmbar und zum Erkenntnis untauglich ist; es bekommt aber durch eben denselben doch zugleich Gültigkeit für jedermann

> (…): weil der Bestimmungsgrund desselben vielleicht im Begriffe von demjenigen liegt, was als das übersinnliche Substrat der Menschheit angesehen werden kann.[172]

Nichts also – noch einmal – wird objektiv und am Objekt erkannt, es geht um ein Subjektives, ein (bloßes) Geschmacksurteil, das aber den Anspruch auf Allgemeinheit mit sich führt, und zwar rechtens, weil «der Bestimmungsgrund desselben vielleicht im Begriffe von demjenigen liegt, was als das übersinnliche Substrat der Menschheit angesehen werden kann» – was könnte man hinter dieser Formulierung auch nur vermuten? «Substrat» ist (wie seit Hume «Substanz») ein Wort, das im Begriffskostüm eine Ratlosigkeit verkleidet. Und das Substrat der «Menschheit», gar ihr «übersinnliches Substrat»? Man könnte süffisant (nicht unbedingt höhnend) fortfahren und an die Douglas-Adamssche Zahl «42» denken, aber mit solchen Mätzchen (wie sie sagen werden), gewinnen wir den Beifall jener Kant-Leser nicht, die in Erblickung der klammen Formulierung sich schon an dem erhabenen Gedanken wärmen. Noch einmal suspense:

> In der Thesis sollte es daher heißen: Das Geschmacksurteil gründet sich nicht auf *bestimmten* Begriffen; in der Antithesis aber: Das Geschmacksurteil gründet sich doch auf einen, obzwar *unbestimmten*, Begriffe (nämlich vom übersinnlichen Substrat der Erscheinungen); und alsdann wäre zwischen ihnen kein Widerspruch.
>
> Mehr, als diesen Widerstreit in den Ansprüchen und Gegenansprüchen des Geschmacks zu heben, können wir nicht leisten. Ein bestimmtes objektives Prinzip des Geschmacks, wornach die Urteile desselben geleitet, geprüft und bewiesen werden könnten, zu geben, ist schlechterdings unmöglich; denn es wäre alsdenn kein Geschmacksurteil. Das subjektive Prinzip, nämlich die unbestimmte Idee des Übersinnlichen in uns, kann nur als der einzige Schlüssel der Enträtselung dieses uns selbst seinen Quellen nach verborgenen Vermögens angezeigt, aber durch nichts weiter begreiflich gemacht werden.[173]

Man muß viel geben, wenn man so viel in petto zu haben behauptet. Und meine Formulierung vom «suspense» war nicht obenhin. Man muß das ernstnehmen. Kants Erkenntnistheorie hat zwar nicht ihr argumentatives Fundament, aber durchaus ihre intellektuelle Fundierung (und ihr affektives Flair) in seiner Theorie der Moral, und diese, das zeigt sich in der «Kritik der Urteilskraft», das ihre in der Theorie der Möglichkeit ästhetischen Urteilens. Aber damit ist nur das Umfeld einer Beschwörungsformel in Anschlag gebracht – wie steht es mit dieser für sich selbst?

> Nun sage ich: das Schöne ist das Symbol des Sittlichguten; und auch nur in dieser Rücksicht (einer Beziehung, die jedermann natürlich ist, und die auch jedermann andern als Pflicht zumutet) gefällt es, mit einem Anspruch auf jedes andern Beistimmung, wobei sich das Gemüt zugleich einer gewissen Veredlung und Erhebung über die bloße Empfänglichkeit, einer Lust durch Sinneneindrücke bewußt ist, und anderer Wert auch nach einer ähnlichen Maxime ihrer Urteilskraft schätzet. Das ist das *Intelligibele*, worauf (...) der Geschmack hinaussieht (...) (Die Urteilskraft) gibt in Ansehung der Gegenstände eines so reinen Wohlgefallens ihr selbst das Gesetz, so wie die Vernunft es in Ansehung des Begehrungsvermögens tut; und sieht sich, sowohl wegen dieser innern Möglichkeit im Subjekte, als wegen der äußern Möglichkeit einer damit übereinstimmenden Natur, auf etwas im Subjekte selbst und außer ihm, was nicht Natur, auch nicht Freiheit, doch aber mit dem Grunde der letzteren, nämlich dem Übersinnlichen verknüpft ist, bezogen, in welchem das theoretische Vermögen mit dem praktischen, auf gemeinschaftliche und unbekannte Art, zur Einheit verbunden wird.[174]

Hier wird an rhetorischem Aufwand versammelt, was, möchte man sagen, möglich ist. Alles stimmt zusammen, Lustempfinden und Akt des Wohlgefallens erkennen im Moment ihres Aufscheinens das Gesetz, nach dem sie sind, und geben es sich im Akt des Erkennens, das Gesetz setzt sich aus sich selbst, zuletzt ist es das «Intelligible», das nur im Akt der Intuition seiner Unerläßlichkeit Vorauszusetzende – das Gefühl des Ungenügens angesichts solcher Fiorituren hat die Transzendentalphilosophie viel Kredit gekostet und dazu geführt, dergleichen als Sound, im oben gehandelten Sinne, aufzufassen. «Das Schöne» sei «Symbol des Sittlichguten» – wenn man das als geistesgeschichtliche Selbstverständlichkeit, «so dachten damals viele», «idealistische Ästhetik», gar «Schaubühne als ...» und «Schiller auch, wenn Goethe auch weniger ...», also als etwas aus dem Schaufenster des ideengeschichtlichen Kramladens mitnimmt, wird man es zum Trödel legen, den man zu Hause sowieso rumliegen hat. Man hat es unter Preis und Wert bekommen und wird es auch so behandeln. Diese Sache kostet einige Gedanken.

> *Endzweck* ist derjenige Zweck, der keines andern als Bedingung seiner Möglichkeit bedarf.[175]

Dieser Endzweck war bei Aristoteles die *eudaimonía*, mit «Glück» nicht ganz glücklich übersetzt. Kein Endpunkt irgendwelcher realen, konzipierten oder phantasierten Zweckreihen und doch immer als – und da erweist sich «Endzweck» als im Grunde unbehülfliches Wort. Man denke an den Disput des Pyrrhus mit einem Freund: Dieser fragt, was das Ziel des Feldzuges nach Italien sei, und Pyrrhus sagt: Sizilien! Und nach Sizilien? Karthago! Und nach Karthago? Das ganze Mittelmeer. Und dann? Dann setzen wir uns und trinken zusammen einen Becher! Und der Laffe sagt natürlich, das könnten sie doch gleich machen. Als tränke er dann noch mit demselben. Und doch: wozu das Ganze? Für den Ruhm? Wozu der Ruhm? Am Ende die *eudaimonía*, die kein Zustand ist, ein Zufallendes eher, etwas, das dem Ganzen Sinn verleiht, «Sinn» im Sinne der Erlösung aus der Absurdität.

Das Märchen darf es noch handfest sagen. Ziel allen Mühens ist – was? ein Heilwasser für den Vater vielleicht oder irgend etwas Kapriziöses, das eine Prinzessin will, und alle, die ausziehen (die älteren Brüder), verpfuschen's und vertun's, und der Jüngste, der Dummling, täte nicht weniger unbedacht, wenn er nicht Glück hätte, einen verzauberten Fuchs zum Beispiel, der ihm immer wieder aus der Patsche hilft, erst mit gutem Rat, den der Dummling nicht befolgt, dann mit noch besserm Rat und so fort, und am Ende ist das Gesuchte gefunden, die Prinzessin zusätzlich und das halbe Königreich, und wenn sie nicht gestorben sind. Das (um den eingeführten Gattungsnamen zu nennen) «Zaubermärchen» kann den *eudaimonía*-Gedanken ungeniert verbildlichen. Man verdient sein Glück nicht, so oder so. Nicht weil man es gut macht oder weil man gut ist. Es gibt die Idee der *eudaimonía*, des Unbezweckbaren und Zwecklosen als Sinn aller Zwecksetzungen, des Absurden gegen das Absurde, das Hohelied gegen den Kohelet.

> Der Endzweck (ist) kein Zweck (…), welchen zu bewirken und der Idee desselben gemäß hervorzubringen die Natur hinreichend wäre, weil er unbedingt ist.[176]

Nun soll Kant hier nichts angeschwatzt werden. So über *eudaimonía* zu sprechen wäre ihm nicht nur fremd, sondern durchaus unangenehm gewesen. Obwohl er ja ein guter Tischgesellschafter gewesen ist, anders als Wittgenstein, der dem Gedanken wahrscheinlich mehr hätte abgewinnen können, vorausgesetzt, er wäre unausgesprochen geblieben. Vergessen wir das also und machen weiter, wo wir oben abgebrochen haben – um welche Idee eines «Endzwecks» geht es *Kant*? Es ist ein Analogon, das, wie wir sehen, nur durch ein Analogon veranschaulicht und wohl auch erst begriffen werden kann. Die Pointe des kategorischen Imperativs ist, daß er kein hypothetischer ist, daß er keine Wenn-dann-Struktur hat, nicht eine Anweisung, jemand, der dies wolle, *müsse* jenes tun, nicht nur aus praktischen Gründen, sondern auch, wenn es sich um Moralfragen handelt. Nicht einmal die Moral selbst läßt sich, nach Kant, auf solches Wenn-dann bringen: «Wenn du moralisch sein willst, mußt du oder darfst du nicht», ist ethisch nicht in Ordnung. Die Zwecksetzung wäre ja als Dispositiv gestellt. Der kategorische Imperativ, daß man nach der Maxime handeln *müsse*, die man selbst als Grundlage einer allgemeinen Gesetzgebung anerkennen *könne,* ist unbedingt, und dies nicht so sehr, weil anders zu handeln widersprüchlich wäre (das ist nur der gewissermaßen äußere Schein der inneren Widersinnigkeit solchen Handelns), sondern weil nur so eine unbedingte Pflicht, pflichtgemäß zu handeln, formulierbar ist. Nur in dieser Formulierung werden die Fragen, was moralisches Handeln sei und warum ich überhaupt moralisch handeln sollte (also der Zusammenschluß von Moral und Ethik), auf einmal beantwortet. Oder sagen wir so: Wenn denn «Unbedingtheit» formuliert werden kann, dann so.

Was Kant nun sucht, ist eine transzendentale Bedingung für diese Unbedingtheit. Die Unbedingtheit des kategorischen Imperativs hat nämlich, so seltsam das klingt, eine Voraussetzung, und die ist der Mensch. Kein radikaler Tierrechtler kann Kantianer sein. Jede Idee von Tierschutz geht kantianisch nur durch anthropozentrische Setzungen. Es geht dabei (selbstverständlich) nicht um den Menschen als Naturwesen, sondern um den Menschen, wie er sich selbst in sein

Denksystem als Größe einbaut. Kant hat das schon in der gewissermaßen materialen, unscheinbareren Formulierung des Imperativs, der Mensch dürfe den Mitmenschen nie nur als Mittel, sondern müsse ihn immer auch als Zweck ansehen, vorformuliert. Dies bekommt nun in folgendem Abschnitt eine, der Ausdruck ist nicht ohne Grund, Apotheose:

> Nun haben wir nur eine einzige Art Wesen in der Welt, deren Kausalität teleologisch, d. i. auf Zwecke gerichtet und doch zugleich so beschaffen ist, daß das Gesetz, nach welchem sie sich Zwecke zu bestimmen haben, von ihnen selbst als unbedingt und von Naturbedingungen unabhängig, an sich aber als notwendig, vorgestellt wird. Das Wesen dieser Art ist der Mensch, aber als Noumenon betrachtet; das einzige Naturwesen, an welchem wir doch ein übersinnliches Vermögen (die *Freiheit*) und sogar das Gesetz der Kausalität, samt dem Objekte derselben, welches es sich als höchsten Zweck vorsetzen kann (das höchste Gut in der Welt), von Seiten seiner eigenen Beschaffenheit erkennen können.
>
> Von dem Menschen nun (und so jedem vernünftigen Wesen in der Welt), als einem moralischen Wesen, kann nicht weiter gefragt werden: wozu (quem in finem) er existiere. Sein Dasein hat den höchsten Zweck selbst in sich (…).[177]

Der phänomenale Mensch sei darum nie nur als Mittel – wie wir ihn praktisch rechtens oft betrachten und uns nützlich machen –, sondern «immer auch» – d. h. im gesamten Gefüge des Umgangs mit ihm: als Mitbürger, als Rechtssubjekt, als Gegenüber moralischen Nachdenkens zum Beispiel – als Zweck zu betrachten. Diese Einlösung des Nicht-nur-als-Mittel-sondern-als-Zweck im Blick auf die bürgerliche Verfassung unserer Mitmenschlichkeit ist eigentlich schon der Schritt zu Hegel hinüber, er nennt das Sittlichkeit. In Hegels Idee der Sittlichkeit ist die Idee der Moralität aufgehoben, da braucht es keinen kategorischen Imperativ, den übernehmen die Institutionen und die Einsicht darin, daß sie gut sind, wie sie sind (einigermaßen jedenfalls und besser als Anarchie, und sieh zu, wo du da bleibst mit deinen Imperativen).

Apotheose: Der, nach dem nicht gefragt werden kann, quem ad finem, ist gewöhnlicherweise Gott. Man kann sich den Schöpfer in allerlei Weise denken, etwa als den Schöpfer eines Geschöpfs, das er als ein Gegenüber nötig hat, um ganz er selbst zu werden (was, laut Thomas Mann, die Engel nie begreifen können), auch wohl als ein Spielwesen, zwecklos in die Welt gesetzt – das hätte dann seinen Zweck in sich selbst, es wäre ohne finalgerichtete Inbetriebnahme ein ebenso freies wie verlorenes. Ohne eine Antwort auf das quem ad finem kommt es auf die Sartresche Priorität der Existenz vor der Essenz hinaus, darauf, daß der so ins Existieren Geworfene seine Zweckreihen selbst aufstelle und seinen Sinn irgendwie darin finde, also selber mache. Aber selbstgemachter Sinn, sagt Benedikt XVI., ist kein Sinn. Kants Mensch ist ein ebenso absurdes Wesen, wie es ein Gott wäre. – Auch das ist natürlich nicht im Kantischen Argot gesprochen, aber es berührt sein Problem. Die Voraussetzungslosigkeit braucht eine Voraussetzung anderer Art, nicht aus demselben gedanklichen System, sondern von Nebenan. Den Sinn findet man nicht im Spiegel, aber, vielleicht, im Blick eines anderen. Kants Idee des Unbedingten – die der moralischen Pflicht oder die des Menschen als Zweck in sich selbst – braucht wenigstens etwas wie eine Anmutung des Komfortablen. Alles, was sich selber ob seiner Unbedingtheit einen Schauer über den Rücken jagt, diese verdammte Egozentrik der Selbstlosigkeit, die so nahe am Deutschsein-heißt-eine-Sache-um-ihrer-selbst-willen-tun ist und nicht qua Sekundärtugend, sondern aus purer Selbstzweckgrandiosität eine Gaskammer zu betreiben imstande ist … – nein, diese Kritik an einer Ethik, die das Humanum allzu abstrakt zu erfassen versucht, ist stets in der Versuchung, es nur abstrakt anzufassen und es um seiner selbst willen auch auszurotten.

Das Humanum kann nicht anders als sich anthropozentrisch begründen, aber es muß sich ja nicht dumm machen. Es kann den Montaigneschen Gedanken, daß er nicht wisse, ob er mit seiner Katze spiele oder seine Katze mit ihm, charmant finden und eine Abneigung dagegen empfinden, wenn einer, Descartes, gleich ein ganzes Gefüge philosophischer Abwehrmauern gegen diesen Gedanken errichtet. Man kann den kategorischen Imperativ anerkennen und feststellen, daß er seinerseits nicht mehr als eine regulative Idee ist und daß – naja: irgendwie – Diderots «Unterredung eines Vaters mit seinen Kindern» am Ende die solidere Ethik liefert als die «Kritik der praktischen Vernunft» oder auch Hegels Sollenskritik.

Kant betrog sich nicht um die Realität des empirischen Menschen. Der braucht zwar die philosophische Grundlektion, aber auch – Heine meinte, Lampe sei's gewesen – etwas zum Anschauen. Der Mensch, Zweck-in-sich-selbst, ist dennoch aus krummem Holze. Der Apoll von Belvedere ist dies nicht und, wenn auch Aurora und Cefalus es sind, «Aurora und Cefalus» ist es auch nicht. Kant bildet eine Analogie (das ist es, was sich hinter «Substrat» und «Symbol» verbirgt).

> Das Schöne gefällt *unmittelbar*

und:

> Es gefällt ohne alles Interesse

– sein Gefallen ist ebenso Ergebnis der

> *Freiheit* der Einbildungskraft

wie

> für jedermann gültig

an- und einzusehen. Und

> diese Analogie,

rundet Kant den Gedanken ab,

> ist auch dem gemeinen Verstande gewöhnlich; und wir benennen schöne Gegenstände der Natur, oder der Kunst, oft mit Namen, die eine sittliche Beurteilung zum Grunde zu legen scheinen. Wir nennen Gebäude oder Bäume majestätisch und prächtig, oder Gefilde lachend und fröhlich; selbst Farben werden unschuldig, bescheiden, zärtlich genannt, weil sie Empfindungen erregen, die etwas mit dem Bewußtsein eines durch moralische Urteile bewirkten Gemütszustandes Analogisches enthalten.[178]

 Es ist eine Analogie, nichts weiter. Aber daß sie möglich ist, zeigt, daß der Gedanke des Wohlgefallens «an Gegenständen der Sinne auch ohne Sinnenreiz»[179] nicht so extravagant ist, wie er in der möglichst empirieabstinenten Gedankenführung zunächst erscheinen mag.

Dies alles scheint uns weit vom gedanklichen Ausgangspunkt abgeführt zu haben. Worin besteht die Verallgemeinerungsfähigkeit subjektiven Wohlgefallens? Die Interesselosigkeit im erläuterten Sinn ist Bedingung der äußersten Subjektivität (Freiheit), weil sie zunächst ohne alle Plausibilisierungsmöglichkeiten allein in der Welt steht, sie soll aber auch Bedingung der Verallgemeinerbarkeit sein: weil die subjektiven Zwecksetzungen («es gefällt *mir*, weil *ich*») uns hier nicht voneinander trennen (der Hinweis auf Schopenhauer war schon gegeben). Wir *können* uns über Kunst streiten, weil wir uns nicht *streiten* müssen. Wir haben keine Bezugsgrößen als in den Maßstäben, die uns die Kunstwerke selbst vor die Sinne führen; das ist die Analogie zum Menschen: Was menschlich sein solle und was nicht, bestimmen wir in unserer Beschäftigung mit ihm/uns selbst.

Aber das Schöne ist zweckvoll geschaffen ohne Zweck. Vom Menschen kann man das nur mit allerlei theologischen Hypothesen unterfüttert behaupten, vom Kunstwerk ohne Mühe. Der Autor ist, wir hatten das schon, nicht die Instanz, die als empirische außerhalb des literarischen Textes verbindlichere Auskunft über «das, was er bedeutet», geben könnte als jemand anderes (insofern irrte Dr. Wolff), aber ohne ihn als Existenz hinter dem Werk wäre es selbst bedeutungslos.

Ganz am Ende wird es um Fragen gehen, warum man sagen kann, ein Gedicht, ein Roman «bedeute» etwas (obwohl man es so platt nicht sagen wird), oder warum man aus der Abweichung von einem Versschema etwas schließen zu dürfen glaubt – «wie seltsam, daß so etwas möglich ist». Dieses Problem liegt im Spannungsfeld von nur auf freie Subjektivität gestelltem Es-fällt-mir-auf und der Nötigung zur argumentierenden Herstellung von Allgemeinheit. Daß ein literarischer Text, ein Gebilde, das mit semantischen Einheiten spielt, dessen Einheiten aber nicht durch Paraphrase (auf der Möglichkeit zur Synonymbildung basierend) als Bedeutungen bestimmt werden können, dennoch als bedeutungsvoll gelesen werden kann, hat zur Voraussetzung, daß sein So-und-nicht-anders-Sein, seine Form, also das, was das Bemühen, ihn zu paraphrasieren, stets konterkarieren kann, als bedeutungsvoll angesehen wird, weil er so-und-nicht-anders gemacht ist, weil er ein zweckvolles Gebilde ist, ein Objekt teleologischer Spekulation.

Kant, hier durchaus einer der großen Destruktiven seines Faches, hat die Teleologie als theologisches Konzept, als Modus der Weltbetrachtung dargelegt; es soll hier nicht aufbereitet werden.[180] Die Idee der Schönheit ist aber mit einer teleologischen Beschaffenheit des schönen Gegenstandes durchaus verbunden. Ohne alle äußere Zweckmäßigkeit, ohne alles Um-zu könne

> nichts anders als die subjektive Zweckmäßigkeit in der Vorstellung eines Gegenstandes, ohne allen (weder objektiven noch subjektiven) Zweck, folglich die bloße Form der Zweckmäßigkeit[181]

das Schöne – auf das hier verhandelte Problem übertragen: Bedeutungsvolle – ausmachen. Aber welcher Art solches Zuschreiben von «Bedeutung» jenseits der Transposition durch Paraphrase auch sei – wie ist der Schritt von der Subjektivität in die Allgemeinheit beschaffen? Wie sieht er, beispielsweise, aus?

Wer spricht zu wem?

Dowden glaubt, daß im Hamlet irgendein Geheimnis steckt, will es aber nicht sagen.

James Joyce, Ulysses

Es könnte sich die Frage stellen, wie ein Autor, ein gelesener empfiehlt sich, die Frage, was es heiße, einen literarischen Text zu interpretieren, behandelt. Goethe tut das bekanntlich in «Wilhelm Meisters Lehrjahren» (und zuvor in der «Theatralischen Sendung»), es geht um Shakespeares «Hamlet», und diese Interpretation ist eine der folgenreichsten Hamlet-Interpretationen geworden. Die Bühne der Interpretation ist das Vierte Buch, sie beginnt mit einem Vortrag Wilhelms über die Schwierigkeiten, die Rolle zu spielen:

> (...) ich (glaubte) recht in den Geist der Rolle einzudringen, wenn ich die Last der tiefen Schwermut gleichsam selbst auf mich nähme, und unter diesem Druck meinem Vorbilde durch das seltsame Labyrinth so mancher Launen und Sonderbarkeiten zu folgen suchte. So memorierte ich, und so übte ich mich (...) Allein je weiter ich kam, desto schwerer ward mir die Vorstellung des Ganzen, und mir schien zuletzt fast unmöglich, zu einer Übersicht zu gelangen.

Hier wird die notorische Unmöglichkeit, die Figur «Hamlet» auf einen Typus hin zu deuten, zur Klage des Schauspielers, jenen Hinweis nicht zu finden, der nötig sei, um von ihm geleitet die Rolle anzulegen.

> ich verzweifelte fast, einen Ton zu finden, in welchem ich meine ganze Rolle mit allen Abweichungen und Schattierungen vortragen könnte.[182]

Goethe läßt seinen Wilhelm, nachdem die Hypothese des Melancholikers an den Gesten der durchtriebenen Ironie gescheitert ist, nach einer Anlage der Bühnenperson Hamlet suchen, die sein erratisches Benehmen nicht nur als bunt-beliebige Exzentrizität verstehen läßt, und er entwirft ein Porträt Hamlets so, wie der *vor* den Bühnenereignissen vorstellbar sein möchte, wie es sich aus den Informationen und Asides schließen lasse, die während der Handlung gegeben werden. Daraus wird das Porträt eines jungen Prinzen, im Großen und Ganzen rechten Sinnes, zum oberflächlichen Manœuvrieren in seichten Gewässern gemacht und bestimmt, zu Engagements in irgendwelchen Dingen, seien es solche der Politik, der Wissenschaften oder des Herzens, nicht gebildet – und man möchte gleich hinzufügen: also konnte ihn, was dann Bühnengeschehen wird, nur aus der Bahn werfen, aber Goethe läßt zwischen diesem Porträt des Hamlet als jungen Prinzen und Hamlet als Hamlet in «Hamlet» zehn Kapitel vergehen, dann erst nimmt er den Faden wieder auf und läßt seinen Serlo sich erkundigen:

> was wollen Sie weiter daraus erklären?

Worauf:

> Vieles, alles, versetzte Wilhelm. Denken Sie sich einen Prinzen, wie ich ihn geschildert habe, dessen Vater unvermutet stirbt.[183]

Und was sich sonst noch ereignet. Aus dieser Konstellation – der zuvor geschilderten Anlage und dem außerordentlichen Ereignis – entwickelt Goethes Wilhelm den Bühnencharakter des Hamlet. Die Interpretation war, wie gesagt, für die «Hamlet»-Rezeption nicht nur in Deutschland (Joyce erwähnt sie eingangs des 9. Kapitels des «Ulysses» als «die unschätzbaren Seiten des ‹Wilhelm Meister›! Ein großer Dichter über einen großen Dichter-Bruder.»[184]) lange Zeit leitend. Im Grunde ist Goethes/Wilhelms Auffassung des Hamlet-Charakters die Gegenthese zu den Sätzen des Fortinbras, Hamlet hätte, wäre er hinaufgelangt, unfehlbar sich höchst königlich bewährt – ein Satz, der am Ende so wuchtig über die Leichen hin gesprochen wird, daß er diese Contra-Position ganz gut verträgt. Hätte er sich, wäre er hinaufgelangt, höchst königlich bewährt, hätte er die Krise besser gemeistert oder meistern müssen, sagt Wilhelm. Er sieht den Prinzen durch den Tod des Vaters aus dem höfischen Machtgefüge fallen. Er ist nicht der Thronfolger, sondern die Krone geht auf den Mann der Witwe über, so scheinen es die Regeln zu Helsingör vorzusehen, wie einst die auf Ithaka, kann man hinzufügen – solchem pflegt also einiges zu erwachsen, verstörte Söhne jedenfalls.

> Nach seinem vorigen Zustande blickt er nur wie nach einem verschwundnen Traume. Vergebens, daß sein Oheim ihn aufmuntern, ihm seine Lage aus einem andern Gesichtspunkte zeigen will, die Empfindung seines Nichts verläßt ihn nie.[185]

Folgt die Heirat. Nun wird die Deutung, nachdem sie ein Bild eines aus seinem Stand geratenen Thronfolgers entworfen hat, die eines jungen Mannes, der plötzlich – ein wenig spät für unseren Geschmack – auch aus dem Stand der Idealisierung der Mutter gestoßen wird:

> Ihm, einem treuen und zärtlichen Sohne, blieb, da sein Vater starb, eine Mutter noch übrig; er hoffte in Gesellschaft seiner hinterlaßnen edlen Mutter die Heldengestalt jenes großen Abgeschiednen zu verehren; aber auch seine Mutter verliert er, und es ist schlimmer als wenn sie ihm der Tod geraubt hätte. Das zuverlässige Bild, das sich ein wohlgeratnes Kind so gern von seinen Eltern macht, verschwindet; bei dem Toten ist keine Hülfe, und an der Lebendigen kein Halt. Sie ist auch ein Weib, und unter dem allgemeinen Geschlechtsnamen, Gebrechlichkeit, ist auch sie begriffen.[186]

In solcher Lage der Dinge nun die Geistererscheinung!

> Denken Sie sich, rief er aus, diesen Jüngling, diesen Fürstensohn recht lebhaft, vergegenwärtigen Sie sich seine Lage, und dann beobachten Sie ihn, wenn er erfährt, die Gestalt seines Vaters erscheine …[187]

Einfangende Rhetorik. Goethes Wilhelm wirbt um seine Interpretation als der Schauspieler, der er ist oder sein möchte: Wenn man sich die Chemie von Hamlets Charakter so, wie ich sie analysiert habe, denkt, und denken Sie sich nun die neuen Stoffe beigemischt: was wird in der Phiole leuchten? Das, was Sie im Stücke lesen, und stellen

Sie sich mich vor, wie ich es, mit diesem Verstande, spiele! Werbende Verallgemeinerung einer zunächst höchst subjektiven Ansicht – aber auch Absicherung:

> Ich glaube nicht, daß ich etwas in das Stück hineinlege, oder einen Zug übertreibe.[188]

Es folgt die argumentative Schließung. Der Höfling Hamlet sei nicht gemacht, um durch solche Krisen als einer zu kommen, der an ihnen wächst, gar sie bewältigt.

> Und da der Geist verschwunden ist, wen sehen wir vor uns stehen? Einen jungen Helden, der nach Rache schnaubt? Einen gebornen Fürsten, der sich glücklich fühlt, gegen den Usurpator seiner Krone aufgefordert zu werden? Nein! Staunen und Trübsinn überfällt den Einsamen; er wird bitter gegen die lächelnden Bösewichter, schwört den Abgeschiednen nicht zu vergessen, und schließt mit dem bedeutenden Seufzer: die Zeit ist aus dem Gelenke; wehe mir, daß ich geboren ward, sie wieder einzurichten.[189]

Diese Zeile nimmt Goethe also als Gegenstück zur (hier, nicht im Buch) zitierten des Fortinbras – auch sie auf denselben Reim zu verstehen: geboren und zu leicht befunden:

> In diesen Worten, dünkt mich, liegt der Schlüssel zu Hamlets ganzen Betragen, und mir ist deutlich, daß Shakespear habe schildern wollen: eine große Tat auf eine Seele gelegt, die der Tat nicht gewachsen ist.[190]

Wilhelm schließt die Interpretation. Ausgangspunkt war das Problem mit der Kohärenz der Darstellung, das Nichtfindenkönnen des Punktes, von dem aus die Facetten des Hamletschen Benehmens als zusammenstimmend und als Ausdruck eines sein Reden und Handeln bestimmenden Problemmodus verstanden werden können. Goethe läßt Wilhelm das Problem geben und den Weg andeuten, auf dem er es lösen will. Dann macht er, wie erwähnt, in seinem Roman eine Pause von zehn Kapiteln. Das ist auch der Lesbarkeit geschuldet, man will keine essayistischen Einschübe, sondern die Handlung soll es tragen. Nehmen wir das, was vom Konstruktiven her etwas zu knirschen scheint, einfach hin: Der Faden der Interpretation wird vor anderen Ohren in anderer Szenerie wieder aufgenommen, wobei der Hinweis, daß der junge Enthusiast sich nicht halten könne, seine Shakespeare-Einsichten noch einmal aufzusagen, nicht mehr ist als der bloße Anstoß, den Essay fortzusetzen. Man kann es aber auch als Hinweis auf die Logik der Interpretation sehen. Dem bloßen Leser ist, was ihn bewegt, genug, spricht er aber als Umstehender zu den Umstehenden, muß mehr gesagt werden. Serlo fordert es ein. Er verlangt, daß ihm mehr geboten werde als Impressionen, die Subjektivität muß von allgemeinem Interesse sein. Darauf dann die Ausführungen zu Hamlet als privatem und als, wenn man so will, Sozialcharakter. – Es folgen weitere Ausführungen zum «Hamlet», vor allem zur Frage der Komposition und zur möglichen Bühneneinrichtung, auch die sehr witzigen Passagen über das «Englische» resp. Insulare bei Shakespeare, ein Weniges, zu allgemein, um bedeutend zu sein, über den Unterschied der Handlungsführung in Roman und Drama. Wir müssen es liegenlassen.

Nicht jede Allgemeinheit, die aus der Vergemeinschaftung einer expressiven Subjektivität kommt, ist eine zureichende. Das ist die eigentliche Lektion aus der Demonstration, die Goethe im «Wilhelm Meister» über die Frage, was es heiße, einen literarischen Text zu interpretieren, gibt. Goethe schiebt nicht nur die Zehnkapitelpause zwischen die ersten Ausführungen und die Fortsetzung, sondern läßt diese andauernd unterbrechen. Es ist fast wie mit dem Zaunpfahl getaktet, aber Taktgebung ist es und – nebenbei – Hinweis auf fehlenden Takt zuhauf. Der zweite Teil der Interpretation beginnt schon gleichsam verstolpert:

> Serlo versicherte, daß er das Stück längst, wenn es nur möglich gewesen wäre, gegeben hätte, daß er gern die Rolle des Polonius übernehmen wolle. Dann setzte er mit Lächeln hinzu: und Ophelien finden sich wohl auch, wenn wir nur erst den Prinzen haben.

Nunja, es liegt auf der Hand, wenn Wilhelm den Hamlet spielt (Serlo hält sich für die Rolle zu alt und zu wenig unmittelbar), dann Aurelie die Ophelia. Er nennt sie nicht, es versteht sich. Aurelie ist nicht amüsiert.

Wilhelm bemerkte nicht, daß Aurelien dieser Scherz des Bruders zu mißfallen schien.[191]

Welcher Scherz? Dieses augenzwinkernde «Na, wer wohl?» Das wäre kein Scherz, auch zu mißbilligen wäre das nur unter Voraussetzungen der Aurelienfigur, die uns Goethe gar nicht gibt. Also ist die Stelle nur ein angeschlagener Ton einer Melodie, die später gespielt werden wird. Es gibt eine zweite Unterbrechung. Als Wilhelm beteuert, er interpretiere streng am Text, lese nichts hinein und nichts hinaus, was nicht darin stünde, blickt Serlo zu seiner Schwester hinüber:

> habe ich dir ein falsches Bild von unserm Freunde gemacht? Er fängt gut an, und wird uns noch manches vorerzählen und viel überreden.

Er hat Wilhelm als Schwärmer vorgestellt, und der wird diesem Bild durch das, was einen Schwärmer ausmacht, Allgemeinheit heischende subjektive Expressivität, gerecht. Aber er will mehr, er will argumentativ gegründete Allgemeinheit:

> Wilhelm schwur hoch und teuer, daß er nicht überreden, sondern überzeugen wolle[192]

– und fährt fort, wie referiert. Er wird unterbrochen, Leute kommen herein, man will ein abendliches Kammerkonzert geben, aber er ist im Grunde auch fertig. So und so sei Hamlet zu verstehen, und habe man das, so habe man dann auch den «Hamlet» verstanden. Seine Aurelie schildert Goethe aber als Zuhörerin, die weder vom Enthusiasmus sich anstecken läßt noch von der Schließung der Interpretation überzeugt ist. Sie nimmt Wilhelm beim Arm, führt ihn in ein Seitenzimmer und sagt:

> Sie sind uns manches über Hamlet schuldig geblieben.

Manches; sie erkundigt sich nach der Rolle, die sie (wahrscheinlich) würde spielen sollen. Ophelias Charakter zu zeichnen sei nicht besonders schwierig, sagt Wilhelm,

> Von ihr läßt sich nicht viel sagen

132 – denn

> nur mit wenig Meisterzügen ist ihr Charakter vollendet.

Sie sei ein sensualistisches Mädchen, voll

> reifer, süßer Sinnlichkeit,

die Zuneigung des Prinzen zu ihr werde ohne Wenn und Aber erwidert, und es sei keine backfischhafte Schwärmerei, ihr Busen wogt, wenn sie nur spricht, und

> sollte die bequeme Göttin Gelegenheit das Bäumchen schütteln, so würde die Frucht sogleich herabfallen,

wie sich die Herren Studenten eben so ausdrücken. Aurelie nimmt das Gesagte und sieht auf die Konsequenz. Sie fordert eine Abrundung der Interpretation. Gesetzt, so seien die Voraussetzungen –

> Was wollen Sie weiter daraus erklären?

hatte Serlo gefragt, sie fragt nur:

> Und nun?

und sie malt es aus, voll subjektiver Expressivität,

> Und nun (...) wenn sie sich verlassen sieht (...) und er ihr statt des süßen Bechers der Liebe den bittern Kelch der Leiden hinreicht. –

Wilhelm paßt wieder nicht auf. Er

> hatte nicht bemerkt, mit welchem Ausdruck Aurelie die letzten Worte aussprach. Nur auf das Kunstwerk, dessen Zusammenhang und Vollkommenheit gerichtet, ahndete er nicht, daß seine Freundin eine ganz andere Wirkung empfand; nicht, daß ein eigner tiefer Schmerz ...[193]

Sie bricht in Tränen aus; nennt Wilhelm ihren Vertrauten, weil das die kommunikative Entgleisung, die Tränen manchmal sind, entschuldigt, und es bleibt dabei, denn wie es bei Goethe gerne so geht, jemand unterbricht; es ist Serlo mit Philine, Aurelie geht, Serlo auch, Philine plaudert über Aurelies vergangene Liebesschmerzen.

Einige Tage später erzählt Aurelie ein wenig aus ihrem Leben. Die Frage nach der Rolle der Ophelia steht im Hintergrund des autobiographischen Berichts: schlimme Erziehung bei einer liederlichen Tante, verstellter Blick auf die Männer und die Liebe, stets Arges wähnend, verführbar aber doch – und Wilhelm ist sein Zuhören peinlich, er will's nicht wissen, er nimmt vor Verlegenheit ein Buch zur Hand, das aufgeschlagen daliegt – «Hamlet» ist's, hätt' man's denken sollen? –, Serlo kommt herein, er will nach der Schwester sehen, doch auch er mag nicht sehen, wie eng das Schicksal die Maschen zusammenzieht, auch ihm kommt es recht, sich mit dem Buch statt der Schwester zu befassen:

> find' ich Sie wieder über Ihrem Hamlet? Eben recht! Es sind mir gar manche Zweifel aufgestoßen …

Nicht Wilhelms Interpretation wegen, sondern Fragen des «kanonischen Ansehn(s), das Sie dem Stücke so gerne geben möchten»,[194] betreffend. Es geht dann um die bereits erwähnten Aspekte.

Und Aurelie hört zu, wie Wilhelm ein (unausgesprochenes) Zitat zum Ausgangspunkt seiner Interpretation macht: «Und Pläne, die verfehlt zurückgefallen auf der Erfinder Haupt». Das sei die Pointe des gesamten Stückaufbaus, daß hier eine Antithese gegeben werde zum auf der Bühne Gewohnten, wonach der Held sich die Welt zurechtrücke, weil gerade er «gekommen ist, sie einzurichten».

> Geschichtschreiber und Dichter möchten uns gerne überreden, daß ein so stolzes Los dem Menschen fallen könne. Hier werden wir anders belehrt; der Held hat keinen Plan, aber das Stück ist planvoll (…) Es geschieht eine ungeheure Tat, sie wälzt sich in ihren Folgen fort, reißt Unschuldige mit …

Darum geht es (ebenso unausgesprochen) auch in Aurelies Verständnis der Ophelia-Figur:

> Denn das ist die Eigenschaft der Greueltat, daß sie auch Böses über den Unschuldigen (...) ausbreitet.

Serlo wendet das ins bedeutend Allgemeine und fragt sich, ob Wilhelm Shakespeare damit nicht etwas unterschiebe, woran «er nicht gedacht» habe.[195]

Nun setzt Aurelie wieder ein, und sie tut es, indem sie direkt auf Ophelia zurückkommt:

> ich (...) getraue mir, sie unter gewissen Umständen zu spielen

– wobei die «gewissen Umstände» doch etwas sehr schön Flirrendes haben –, aber den Text hätte sie gerne anders:

> hätte der Dichter seiner Wahnsinnigen nicht andere Liedchen unterlegen sollen? Könnte man nicht Fragmente aus melancholischen Balladen wählen? was sollen Zweideutigkeiten und lüsterne Albernheiten in dem Munde dieses edlen Mädchens?

Die Sache bzw. die Texte sind tatsächlich nicht ohne. Doch Wilhelm läßt sich nichts abschwatzen und auf seinen Shakespeare nichts kommen. So sei Ophelia angelegt – siehe das oben Ausgeführte: Sei sie in Verwirrung und Wahnsinn, dann komme das kaum Verhüllte an den Tag.

> Heimlich klangen die Töne der Lüsternheit in ihrer Seele

– Echos heimlich gehörter, lasziv-fröhlich vertonter indirekt-direkter Obszönitäten. Gassenhauer, wie man sie vor Schenken dem Liebchen summt oder hörbar grölt, wenn man den Preis der nächsten Stunde aushandelt –, nun aber, unter dem Druck von Leid und Frustration, dekompensiere sie:

> da ihr jede Gewalt über sich selbst entrissen ist, da ihr Herz auf der Zunge schwebt, wird diese Zunge ihre Verräterin, und in der Unschuld des Wahnsinns ergötzt sie sich vor König und Königin an dem Nachklange ihrer geliebten, losen Lieder.[196]

Wilhelm ergötzt sich noch an seinen auskennerischen Schilderungen, da gibt es eine Unterbrechung – wie stets; Rhythmisierung – Aurelie packt etwas, Serlo will's ihr wegnehmen, Aurelie läßt nicht los – ein scharfes Messer, ein Dolch ist's –, und Serlo steht da mit der Scheide. Aurelie küßt den Dolch, nennt ihn ihren vernachlässigten Freund, Serlo ist verärgert, geht – Tür auf, Tür zu, als wär's für die Bühne (diese Passagen sind es offensichtlich) – und läßt die Scheide zurück, in die Aurelie den Dolch dann sorgfältig «verwahrt» und zu sich steckt:

> Ich muß Ihre Schilderung Opheliens wohl gelten lassen, fuhr sie fort: ich will die Absicht des Dichters nicht verkennen; nur kann ich sie mehr bedauern, als mit ihr empfinden.[197]

Dann aber geht es ad personam: Wilhelm möge wohl die Literatur verstehen, aber von der Welt verstehe er nichts, insonderheit nichts von deren Personal. Wilhelm bestätigt das. Er habe die Menschen «bis auf einen gewissen Grad» kennengelernt, ohne sie aber «im mindesten zu verstehen», wobei Goethe ihn, wie mir scheint, den Onkel Toby zitieren läßt.[198] Und nun will sie, daß er sie kennenlernt, und erzählt noch mehr von sich. Das geht mit der nötigen Rhythmisierung, diesmal hastet Mignon herein und hinaus, es wird spät, es geht morgen weiter. Wir überspringen auch das. Auch der Lebenslauf Serlos wird uns bekannt gemacht. Es gibt ein Gespräch Aurelies mit Wilhelm über die Liebe, Männer & Frauen, den Trug, und sie fragt, ob er nie eine Frau betrogen, er weist es von sich, ferne sei ihm das Verführenwollen, auch im vorliegenden Falle – sozusagen:

> Er fand sie auf ihrem Ruhbette; sie schien stille[199]

– denn er werde keiner flüchtigen Neigung nachgeben, keiner Frau etwas versprechen, der er nicht sein «Leben widmen» könne, und, möcht' man rufen, hat's doch schon längst getan durchs Reden und Schauen und Dastehen und – und Aurelie nimmt den Dolch, der nicht nur spitz ist, sondern scharf und zieht ihn ihm über die Hand, die er ihr zum Versprechen, immer redlich mit ihr zu verfahren, reicht.

> Er zog sie schnell zurück, aber schon lief das Blut hervor.

> Man muß euch Männer scharf zeichnen, wenn ihr merken sollt, rief sie.[200]

Sie läßt dann nicht zu, daß er einen Arzt konsultiert; sie verbindet die Wunde gern und gerne selbst. Am Ende wird sie die Orsina spielen, wie es keine je konnte, und in Folge sterben. Damit endet das Fünfte Buch von «Wilhelm Meisters Lehrjahren», die folgenden drei Bücher sind Appendizes, die versuchen, einen Plan einzulösen, den das Ganze nie gehabt hat. Man könnte auch sagen, schon das Vierte Buch beende die Handlung – und ungefähr so, wie schon die «Theatralische Sendung» geendet hatte: mit dem Dolch und der blutigen Hand. In der «Theatralischen Sendung» bilden alle anschließend eine bedeutende Gruppe, der Vorhang fällt, und niemand erwartet, daß weitere Fragen beantwortet würden; in den «Lehrjahren» soll es anders sein, und daß dies Buch als Fragment mehr ein Ganzes wäre denn als ausgeführtes Intrigenspiel in allzu hohem Tone, wußte Goethe, der die Lust daran gründlich verlor, am besten.

Aber auch wenn man den Büchern V bis VIII mehr ästhetischen Kredit gibt, als ich es geneigt bin zu tun, muß man die Dramaturgie zu sehen gewillt sein, die mit der Dolchattacke als Fortsetzung des ersten Griffs nach der Waffe, der Meisters Ophelia-Interpretation beantwortet, ihren Höhe- und Endpunkt hat und im Fortlaufen des Romans keine Tarierung mehr erfährt – so daß Aurelie in Buch V entsorgt wird, weil der Verfasser keine Verwendung für sie mehr hat, der Roman aber weitergehen soll. Als eine Art die Operationslücke zuwachsendes Gewebe wird daher das Buch VI, die «Bekenntnisse einer schönen Seele», eingeschoben. Hier könnte nun Reflexion über die Rolle der Frau im bürgerlichen oder frühbürgerlichen Roman einsetzen, man kann sogar die ästhetische Ratlosigkeit der Konstruktion ab Buch IV in den Befund mit aufnehmen – für die vorliegenden Überlegungen möge man sich damit begnügen, daß im «Meister» neben vielem anderen etwas demonstriert wird, das ich den «Narzißmus der Objektivität» in Interpretationsübungen nennen möchte.

Goethe ließ seinen Wilhelm – vor der Zehnkapitelpause – schon Beifall gewinnen, als er noch wenig mehr aufzubringen hatte als Rhetorik. Hier war nicht der Schritt von der Subjektivität zur Allgemeinheit getan, sondern Vergemeinschaftung durch Jargon erreicht.

Leserin und Leser kennen dies Phänomen, sofern sie das Lesen von Texten und das Darübersprechen akademisch betreiben oder betrieben haben. Wenn man Glück hat, ist es der einnehmende Dozent oder die Dozentin, die verführerische Rede oder eben einfach die Überzeugungskraft des Überzeugtseins, des Engagements. Wenn man Pech hat, ist es der Chor der Nachsänger, die man an ihren Lieblingswörtern erkennt, am «eingeschrieben sein», oder alle die, die «Sexualität» mit scharfem «S» sprechen, denn dann sind sie kühn und vorurteilslos. Ich meine die, die erschauern, wenn sie Wörter zählen und sagen, die drei Anfangswörter des Romans X zählten elf Buchstaben, die letzten drei aber vierzehn, und die Differenz bilde die heilige Drei, reflektiere auch die drei verflossenen Lieben des Protagonisten. Es ist, glauben Sie mir, nur wenig Karikatur dabei. Ich führe das unter dem Stichwort der Vergemeinschaftung an, weil durch solche losen Stilmittel eine Atmosphäre des Eingeweihtseins erzeugt wird, die das öde und routinierte Reden über immerdieselben Texte mit immerdemselben Ergebnis begleitet und als gemeinsames Zittern vor Kühnheit erleben läßt: Der Text ist die eigene Schrift, die in seinen Textleib eingeschrieben ist, und die «Strafkolonie», die gar nichts dafür kann und es sich nicht hat träumen lassen, muß man dabei immer auch noch zitieren.

Goethe läßt seinen Wilhelm den Mechanismus ahnen und rhetorisch gegensteuern. Er lese nichts in den Text hinein, er wolle nicht überreden, sondern überzeugen. Der Druck kühlerer Anwesenheit nötigt ihn ins Argument. Er macht seine Sache gut und ist salviert. Nur eben Aurelie dissentiert. Er hat sie, könnte man sagen, nicht gewonnen. Denn auf einer Ebene geht es darum. Wilhelms Desinteresse an der Figur Ophelias, möchte Aurelie sagen, gleiche doch aufs unangenehmste seinem Desinteresse an ihr, ihrem Woher und Wie. Aber das wäre vergleichsweise läppisch, wäre es nur das. Ihr behagt die Rolle der Ophelia nicht. Ophelia ist in einem epochenübergreifenden Sinne eine «frauenfeindliche Erfindung»: Sie ist eine Frau, die nicht gut wegkommt. Sie ist am Ende tot, war vorher verrückt und benimmt sich nicht wie ein «Brigitte»- oder «Emma»-Ideal der «starken Frau». Oft ist ja das «Frauen lesen anders» (von dem u. a. Ruth Klüger gezeigt hat, wie man den Satz meinen kann) in diesem Affekt stehengeblieben: in der Beschwerde, die Frauen würden in den Büchern schlecht behandelt – bis hin zu der immer wieder zu lesenden Unterstellung, eine weibliche Figur, die am Ende stirbt, werde vom Autor für irgendwelche zuvor gezeigten unwürdigen Regungen bestraft (bzw. der Autor strafe am Schicksal der Figur jene Phantasien, die er zuvor selbst gehegt habe: wie im richtigen Leben). Aurelie deutet diese mögliche Einrede an, führt sie aber nicht aus. Sie läßt sich Wilhelms Deutung gefallen; findet sich darein, sie als dramaturgische Anleitung für das eigene Spiel ernst zu nehmen. Sie weiß, so ganz lebensunklug ist nicht, was Wilhelm da sagt – für so lebensfremd sie ihn auch erklärt. Nur fehlt die interpretatorische Klammer. Seine Interpretation des Textes lasse noch Fragen offen, sagt sie ihm, und sie schließt endlich die Lücke durch den Rekurs auf das zitierte «Und Pläne, die verfehlt ...». Sie korrigiert damit Wilhelms Satz über Ophelia, es lasse sich über sie nicht viel sagen. Doch; eine Menge, eben daß die Unschuldigen mit den Schuldigen fallen, weibliche Kollateralschäden sozusagen, über die, sagt der männliche Deuter, nicht viel zu sagen resp. schreiben bleibt – «der Rest ist Schweigen», es sei denn, als Postscriptum, von anderer Hand, nicht mit der Feder, mit dem Dolch.

Wilhelm hatte ja durchaus die Richtung auf ein adäquates Verständnis gewiesen, denn von Literatur versteht er etwas, man mag auch sonst an ihm mäkeln. Nur verstellt ihm seine narzißtische Fixierung nicht auf Hamlet, sondern auf seine Hamlet-Deutung den Blick aufs Ganze, alles andere wird ihm zum Fernerliefen. Der fehlende Blick aufs Ganze läßt ihn die Möglichkeit verpassen, aus dem existentiellen Narzißmus des Es-fällt-mir-auf als *Mir*-fällt-es-auf herauszutreten und zur durchs Argument geschaffenen Allgemeinheit zu kommen. Wilhelm armiert seine subjektive Arretierung durch den Anspruch der Objektivität und wendet sie offensiv durchs Stiften von Vergemeinschaftung mittels Ansteckung in der Begeisterung – sogar einen Serlo, der sich den Polonius zur Rolle wählt, fängt er so ein, daß der zu Aurelie sagt: Hab' ich dir zu viel versprochen?

Aurelie hatte sich zu viel versprochen; zu viel von ihm als Mensch; zu viel von ihm als einem, der einen literarischen Text zu interpretieren weiß. Was Goethe seine Aurelie damit tun läßt – «tun», wörtlich, durch Agieren –, ist, auf den kulturellen Sinn des eigenartigen Vorgangs des Herstellens subjektiver Allgemeinheit hinzudeuten: Allgemeinheit durch Übernahme von Subjektivität. Das Reden über Literatur ist der Modus, in dem eine «literarische Gesellschaft» das tut.

Auch anders, aber auch und vor allem nicht zuletzt so. Sie tut es nicht nur so, wie die Umstehenden zu Athen es taten, als sie aus dem Theater gekommen waren, sondern über die Jahrhunderte und immer wieder und immer wieder neu, und die Deutung, die Marx diesem Tun gab, die Menschheit lasse es sich im Ansehen ihrer eigenen Kindheit wohl sein,[201] trifft's nicht.

Affekte

In all the nobler productions of genius, there is a mutual relation and correspondance of parts; nor can either the beauties or blemishes be perceived by him, whose thought is not capacious enough to comprehend all those parts, and compare them with each other, in order to perceive the consistence and uniformity of the whole.

David Hume, Of the Standard of Taste

Wenn George Steiner von «den Antigonen» spricht,[202] so tut er das nicht allein in Hinsicht auf die vielen Fassungen des Antigone-Stoffes, sondern auf das immer fortgesetzte Bemühen, im Reden-über die «Antigone» des Sophokles zu fassen, und es wird daraus nicht die fröhlich präsentierte Fülle des auf solche Weise historisch Möglichen, sondern die Klugheit und Delikatesse dieses Autors macht, daß uns in der Lektüre seines Buches die Vielfarbigkeit nicht zum bloß Bunten mißrät. Man kann den Chor der Antigone-Lektüren nicht fortsetzen, indem man ihn bloß fortsetzt. Man kann sich nicht in eine Tradition stellen, indem man sich eingemeindet. Einen literarischen Text zu interpretieren bedeutet, mit dem existentiellen, subjektiven, zunächst aus narzißtischem Momentum erfolgenden Sprung die erste Aussage über den Text zu tun, und sei es als ein bloßes Es-fällt-*mir*-auf.

Das hat Auswirkungen auf das Verständnis von literarischer Tradition. Wo es zum Selbstverständnis der Pflege durch Repetition wird, stirbt sie. Es ist nur scheinbar trivial, zu sagen, daß man nur weitermachen könne, indem man es anders macht, und zwar letztlich agonal: die Behauptung, einen eigenen Platz zu Recht zu beanspruchen mit dem Es-fällt-mir-auf, muß Platzbehauptung gegen widersprechende oder gelangweilte Einrede sein. Erst dann kommt die mögliche Allgemeinheit in der Subjektivität zum Tragen. Die eigene Lektüre wird behaupten, etwas sei bisher verfehlt worden, vielleicht Entscheidendes, kann sein *das* Entscheidende – im Falle der oben beschriebenen Szenen aus «Wilhelm Meisters Lehrjahren» zum Beispiel, wie Aurelie Wilhelm unterbricht. In der Einleitung zu seinem Buch über das Tragische schreibt Karl Heinz Bohrer: «Wichtig für die hier vorgetragene Perspektive ist: Die beiden entscheidenden Philosophen, jeweils in spezifisch aufgeklärten Epochen lebend und denkend, Aristoteles und Hegel, haben den eigentlich tragischen Kern des attischen Dramas nicht berührt: seinen ästhetisch-epiphanen Impuls. Hierin folgte ihnen in dieser oder jener Weise die nicht am Kunstwerk, sondern an der Historie interessierte Philologie.»[203] Eine solche agonale Wucht muß nicht sein (man kann ja nicht gleich von jedem verlangen, mit Aristoteles und Hegel in die Arena zu treten), aber es ist möglich.

Was Bohrer in Anspruch nimmt, und unter anderem darum seien seine Gedanken zur «Antigone» hier erörtert, ist etwas ganz Grundsätzliches. Was er ins Spiel bringt, wenn er die Bühne des jahrhundertelangen Redens über Literatur betritt, ist die Behauptung, mit ihm fange es eigentlich erst an. Erst seine Lektüre fasse die «Antigone» als literarischen Text und nicht als Dokument oder Beleg. «Unser Interesse ist kein philosophisches, kein historisches, sondern ein künstlerisches.»[204] Hegel, so Bohrer, interessierte sich «nicht so sehr für die Kunst am Kunstwerk Tragödie (...), sondern für die in ihr wirkende Religion und für das in ihr wirkende Recht, beides bezogen auf die allem anderen übergeordnete perspektivierende teleologische Geschichtsphilosophie». Man könne nun das, was Hegel und die Tradition der Interpreten, die ihn fortsetzen, tun, als etwas sehen, das Teilaspekten des Kunstwerks zwar gerecht wird und *verfehlt* nur insofern ist, als es den Teilaspekt verabsolutiert; man könne es aber auch kritisieren, weil es nicht nur etwas verfehlt, sondern etwas ganz anderes tut: es *verdeckt* – nicht, weil es «idealistisch-philosophisch oder weil (es) politisch» ist, sondern weil es «in dieser Eigenschaft die wesentlichen Charakteristika des tragischen Diskurses»[205] übersieht, mehr doch wohl: den Blick darauf verstellt. Hegels theoretische Annäherung an das poetische Phänomen Tragödie – und darin gleiche er Aristoteles – diene vor allem der *Abwehr* jenes emotionellen Kerns, der die Tragödie ausmacht – des Literarischen. Aristoteles habe die

Metapher, vielleicht doch das Poetische in der Nußschale, «aufs Denken» reduziert und damit eine Idee von Verstehen zu etablieren versucht, die nicht nur scheitern, sondern systematisches Unverständnis perpetuieren muß. «Aufs Denken reduzieren» – auf ihre Paraphrasierbarkeit, auf ihr Als-ob.

Bohrer benennt als ästhetischen Effektkern der Rhetorik der Tragödie jenen Affekt, den man in den Formen der Plötzlichkeit der Erscheinung, der Angstrede und der Rhetorik der Trauer erkennen könne.[206] Bohrer schließt an Nietzsche an (ohne ihm zu folgen), wenn er schreibt: «Die Wirkung der Tragödie beruhte niemals auf der epischen Spannung, auf der anreizenden Ungewissheit, was sich jetzt und nachher ereignen werde: vielmehr auf jenen großen rhetorisch-lyrischen Scenen, in denen die Leidenschaft und Dialektik des Haupthelden zu einem breiten und mächtigen Strome anschwoll. Zum Pathos, nicht zur Handlung bereitete sich alles vor: was nicht zum Pathos vorbereitete, das galt als verwerflich.»[207] Dem Verständnis des tragischen Effekts, sprich: seines Affekts, nähert er sich hier an über den Weg, festzuhalten, was zu seinem Verständnis *nicht* taugt. Das ist: Handlungsleitung und psychologische Plausibilisierung. Die Tat des tragischen Helden vollzieht sich zwar im Zusammenspiel der Handlungselemente des Stücks, aber nicht als deren plausibles Telos. *Es passiert*, und wir verstehen das Stück nicht, indem wir aus seiner Handlungslogik analytisch oder empathisch nachvollziehend sagen können, *warum* es passiert, sondern dem «Factum brutum»[208], *daß* es passiert, ordnet sich das Geschehen – zuweilen erratisch – zu. Der Versuchung, diesen Befund – und damit die Verfaßtheit des tragischen Helden – existentialistisch zu lesen, widersteht Bohrer.[209]

Aber wogegen schreibt er an? Und was wäre – als Interpretation eines literarischen Textes, nicht als seine Herabwürdigung zum Dokument – dann doch festzuhalten, gerade damit Bohrers Einrede im Rahmen der Tradition funktioniert? Christian Meier hat den Aristotelischen Gedanken, die attische Tragödie aus ihrer sozialen/politischen Funktionalität zu verstehen, aufgenommen. Wir haben ihn und seine Charakterisierung der eigentümlichen und für die Kulturentwicklung so unglaublich folgenreichen Mentalität des Athens der Jahre 480ff. als «Könnensbewußtsein» (inklusive Phantasie, Mut, Raffinement, Skrupellosigkeit und Hybris) schon zitiert. Sophokles' Chorlied aus der «Antigone» – «Viel Ungeheures und nichts ungeheurer als der Mensch» – bringe eine unmittelbare Erfahrung zum Ausdruck:[210] Selbstbegeisterung und Selbstangst. Der Umstand, daß in Athen Politik, man kann es so sagen, erfunden wurde, heißt, daß alle Probleme, die die Politik mit sich bringt, neu waren. Eine eigentümliche Klugheit der Athener ließ sie diese Probleme nicht nur auf der Realbühne der politischen Entscheidungsfindung – auf der Agora – abhandeln, sondern auch auf der Theaterbühne und die Qualität der dort gegebenen Stücke – auch in ästhetischer Hinsicht – beim Nachhauseweg und wieder auf der Agora bereden.

Episches Theater wurde nicht gegeben, sonst wäre die Theorie der Affektabfuhr nicht entstanden. Aber es war auch nicht nur ein Sichmitinszenieren des Publikums; es muß ästhetische Reflexion durchaus üblich gewesen sein, sonst wären die erwähnten Aristophanischen Erörterungen über die Expositionen bei Aischylos und Euripides nicht beklatscht worden. Wie der Zusammenhang von Selbstbeobachtung durch Bühnenstellvertretung und Herausbildung ästhetischer Urteilskraft, mit der Einzelfälle als Anwendungen zuvor noch gar nicht fixierter oder auch nur exemplifizierter Regeln aufgefaßt werden konnten, theoretisch zu fassen ist, sei hier als Aufgabe formuliert und liegengelassen.

«Man mußte» in den Jahren nach Marathon und Salamis «große Politik betreiben, Herrschaft ausüben, und – man hatte Verantwortung, d. h., man stand vor der Notwendigkeit, auf die bewußten und unbewußten Fragen und Zweifel, die sich ergaben, Antworten bereitzuhalten und allen daraus erwachsenden Anforderungen sich selbst zu stellen. Man hatte keinen Staat, keine Regierung, keine Instanzen, auf die man sich (selbst wenn man es anders gewußt hätte) hätte verlassen können. Keine (oder fast keine) Polizei, keinen Apparat, auch keine öffentlichen Schulen; überall lag die Verantwortung bei und in und zwischen den Bürgern; lediglich die Ausführung der Beschlüsse wurde Einzelnen übergeben (und vielfach auch kontrolliert).» – Meier nennt die politische Kunst der attischen Tragödie, «immer wieder am Mythos durchzuspielen, was die Bürger als Bürger bewegte», und, zugleich und in Parallele zu dem, was anderswo als Geste der Selbstbestätigung und -verherrlichung aufgeführt wurde und wird, «das spezifisch Schöne, in dem die Demokratie (…) sich abstützte».[211]

Die erwähnten Konstellationen nach Salamis richteten etwas her, was in dem folgenden Europa ganz andere Wege ging und vor allem viel größere Zeiträume umfaßte. In Athen traf auf eine turbulente und bürgerkriegs- bzw. aufstandsgeneigte, auch dem Experimentellen in der Politik zugeneigte Vorgeschichte eine Gegenwart, die die politische Gleichheit (innerhalb einer männlichen, sklavenhaltenden Herrschaftsbevölkerung) auf die Tagesordnung setzte und damit die Politik als Verkehrsform für die Regelungen des Gemeinwesens eben buchstäblich erfand. Was «Politik» als gegen Tradition, wirtschaftliche Macht, Klientelwesen und so weiter teils abgegrenzter, teils damit verwobener Bereich eigentlich «sei», ist das Thema der öffentlichen literatur- und philosophieträchtigen Debatte. Die Früchte sind so vielfältig, wie zu erwarten ist, zum Beispiel nur: Platons «Politeia», der Dialog zwischen Perikles und Alkibiades, den Xenophon überliefert,[212] Sophokles' «Aias» und «Antigone».

Die sogenannte Sophistik erfand ein eigenes Genre, in dem die Probleme des Politischen abgehandelt werden konnten, und mit Xenophon und Platon ist uns überliefert, wie dieses Genre zur literarischen Form wurde. Die Bühne stellte etwas bereit, oder besser gesagt: war der Ort, an dem etwas, das bereitstand, der Ritus und seine Ausformung im Wort, zum Instrument für Neues werden konnte. Am Anfang steht die Trennung des gemeinsamen Gemeindegesangs in den singenden Chor und die zuhörende Gemeinde. Auch die Dyas Vorsänger/Gemeinde (noch bestens bekannt im Wechselgesang diverser Christengemeinschaften und in der pop-musikalischen Adaption von «Give Peace a Chance») wird auf die Bühne gestellt, und die trockenen Worte des Aristoteles: «Aischylos hat als erster die Zahl der Schauspieler von einem auf zwei gebracht, den Anteil des Chors verringert und den Dialog zur Hauptsache gemacht. Sophokles hat den dritten Schauspieler und die Bühnenbilder hinzugefügt»,[213] leiten einen über die atemberaubende Neuerung hinweg: daraus das zu machen, was bis heute «Theater» heißt und was es auf der gesamten sonstigen Welt nur als Adaption dieser auf dem zerklüfteten Balkanausläufer und dort auf der attischen Halbinsel in der einzigen nennenswerten Stadt erfundenen Form gibt.[214]

Die neue Form verbindet sich mit dem, was traditionellerweise inszeniert wurde, mythischen Erzählungen – wie man sich das «vor Aischylos» hat vorstellen müssen, weiß man nicht zu sagen, ebensowenig wie es denn eigentlich geklungen haben mag vor und bei und nach Aischylos, das Gesprochene, der Gesang. War es ritualisierte Oper mit zunehmend bedeutungsvollen Rezitativpassagen? Gewiß ist wohl nur, daß die Versifizierung der Sprache damit zu tun hatte, daß man sang. Aber solche Ursprünge verblassen, wenn sich ohne ihre Fortdauer hält, was sie hervorgebracht haben. – Und doch wüßte ich sehr gern, wie ein Schrei auf der athenischen Bühne geklungen haben mag. Es wurde viel geschrien, vor Schmerz, vor Jammer, in Verzweiflung. Wie klang das, das «ió» und «ió moí moí» des Aias, das Schreiklagen der Troerinnen, das «Apappappapai!» des Philoktet? Die Akustik war ja gut (nicht so gut, wie einem immer wieder erzählt wird, daß man ein geflüstertes Wort bis in den hintersten Rang hörte, aber doch); und ein solches Geschrei aus der Maske mit dem zum Schreien aufgerissenen Mund, die der Spieler schon von Anfang an trägt und die jetzt erst in diesem das ganze Rund erfüllenden Gebrüll/Geheul ihr Design belebt – – man muß sich einfühlen, sonst bleibt die Rede des Aristoteles von den Affekten im Theater leer.

Wenn Hegel die «Antigone» als Konflikt zwischen den Ansprüchen politischer Macht und familialer Pietät (ganz im lateinischen Sinne der pietas) auffaßt, so ist das zwar modern gedacht, aber dennoch nicht ungriechisch im Sinne von «dem Antiken nur angesonnen». Dieser Konflikt ergibt sich mit dem Raumgreifen des Politischen als eigener Dimension der Wirklichkeitsbestimmung. Gewiß formuliert Hegel vor dem Hintergrund modern-bürgerlichen Denkens: «Auf eine plastische Weise wird die Kollision der beiden höchsten sittlichen Mächte gegeneinander dargestellt (...) da kommt die Familienliebe, das Heilige, Innere, der Empfindung Angehörige (...) mit dem Recht des Staats in Kollision. Kreon ist nicht ein Tyrann, sondern ebenso sittliche Macht. Kreon hat nicht unrecht; er behauptet, daß das Gesetz des Staats, die Autorität der Regierung geachtet werden muß und Strafe aus der Verletzung folgt. Jede dieser beiden Seiten verwirklicht nur die eine der sittlichen Mächte, hat nur die eine derselben zum Inhalt.»[215] Das ist, wie gesagt, modern-bürgerlich, und zwar insofern, als es eine innen/außen-Unterscheidung zum Angelpunkt nimmt. Die Ansprüche des verinnerlichten Familienzusammenhalts gegen die äußeren des staatlichen. Griechisch liest sich das etwas anders, aber es sind hier wie dort die Kollisionen der Politik mit den anderen gemeinschaftskonstituierenden Mechanismen und Regeln.

Kreon verbietet die Bestattung des Polyneikes. Polyneikes und Eteokles waren die Söhne des Ödipus, Eteokles war Herrscher in Theben, Polyneikes war gegen Theben gezogen, um ihm die Herrschaft abzunehmen, es kam zur Entscheidung im Zweikampf, beide fielen, Kreon, Bruder Iokastes, der Frau/Mutter des Ödipus und Mutter/Großmutter der Brüder, tritt die Herrschaft an. Das Bestattungsverbot ergeht tatsächlich nicht aus tyrannischer Willkür, sondern ist durchaus konform mit Recht und Brauch – Polyneikes ist ein Verräter an der Stadt, das Bestattungsverbot ist angemessen, auch die Strafandrohung der Steinigung gegenüber dem, der das Verbot übertritt, ist traditionell, die «alte Strafe für den, der einen Verräter schützte».[216] Dagegen steht die Haltung Antigones, der Schwester von Eteokles und Polyneikes, sie will und wird den Bruder – symbolisch; sie bewirft ihn mit Sand – bestatten. Sie setzt göttliches Gebot über das politische. Nach Hegel macht diese Konfliktbalance die Tragödie aus, und unser Verständnis vom Tragischen schreibt sich aus dieser Interpretation her: ein unlösbarer Konflikt, zwei Normen, die nicht in einer dritten geschlichtet aufgehen, kein pragmatisches Angebot mildernden Damitweiterlebens durch Emphaseminderung oder was einem einfallen mag. Das Ende entsprechend. Antigone wird ertappt und bekennt sich, sie wird verurteilt, sie tötet sich, ihr Bräutigam Haimon, Sohn des Kreon, der sich mit dem Vater überworfen hat, desgleichen, Eurydike, Kreons Frau, auch. Kreon, am Ende, blickt wie ins Leere.

> So führt mich hinweg, mich törichten Mann,
> der willentlich dich, mein Kind, nicht erschlug,
> auch dich nicht, mein Weib! Ich weiß ja nicht mehr,
> wohin schaun, wohin mich wenden; alles, ach,
> gleitet mir aus der Hand; über mein Haupt entlud
> sich Unheil mit nicht ertragbarer Wucht.[217]

Aber der Chor fügt noch ein Merke! an, etwas wie: wer zu spät kommt, den bestrafe das Leben, denn das Höchste sei «Besinnung» – *phronein*, sich Gedanken machen –, und zwar beizeiten, sonst lerne man die Besinnung erst im Alter, zu spät, durch angerichteten Schaden (und Frevel gegen die Götter und die Konsequenzen daraus) belehrt. Das klingt so ganz «tragisch» nicht mehr, die Sache hätte doch, beizeiten geregelt, geraten können, wie die Schlußsätze andeuten. Das Stück sagt nicht, wie, aber seine Problemdarstellung geht über das Hegelsche Resümee doch hinaus. Man kann von einigen Stücken der attischen Tragödie sagen, daß sie nicht nur allgemeine Probleme des Einbruchs der Politik in eine durch andere Regelungsbräuche und -vereinbarungen bestimmte Lebenswelt behandelten, sondern dies auch in Aktualitätsnachbarschaft mit politischen Auseinandersetzungen, die den Tag bestimmten. Euripides «Troerinnen», so weit wird man gehen können, warnen vor dem athenischen Feldzug gegen Sizilien; auch ein erfolgreicher (und vielleicht durchs ius ad bellum gerechtfertigter) Krieg bringe Entsetzliches und auch für die Sieger unvorhersehbar Katastrophisches. Sophokles soll man auf Grund des Erfolgs der «Antigone» zum Admiral für den Krieg gegen Samos gemacht haben, unergründlicher Humor der Athener (und Streiche dieser Art werden dann Anlaß für den erwähnten Spott Platons im «Ion»). Wie man auch Sophokles' Bestallung, wenn sie denn stattgefunden hat, bewerten mag, jedenfalls fällt die Aufführung der «Antigone» in die Zeit der innenpolitischen Triumphe des Perikles, des Ausbaus seiner Stellung zu einer Art Wahlmonarchie, der außenpolitischen imperialen Expansion Athens, zu der die berüchtigte Beschlagnahme der gemeinsamen Kasse des Delischen Seebundes und die Maßregelung aus athenischer Sicht abtrünniger Bündnispartner gehörte. Der Seezug gegen Samos war gewissermaßen der Auftakt zum Sieg des Perikles über seine innenpolitischen Gegner, die sowohl in der Innen- wie Außenpolitik auf eine gewisse Balance drängten.

Sophokles stellt mit seinem Kreon einen Mann auf die Bühne, der der Politik, wenn man nicht sagen will: totalen, so muß man sagen: den stets ausschlaggebenden Anspruch zumißt.

> Wen auch der Staat einsetzte, man gehorche ihm
> im Kleinen selbst, sei's Recht, sei es das Gegenteil![218]

Das ist eine Reihung, zweimal «und»: im Kleinen und im Gerechten und im Gegenteil davon – da steht *tanantía*, eine Zusammenziehung aus *tà enantía*, was soviel heißt wie «das, was entgegen-» oder «widersteht», in dem aber auch «Verbot» steckt, ein kraftvolles «Entgegentreten». Es ist klar, was Sophokles seinen Kreon sagen läßt, er läßt ihn wie einen Hobbesianer reden. Was das Machtmonopol verfüge, habe zu gelten, und dies ausschließlich, weil es das Monopol sei. Dazu habe man die Zentralgewalt in der Polis eingesetzt. Und zwar – hier legt der Text das «totalitär» in gewissem Sinne doch nahe – auch «im Kleinen», worauf kein Gegenbegriff folgt, man wird ihn hinzudenken können, das Große versteht sich von selbst. Nun geht es weiter in der Reihung mit «und», nach dem Kleinen folgt das Recht – und das Gegenteil? Man könnte unterstellen, Sophokles habe seinem Kreon sophistische Rhetorik wie später aus Platons Schriften bekannt in den Mund legen wollen und habe dann die Folgerung unausgesprochen gelassen, daß, was Recht oder Unrecht sei, von der eingesetzten Entscheidungsinstanz abhänge, daß eine Idee von Recht, die den Machtanspruch der Zentralinstanz in Frage stelle (und sei es beschränkend, kontrollierend), Unrecht sei, weil sie die Sicherheit der Polis insgesamt gefährde. So spricht Kreon auch weiter: «Der Übel größtes ist die Zügellosigkeit». Aber man kann aus dem «Gegenteil» auch herauslesen, legitime Herrschaft werde, im Großen wie im Kleinen, durch Gesetze und Maßnahmen durchgeführt. Letztere sind, ihrem Wesen nach, dem Gesetzmäßigen entgegengestellt, aber implizieren noch nicht die begriffliche Auflösung von «Recht» und «Unrecht»: Notstandsmaßnahmen etwa, und so könnte Kreon sein Bestattungsverbot verstehen. Es hat keine gesetzliche Grundlage, ist aber eine Verordnung zum Schutz der Polis. Wer hier den Carl Schmitt seinen Schatten zurückwerfen sieht, und die Beschreibungen, etwa bei Franz Neumann, wie der Rechtsstaat durch den Maßnahmenstaat ausgehöhlt wird, hat selbstverständlich recht. Es geht nicht darum, zeitliche Kontexte durcheinanderzubringen, aber tatsächlich operiert Sophokles' Kreon an dieser Problemlinie. – Man sieht, wie die Frage der Entscheidung für diese oder jene Übersetzung mit der nach der Schärfe des Problembewußtseins in Athen verbunden ist – diese von der Beantwortung jener abhängig macht oder jene mit Mutmaßungen über diese begründet.

Es

läßt Sophokles seinen Kreon sagen,

gilt zu schützen, was der Ordnung dienen will

> einem Weibe niemals untertan zu sein[219]

– was sich versteht, wird irgendeinem Griechen doch irgendwo in den Mund gelegt, er sei für dreierlei den Göttern dankbar: ein Mensch zu sein und kein Tier, ein Mann und kein Weib, ein Grieche und kein Barbar, aber die Sache könnte auch einen politischen Haken haben, denn man sagte Perikles nach, er stünde zu sehr unter dem Einfluß der Aspasia, einer Hetäre, mit der er Lebensgemeinschaft pflegte und der Wieland in der «Geschichte des Agathon» die erste radikalfeministische Theorie des Geschlechterverhältnisses in den Mund legte, die zumindest die deutsche Literatur kennt.

Der Gedanke, daß die Ordnung der Geschlechter durcheinanderzubringen die gesellschaftliche Ordnung nebst ihrer institutionellen Verfaßtheit bedrohe, findet sich bei Tacitus, wo das Germanenvolk, das diese Hierarchie nicht mehr (oder noch nicht) kennt, ganz am Rande der Zivilisation steht,[220] und so bekommt die Auseinandersetzung Kreon – Antigone auch einen Zug ins diesbezüglich Grundsätzliche, bzw. für selbstverständlich Genommenes wird möglicherweise (jedenfalls in so dogmatischer Form) Anzweifelbares, denn Kreon ist im Stück ja keineswegs ein Sieger.

Kreon ist allerdings auch nicht, wie Hegel dekretiert, in seinem Einstehen für die Ordnung des Staatlichen bloß Repräsentant eines Prinzips. Ebensowenig wie Antigone. Zwar beruft sie sich auf allgemeine Prinzipien der Frömmigkeit, aber sie reklamiert für sich auch das erstaunlich individuelle Recht, Ausnahmen zu machen, das Recht auf Eigensinn. Nicht Prinzip gegen Prinzip ergo Tragik, sondern die Debatte geht um die Reichweite des Prinzipiellen überhaupt. Was Antigone redend und agierend für sich in Anspruch nimmt, setzt Kreons Sohn Haimon in Argumente. Auf Kreons Beharren auf der Ordnung im Staate als oberstem Prinzip antwortet Haimon mit dem Preis der Urteilskraft, man müsse eigenen Sinnes abschätzen, was wo am Platze sei:

> Die Götter pflanzen Menschen die Besinnung ein,
> Vater, von allen Göttern unser edelstes.

 Er wolle gar nicht von sich aus Widerrede halten, aber Kreon möge doch zur Kenntnis nehmen, daß die Stadt um Antigone klage, daß man ihre Tat billige. Auch wenn Kreon recht habe, so sei es doch immer geraten zuzuhören, was die anderen sagen.

> Keinen schändet's, mag er noch so weise sein,
> wenn er noch lernt und nicht den Bogen überspannt.

Es heißt tatsächlich *tò mè teínein ágan*, «nicht zu sehr spannen», vielleicht die Saite, und auch das Bild vom Baum, der sich im Unwetter biegt und so nicht bricht, wird hier gebraucht. Kreon vs. Haimon:

> Kr. Soll denn die Stadt mir sagen, wie ich herrschen soll? (...)
> Ha. Der Staat ist keiner, der nur einem Mann gehört.
> Kr. Gilt denn der Staat nicht als des Herrschers Eigentum?
> Ha. Wie schön gebötest du im leeren Land.[221]

Haimon sagt hier zu Kreon, was Brecht der SED-Führung in einem Gedicht, das allerdings in der Schublade blieb, sagte: dann möge sie sich doch ein neues Volk wählen.

Man kann sagen, der griechische Sagenschatz sei eben gefüllt genug gewesen, um auf das Theater zu bringen, was an politischer Debatte und Reflexion unter den Nägeln brannte; andererseits gingen Vorlage und politischer Bedarf nicht umstandslos ineinander auf. Die Dichter der attischen Tragödie scheinen auch gar kein Interesse daran gehabt zu haben, pointiert im Sinne einer semantischen Eindimensionalität zu schreiben. Da sie Figuren schufen und nicht nur Maskenträger auf Kothurnen, Charaktere, die in ihrer Individualität, ihren Eigenarten, Ärgerlichkeiten, Macken nicht nur sichtbar waren, sondern auf der Bühne selbst diskutiert wurden, ist «Psychologie» von Anfang an nicht geringster Bestandteil der attischen Tragödie. Neoptolemos (im «Philoktet») ist ebenso «Charakter» wie Hamlet. Der Chor beklagt und rügt den familiengegebenen Starrsinn von Antigone und Kreon.[222]

Die über die Jahrhunderte immer *wieder* gelesenen Stücke sind immer wieder *neu* gelesen worden, mit immer wieder erneuertem und anders gestimmtem Interesse, das versteht sich bei großer Literatur. Daß es keine «richtigen Interpretationen» gibt, aber wohl falsche – in den Seitenbemerkungen zu Hegel ist das angeklungen –, wird nachher noch kurz anzusprechen sein; man wird von einer unendlichen, aber nicht uferlosen Varietät der möglichen Interpretationen eines literarischen Textes sprechen können.

Im Falle der alten Texte, interessanterweise vor allem jener der attischen Tragödie, spricht man oft so, als spräche man in irgendeiner Weise grundsätzlicher über Literatur, als man es in anderen Fällen tut. Man spreche gewissermaßen an der Quelle. Das ist Unfug. Man tut das, weil man den Begriff «Mythos», der oben schon gefallen ist, falsch versteht, d. h., so wie eine bestimmte philosophisch angefütterte Anthropo- oder Ethnologie das tut oder eine Philosophie, die ihre Selbstursprungskundigkeit dadurch zu beweisen trachtet, daß sie beliebige Behauptungen über uneinseh- und -fühlbare Zeiten aufstellt, deren Ferne sie durch raunendes Behaupten und u-haltige Wörter wie Ursprung und Kunde erst konstituiert. Kurz: «den Mythos» oder «das Mythische» gibt es nicht. Was wir kennen, sind Sagenstoffe, von denen wir das unklare Gefühl haben, sie hätten größere Bedeutung, denn bloße Vorwürfe für weitere literarische Formungen zu sein. Aber Stoffe – Paraphrasen, die eine Vielzahl von Paraphrasen zusammenfassen – gibt es nicht flottierend, sie sind immer so oder so geboten, und auch wo etwa ein großer Künstler der Behandlung dieses Problems, Thomas Mann, den Mythos vom zerstückten, abgestiegenen, wieder aufgestiegenen, zurückgekehrten Gott erzählt, wie er hier und wie er dort erzählt worden ist, und ihn wiedererzählt in seiner Fassung des Joseph-Stoffes, so zeigt er durch seine *Art* des Erzählens, daß es immer das *Wie* ist, das uns das *Was* erst definiert. Das heißt: die attische Tragödie bearbeitet nicht «den Mythos» oder «Mythen», indem sie sie aktualisiert oder was auch immer, sondern erzählt vielfach erzählte und darum bekannte Stoffe neu.

Wenn Karl Heinz Bohrer sagt, Tragödieninterpretationen, die das Historische – siehe oben: das Politische, das Psychologische auch – zuungunsten des «Mythischen» zu sehr betonen, verfälschten das Ganze, so liegt nicht auf der Hand, wie das gemeint sein könnte, es geht ja nicht um Hokuspokusnähe. «Die Tragödie ist als ästhetische Form nicht denkbar ohne ihr mythologisches Motiv, sie existiert aber als Diskurs nur über eine den Mythos distanzierende Gegenwartsbezogenheit.» Sie hat ihren Stoff und ist eine seiner Bearbeitungsformen, und zwar eine spezifische, historisch genau zu bezeichnende: «Die Tragödie entstand, als die Mythen vom Blickpunkt des Stadtstaates aus betrachtet wurden.»[223] Die Erscheinungsform des Mythos in der Tragödie ist dessen «Nachhall» – «was als Mythos schon verloren war, kehrt als Wort zurück»[224] – die ästhetische Rückerinnerung als versuchte Vergegenwärtigung.

Solche Formulierungen geraten in die Gefahr, die mythischen Stoffe – die alten Sagen – zu essentialisieren, und wenn in dieser Weise vom Mythos die Rede ist, hört, wie beim «Archaischen», das dann auch gleich genannt werden muß, das Reden auf, denn das kann man nur nennen, man kann nur auf irgend etwas anspielen, das vorher war, das Vorher schlechthin. Aber man muß das ja nicht einfach beiseite schieben: Man kann ihm einen Sinn geben: Das Reden vom «Mythos» oder vom «Archaischen» bezeichnet ein ästhetisches Spiel mit unserem Bedürfnis, dem, was wir an uns nicht verstehen, einen Sinn zu geben, indem wir ein Vorher imaginieren, das immer wieder in unser Handeln eingreift. Dann wäre zum Beispiel bei Baudelaire nicht der Versuch zu sehen, traumhaft das Äschyläische[225] in den ästhetischen Diskurs der Moderne zu überführen, und in der attischen Tragödie, den Phantasien der Vor-Polis-Zeit eine Bühnenpräsenz zu geben, sondern wir würden über eine transhistorische Art und Weise der Produktion ästhetischer Effekte sprechen, deren Bedingung allein in der Möglichkeit besteht, sie herbeizuführen. «Modern» wäre dann – wann immer es historisch geschieht – das technische Können, «archaisch» das, was an affektiver Begleitung dieser Effekte beobachtet oder als angemessen unterstellt werden kann. Das Reden über das Archaische, das den hermeneutischen Vorgaben Bohrers folgt, wäre dann jene Verbindung von Modernität und Archaik, die sich in diesem Sinne in gelungenen Interpretationen der attischen Tragödie vollzieht.

Der Mythos ist, so kann man mit Recht sagen, niemals etwas, das vorbei ist, sondern immer gegenwärtig, allerdings nicht im Sinne eines Fortwirkens von etwas, das gewesen, aber aus dem Blick gekommen ist, sondern im Sinne der ästhetischen Präsenz dessen, was «Mythos» eigentlich heißt: Erzählung. Was die Tragödie auf die Bühne bringt, ist als Stoff in der Epik vorhanden. Allerdings ohne, worauf Bohrer eindringlich hinweist, die Möglichkeit, tragische Affekte hervorzurufen, denn dem Epischen fehlt die Möglichkeit, tragische

Effekte zu produzieren. Die Erzählung erzählt, und was sie erzählt, müssen wir in eine Art inneren Theaters übersetzen; die Bühnentragödie erspart uns das. Das Epische ist darum wirklichkeitsnäher. Es präsentiert uns die Wirklichkeit als Tatsache, als Bloß-da, das uns nur etwas angeht, wenn wir das so wollen.[226] Die dramatische Form nötigt uns mit ästhetischem und nötigte uns mit sozialem Aufwand zur Teilnahme. Der Mythos ist immer der Hintergrund als fortwirkende Erzählung, oder genauer: als immer wieder erzählte Erzählungen, die mögen die alten sein, den alten ähnlich oder neu. Ganz neu sind sie nie, wie die alten ganz alt nie, denn sie werden ja jetzt erzählt und verstanden bzw. akzeptiert. Am Ende handeln diese zäh lebendigen Erzählungen und nicht totzukriegenden Stoffe von den Schrecklichkeiten des Humanum und, manchmal, wie man mit ihnen zurechtkommt. Das hat Bruno Bettelheim in seinen Überlegungen zum Märchen der Gattung Grimm gesagt und gezeigt; das läßt sich zeigen, wenn man den Kampf mit Grendels Mutter, Schillers «Taucher» (und Sigmund Freuds trockenen Kommentar dazu in Richtung C. G. Jung), Kara Ben Nemsis Rettungszug durch die Kanalisation in den Harem («Durch die Wüste») und Stephen Kings Phantasie über ein auf die Türseite gekipptes Scheißhaus auf einer Autobahnraststätte zusammenliest.

Das sind aber, glaube ich, letztlich Akzentverschiebungen: «Der mythologische Hintergrund», sagt Bohrer, «verschafft der Tragödie ihre Gewalt- und Schreckensthematik, die andererseits erst als solche in der ästhetischen Formierung wirklich etabliert ist. Gewaltdarstellung in der epischen Literatur unterscheidet sich von einer solchen in der Tragödie durch den Verzicht auf darstellerische Ausarbeitung. Man nehme das Factum brutum der Entmannung des Uranos durch Kronos in Hesoids Darstellung: Der Gewaltakt bedarf nur eines Satzes.»[227]

Wenn wir vom Mythischen als etwas reden, was in seiner ästhetischen Präsenz von handlungs- und psycho-logischer Rekonstruktion nicht erfaßt werden kann, weil es nicht teilhat an einer sozialen und psychologischen Nähe, und doch gewissermaßen immer in Reichweite liegt, reden wir auch von der Gewalt – soll heißen, der extremen, nicht sozial vorverstandenen Gewalt –: sie ist nämlich «von erschreckender Sinnferne. Im Moment (ihres) ästhetischen Transfers, worin die attische Tragödie mittels semantischer Erfindung brilliert, tritt an die Stelle des Sinnlosen eine Sinnvermutung».[228] Wenn wir aber, wie ich vorschlage, das Mythische in eben dieser ästhetischen Transformierung des epischen Bloß-da in theatralische Epiphanie auffassen, ist der Sinn, den wir zu erblicken vermeinen, nur das ästhetische Phänomen selber. Man fragt nach dem Wie, dann hat man das Was. Das Hereinbrechen der Gewalt bekommt in der Darstellung eine Gestalt, die das Erschrecken in Verwunderung transformiert: daß wir es gut aushalten können. Das ist dann einer der Anlässe, vom Erhabenen zu philosophieren, einer der läppischeren.

Diese Verwunderung macht das Schreckliche zu einem möglichen Gegenstand der Reflexion, in die sich eine ethische Hemmung einmischt: dürfen wir das? Diese Irritation schreiben wir dem Phänomen zu und nennen es «böse». Es habe gewissermaßen die Macht, uns anzuziehen und abzustoßen. Daß der Teufel sich nicht nur auf der Bühne müht, sondern das erfolgreich tun kann, weil er auch in vielerlei Gestalt im Zuschauerraum sitzt, weiß der kundige Autor. Das Böse wird in den Variationen von Nähe/Ferne und außen/innen dann wieder Gegenstand ästhetischen Spiels. Aber damit sind wir schon auf einer Meta-Ebene. In der Rede vom Bösen wird das Erschrecken sozial, moralisch oder ästhetisierend eingehegt. Mit der Tragödie hat sie nichts zu tun.

Die Worte, mit denen die attische Tragödie brilliert, die dem Schrecken, dem Erblicken des Verhängnisses gegeben werden, kann man als die der alten Erzählungen verstehen – Fluch, Verhängnis über Generationen hinweg: «und war doch edlen Stammes, o Kind! Kind»[229] – oder als die Worte, die der Mensch eben findet für das, was er an Schrecklichem im Schrecklichen nur noch abwehren kann, wenn er also die der kruden Realität gemäßen Worte (als da wären: «Zufall», «Pech gehabt!») nicht findet, statt dessen von Fluch, Verhängnis, Bösem spricht. Böse Götter sind leichter zu ertragen als leichtfertige, gar abwesende.[230] Die Wörter können moderner sein, die Geste der Abwehr gehört zum Menschen, wann immer er lebt.

Indem die Tragödie zeigt, was dem Menschen nicht zur Rede steht, verbindet sie sich nicht mit etwas, das «archaisch» ist in einem historischen Sinne, sondern mit etwas, das zur Onto- und nicht zur Phylogenese des Menschen gehört. Die Klage der Tragödie reicht in dem, was an ihr nicht in einer politischen oder psychologischen Deutung aufgeht, und zwar darum nicht, weil sie selber die Wörter verweigert, auf die sich solche Deutung verläßlich stützen könnte, an das heran, was beim einzelnen Menschen archaisch ist, den Schrei. Den Schrei des Kindes, in dem Entsetzen, Angst und wütender Protest eins sind, der nur da ist ohne jeden differenzierungstauglichen Sinn. Daß wir ihn als solchen verstehen, tun wir retrospektiv, aus seinen späteren Differenzierungsmodalitäten heraus, denen der Verängstigung, des Schreckens, des Protestierens. Was mit dem Trennen der Affekte zum Zweck ihres Verstandenwerdens, gewissermaßen der ersten Sozialisierung, verlorengeht, ist eben ihre Einheit, die keinen expressiven Ort mehr findet. Wir leben jenseits dieses Schreies. In der Tragödie begegnen wir seinem Echo im Modus der ästhetischen Störung unseres Differenzierungsbemühens. Hier liegt, meine ich, die anthropologische Pointe der ästhetischen Form der Tragödie, und die Antwort auf die Frage nach ihrer transhistorischen Macht.

Die Wörter, die die Tragödie über die akustische Präsenz des Schreis hinaus findet und die versuchen, solche Präsenz in die Sphäre des Redens zu tragen, sind durch keine Metapherntheorie zurechtzulegen. Die Metapher bezeichnet die Stelle, wo die geordnete Semantik nicht hinreicht und wo der Versuch, etwas zu paraphrasieren, lächerlich wird: Schrecken – man versteht es, wenn in der literarischen Kultur so emphatisch gelebt wird, wie die Metaphern der Emphase des Lebens sprachlichen Ausdruck geben.

Das Moment des Vorsprachlichen, der noch nicht kommunikativ sozialisierten Affekte bezeichnet ein Moment der Einsamkeit, das sich der Mitteilung des Wo und Wie und Woher entzieht, das zu sagen einem auch kein Gott das Talent gibt. Es kann sich nur zeigen. Und darauf kann das Reden über literarische Texte nur hindeuten. Denn das ist immer das, was in einer geordneten Interpretationsargumentation nicht aufgeht, das, wo die Paraphrase als notwendige Textverfehlung offensichtlich scheitert, wo es kommunikativ nicht mehr klappt. Auch darüber ist zu reden, wie gesagt, hinweisend.

Im «Philoktet» macht Sophokles dies zum Thema. Unter anderem. Der «Philoktet» ist ein Stück der Intrige, der Auseinandersetzung von Politik und Moral – die grandiose Adaption durch Heiner Müller ist vielleicht dessen bedeutendstes Werk –, von Gesinnungs- und Verantwortungsethik, ein Stück der Aporie (der Einsatz des uns Heutige stets irritierenden Ex-machina zeigt dies auf lapidare Weise).

Und jenseits dessen, was im Stück an Handlung die Bühne erfüllt, hat es die Nichtkommunizierbarkeit des Schmerzes als eines der starken, stärksten Affekte zum Thema.

Philoktet war auf dem Weg nach Troia von einer Schlange gebissen worden, die Wunde war gräßlich, sie heilte nicht, Philoktet wurde untragbar – er schrie, sein Eiter stank, seine Lästerreden verhinderten die ordnungsgemäßen und für die Weiterfahrt nötigen Opfer. Odysseus arrangierte, daß er auf der einsamen Insel Lemnos zurückgelassen wurde, auf der er nun seit zehn Jahren vegetiert und schreit. Philoktet ist im Besitz der Pfeile des Herakles, und ein Orakel sagt den Griechen, nur mit denen und mit Philoktet, denn nur der könne sie führen, werde Troia fallen. Odysseus soll sich eine neue List ausdenken und ihn holen. Er nimmt Neoptolemos, den Sohn des von Paris getöteten Achill, mit, er soll Philoktet erzählen, er sei auf dem Rückweg nach Griechenland, denn Odysseus habe ihn um die Waffen seines Vaters betrogen. Die gemeinschaftsstiftende Lüge funktioniert, Philoktet faßt Vertrauen, und vor einer Ohnmacht, die ihn nach seinen regelmäßigen Schmerzanfällen heimzusuchen pflegt, gibt er Neoptolemos Bogen und Pfeile in Obhut. Odysseus kommt dazu, Philoktet wacht auf und durchschaut den Betrug, Neoptolemos bekommt Skrupel und gibt die Waffen zurück, der Versuch, Philoktet zu überreden (etwa indem man ihm die besten Ärzte Griechenlands verspricht), scheitert – der Schmerz und die Wut und der Haß und der Schmerz über den Schmerz sind stärker als alles, stärker sogar als Hoffnung auf Heilung. Herakles steigt vom Olymp und weist Philoktet an zu tun, was geboten ist.

Und so geht die mythische Erzählung von den Pfeilen des Herakles, die der Zuschauer der Tragödie kennt, die das Stück durch Stichworte in Erinnerung ruft: Herakles hatte den Kentauren Nessos, der Deianeira Gewalt antun wollte, mit den Pfeilen, die er mit dem Gift der erschlagenen Hydra getränkt hatte, getötet. Der sterbende Nessos sagt, er wolle Deianeira ein letztes Liebesgeschenk machen: Sie solle, wenn Herakles ihr einst untreu werde, sein Hemd mit seinem Blut bestreichen, das werde Herakles zu ihr zurückkehren machen. Herakles wirbt um eine Jüngere, will Deianeira zwar nicht verlassen, aber die will nicht die Ältere von zweien sein, sie tut, wie Nessos empfahl. Das vergiftete Hemd frißt Herakles das Fleisch von den Knochen, ohne ihn zu töten. Herakles will sich, Homöopathie des Schmerzes, selbst verbrennen, aber niemand wagt, den Holzstoß zu entzünden – nur Philoktet, der zum Dank Bogen und Pfeile erhält. Auf der Fahrt nach Troia beißt ihn bei einem Zwischenstop auf einer Insel eine Schlange, als er die Grenze zu einem heiligen Bezirk übertritt, und vergiftet ihn unheilbar. Ein Kreislauf der Gifte. Da ist nicht Schuld und kein außermythischer Sinn; abgesehen davon, daß in der attischen Tragödie auch immer wieder der mythische Eigen-Sinn sozial interpretiert wird, in diesem Falle sagt der Chor, Philoktet habe sich den Schlangenbiß durch seine frevelhafte Übertretung selbst zuzuschreiben – angesichts der theatralischen Wucht des mythischen Geschehens eine mäßig überzeugende Erklärung.

Das Stück ist zudem, wie erwähnt, eine Auseinandersetzung mit Politik und Moral und zu erschließen als Beispiel-Erzählung innerhalb solcher Debatten – ich werde solche Übertragung nachher als das Operieren mit einem «Referenzcode» bezeichnen. Vor allem ist es aber ein Stück des Schmerzes. Es wird über die sozial ausschließenden Folgen des ins Maßlose Geratende der Schmerzäußerungen gesprochen wie auch über den sozialen Selbstausschluß des maßlos Leidenden. Lemnos ist Schauplatz und Allegorie. Der Schmerz als permanenter Tod im Leben und Kommunikationszerstörung in der Kommunikation.

Der Laut des Schmerzes ist hier «Apappapai!», beliebig verlängert, nicht das langgezogene «Aiaiaiai», sondern ein ins Stammeln gebrochenes Schreien oder ein zum brüllenden Stammeln transformiertes Redenwollen. Neoptolemos weiß, wie es um Philoktet steht, und doch begreift er nicht, was los ist, wenn der losbrüllt – oder sein Stöhnen zu unterdrücken sucht – oder seinen Fluch über die Götter als fromme Anrufung ausgibt: «Was hast du? Was ist dir?» «Nichts Kind, nichts … apappappapai!» Der mythische Kreislauf, Gift folgt auf Gift, wird zur Wiederaufnahme des einzigen Antidots gegen den Tod im Leben, den Tod als Ende des Lebens, das Feuer gegen das Gift, Neoptolemos soll ihm sein, was er einst Herakles war:

Was für Not bereitest du mir, Fuß!
Es schleicht heran,
Es kommt schon näher! Wehe mir Unseligem!
Nun seht ihr alles. Aber es geht nicht fort von mir!
O Elend!

> O Tod, o Tod, wenn du so immer Tag für Tag
> Gerufen wirst, warum erscheinst du nicht einmal?
> O Jüngling, wohlgeborner, kommt! Ergreif' mich und
> Verbrenn' mich in dem vielgepriesnen Flammenbrand
> Von Lemnos, o du Edler! Habe doch auch ich
> Dereinst dem Sohn von Zeus für diese Waffe, die
> Du jetzt verwahrst, denselben Liebesdienst getan.[231]

Die mythische Erzählung vom Gift wird zum ästhetischen Medium, den Menschen als Stätte des Schmerzes zu zeigen, in Bewegung und Kreislauf. Schmerz, der Erinnerung ist und in der Erinnerung Erwartung des wiederkehrenden Schreckens, Erwartung und Gegenwart. Dann eben die Einsamkeit, nicht nur die von der Geschichte, dem Plot gewollte des Ausgesetzten, sondern des wegen seiner Schmerzensschreie und seiner Weigerung, es auszuhalten – sagen wir: es fromm auszuhalten – Ausgesetzten, des Mannes, der Angst haben muß, daß sich ebendeswegen keiner seiner erbarmen wird, der, dessen Überwältigtsein vom Schmerz benutzt wird, ihn erneut zu betrügen.

Das alles ist stimmig als Geschichte, sie funktioniert als (mythische) Erzählung, die das Unzufällige des Verhängnisses durch Memoration und Repetition beschwört: Tod der Hydra, vergiftete Pfeile, vergiftetes Hemd, unheilbare Wunde, dann das Geschenk der vergifteten Pfeile an den, den eine Giftschlange stechen wird, deren Biß nicht heilt – es ist stimmig als politisch wie moralisch debattierbare Intrige um einen schwachen, gemeinschaftsbedürftigen, aber haßerfüllten und gefährlichen Mann, dem man das Einzige nehmen will, um dessentwillen er noch jemanden interessiert, stimmig auf der Ebene der Beschreibung des Redens über den Schmerz, des Verstehens, Nichtverstehens, der versuchten Anteilnahme – «Wie hält er es aus?» fragt der Chor ganz alltäglich, wie man eben verständnisleer einen Geplagten fragt: «Wie halten Sie das bloß aus?» – und des Nicht-mehr-Verstehens: «Was hast du?», wenn er zusammenbricht; eine Hörbarmachung der Einsamkeit, die in der Unmöglichkeit besteht, vom Schmerz zu reden. Die Schreie als nur kreatürliche Äußerung ebenso wie als Tatsache, daß das Kreatürliche das Anti-Humanum im Humanum ist, das, was die Kommunikation unterbricht, abbricht, unmöglich macht. Der Schmerz zentriert und reduziert den Menschen auf das, was bloß Kreatur an ihm ist, auf seinen Körper – besser gesagt: was so, in dieser Reduktion, zum Bloß-Kreatürlichen wird, die Verbindung zu den andern Menschen, wird gestört, gekappt gar, es ist äußerste Individuierung im banalsten Allgemeinen: ein empfindungsfähiges Stück Fleisch zu sein. Wo anders als in Sophokles' «Philoktet» ist so auf die Kantische Frage, was der Mensch sey, geantwortet worden – und auf die, was wir in diesem Zusammenhang wissen/sagen können und worauf allenfalls hoffen. Diese Elementarität des Menschseins, die sich da zeigt, wo er es als Schmerzensmensch kaum noch ist, findet sich in keinem Brocken Philosophie.

Wer sich in Regressives träumt, muß Hilflosigkeit verleugnen. Daß er lieber mit Jean Paul als mit Sigmund Freud ins Kinderland gehe, hat Karl Kraus irgendwo geschrieben. Jean Paul? Man denke an die wahnsinnigen Kindlichkeiten des Nikolaus Marggraf auf der Suche nach dem Markgrafen Nikolaus, in denen er den Seelenzustand nachstellt, den Freud im «Familienroman der Neurotiker» analysiert,[232] man denke an den Achten Sektor der «Unsichtbaren Loge», wo wir ein «knieendes feines Kind, aus dessen zerschnittenen Augen Tränen und Wasser» laufen, sehen und seine Hände, die um sich greifen, «um die Lanzette wegzuschlagen, die auf seinen Knien lag», das Kind «in Lumpen und mit rot eingerunzelten Augen».[233]

Im Blick zurück geht das Glück dem innern Auge nicht auf, ebensowenig, wie es in der Regression zu fassen zu kriegen ist. Das ist eine so sonderbare Idee, wie die der Erwachsenen, Clowns hätten etwas Kindliches. Stephen King, der sich daran erinnerte, wie sich sein fettes Kindermädchen auf sein Gesicht gesetzt hatte und gefurzt und darüber schallend gelacht,[234] verstand mehr von Kindern und von Clowns als Adorno, der meinte, es gebe «ein Einverständnis der Kinder mit den Clowns (...), das die Erwachsenen ihnen austreiben», anstatt sich daran zu erinnern, wie er sich einst fühlte angesichts der Clowns, in denen jedes Kind, das nicht darauf trainiert ist, die Erwachsenen im Zirkus durch seine Kindlichkeiten und seinen kindischen Beifall zu amüsieren, die boshafte Karikatur der eigenen erniedrigenden Lächerlichkeit erkennt, und sich noch als Erwachsener zu entsetzen wie, sehr weise, der wunderbare Kramer in «Seinfeld». Clowns, so Adorno, seien das Elementare in der Kunst, und anscheinend denkt er dieses Mal nicht an Beckett: «im clownischen Element erinnert Kunst tröstlich sich der Vorgeschichte in der tierischen Vorwelt. Menschenaffen im Zoo vollführen gemeinsam, was den Clownsakten gleicht. (...) Nicht so durchaus ist in der Gattung Mensch die Verdrängung ihrer Tierähnlichkeit gelungen, daß sie diese nicht jäh wiedererkennen könnte und dabei von Glück überflutet wird; die Sprache der kleinen Kinder und der Tiere scheint eine. In der Tierähnlichkeit der Clowns zündet die Menschenähnlichkeit der Affen; die Konstellation Tier/Narr/Clown ist eine von den Grundschichten der Kunst.»[235]

Das Tertium wäre die Deplaciertheit des sich seiner A-Sozialität bewußt Werdenden, der Ausdruck dieses Bewußtseinsschocks die Tölpelhaftigkeit, das Langhinschlagen, die ungefügen Füße, die Albernheit von Mund und Nase, die das sogenannte Kindchenschema verhöhnen, das Störende, Nichtliebenswerte, das nunmal auch die Kinder haben, die man liebt, damit man's nicht so merkt. Die Affen im Zoo sind ein gräßlicher Anblick auch dort, wo sie es einigermaßen gut haben, Clowns sind zum Davonlaufen, und wo das Kind im einen wie im anderen Fall nicht davonläuft, hat man ihm die eigenen Augen schon genommen. Es hat sich auf die Seite der Erwachsenen geschlagen, auf die Seite der Macht, und lacht über die eigene Unterwerfung und mit den Unterwerfenden. Freuen darf es sich über die kleinen Streiche, die den Clowns zuweilen gegönnt sind und für die sie gleich bestraft werden, indem sie sich noch mehr blamieren. Aber in der Fratzenhaftigkeit der Clowns steckt auch die hilflose Aggressivität, die auf ihren Ausdruck lauert, den sie nie bekommt, nur in der bleibenden Angst mancher Erwachsener – die Angst vor Clowns heißt Coulrophobie – und im Niederschlag, den sie spätestens seit Aristophanes in den nur durch Prügel in Schach zu haltenden Tölpel-Dienern findet, und in den lustigen Mördern bei Shakespeare, die das Ertränken im Weinfaß als Slapsticknummer aufführen, bis zum «Joker» als dem traumatisierten Gegenspieler zu dem sein eigenes Trauma in Wiederholung rächenden «Batman» oder eben Kings «Pennywise» und, in der Wirklichkeit, John Wayne Gacy, der als «Pogo der Clown» über 30 Jugendliche vergewaltigte und tötete.

Kinder und Tiere sind, wenn sie es sind, Schutzbefohlene. Wenn wir bei ihnen sind, sind wir es bei Tieren in der Gemeinsamkeit unentrinnbarer Kreatürlichkeit, bei Kindern desgleichen und Begleiter auf dem Weg, noch anders zu werden. Die Wahrheit der Kunst verleugnet die Kreatürlichkeit nicht, weil sie aber Kunst ist, ist durch die ästhetische Form die Kreatürlichkeit nicht das letzte Wort. Daß darin Kälte liegt, ist wohl wahr; darum bricht sich auch in dem, der sich auskennt, das Bedürfnis nach Kitsch immer wieder Bahn. Hier etwas wie «falsche Harmonie» oder «erschlichene Versöhnung» zu deduzieren, sollte nicht dazu führen, von «wahrer Kunst», die das alles «wahr», gar «authentisch» anbiete, zu sprechen. Ebensowenig, wie das Regressionsbegehren in einen Ausdruck reiner Kindlichkeit führt, taugt das Gerede von «Versöhnung» dazu, um nur irgend etwas ordentlich zu beschreiben. Adorno war auf dem richtigen Weg, als er von der «Grausamkeit der Form» schrieb.[236] Selten liest man davon, daß der, sit venia verbo, Wille zur Form aus der Wut stammt, vorsichtiger: stammen kann. Nicht aus dem Wütend-Sein. Wer denke, sei in aller Kritik nicht wütend, sagt Adorno, und weil er es sich selbst nicht antue, müsse er es auch anderen nicht antun.[237] Das mag für Formgebung schlechthin gelten. Als Cellini vom Mord an Bandinelli Abstand nimmt, dankt er Gott und bittet ihn, daß er ihm die Gnade erweisen möge, «daß ich mein Werk vollende», denn «ich (hoffe) damit alle meine Feinde zu ermorden».[238] Der Übersetzer hat diesen Gedanken im «West-Östlichen Divan» so aufgenommen:

Keinen Reimer wird man finden
Der sich nicht den besten hielte,
Keinen Fiedler der nicht lieber
Eigne Melodien spielte.

Und ich konnte sie nicht tadeln;
Wenn wir andern Ehre geben
Müssen wir uns selbst entadeln,
Lebt man denn wenn andre leben?[239]

Horst Janssen hat es so gefaßt: Wenn man sein Grab einst zuschütte (es ist vor Jahren geschehen), dann möge man wissen:

Hier wird die Rache mit Erde zugeschüttet – MIT EINER VIEL ZU DÜNNEN SCHICHT ERDE (…) Nichts – rein Nichts werdet Ihr erfahren, so massenhaft und immerzu Ihr auch erfahret! (...) Wenn ich zwischen zwei Pappen heraus ein getrocknetes Aquarell ziehe und sehe, daß es nach MEINEM MASSTAB primissimo ist und das nächste & so fort auch und die Ermüdung & damit Routine – Routine die tödliche noch in der weiten Zukunft zu liegen scheinen – für diesen Schub, der gerade solche Höchstfreude bringt noch AUF TAGE & TAGE IN DER ZUKUNFT, dann mischt sich einfach unabwendbar zur dann aufgelegten Rocknrollplatte oder einem «Triumphalen» Mozart, – dann drängelt sich in diese zu & zu schöne einsame Freude die Überfreude:

HA! HA!
hahahaha

«ohmann – wer hätte das gedacht, dies alles ist eigentlich gegen «EUCH» gerichtet.

DIES ist die Qualität, unter der ihr insofern leiden werdet als sie Euch unerreichbar ist.»

Schlimm – aber so ist dies Gefühl zur Musik angesichts des Gelungenen.[240]

Die Schönheit der Kunst ist eine Unversöhnlichkeitserklärung; oder: Ausdruck des Unversöhnlichkeitsbegehrens? Das wäre eine mögliche Deutung der Literatur als Sprache, gebündelt im Affekt und so zu Form werdend. Aber selbst expressionistische Literatur ist nicht bloßer Expressionismus. Literatur ist Welt, uns geboten in einem Affekt oder wenigstens einer Emotion, aber doch auch immerhin Welt, die (meist) auch unsereins irgendwie kennt.

Die Welt als Referenzcode und das Erhabene

Die Antwort scheint mir auf der Hand zu liegen, auch wenn es nicht leicht ist, sie genau zu formulieren.

John R. Searle, Der logische Status fiktionalen Diskurses

To produce (...) general rules or avowed patterns of composition is like finding the key with the leathern thong; which justified the verdict of SANCHO's kinsmen.

David Hume, Of the Standard of Taste

Was ist ein literarischer Text? Und was ist das in gewisser Weise geordnete Reden darüber, das wir «interpretieren» nennen? Texte in literarische und nicht-literarische zu unterscheiden ist eine Konvention, und es ist eine Konvention, die sich auf nichts am Text, auf keine «Textmerkmale» stützt; es gibt keine «Textmerkmale», die alles von beispielsweise Celan, Homer, Mann, Shakespeare, Böll, Walser, Zeh, Goethe, Jandl, Horaz, Wieland, Kotzebue, Vischer, Fischer, Claudius, Schmidt, Weiss und Pastior in eine Klasse zu fassen erlaubten und gleichzeitig zu sagen ermöglichten: dieser Leitartikel aber nicht. Ein literarischer Text ist ein Text, bei dem uns die Konvention erlaubt, Wert auf die Laut- oder Schriftgestalt seiner Wörter zu legen, also auf das, was definitionsgemäß sich der Ersetzung durch ein Synonym entzieht. Literarische Texte sind Texte, bei denen es immer erlaubt ist, ihre Paraphrasierung zu unterbrechen mit einem Hinweis von der Art: «Du hast aber nicht berücksichtigt, daß hier ein Reim steht.» Eine solche Unterbrechung ist die Behauptung, daß hier ein Verstehen mißlungen sei, daß ein Mißverstehen vorliege, weil man nicht berücksichtigt habe, daß man es mit einem literarischen Text zu tun habe.

Weder bei Metaphern noch bei literarischen Texten generell steht das Miß- oder genauer Nicht- oder Unverstehen am Beginn, etwa die auf eine Art Stutzen folgende Frage: «Wenn man das *so* nicht verstehen kann, wie *dann*?» Wem das widerfährt wie Dr. Wolff, dem ist nicht zu helfen. Die Antwort ist nur: Dies ist eine Metapher! oder: Dies ist ein literarischer Text!, und wer dann nicht (ungefähr) weiß, was los ist und was von ihm erwartet wird, dem ist auch keine Brücke zu bauen. Es handelt sich um eine kulturelle Fertigkeit, die nicht erlernt wird, sondern in die man sich hineinlebt. Mit Messer und Gabel zu essen oder mit Stäbchen, kann man lernen, sogar Schritt für Schritt, und die eventuell zusätzlich erwünschte Eleganz ergibt sich mit der Zeit oder nicht. Aber Ironie kann man in dieser Weise nicht lernen. Kleine Kinder verstehen Ironie nicht. Sie lernen sie auch nicht durch Vortrag und Erklärung à la «Sieh mal, das habe ich nicht so gemeint, sondern so». Ironie lernt man, indem man ein ironischer Mensch wird (oder vermag, dies zeitweilig zu sein). Oliver Sacks berichtet von einer hochbegabten Autistin Temple Grandin,[241] die nie verstanden habe, worum es in «Romeo und Julia» überhaupt gehe, und die sich Sprichwörter wie «Ein rollender Stein drückt kein Moos nieder» plausibel zu machen versucht, indem sie sich vorstellt, wie da ein Stein flink zu Tale rollt und dabei kein Moos niederdrückt. Soweit hat sie das dann verstanden. Aber nicht, «was das soll». Theoretiker der Metapher kommen (siehe oben) meist ungefähr so weit wie Temple Grandin.

Es führt nichts Schritt für Schritt in die Kompetenz, mit Metaphern umzugehen, es führt nichts Schritt für Schritt in eine kommunikative Kultur des Umgangs mit Literatur. Wer nicht zu den Umstehenden gehört, kann sich zwar dazustellen, aber versteht immer noch Bahnhof, bzw. es bleibt ihm alles Hekuba. Das kann sich, Vorauszusetzendes vorausgesetzt, mit der Zeit geben. Trotzdem fällt's nicht vom Himmel, ist, wie alles im menschlichen Leben, im weiteren Sinne historisch. Die literarische Kultur – der Singular soll die Familie der Kulturen bezeichnen, die die eingangs genannte Unterscheidung pflegen – ist entstanden, aber nicht so, daß rekonstruierbar wäre, wie. Man kann das im Detail sehen, etwa in dem demonstrierten Nicht-Verstehen, was eine Metapher ist. Der eine prunkt noch mit seinem Unverständnis, während der andere schon den Kopf schüttelt. Man wird von solchen Entwicklungen nur eine Vorstellung gewinnen können, wie sonst auch: soziologisch. Kommunikationsgewohnheiten ändern sich, und nicht, weil die Leute lernen, sondern weil sie sich anpassen. Und es geht über Generationen. Ist eine Kommunikationskultur einmal etabliert, gelingt es potentiell jeder und jedem, die in ihr aufwachsen, in sie hineinzuwachsen. Das Einzelschicksal wiederholt das der Kultur: Wandlung. Was nicht ohne Blessuren abgeht, in unserem Falle sind es Blamagen. Einem wird bedeutet, daß er nicht mitreden kann.

Diese literarische Kultur kommt ohne die Frage nach dem begrifflichen Verständnis der Bedingung ihrer Möglichkeit aus, was nach dem Dargelegten auch kaum anders sein kann. Der vorliegende Essay leistet also keinen Beitrag zu ihr.

Worüber eine literarische Kultur sich nicht wundert, weil sie, um zu funktionieren, sich selbstverständlich sein muß, kann man dennoch traktieren; und daß man das vielleicht dann tut, wenn die Selbstverständlichkeit abhanden kommt (zum Beispiel: Eule/Dämmerung), ist nur ein Aside. Ob man nun formuliert, daß nur nicht-literarische Texte, also solche, bei denen Mißverständnisse immer mit dem Rekurs auf Synonymbildung und Paraphrase behoben werden können, also nur nicht-literarische Texte in *diesem* Sinne «Inhalt» und «Bedeutung» haben, oder ob man formuliert, daß literarische Texte eben «andere Inhalte» und «andere Bedeutungen» enthielten – die Frage bleibt dieselbe: was das denn sei, worüber man redet, wenn man darüber redet, daß sie bedeutungsvoll seien. Das obige Gedankenspiel, ob eine Kultur, in der Literatur eine Rolle spielt, in der aber nicht über sie geredet wird, denkbar wäre, führt mit der Verneinung noch keine Antwort darauf mit sich.

John Searle, noch einmal sei er angeführt, schreibt in seiner Erörterung der Frage nach dem logischen und ontologischen Status fiktionaler Werke etwas, was sich an die hier dargelegten Überlegungen über literarische Texte allgemein anschließen läßt: Der Text «übermittelt eine ‹Botschaft› (bzw. mehrere ‹Botschaften›), die *durch* den Text, aber nicht *in* ihm übermittelt werden».[242] Dadurch ist man zwar nicht viel klüger, aber es ist vielleicht tröstlich, daß sich so viele an derselben Stelle stoßen.

Man ist versucht, im Anschluß an Susan Sontag deren Ursprungserzählung der «Interpretation» abzuwandeln. Für Sontag war das Interpretieren literarischer Texte eine Unart, die aufgekommen war, als Menschen die Unmittelbarkeit des Kunstbezuges verlorenging. Diese Unmittelbarkeit setzte sie mit der priesterlich-religiösen Dominanz des Umgehens mit und Redens über Kunst in eins; und als sich das «Interpretieren» erweiterte, als man die überkommenen (religiösen, ursprünglicheren) Interpretationen nicht mehr habe gelten lassen und sich statt dessen nach etwas Zeitgemäßerem umzusehen genötigt fühlte, habe sich mit der Interpretationshoheit das Priesteransehen mitvererbt. Nun ist das zwar im Grunde nur kurios: Worin in aller Welt bestünde die priesterliche Macht derjenigen, die ex cathedra über Literatur reden, als allenfalls in der Hoheit über ein Feuilleton (was, zugegeben, für die eine oder den anderen empfindlich sein kann)? Man kann aber gewiß die wenig riskante Überlegung anstellen, daß – oben schon angedeutet – die klassischen literarischen Merkzeichen wie Versifizierung und Litaneistützendes wie End- oder Stabreim zur Unterscheidung des Vorzutragenden dienten: Sie zeigten, was wo hingehört. Die «Bedeutung» ist Ergebnis solcher Zuordnungen: profan/heilig, ernst/unernst, und wenn nötig drapiert man den Vortragenden mit Kothurnen oder einer Pappnase. Auch Intonation stellt sich ein: Aha, feierlich. – Dieses Beieinander von feierlichem bzw. literarischem Ton und Draperie begleitet die Geschichte der Literatur. Sowohl im Modus des scheinbaren Aufeinanderangewiesenseins wie in dem der Kompensation. Den Zusammenhang von dem, was man heute «Regietheater» nennt, aber schon greis war, als man ein Wort dafür fand, und dem Nicht-mehr-bühnengemäß-sprechen-Können hat Karl Kraus anläßlich seines Vortrags von «Timon von Athen» auf die lakonischen Worte gebracht: «Ich spreche das Werk in der Zeit der tiefsten Erniedrigung des heroischen Theaters, die bewirkt ist durch den zeitbedingten Mangel an Sprechern des heroischen Verses, dessen Vermögen jetzt als ‹Pathos› mißverstanden wird, und durch den Unfug einer Regie, die den nichtswürdigen Ersatz durch Nebenkünste bietet.»[243]

Zurück zum Sontagschen Szenario. Solange Situation, sprachliche Eigentümlichkeit und Kostüm zusammengehören, gibt es keine Nötigung zur Interpretation. Wird solcher Zusammenhang gestört, ist die Frage: Wenn nicht *das*, was *dann*? Die Bedeutung von Texten-im-Ritual ist ihr Einsatz im Ritual – eine Analogie zum «Gebrauch in der Sprache» –, und dieser Gebrauch legt fest, ob sie auch eine Bedeutung in diesem analogen Sinne haben: eine Erzählung, die auch «mit anderen Worten dieselbe» bleibt, *oder* eine Formel, von der sich kein Jota rauben läßt. Die Frage, ob der Koran übersetzbar oder nur im originalen arabischen Wortlaut «der Koran» sei, geht auf diese Melodie, und es ist keine Frage nach der Übersetzbarkeit einer spezifischen Poesie.

Wie wohl man sich auch immer bei solchen Herleitungsplausibilitäten fühlen mag, es bleibt doch dabei, daß die Kennzeichnung eines literarischen Textes in sprachanalytischer Hinsicht ausschließlich negativ ist. Er ist, was er nicht ist – nach der Gewohnheit unseres Umgangs mit ihm –, und was er ist – was wir formal an ihm auffällig finden –, deutet zunächst wieder auf etwas hin, was wir nicht mit ihm machen können (paraphrasieren). Was tun wir, wenn wir diesem Nicht eine Bedeutung zusprechen?

Im Falle fiktionaler Texte versucht Searle die Frage so zu beantworten: Nicht-fiktionale Texte haben bestimmte Regeln, die sie an die Wirklichkeit binden, nämlich Wahrheits- und Wahrhaftigkeitsregeln. Anders gesagt: Ich weiß bei einem solchen Text, daß Fragen wie «Stimmt das auch?» und «Das meinen Sie in vollem Ernst?» möglich und im Zweifelsfall angebracht sind. Fiktion nun werde «durch außersprachliche, nicht-semantische Konventionen ermöglicht (...), die die Verbindungen durchbrechen (...) (und) die normalen Bedingungen (aufheben), die durch diese Regeln geschaffen sind».[244] Welche das sind, sagt Searle nicht. Ich vermute, daß Searle in diesem Fall das auf der Hand Liegende gescheut hat, nicht weil es so schwierig zu formulieren ist, sondern weil es auf den ersten Blick so unbefriedigend wirkt. Die angedeuteten Konventionen sind eben die, die diese Verbindungen auflösen, sie liegen nicht im Text verborgen, und sie sind überhaupt nicht positiv formulierbar, sondern bestehen nur darin, Fragen wie «Stimmt das auch?» und «Das meinen Sie in vollem Ernst?» für banausisch zu erklären.

Unsere literarische Kultur besteht darin, daß sie den fehlenden rituellen Zusammenhang nicht kompensiert oder, wenn man sich von solchen Herleitungserzählungen unabhängig machen will, keinen herstellt, sondern dieses Fehlen zur Kultur ausbaut, kultiviert eben. Wesentliches Merkmal der Zugehörigkeit zu einer literarischen Kultur ist so auch, daß man einigermaßen sicher weiß, was sich nicht gehört. Man kann nichts gesichert richtig, aber viel falsch machen. Es gibt keine «richtigen Interpretationen», wohl aber «Fehlinterpretationen». Etwas eine Fehlinterpretation zu nennen liegt immer nahe, wenn etwas in die Nähe der Verwechslung gerät. Es gibt Genres, die zu Fehlinterpretationen, sprich in diesem Falle: banausischen Verwechslungen einladen, Schlüsselromane etwa oder solche, die dafür gehalten werden. Nein, Naphta ist nicht Georg Lukács. Stephan Hermlins Romane sind Romane, aber er hat sich die banausische Verwechslung mit autobiographischen Berichten gefallen lassen. Alldas sind Komplikationen, im Einzelfall schwierig zu bewerten, aber daß es die Schwierigkeiten *überhaupt gibt*, zeigt, wie fundamental die Grundunterscheidung ist.

Das ruft eine Folgeschwierigkeit auf, die Frage nämlich, worin eigentlich die Konsistenz eines literarischen Textes besteht, und die Konsistenz der Interpretation, die sie haben muß, um erstens die Leistung der Verallgemeinerung von Subjektivität zu vollbringen und zweitens an ihrem Argumentieren mit dem Text und in Bezug auf ihn als Ganzes gemessen werden zu können. Im Falle der Fiktionalität behauptet Searle Folgendes: «Wie prüft man, was fiktional ist und was nicht? (...) Man stellt fest, worauf der Autor festgelegt ist, indem man sich fragt, was als Fehler gilt.» Genau dieses ist nicht möglich, nicht einmal bei fiktionalen Texten. «Falls Sherlock Holmes und Watson auf einem geographisch unmöglichen Weg von der Baker Street zur Paddington Station gehen, dann wissen wir, daß Conan Doyle gepfuscht hat; doch er hat nicht gepfuscht, falls es nie einen Veteranen des Afghanistanfeldzugs gegeben hat, auf den die Beschreibung von John Watson, Doktor der Medizin, zutrifft.»[245] Das erstere ist offensichtlich Unsinn. Derlei «wissen» wir nicht; wir können nur sagen, daß der merkwürdige Weg, den Conan Doyle seine Helden nehmen läßt, nicht sinnvoll interpretierbar ist. Festhalten muß man, daß die Frage nicht eine nach «fiktional oder nicht fiktional» und schon gar nicht nach «literarisch oder nicht literarisch» ist. Vielmehr stellt sie sich erst, nachdem eine solche Unterscheidung getroffen ist, bzw. auf Grund dieser Unterscheidung. Hat man sich entschieden, daß es sich nicht um einen literarischen Text handelt, kann man so nicht mehr fragen. Hat man sich für «literarisch» entschieden, fragt man nach einer ästhetischen Regel. Die etwa die Frage zu beantworten sucht – dann ist es eine klassische Kontroverse –, ob man einer historischen Figur Eigenschaften zuschreiben darf, die das

Realvorbild (vermutlich) nicht hatte, nur weil es so «ästhetisch stimmiger» sei. Lessing, Goethe, Schiller haben das bekanntlich bejaht, heute ist man, ebenso bekanntlich, wesentlich heikler, das Warum muß uns hier nicht kümmern.

Als Martin Mosebach seinen Roman «Das Blutbuchenfest» veröffentlichte, fiel Lesern und Rezensenten gleich auf, daß die Figuren dieses historisch auf Grund der geschilderten Ereignisse eindeutig in den sehr frühen 90er Jahren des 20. Jahrhunderts spielenden Romans Mobiltelephone, in Deutschland «Handy» genannt, benutzten. Auf den Anachronismus angesprochen, antwortete der Autor, wie zu lesen war, sinngemäß, darüber habe er nicht weiter nachgedacht. Meine Frage an diverse Leute, ob sie in so etwas ein Problem sähen, wurde sinngemäß entweder mit: «Gewiß, das geht nicht!» oder «Nein, wieso denn?» oder «Na, kommt darauf an» beantwortet. Die ersten beiden Antworttypen setzten entweder das Bestehen einer einfachen ästhetischen Regel à la «Anachronismen sind in historisch eindeutig situierten Romanen immer ein Fehler» voraus oder bestritten das Vorhandensein oder die Gültigkeit einer solchen Regel. Der dritte Antworttyp wollte entweder erst die unterstellte Regel hören oder den Einzelfall genauer zur Kenntnis nehmen und dann sehen, ob hier überhaupt der Anwendungsfall für irgendeine Regel, und wenn ja, wie die denn aussehen könne, vorliege.

Eine der Antwortenden wies darauf hin, daß in Arno Schmidts «Aus dem Leben eines Fauns», das in Deutschland vor 1945 spielt, die Rede von «Nylons» sei. Fragender und Antwortende waren sich – «irgendwie» – einig darüber, daß ein solcher Anachronismus akzeptiert werden könne. Interpretationen waren bei der Hand. Der Autor signalisiere, daß es ihm um anderes als bloße historische Abbildung – also um «mehr» – gegangen sei. Das fand Widerspruch, weil das dann doch nichts weiter als ein Signal zur Selbstlizenzerteilung sei und keine eigene, auf die Stelle des Einsatzes dieses Mittel bezogene Legitimität hätte.

Wie immer man zum einen oder anderen stehen mag, solche weiterführenden Überlegungen zeigen, daß die Antwortenden meinen, man könne die Sache nicht einfach mit Achselzucken hinnehmen. Die Interpretation müsse einen ästhetischen Sinn der Stelle behaupten. Gelänge ihr das nicht, liege (möglicherweise, vielleicht ist der Interpret nicht phantasievoll genug) ein Fehler vor.

Einen Fehler muß jemand gemacht haben. Wenn es eine Regel gibt, muß man ihr folgen oder gegen sie verstoßen können. Beides ist eine Handlung, braucht einen Handelnden, einen Autor. Das Reden von Regeln (und nicht von Mechanismen) impliziert ein Befolgen und ein Verstoßen, im Falle der Literatur von seiten des Autors. Auch die sich anschließende Problematik, wann jemand «mit Recht» sagen kann, hier habe der Autor einen Fehler gemacht, und wie lange er gewissermaßen nachdenkend ausharren müsse, bevor er dies tun dürfe, möchte ich hier nicht behandeln, sondern nur als Hintergrundfrage präsent halten.

Ich möchte hier die Frage stellen, woher wir solche Regeln oder solcherart Regelhaftes meinen nehmen zu können. Und zunächst zu einem anderen Beispiel übergehen.

In der Nr. 63/2014 druckte die «Frankfurter Allgemeine Zeitung» in ihrer Rubrik «Frankfurter Anthologie» ein Gedicht von Ilse Aichinger und einen Kommentar von Ruth Klüger.[246] Das Gedicht:

Zeitlicher Rat

Zum ersten
mußt du glauben,
daß es Tag wird,
wenn die Sonne steigt.
Wenn du es aber nicht glaubst,
sage ja.
Zum zweiten
mußt du glauben
und mit allen deinen Kräften,
daß es Nacht wird,
wenn der Mond aufgeht.
Wenn du es aber nicht glaubst,
sage ja
oder nicke willfährig mit dem Kopf,
das nehmen sie auch.

Ruth Klüger interpretiert dieses Gedicht als einen skeptischen Kommentar zu einem Referenztext, der «Schöpfungsgeschichte». Will man diesem Schritt und ihrem Werben dafür, daß das, was ihr auffiel, auch die gemeinsame Lektüre des Gedichts leiten möge, nicht folgen, oder liest man zunächst nur mit eigenen Augen, kann einem etwas anderes auffallen, nämlich, daß das erste «wenn» (vierte Zeile) nicht recht klar ist. Soll das «wenn die Sonne» für ein kausales Wenn-dann stehen oder nur für ein zeitliches? Die Frage ist so spitzfindig nicht, weil sie immerhin ein auf ein für die abendländische Philosophie sehr bedeutsames Problem zeigt und damit das Gedicht nach der Bedeutung von «glauben» befragt. Soll geglaubt werden, daß sich das immer Gesehene, daß auf Nacht Tag folgt und Nacht auf Tag, fortsetzt («sei nur getrost!»)? Oder soll auf eine hinter dieser Regelmäßigkeit stehende Gesetzmäßigkeit von Ursache und Wirkung hingewiesen werden? Dann hießen die Zeilen, man möge recht daran glauben, daß die Welt verstehbar sei.

Mit Blick auf die Diskussion zwischen Staiger und Heidegger sagen wir, daß hier keine Unentschiedenheit oder Zweideutigkeit vorliege, bei der wir uns für eine Bedeutung entscheiden könnten, wir werden vielmehr mit notwendiger Berücksichtigung des literarischen Textes als Werk die Stelle als eine, bei der es auf diese Zweideutigkeit ankommt, lesen. Aber ergibt sich hier ein Sinn – soll heißen: aus dem Textbefund dieser Zweideutigkeit? Wenn das nicht der Fall ist – wobei wir einräumen müssen, daß uns eben so recht nichts Gescheites eingefallen ist –, dann erwerben wir uns ein gewisses Recht zu sagen, hier liege eine unbedachte Formulierung vor, eine zudem, die durch Tremolovokabeln wie die, daß der Tag «steige», die Ungenauigkeit überspielt. Im Genre der Naturschilderung ein Kennzeichen für Kitsch. Oder man kann die Formulierung als ästhetisch zurückgeblieben ansehen. Nachdem Mörike in seinem «Um Mitternacht» schon das tödlich konventionelle «steigende/r Nacht/Tag» durch Profanisierung re-poetisiert hatte – «gelassen stieg die Nacht ans Land» –, wirken die Aichinger-Zeilen wie eine Häkelarbeit, sagen wir: unbedachte Musterrepetition.

Klüger, wie gesagt, wählt einen Referenzcode, der sie davon entlastet, mit diesen Problemen umgehen zu müssen:

> Es steht geschrieben: «Am ersten Tag schied Gott das Licht von der Finsternis. Da ward aus Abend und Morgen der erste Tag.» Ilse Aichinger, eine katholisch erzogene Jüdin (oder, anders gesehen, eine als Jüdin verfolgte Katholikin), stellt in ihrem Gedicht den ersten Akt

> der Schöpfung in Frage. Oder vielmehr, sie stellt in Rechnung, daß es den Menschen nicht immer gegeben ist, an die Schöpfung zu glauben. (...) «Zeitlicher Rat» verlangt von den Lesern, die Wirklichkeit, mit der sie vielleicht nicht einverstanden sind, zu bejahen. Oder, wenn das zu viel verlangt ist, das Leben stumm, aber «willfährig» hinzunehmen, um den höheren Mächten, wer immer sie sein mögen, angedeutet durch das «sie» im letzten Vers, Genüge zu tun. Es gibt «sie», aber nicht so positiv, daß man sie Gott nennen würde. Das Gedicht weicht dem Gedanken des Göttlichen aus, ohne ihn abzulehnen, und das ist vielleicht das Rätselhafteste daran.

Das «Rätselhafte» entsteht dadurch, daß der gewählte Referenzcode keine zureichenden Paraphrasemöglichkeiten liefert. Der Referenzcode ist aber, siehe Interpretationstext, weniger aus den Assoziationen zu den Wortanklängen gebildet als aus einer Haltung, die man mit Blick auf die Biographie Aichingers (so, wie Klüger sie pointiert) für wahrscheinlich halten mag.

Das Pathos, das Klüger so gewinnt und aus dem Gedicht vernimmt, tönt über die Unstimmigkeit des Gedankens hinweg. Denn es ist ja nicht nur die angeführte gedankliche Unentschiedenheit anzumerken, sondern der einfache Umstand, daß niemand jemals von einem anderen zu glauben verlangt hat, daß es Nacht wird, wenn der Mond aufgeht. Manchmal geht der Mond auf, bevor es Nacht wird, manchmal viel später, manchmal gar nicht. Undeutliches aus undeutlichen Gedanken, manche Lyrik ist so und leider nicht mehr als das. Und wenn einem dann noch Wielands «Geschichte des weisen Danischmend» einfällt, wird die Sache endgültig zum Verzweifeln:

> Aber, Papa, sagte der Junge, warum wird es denn itzt dunkel?
> Weil die Sonne untergegangen ist, mein Sohn, antwortete der Papa.
> So? sagte der Bube: wohin geht sie denn?
> Danischmend war im Begriff dem Kinde begreiflich zu machen, daß dort hinterm Berge auch Leute wären, als sie plötzlich ...

Die Frage des Sohnes wird mit diesen Fußnoten versehen:

> 1) Wenn Herr Danischmend diese Frage seines kleinen Buben für eine von den spitzfindigen hält, so muß ihn die väterliche Liebe gewaltig

verblenden. Es ist, mit seiner Erlaubniß, eine sehr dumme Frage. Denn hätte der Junge Acht gegeben warum es bey Tage hell ist, nehmlich, daß es hell wird so bald die Sonne aufgeht, und so lange hell bleibt als die Sonne am Himmel ist, so hätte er sogleich schließen können, daß es dunkel werden muß wenn die Sonne weg ist. Der Bube sollte meyn gewesen seyn: ich wollt' ihn gelehrt haben Schlüsse machen! *Magister Duns*

Wenn Herr Duns sich bemühen wollte meinen siebenten Versuch mit Bedacht zu lesen, so würde er finden, daß der Junge, ohne die Logik gelernt zu haben, mehr Logik in seinem Hirnkasten hatte als er meint. *David Hume*

Und wenn ein Kind von vier Jahren mit einem hoch illuminierten Doktor von vierzig über solche Dinge in Wortwechsel kommt, so ist immer eine Schellenkappe gegen einen Doktorhut zu wetten, daß das Kind Recht hat. *Tristram Shandy*[247]

Alle Einfälle stehen immer mit den Formen, in denen sie traktiert worden sind, in Raum und Zeit zusammen – und konkurrieren in gewissem Sinne mit ihnen. Der Vorzug ist nicht dem Neuen, wohl aber dem Avancierten zu geben.

Ruth Klüger berührt in ihrer Interpretation diese Probleme nicht. Sie stimmt ihre Interpretation auf einen Ton, neben dem meine Einwände wie bloße Nickeligkeiten klingen – pedantisch und besserwisserisch. Ich will, was Klüger schreibt, nicht widerlegen, kann es vielleicht schon aus der grundsätzlichen Überlegung heraus nicht, daß Interpretationen ganz selten «widerlegt» werden können. Ich spreche hier nur von dem, was mir auffällt, und das ist eine Inkonsistenz. Eine Inkonsistenz im Gedanken, eine Schlampigkeit in der Art, wie er formuliert wird. Eine Inkonsistenz eigener Art, wenn man Klügers Interpretationsrichtung im Grunde für adäquat hält: wie fatal, wenn der Gedanke der Absurdität unserer Existenz, die, um gelebt zu werden, immer auch verleugnet werden muß – Klüger spricht vom «Schwebezustand, in dem wir uns wiedererkennen» –, als poetische Panne auftritt.

Geht man vor wie Klüger, kommt man am Ende zu einer Interpretation, die das Gedicht zu einem Begleiter der eigenen Gefühle der Weltirritation (weiter geht Klüger nicht) macht, jenes Zustands, in dem einem nichts bleibt, als weiterzumachen, weil man nicht weiß, was man sonst tun könnte. Nimmt man *mein* Es-fällt-mir-auf zum Eingang, ergibt sich ein ungenau gedachtes, schlecht formuliertes, prätentiöses Gebilde.

Man könnte sehr wohl Klüger den Vorzug geben. Ihr gelingt es, die Teile des Gedichtes auf ein Ganzes hin geordnet zu sehen, das die Mitteilung und die Beschäftigung mit den Aussagen der Interpretin lohnt. Anders formuliert: Klüger zeigt, warum das Gedicht schön ist. Reemtsma, führe er fort, würde sagen, daß das Gedicht schlecht, nicht schön sei und weitere Befassung nicht lohne (daß sich für beide Interpretationen eine gemeinsame Annäherungsperspektive angeben ließe, erwähne ich nur, denn darauf kommt es jetzt nicht an).

Dieses Beispiel ist eine vergleichsweise vornehme Spielart des poetischen Problems der Fehler, die eindeutig Fehler wären, stünden sie nicht in Gedichten. Sie sind – sie wären – Fehler in einem Referenzcode. Sind sie's, noch einmal, im Gedicht? Robert Gernhardt verweigert nach einer erstaunlichen und interessanten Beispielsammlung das Fazit. Er fragt nach allerlei Räsonnement pro und contra den Leser: «Wie werden Sie entscheiden?»[248] Die Beispiele sind, wie gesagt, eindrucksvoll: Hofmannsthal läßt im Frühlingswind Akazien blühen («Vorfrühling»), Hesse in einem Urwald die durch Kontinente getrennten Tiger, Elefant und Jaguar gleichzeitig auftreten, bei Michael Krüger rüttelt ein Habicht, der sowas außerhalb dieses Gedichtes nicht zu tun vermöchte. Die Argumente sind: Derlei sei, wie Goethes «grün des Lebens goldner Baum», schlimmstenfalls «holder Unfug» – Satz: «Können in (einem Gedicht) nicht Akazien erblühen, wann sie wollen bzw. wann der Dichter es will?» Gegen-Satz: «Sofern sie eine Metapher für Schnee oder Hoffnung oder das Wunderbare sind – warum nicht? Aber im Falle des explizit ‹Vorfrühling› überschriebenen Gedichts gelten andere Maßstäbe. Hier wird an der Elle des in der Wolle gefärbten Dichters Rilke gemessen. Und die lautet: ‹Er war ein Dichter und haßte das Ungefähre.› Um wie viel mehr müßte ein Dichter das Verfehlte hassen!»[249]

Wenn ich von «Referenzcode» spreche, meine ich die sprachlichen Gebilde, an die ähnlichkeitshalber gedacht wird, wenn man paraphrasiert. Das Gedicht wird solchen Texten nicht beigeordnet, gar gleichgesetzt – es bleibt ein literarischer Text –, aber die eigentlich unzulässigen Paraphrasen geben an, in welche Richtung die Interpretierende die Aufmerksamkeiten, Empfindlichkeiten, Assoziationen lenken will. Und gleichzeitig wird damit die Richtung angegeben, in der die Bestandteile des Ganzen geordnet werden – in welcher Hinsicht der Text schön ist.

Der Referenzcode ist kein vom Interpretierenden willkürlich gewählter. Er wird gewählt, weil seine Maßgabe erlaubt, große Teile des literarischen Textes so zu lesen, als wäre er ihm in toto zuzurechnen. Bis in dieser Als-ob-Lektüre eine Störung eintritt – oder behauptet wird. Vielleicht «geht es nicht weiter so», oder ein Wechsel des Referenzcodes – der die Wortbedeutungen, den Gebrauch der Wörter «in der Sprache», d. h. in den jeweiligen Sprachspielen und deren kulturellen Auftritten, tangiert – erlaubt einen poetischen Sinn. Dann aber muß, der vorausgesetzten Nicht-Zufälligkeit des Textes wegen, die ästhetische Konstruktion ausgewiesen werden mit dem Hinweis darauf, wie sie sich selber ausweist. Wird der Alltagsbericht auf einmal traumhaft, muß ich am Text/muß der Text zeigen, daß der Protagonist einschläft, oder der Referenzcode muß gewechselt werden und Alltag nebst Traum ergeben nun ein gefügtes Erzählganzes. In Ambrose Bierces «Vorfall an der Owl-Creek-Brücke», Arno Schmidts «Gadir» oder Astrid Lindgrens «Mio mein Mio» lese ich zwar erst am Ende, daß der Hauptteil der Geschichte die Phantasie eines Sterbenden ist, aber dieses Ende macht die flirrende Unwahrscheinlichkeit des Erzählten (bei Bierce und Schmidt wird die Geschichte «zu abenteuerlich», bei Lindgren auf einmal ein Märchen) und die Realistik des Einstiegs in die Erzählung zu einem Kohärenten, und die Suche nach dem Übergang vom Lebenderleben zum Sterbendphantasieren ist sportliches Bemüh'n, denn der Text hätte keine Pointe, wenn die Stelle merkbar wäre (beim ersten Lesen, aber darauf kommt es an, obwohl natürlich eine Stelle, die beim zweiten Lesen doch den Übergang merken läßt, ästhetisch entzücken kann, wenn ich analysiere, wie die Autorin oder der Autor es gemacht hat, daß ich es nicht merke – andererseits: gehört diese Unmerklichkeit nicht zur Innenperspektive, in die ich hineingeschrieben werde?). Aber darin besteht Gernhardts Einwand gegen Hofmannsthal: Die Störstelle (der Fehler im angelegten Referenzcode «Draußen ist Frühling») wird nicht ästhetisch plausibilisiert, und so bleibt sie störend und wird zu einem ästhetischen Fehler.

Was bei Searle in seinen Überlegungen zur Fiktionalität die behaupteten Regeln sind, die die Regeln der uns sonst konventionellerweise vertrauten Beziehungen Text–Wirklichkeit (ja, die Baker Street gibt es wirklich!) durchbrechen (du brauchst in den Regimentslisten nicht nachzusehen, ob es einen Dr. Watson in Afghanistan gegeben hat!), was in diesem Buch die immer vorhandene Möglichkeit ist, einer Synonymisierung oder Paraphrase mit dem Hinweis auf den Wortlaut zu widersprechen,[250] ist die Möglichkeit, Texte unter Einbeziehung dieser Unmöglichkeit (d. h. mit der Möglichkeit, immer wieder zu unterbrechen) als zu einem bestimmten nicht-literarischen Referenzcode gehörig zu lesen. Dieser Referenzcode bildet die regulative Idee, die es erlaubt, den literarischen Text als gut organisiert, als schön zu bezeichnen und anderen zu präsentieren.

Wer die regulative Idee eines Codes zuläßt, der dazu da ist, einen bestimmten Weltausschnitt historisch genau zu beschreiben, also die Frage, ob ein Agamemnon sagen dürfe, Troja habe nun «die Stunde geschlagen», kann eine Entscheidung Mosebachs, sogenannte Handys verwenden zu lassen, bevor die Möglichkeit bestand, sie zu verwenden, als Fehler bezeichnen. Eventuell sogar als gravierenden. Wenn er denn ein Modell vorführt, in dem die anderen Momente des Textes darum sich zu einem Ganzen fügen, weil, unter anderem, die Regeln dieses Codes eingehalten werden. Abweichungen von bzw. Brüche in diesem Code wären in diesem Fall nur erlaubt, wenn sie als Brüche bzw. Abweichungen bedeutungserzeugend sind. Wenn man einen solchen Code nicht als regulative Idee annimmt (sondern etwas anderes), kann man die Achseln zucken: «Böhmen am Meer? Na und?» Wenn Holmes und Watson einen merkwürdigen, sagen wir: in einem Realitätsbericht unmöglichen Weg von Baker Street nach Irgendwo nehmen, kann man das als Fehler notieren – und hat dann einen bestimmten Code als Maßstab bzw. als Paraphrasierungsperspektive vorausgesetzt –, *oder* man kann sagen, *ein anderer Code* erweise sich als die taugliche regulative Idee. Holmes und Watson seien durch Mauern gegangen, also müsse es sich wohl um eine Geistergeschichte handeln. (Im Falle von Leo Perutz besteht das Geschäft des Interpreten darin, dauernd mit möglichen unterschiedlichen Bezugscodes zu arbeiten, unsicher zu sein, ob er den passenden zu fassen bekomme, und, wenn er unsicher ist, ob es am Text oder an ihm selber liege, zu überlegen, was für ein Befund das nun wieder sei.)

Der Bezugscode kann wieder ein literarischer Text sein (oder eine Gruppe von literarischen Texten, ein Genre), das spielt keine Rolle. Wichtig ist nur, daß man sich auf ein bekanntes Schema von Bezugscode und literarischer Abweichung beziehen kann. In Kürze so: Wieso bleibt der Mann vor der Mauer stehen und biegt nicht nach links ab? Er ist ein Geist? Aber Geister können doch durch Mauern gehen! Chinesische Geister nicht! Ach so, das ist eine chinesische Geistergeschichte, wenn jemand vor einer Mauer stehen bleibt? Ja, denn chinesische Geister können auch nicht um die Ecke gehen. Aber sonst kommt doch gar nichts Geisterhaftes vor in der Geschichte! Doch, das! – und ohne den Bezug zum Genre «chinesische Geistergeschichte» ist die Geschichte nur irgendein Unfug.

Es geht bei dem Referenzcode also nicht darum, eine Beziehung literarisch/nicht-literarisch über das Bisherige hinaus zu definieren, sondern nur darum, zu beschreiben, was einem denn auffällt, wenn einem etwas auffällt. Das Konzept des «inneren Monologs» als Beschreibungsweise einer bestimmten literarischen Form ruht auf der Auffälligkeit, daß anders als gewohnt die Welt in einem Roman nicht so beschrieben wird, wie sie (nunja, mehr oder weniger) jemand beschreiben würde, der keinen Roman schriebe. Das stimmt natürlich nicht buchstäblich, vielmehr ist es so, daß sich viele Wirklichkeitsbeschreibungen irgendwann so gelesen haben, als wären sie Romane, weil die Zeitumstände so beschaffen waren, daß man es so machte, aber das ändert nichts am Argument. Wir können uns denken, daß ein Text, von dem wir wissen, daß er ein literarischer ist, ein tatsächliches Ereignisprotokoll wäre, und uns die Frage stellen, ob wir in diesem Falle die Chance hätten, es zu bezweifeln. Aus dieser Als-ob-Konstruktion leitet sich so ziemlich alles ab, was als «Erzähltheorie» die Seminare ergetzt.[251]

De interpretatione non est disputandum unter anderem darum, weil es keine Vorabausschließung eines Referenzcodes gibt, sehen wir von der Inkompatibilität mit der Autorintention ab, zu der unten noch ein Wort. Zuweilen ärgerlich daran ist: Referenzcodes gehören so verschiedenen Welten an, daß ihre Eigenschaft, mögliche regulative Ideen für die Schönheitskonstruktion eines Werkes zu sein, nicht immer klar zu benennen ist. So entstehen Streite, die man nicht führen kann. Ist das Werk Kafkas oder sind wenigstens einige seiner Werke irgendwie verbunden mit dem Gespür für die totalitären

 Züge seiner Zeit, auch wo diese noch nicht ihr politisch manifestes Gesicht gezeigt haben? Oder sind sie Zeugnis einer Krise des Judentums, der Dramatik des individuellen Erlebens der Zugehörigkeit und dem Nichtmehrwissen, was diese Zugehörigkeit bedeutet? Ist darum Kafkas berufliche Erfahrung eher ein biographischer Argumentationshintergrund als das, was er im «Brief an den Vater» über das Thema der Religion schreibt? Oder ist es das Thema «Vater» selbst, das beide verbindet – und wann wird das trivial und warum so schnell? Man kann es halten wie im Witz, den wir hier nicht nochmals erzählen: «Die einen sagen so, die andern so.» Und in der Magisterarbeit heißt das dann Forschungsstand.

Man kann, unter Vermeidung der Formulierung, die Mehrdeutigkeit sei in den Text eingeschrieben, sich etwas genauer überlegen, was denn das Faszinosum Kafka ausmacht, und dabei nicht ins Raunen geraten. Wenn man an das denkt, was die Leute meinen, wenn sie «kafkaesk» sagen, denkt man an bestimmte Szenerien vor allem des «Prozeß» (oder des «Schloß», aber das ist weniger geläufig und in gewissem Sinne auch eine Schema-Variation: Man kann beim Reden über das «Schloß» den «Prozeß» als Referenzcode verwenden). Was dort dem Protagonisten geschieht, ist im Grunde simpel. Er wird plötzlich in eine Umgebung gestellt, die er nicht mehr verstehen/bewältigen kann nach den Maßstäben dessen, was man «soziales Vertrauen» nennt,[252] die minimale Voraussetzung, sein Leben zu leben. «Vertrauen» in diesem minimalen Sinn bedeutet, auf Grund von Normalitätsannahmen zu agieren. Diese Annahmen können punktuell enttäuscht werden, man weiß aber dennoch ungefähr, wie man auf diese Enttäuschungen reagieren kann oder muß, weil der Gesamtrahmen intakt bleibt. Kafka beschreibt eine Person, die genau dieses versucht. Ihr widerfährt eine Störung der Normalität, die aber bewältigbar sein müßte unter der Annahme, der Rest entspreche der bisherigen Normalität. Das ist aber, wie sich Kapitel um Kapitel zeigt, nicht der Fall. Diese fiktiven Abläufe muß man nicht beliebig nennen, aber sie können auf sehr viele verschiedene spezifische Referenzcodes ausgerichtet werden, sei es die (Vor-)Erfahrung einer totalitär und/oder terroristisch werdenden Gesellschaft, sei es innerpsychische Haltlosigkeit, weil bisher handlungsorientierende Zugehörigkeitsgefühle unkräftig werden, und so fort. Diese Ausrichtungsmöglichkeiten sind darum so vielfältig, weil das Geschehen im Roman weit weniger komplex ist, als es in Wirklichkeit wäre, wenn es Wirklichkeit wäre, und auch weniger als in den Romanen, die wir «realistisch» oder «psychologisch» zu nennen gewohnt sind. Es passiert viel weniger und wird viel weniger gedacht, als eigentlich passieren und gedacht werden müßte, zumal wenn alles derart aus dem Gewohnt-Verständlichen gerät. Das Geschilderte bekommt so etwas Retortenhaftes einerseits, andererseits ermöglicht die keinerlei Referenzcodes signalisierende Schreibweise – der «Prozeß» entwickelt, was dasselbe heißt, in sich selbst keine Erwartbarkeiten, was das vielleicht interessanteste und meist mißverstandene (oder deutend überhöhte) Stilmittel ist –, allerlei durch allerpersönlichste Idiosynkrasien angetriebene Szenarien einzustreuen und auszumalen, die auf Grund ihrer Ungerahmtheit durch Normalität entweder Anziehungskraft durch ungehinderte Einladung zur Projektion oder Abstoßungskraft durch maximierte Fremdheit, jene für Kafka redensartlich gewordene Textatmosphäre, haben. Vor dem Hintergrund einer sich solcherart am Technischen, hier an der Frage, wie es gelingt, die Wahl der Referenzcodes durch die Rezipienten möglichst im Beliebigen zu lassen, orientierenden Analyse verlieren die klassischen Interpretationswürfe allerdings an Bedeutsamkeit.

Der Referenzcode kann, wie gesagt, auch ein literarischer Text sein, wie «Der Prozeß» für «Das Schloß» (man redet dann nicht mehr über einen Text, sondern «über Kafka»), aber auch ganz allgemein ein Versschema etwa. Daß man sich in der Realität so hinsetzen kann, daß es sich reimt, geht nur, wenn man, wie Morgenstern («Ein Wiesel saß auf einem Kiesel (...) des Reimes willen»), ein Gedicht daraus macht. Die Pointe besteht ja darin, daß das gedachte Wiesel etwas darf, was der Dichter nicht darf: es um des Reimes willen tun, nämlich die Wörter «Wiesel» und «Kiesel» zusammenbringen. Was heißt schon «darf»? Der von den Umstehenden, der sagt, der Dichter habe doch nur des Reimes willen – *der* darf das nicht sagen. Die Antwort auf die Frage, was denn dieses eine, besondere Wort bedeute, darf nicht lauten: «Nichts: Steht ja nur des Reimes willen da.» Nicht, daß das nicht genau die richtige Antwort sein könnte. Es gibt ja wurstige Dichter, die ein Reimwort nur eben so, wenn es gerade mal irgendeinen Sinn ergibt, wählen, wie es solche gibt, die sich ein Wort, das sie unbedingt schreiben möchten, hinbiegen, bis es sich reimt oder metrisch fügt, und man macht dann sowas wie Friederike Kempner hier:

Und wenn ich dereinst mal sterbe,
Mahnet euch der Musen Chor:
Nicht enthaltet dieses Erbe
Euren Nachekommen vor![253]

Darüber könnten wir nicht lachen, wären wir nicht mit so vielen gelungenen Versen und Reimen aufgewachsen. Daß «Nachekommen» falsch ist, ist nicht komisch. Daß sich «neige» nicht auf «Schmerzensreiche» reimt, sondern – nunja, sogar der große Goethe sprach Mundart –, ist aufs ebenso allerpersönlichste wie ernst-albernste auratisch. Daß sich etwas reimt, weiß ich nur, wenn ich weiß, was ein Reim ist, was nichts dasselbe ist wie Reime lallen, sondern eine kulturelle Fertigkeit, und nur wenn ich diese beherrsche, kann ich feststellen: «Das reimt sich nicht!» oder: «Das steht da ja nur, damit das Metrum stimmt», und eine weitere Stufe kulturell-bergender Sozialisation ist es, über Kempner zu lachen und über Goethe feinsinnig die Brauen zu ziehen, wenn er «neige» auf «Schmerzensreiche» reimt.

Mit der Betrachtung von Textfassungen ist es dasselbe. So verbessert Wieland die Zeile der Erstfassung des «Neuen Amadis»:

Den Helden besing, der lange Berg auf und Berg ab[254]

in der Ausgabe letzter Hand in:

Den Helden sing, der lange die Welt Berg auf Berg ab[255]

Angemerkt hatte er im «Vorbericht zu der gegenwärtigen Ausgabe», er habe sich bei der Versifizierung weniger Lizenzen gegeben als in der ersten Fassung, aber das bezog sich mehr auf die Handhabung der Strophenform; die veränderte Zeile ist, wie man liest, nicht regelmäßiger, beide mischen Daktylen mit Trochäen oder Jamben mit Anapästen (das kann man nicht entscheiden, sondern nur schmecken) und nicht so, daß im einen Fall eher als im anderen ein Schema erfüllt oder eine Abweichung signalisiert würde. «Den Helden sing» ist, bei gleicher Korrektheit im Deutschen, grammatisch näher am griechisch/lateinischen Vorbild, und wenn man Wert darauf legt, dann könnte man sagen, der Rest füge sich der Vorgabe. Wäre nicht die Möglichkeit der freien Gestaltung. Nein, das eine «folgt» nicht «aus dem anderen», aber warum folgen die Wörter, die folgen, so? Man wird sich mit Bemerkungen bescheiden müssen wie: die erste Fassung ist spannungsärmer, die zweite ohne die beiden Senkungen vor der akzentuierten Silbe «sing», die dazu als Wort und nicht Wortbestandteil hervorgehoben wird, setzt etwas wie einen Doppelpunkt dahinter – und es folgt eben nicht, wie im antiken Vorbild, Zorn, Taten, Männer und Waffen, sondern der Zockeltrab, der in der zweiten Fassung, was man im lauten Vortrag leicht anklingen lassen kann, zum hufigen Klipp-Klapp wird, «Berg-auf-Berg-ab», denn ein «und», das hätte stehenbleiben können, hat der Verfasser gestrichen und nach «Welt» den zweiten Doppelpunkt gesetzt, womit sich eine Dreiteilung des Verses mit steigender Spannung ergibt («sing:»/«Welt:») – etwa so. Mit solchem Reden über einen Text bewegt man sich im Rahmen gemeinsamer Kenntnisse über Versmaße, die uns sagen, was von der Konvention getragen ist und was vielleicht kaum noch, wie durch Rhythmisierung semantische Einheiten in nicht aus ihrer Semantik sich ergebende Beziehungen gesetzt werden. Und man hat stillschweigend den Referenzcode Heldengedicht plus Parodie plus Poetisierung gewählt, d. h., man formuliert das Es-fällt-mir-auf vor dem Hintergrund einer vielgestaltigen, beispielreichen literarischen Tradition und sagt mit seinen Neunmalklugheiten zur Versformulierung nur dem etwas, dem das etwas sagt.

Manchmal kann man sogar einen Witz herauslesen. In seinem «Kombabus» erzählt Wieland die Geschichte eines Höflings, der, um nicht der Schönheit seiner Königin zu erliegen (oder um zu verhindern, daß sie der seinen erliegt), sich entmannt, gleichwohl aber Günstling der Königin bleibt, ja auf diese Weise ihr besonders nahe sein darf und kann … – worauf die übrigen Höflinge seinem Beispiel folgen, jedoch auf diese Weise Leute werden, im Text: «eine Art von Thieren»,

> die durch die Stümmelung das einzige verlieren[256]

weshalb bzw. «um dessentwillen man sie noch erträglich fand». In der Fassung letzter Hand steht:

Muß man es erläutern? Das Maß bleibt dasselbe, nur wird dem Wort «Stümmelung» das «e» amputiert und die Stelle durch's Apostroph markiert; die Unregelmäßigkeit, die dadurch entstünde, wird durch das «just» verhindert. Dieses «just» aber setzt durch seine semantische Eigenschaft, ein Ausrufungszeichen zu setzen, an dieser Stelle für den Vortragenden –: eine *Zäsur.* Das ist, dafür würde ich über diesen Text redend werben, sehr komisch.

Solche Deutungen – Schönheits- weil Stimmigkeitsnachweise in bestimmten Rahmungen – kann man, prinzipiell, treiben bis … – und hier stellt sich eine nicht unwichtige Frage: Kann man «überinterpretieren»? Gewiß kann man. Dann, wenn's blöd wird. Man verzeihe mir die nur scheinbar achselzuckende Attitüde. Es geht hier um Geschmacksfragen. Wann ist es, wenn ein Autor «Aphrodite» sagt, angebracht, mehr zur Erklärung anzuführen als das, was die meisten, die sich für sowas interessieren, über diese Göttin wissen? Wenn es paßt – doch wann paßt es? Wann hole ich eine nur dem sehr Kundigen oder dem, der im vollständigen Pauly oder bei Ranke-Graves nachstöbert, geläufige Anekdote hervor und behaupte, auf die genau komme es an? Wenn es entlegen ist und der Autor gibt selbst keinen Hinweis (es sei denn, es handele sich um James Joyce oder …), dann sollte man die Finger davon lassen? Nein, für derlei gibt es keine Regeln, die sowieso nicht, aber auch keine Faustregeln oder meistens taugliche Hinweise. Es darf nicht, sagen wir: quietschen. Es darf nicht: *zu* weit hergeholt sein. Und man darf beim Einsatz solcher Funde keine argumentativen Fehler machen.

Und die sind häufig. Es sagt jemand, ihm falle bei dieser Stelle aus dem Text X diese andere aus dem Text Y ein. Soll sein, aber warum sagt er uns das? Weil, so geht manchmal die Argumentation weiter, in Y es mit der Sache folgende Bewandtnis hat, also müsse man auch X auf diese Weise weiterlesen. Das ist fast immer ein Schluß vom Schlage: Weil alle Indianer Zöpfe trügen und Kant einen Zopf trug, sei Kant ein Indianer – Kant selbst nennt das einen Paralogismus. Fehlinterpretationen, um dieses Stichwort noch einmal aufzunehmen, sind Argumentationsfehler dieser und verwandter Art. Sie sind aber auch Mißdeutungen der Autorintention. Das Wort sei noch einmal nicht gemieden. Gemeint ist, siehe oben, nicht, was der Autor über sein Werk sagt. Gemeint ist, daß das Werk, weil es ein Werk ist, einen Autor hat und nur deshalb Bedeutung hat, interpretiert werden kann. Dieser Autor, er mag beschaffen sein, wie er will, ist ein empirischer Mensch, von dem wir *nie nichts* wissen. Allein durch das Werk wissen wir viel über ihn als den Menschen, der dieses Werk geschrieben hat. Wenn wir ihn zeitlich bestimmen können, wäre es unzulässig, ihm ein Operieren mit einem Wissen zuzuschreiben, das er zu seiner Zeit nicht haben konnte. Wenn wir etwas von seinem Werk und also von ihm behaupten, das «nicht zu ihm paßt» (aufgrund unserer Erfahrung mit seinem Werk), machen wir entweder einen Fehler oder müssen, vielleicht aufwendig, nachweisen, daß wir keinen gemacht haben. Wir wissen, daß Kleist Napoleon haßte, zumindest die Attitüde des Napoleonhasses pflegte – ab einem bestimmten Zeitpunkt jedenfalls; wir können daher nicht ohne weiteres irgendeine Stelle in seinem Werk – sagen wir, die Szene im «Prinzen von Homburg» mit dem Lorbeer – als eine Sympathiegeste Napoleon gegenüber interpretieren. Nicht nur, weil das die Stelle «nicht hergibt», sondern weil das eben zu Kleist «nicht paßt». «Gäbe» die Stelle es «her», müßten doch allerlei Zusatzbehauptungen aufgestellt werden, über eine geheime Napoleon-Schwärmerei etwa (und sei sie unbewußt), und für die – Anforderung solider Argumentation, man kann nicht etwas mit sich selbst begründen – müßte es weitere Indizien geben. Umgekehrt kann das Vorliegen solcher Indizien immer noch nicht zureichender Grund dafür sein, die Interpretation *dieser Stelle* so nachzuvollziehen, wie es der Vorschlagende gerne hätte. Man kann Interpretationen ausschließen, aber wo man nicht ausschließt, kann man trotzdem die Achseln zucken.

Interpretationen können auch langweilig sein. Sie sind dann keine Fehlinterpretationen, aber sie leisten nicht die Herstellung subjektiver Allgemeinheit. Der Aufwand war vertan. Ausschlaggebend dafür ist nicht jeder der Umstehenden. Man muß nicht nur Mitglied einer literarischen Kultur sein, wenn wir dieses Wort einmal als Kennzeichen für unsere moderne bürgerliche europäisch-transatlantische Kultur verwenden, in der es nicht nur von buchstäblichen, sondern auch von literarischen Analphabeten wimmelt. Das ist keine kulturkritische Mäkelei, das kann nicht anders sein. Eine literarische Kultur in diesem Sinne zeichnet sich dadurch aus, daß literarische Kenntnisse, Bildung allgemein etwas gelten, daß es ein Ausweis situierter (ab dem 18. Jahrhundert) Bürgerlichkeit ist, Bücher zu besitzen, und die Behauptung, man wisse, was man an ihnen habe, einfach so im Raume steht. Und wenn das nicht der Fall ist, ist man bereit, das als bedauerlichen, etwa berufsbeanspruchungsgeschuldeten Mangel einzugestehen. Zu erörtern, daß sich da möglicherweise seit einiger Zeit einiges verändert hat, ist hier nicht der Platz. Zu einer literarischen Kultur in diesem Sinne gehört eine literarische Subkultur von Kennern, die manchmal bezahlt, zuweilen angehört, selten gekannt werden. Innerhalb dieser Subkultur werden jene Maßstäbe aufgestellt und gepflegt (verändert, vernachlässigt), die es erlauben, etwas wie das obige «wenn's blöd wird» in dann vielleicht edlere Worte und zuweilen Examensnoten zu kleiden.

Das diskutierte «de gustibus» hat in seiner umstrittenen Auslegung als kann/soll-man, kann/soll-man-nicht einen durchaus klaren soziologischen Sinn. Innerhalb einer Kennergruppe kann man über Geschmack als Mitglied dieser Gruppe streiten, weil festgelegt ist, was Gegenstand des Streites sein kann und was nicht. Von außen hineinstreiten kann man nicht, dann wird man nur als Nichtzugehöriger ignoriert und reagiert mit Abwehr: Es sei ja sowieso alles reine Willkür.

Kants Vorstellung, Kunst und Menschheit durch die Analogie des Nicht-Zweckhaften zusammenzubringen, hat das Selbstverständnis einer Geschmackskultur, es nur zu betreiben, um es zu betreiben, gewissermaßen des inhärenten Restzwecks der Exklusionstauglichkeit beraubt. Nicht empirisch, aber er hat dieser Kultur normativ ein Ideal imputiert, gegen das sie ihre notwendige Fortexistenz nur mit schlechtem Gewissen behaupten kann. Parallel dazu entsteht der Selbstzweifel: Wenn es mir nicht gelingt, dich dafür zu interessieren, bin ich nicht mehr gerechtfertigt. Es mag sich so verstockt kulturkritisch, reaktionär und elitär anhören, wie man es hören mag, der Anspruch der Verallgemeinerbarkeit literarischer Bildung ist nur um den Preis ihrer Zerstörung einzulösen. Adorno, um nur ihn zu nennen, hat das natürlich gewußt, aber er hat es «Kulturindustrie» genannt, und in solcher Beschreibung ist es ein Fehlweg, dem begriffsnotwendig ein richtiger, auch wenn der nirgendwo verzeichnet oder beschrieben wird, hinzugedacht wird. Natürlich wird der Gebildete[258] den emphatischen Ekel, den er einem etwaigen Selbstbild als eines Eliteangehörigen gegenüber verspürt, nicht unterdrücken können.

Nicht, weil es falsch wäre, er ist es nun einmal, es ist auch kein Selbsthaß, sondern weil das Bewußtsein dieses Umstands, wenn es zur Affirmation wird, das Geliebte schändet.

Der auf der Hand liegende Grund dafür wäre, aber er ist nicht der «wahre», daß es eben so weit mit alldem nicht her ist. Das Reden und Schreiben in der, nennen wir sie jetzt mal: Community ist nicht selten zum Schreien, und die Gebärden spotten ihrer selbst. Wer dazugehört und bei Sinnen ist, möchte das nicht. Er möchte nicht mit denen zusammen abgedruckt werden, die vor Kühnheit zittern, wenn sie sagen, ein Text sei ein Engramm seiner selbst. Die ergriffen davon erzählen, daß das «Ach» Alkmenes aus den Buchstaben 1, 3 und 8 des Alphabets bestehe, was zusammen 12 ergebe. Christian Wagenknecht hat in seinen «Glõssen» eine Anzeigetafel der intellektuellen Schändlichkeiten des akademischen Redens über Literatur errichtet.

Die Grenze, an die Kants Konzept der subjektiven Allgemeinheit und ihre Verbindung mit der Idee der Menschheit stößt, ist diese: Eine diffuse Gruppe Gebildeter muß sowohl wirklich vorhanden sein als auch als unklare Bezugsgröße für Nichtzugehörige.

Die Verbindung der Idee der Kunst mit der der Menschheit war abzusehen, als sich die Geschmacksmilieus, die eng an politische Milieus gebunden waren, auflösten. Der Künstler, vor allem der Literat, bis dahin Dilettant einerseits, gekaufter/gemieteter Fachmann oder Feilbietender seiner Sachen andererseits, wird zum Mitglied der Geschmacksgemeinde, und die, dynamisiert durch die literarische Kultur als Briefkultur, löst sich vom Hof, verbürgerlicht, und so verfällt die Möglichkeit sozialer Nötigung zum guten Geschmack, sagen wir: zur Geschmacksübereinstimmung. Der Wunsch nach einem National-, sprich: bürgerlichen, nicht hofgebundenen Theater symbolisiert (in Deutschland) diesen Übergang. Das Stück wird nicht mehr einem Elitepublikum zur Erbauung und Billigung vorgelegt, sondern einer diffusen Öffentlichkeit, die als Menge der den Theaterausgang Umstehenden oder Leser der Rezensionen für die Etablierung der literarischen Kultur in allen Modi der Unverbindlichkeit sorgt (die Aufregungen – man ging zu einer Henze-Uraufführung, *um* zu buhen – nicht ausschließen, denn die anderen kamen ja, um gegen die Buher demonstrativen Minderheitsapplaus zu spenden).

Der prekäre Status einer deutschen Nationalliteratur (gab es sie überhaupt? wenn ja, konnte sie je «klassisch» werden?) hatte zwar die Prägung der Gegenvokabel «Weltliteratur», die Goethe von Wieland folgenreich übernahm, zur Reaktion – aber daraus wurde dann doch das «Ereignis Weimar», ein Projekt, das so anderswo nicht entstand, von Goethe 1795 im «Literarischen Sansculottismus» signalisiert, in den «Xenien» inszeniert, im «Maskenzug von 1813» resümiert und in der Edition des Briefwechsels mit Schiller zur historischen Tatsache erklärt. Das «Menschheitliche» solcher und auch außerdeutscher Bildungen und Umbildungen kann man an vielerlei erkennen, daran, daß es Jean Paul nicht schadet, ein Damen-, gar Dienstmädchenautor zu sein, an der Subskriptionsliste zu Wielands «Sämmtlichen Werken», aber auch an der Ambivalenz der Napoleonischen Kunstraubzüge etwa: Das Einsammeln ägyptischer Kunst war nicht nur deren faktische Überführung in geschützteres museales Ambiente, sondern auch ihre Erhebung vom Souvenir zur Weltkunst, und die innereuropäischen Räubereien wurden nicht nur aus Nationalstolz mit Widerwillen gesehen, sondern auch, weil Kunst kein Gegenstand willkürlichen Raubes mehr war (sein sollte), wie es noch bei der Plünderung Prags kurz vor dem Friedensschluß von 1648 selbstverständlich war und durch Deutschlands Raubzüge der ersten Hälfte der 40er Jahre des 20. Jahrhunderts kurzfristig wieder mitteleuropäische Kunstpolitik wurde.[259]

Die Bindung von Kunstrezeption an Geschmacksmilieus hat die vollständige Ablösung der Idee des Schönen von der Bindung an Zweckmäßigkeit (auch von im weitesten Sinne weltanschaulicher Tauglichkeit) vorbereitet, und wie mühsam diese Loslösung (von, in obigem Vokabular, verbindlichen Referenzcodes) war, zeigt sich darin, daß die bisherige Bindung gerade in der ersten Phase der Verbürgerlichung emphatisch gepflegt wird; noch Lessings Gedanken zum bürgerlichen Trauerspiel, die faktisch an der Loslösung und an der Vorstellung einer Ästhetik des Theatergerechten arbeiten, werden weltanschaulich von der Vorstellung der Schaubühne als Schule der Moralität gerahmt.

Die ästhetische Diskussion Ende des 18. Jahrhunderts versucht, nicht ohne Erfolg, die Idee des Schönen (in der Literatur das Verbot eines verbindlichen Referenzvokabulars) mit der des Erhabenen zu ruinieren. Kant hat dem ausdrücklich widersprochen. Das «Erhabene», auch in der Natur, sei eine subjektive, zweckersetzende Selbstplausibilisierung des Wohlgefallens.[260] Wieland hat seinen Roman «Aristipp und einige seiner Zeitgenossen», den man partienweise wie ein Testament der Spätaufklärung lesen kann, man möchte sagen, programmatisch so begonnen:

Alle Götter der beiden Elemente, denen du bey unserm Abschied mein Leben so dringend empfahlst, schienen es mit einander abgeredet zu haben, die Überfahrt deines Freundes nach Kreta zu begünstigen. Wir hatten, was in diesen Meeresgegenden selten ist, das schönste Wetter, den heitersten Himmel, die freundlichsten Winde; und da ich dem alten Vater Oceanus den schuldigen Tribut schon bey einer frühern Seereise bezahlt hatte, genoß ich dießmahl der herrlichsten aller Anschauungen so rein und ungestört, daß mir die Stunden des ersten Tages und der ersten Hälfte einer lieblichen mondhellen Nacht zu einzelnen Augenblicken wurden.

Gleichwohl – darf ich dirs gestehen, Kleonidas? – däuchte michs schon am Abend des zweyten Tages, als ob mir das majestätische, unendliche Einerley unvermerkt – lange Weile zu machen anfange. Himmel und Meer, in Einen unermeßlichen Blick vereinigt, ist vielleicht das größte und erhabenste Bild, das unsre Seele fassen kann; aber nichts als Himmel und Meer, und Meer und Himmel, ist, wenigstens in die Länge, keine Sache für deinen Freund Aristipp; und ich glaube wirklich, daß mir ein kleiner Sturm, mit Donner und Blitz und übrigem Zubehör, bloß der Abwechslung wegen, willkommen gewesen wäre.[261]

Wieland nimmt das Bild, mit dem das Erhabene illustriert zu werden pflegt, das Meer – «der grenzenlose Ozean» –, und läßt seinen Protagonisten sich gelangweilt abwenden; auch der obligate Sturm, der dazu da ist, das Erhabene erst recht zu inszenieren – «der grenzenlose Ozean, in Empörung gesetzt», «Donnerwolken mit Blitz und Krachen»[262] –, wird etwas, das man aus der Zuschauerperspektive genießen kann, aber nicht sich daran erheben. – Wenige Seiten später läßt Wieland seinen Aristipp von einem Besuch Olympias und der Besichtigung der Zeusstatue des Phidias berichten. Hier könne der Mensch nicht anders als sich beugen und anbeten, aber die Frage erübrigt sich nicht, warum. Es folgt eine Überlegung, wie die unwidersprechliche An-, vielleicht Zumutung des Erhabenen *technisch* herzustellen sei. Größe sei das eine, gewiß, vor allem aber die richtige Betrachterdistanz: Man dürfe nicht sehen, wie es gemacht sei, das Ganze müsse wirken, als sei es kein Werk, sondern Natur, der Götterkönig gewissermaßen wirklich «da». Das Erhabene ist etwas, das bewirkt wird. Es ist eine mögliche *Funktion* des Schönen. Eine unter vielen, und in dem Gefühl beim Betrachten mehr als eben dieses Gefühl, das als menschliche Möglichkeit nun einmal gegeben und dessen Erzeugung legitimer Kunstzweck ist, zu sehen, wäre eine außerkünstliche Zutat.[263]

Schiller hat in seiner zweiten Schrift über das Erhabene[264] dieses klipp und klar als das Einverstandensein mit dem Tod bestimmt. Das Schöne sei die Weltverhaftetheit – ohne die wir freilich keine rüstigtätigen Leute wären, sondern unsoziale Tugendmönche –, das Erhabene mache uns zu Trägern von Würde. Würde ist das Einverstandensein mit dem, was wir nicht ändern können, und das Einzige, das wir bei aller Liebe nicht ändern können, ist unsere Sterblichkeit. Uns vom Tode überwältigen zu lassen bannt uns in die Sphäre der Unfreiheit allen außermenschlichen Daseins, das Einverständnis mit dem Schicksal der Sterblichkeit verbürgt uns unsere Freiheit. In etwa so. Kant selber hatte schon das Verständnis des Erhaben-Gefühls als Ausschlag des moralischen Sinnes verstanden, und sein Versuch, dies von der Kunstdeutung fernzuhalten, konnte nicht halten.

Wielands Hintergrundspott über die Mode des Erhabenen mag mit einem der thematischen Hauptstränge des «Aristipp», zu dem es Jahre zurückreichende Vorüberlegungen unter dem Arbeitstitel «Geschichte der Sokratischen Schulen» gegeben hatte, zu tun haben, nämlich eine Art Urgeschichte der abendländischen akademischen Philosophie zu schreiben. Denn man kann die plötzliche Karriere des Konzepts des Erhabenen auch als Versuch verstehen, die frühere Richtlinienkompetenz eines Geschmacksmilieus durch eine akademisch-philosophisch gebildete Elite zu ersetzen, so, wie versucht wurde, die Deutungshoheit der Theologie über die Menschenbelange durch die Erfindung der Geschichtsphilosophie zu ersetzen (beides nicht ganz ohne Erfolg).

Durch die Traktierung des «Erhabenen» sich akademische Erhobenheit zu sichern hat dazu geführt, die Frage der Antwort wegen falsch zu stellen. In der klassischen Formulierung heißt es ja stets, es sei erklärungsbedürftig, warum uns etwas in der Kunst, was wir im

Leben nicht erleben wollen, interessiert, fasziniert, wir es «schön» finden können, und wieso ein Mensch sich daran erfreuen kann, sich «klein» zu fühlen – «was ist der Mensch neben einem Berg!», wie es bei Horvath heißt. Das erste ist ein psychologisches, kulturtheoretisches, zuweilen soziologisches, aber *kein* ästhetisches Problem, es sei denn, man vergäße die Kantische Lektion, daß es ums «Gefallen» in dem hier problemleitenden Sinn gar nicht geht. Bleibt das Erhabene als das Sich-ohnmächtig-Fühlen im Modus des Sich-dabei-Wohlfühlens. Nach Schiller handelt es sich um den Genuß am vorwegnehmenden Gehorsam des sein endliches Versagen willig antizipierenden und symbolisch in aller Freiheit selbst vollziehenden Prothesengottes (wie Freud den Menschen nennt). Caligula, der den Mond nicht bekommt, kann man aus gar nicht so anderem Zusammenhang anführen. Denn es ist eine Wahrnehmungsweise des Absurden. «Das Absurde entsteht aus dieser Gegenüberstellung des Menschen, der fragt, und der Welt, die vernunftwidrig schweigt», sagt Camus im «Mythos von Sisyphos».[265] Man kann das Fragen lassen, um nicht wie Borcherts Beckmann dauernd rufen zu müssen: «Gibt denn keiner Antwort?», das geht ja postadoleszent nicht mehr. Es geht ja auch nicht um irgendein Problem, wohl aber um die einfach zu konstatierende konstitutionsbedingte Empfindlichkeit des Menschen gegen Zustände, Anblicke, Befindlichkeiten, denen er keinen Sinn einreden kann. Der Mensch – nach dem Sündenfall wohlgemerkt – bringt das Um-zu in die Welt. Er selber – Kant – ist kein Um-zu. Er ist bloß da, und darüber empfindet der eine in Kantischer Tradition sich erhoben, der andere mag verzweifeln. Da ist es doch – Schiller – gescheiter, sich gleich erhoben zu fühlen. Das kann einer sagen, aber glaubt man es ihm?

Camus hat das Absurde in ein frappierendes Gleichnis so gefaßt:

> Ein Mensch spricht hinter einer Glaswand ins Telephon; man hört ihn nicht, man sieht nur sein sinnloses Mienenspiel: man fragt sich, warum er lebt.[266]

Wo ich keinen Sinn behaupten kann, wird die ganze Existenz sinnlos. Man kann Theodor Lessings und Karl Löwiths Schriften gegen die Geschichtsphilosophie als Auslegungen dieses Gleichnisses lesen. Sie machen die Telefonzelle auf und hören immer noch nichts.

 Camus bietet bekanntlich keine erhabene Versöhnung gegen das Niederschmetternde des Absurden an, wohl aber das Glück. Was das ist, bleibt bei ihm schemenhaft, die Liebe etwa ist es nicht, schon gar nicht die Sexualität. Was er pathetisch beschwört, wenn er von «mittelmeerischem Denken» spricht, hat mit «Eros» eigentlich gar nichts zu tun, wirkt beinahe wie der bloß vegetative Abscheu vor dem deutschen (und nordfranzösischen) Wetter, das er für die Hegel-/Marxsche Philosophie (und ihre affirmative Pariser Rezeption) verantwortlich macht. Man versteht es eigentlich erst aus der Lektüre des postum veröffentlichten autobiographischen Romanfragments «Der erste Mensch»: Da schreibt er vom Skandal, vor dem Grab des in einer Schlacht des Ersten Weltkriegs gefallenen Vaters in einem Alter zu stehen, das dieser nie hat erreichen können – es herrsche, «wo der Sohn älter war als der Vater, nicht Ordnung, sondern Irrsinn und Chaos»[267] –, von der Knechtschaft und Brutalität der Armut; und von der Freiheit und dem Glück des Bades in einem gleichgültigen Meer, das den badenden Kindern zu gehören scheint,

> das Meer (...) die Herrlichkeit des Lichts (...) das Prachtvollste, was die Welt zu geben hat.[268]

Das Meer ist nicht erhaben, die Badenden sind nicht klein. Sie sind viele, aber sehr Einzelne. Das Meer läßt jeden in seiner Einsamkeit teilhaben an der Befreiung davon, nach einem Sinn zu fragen. Hier kommt das Empfinden dessen, was in der philosophischen Ambition als Erhabenes fehltheoretisiert wurde, und das des Schönen, das ebenfalls an keine Zwecke gebunden ist, zusammen. Das, was ich – über Literatur sprechend – als Organisation der Teile zu einem sinnvollen Ganzen darstellen *muß* und eben nur so darüber sprechen *kann*, wird dazu erst durch den existentiellen Sprung des Es-fällt-mir-auf als Beginn einer kommunikativen Auslegung von Sinn zu der dadurch in Gang gesetzten (und sei es noch so fiktiven und idealisierten) Gemeinschaftsstiftung. Da ist der Mensch in seinem Element, die ganze Welt mit Sinn zu begatten. Aber das Lesen ist die einsamste aller Künste, auch in Gemeinschaft der Lesenden ist man allein. Nur dadurch hat man Teil am Leben der anderen: daß man – wie sie – allein ist. Das Gelesene kümmert sich nicht um das Sinnbemühen der Lesenden, die Umstehenden haben zu reden, die Texte sind die

Texte, und ihre Verfasserinnen und Verfasser haben das ihre schon gesagt. Literatur begegnet mir als Nicht-Redendem, nur Lesendem als große Gleichgültigkeit. Interpretation als Kunst ist – *wäre*, dies in aller Deutung des Schönen nicht zu verleugnen.

Es nicht zu verleugnen könnte zu der Einsicht führen, daß das Absurde darin besteht, daß die Welt kein Werk ist. Daß sich ihre Codes zu keiner Schönheit fügen.

Die Emanzipation der modernen Philologie von der theologischen – und die Folgen

Sola scriptura, der Blick, die Leute

«Was ist das? – Was – ist das …»
«Je, den Düwel ook, c'est la question, ma très chère demoiselle.»
Thomas Mann, Buddenbrooks

Vor ihm im Klee der Wiese stand ein blutendes Lamm und redete zu ihm.
Thomas Mann, Der Erwählte

Der Grundsatz «sola scriptura» überantworte, meinte Josef Ratzinger, Kardinal der katholischen Kirche und späterer Papst Benedikt XVI., die Heilige Schrift letztlich den Philologen und Historikern.[269] Er hatte, historia docet, nicht ganz unrecht. Gotthold Ephraim Lessings Verteidigung seiner Edition der «Fragmente eines Unbekannten», der vorgeblich anonymen, in der Wolfenbütteler Bibliothek zufällig aufgefundenen Schriften, die in Wahrheit von seinem Hamburger Freund Samuel Reimarus verfaßt und ihm von dessen Witwe anvertraut worden waren (er möge mit ihnen verfahren, wie es ihn richtig dünke), gegen den Hamburger Hauptpastor Melchior Goeze liest sich heute wie eine Auseinandersetzung um Religions- und Publikationsfreiheit, und das wurde die Auseinandersetzung ja auch in ihrem Verlaufe, als Goeze nach der Zensur rief und Lessing Publikationsverbot in dieser Sache erhielt. Ursprünglich ging es um etwas anderes.

Reimarus hatte Passagen des Alten wie des Neuen Testaments einer Prüfung unterzogen und für unglaubwürdig befunden. *So* könne der Zug der Kinder Israels durchs Rote Meer nicht stattgefunden haben. Teilung des Meeres und explizite Gotteswunder von der Prüfung einmal ausgenommen, allein der Zug selbst, die Zahl des männlichen Volks, der hinzuzurechnenden Weiber und Kinder, der nötige Proviant, das Vieh, die Wagen – und die Leser wüßten doch meist aus eigener Erfahrung um die Umstände eines durchziehenden Heerzuges – all das würde weit mehr Zeit beanspruchen, als die Bibel ihren Leuten gegeben habe, denn sie mußten rechtzeitig am andern Ufer sein, damit die Fluten allein das Heer des Pharaos verschlängen. Gerade die Logistik des Wunders machte also die Angaben zur Sache allzu fabelhaft. Neues Testament, sein Kern, die Auferstehung? Unglaubwürdig. Keiner derjenigen, die berichten, sei dabei gewesen, alle stützten sich auf Hörensagen, die Himmelfahrt werde nicht einmal auf diese Weise von allen berichtet. Widersprüche von Text zu Text. Vor Gericht würden dergleichen Aussagen keinen Bestand haben.

Es schloß sich eine deutschlandweite Debatte an. Der Ungenannte Lessings (war es gar Lessing selbst?) habe ungenau gelesen oder nicht verstanden, und sei das Salböl nun am Sabbath gekauft worden (was ja nicht möglich gewesen sei) oder sagte der Text das gar nicht? Und so fort. Es geschah das, was Ratzinger als das notwendige Resultat ansah, die Philologen und Historiker übernahmen. Bis Goeze ein theologisch-politisches Machtwort sprach bzw. um ein solches ersuchte, die Kirche selbst war nicht in der Lage, es zu sprechen: Wenn *so* über den Kern der christlichen Botschaft debattiert werden dürfe, wenn Lessing – er selbst tat das nicht, wohl aber Reimarus – sage, die Evangelisten seien Lügner, die Anhänger Christi hätten den Leichnam gestohlen und die Auferstehung als Propagandalüge zur Begründung ihrer Sekte in Umlauf gebracht, so untergrabe das die Religion und damit das Fundament staatlicher Autorität, und bald würden revoltierende Regimenter vor den Toren fürstlicher Schlösser stehen. Tatsächlich nahm Goeze ein wenig die französischen Ereignisse keine zwanzig Jahre später in einer wilden Phantasie vorweg. Es wirkte; der Braunschweiger Herzog erteilte das erwünschte Publikationsverbot. Lessing sagte, er werde nun auf seine angestammte Kanzel, die Bühne, zurückkehren, und schrieb «Nathan der Weise».

Es ging aber genaugenommen nicht um Religionsfreiheit im Sinne der privaten Freiheit, sich so oder so zu bekennen, sondern um das Anliegen, das eigentlich «die Aufklärung» ausmacht, die Bestreitung des Deutungsmonopols der Religion. Und im Verfolgen dieser Basisintention um ihre Äußerungsform im akademischen Bereich. Hat die Religion ein Monopol auf ihre Texte? Ist die Bibel ein Quellentext – nicht «unter anderen», das muß die Theologie nicht einräumen, aber ein Text, der anderen Disziplinen zum je eigenen Gebrauch überlassen sein darf? Das bestreitet Goeze, dafür polemisiert Lessing: nicht für Gedankenfreiheit, sondern für die Unabhängigkeit der Philologie.

Der Streit fand statt zwischen einem lutherischen Philologen und einem lutherischen Pastor einer fundamentalistisch lutherischen Stadt.[270] Natürlicherweise reagierte die Fraktion des «Das Wort sie sollen lassen stahn» besonders empfindlich, wenn ihr demonstriert wurde, was das für Folgen haben könnte. Ratzinger hätte gesagt, die Lutheraner hätten es sich selbst eingebrockt. Wenn «Das Wort» das letzte Wort haben soll – und nicht die Kirche, die Gemeinschaft der Bischöfe, der Papst ex cathedra –, wer sagt uns dann, was das Wort bedeutet, wer interpretiert den Text? Die «evangelische Kirche» ist ja, wie Benedikt XVI. zum ausgesprochenen Ärger lutherischer Bischöfe einmal sagte, genaugenommen keine Kirche, Bischofsämter hin oder her, sondern ein großer Verein von Leuten, die ungefähr dasselbe zu glauben meinen. Das macht: die «evangelische Kirche» hat keine Lehrautorität, keine Interpretationshoheit. Und damit kann sie nicht verfügen, welcher philologische Befund belanglos für den Glauben sei, sie kann dazu nur ein, zwei, viele Meinungen haben.

Aber wenn die Sünde einmal in der Welt ist, so braucht man eine Moral. Auch was Textinterpretation angeht. Und um diese Moralfrage drehte sich unter anderem das Zweite Vatikanische Konzil. Während des öffentlichen Teils der Beratungen lag in der Konzilsaula, in der Mitte der Peterskirche, «auf einem eigens dafür vorbereiteten Tisch eine kostbare Ausgabe der Heiligen Schrift aus den ersten christlichen Jahrhunderten, aus der Vatikanischen Bibliothek. Dieses Buch und die Meßfeier zu Beginn einer jeden Hauptsitzung in verschiedenen Riten waren die deutlichen Hinweise auf das Fundament auch dieses Konzils, auf Christus und seine Botschaft an alle Völker!»[271] Nota bene: «in verschiedenen Riten», wir kommen darauf.

Der anwesende und wesentlich mit tonangebende Kardinal König, der auf diese Weise zurückblickt, hatte am 14. November 1962 das Problem dargelegt: «Allen ist bekannt, welche Probleme für eine solide und zweifelsfrei katholische Exegese heute bezüglich der Irrtumslosigkeit der Schrift zu lösen sind.» Das dem Konzil vorgelegte «Schema über die Quellen der Offenbarung» mißachtete «die Fragen einer Möglichkeit verschiedener literarischer Gattungen (...) in Schriften mit wirklich geschichtlichem Charakter». Das Schema wurde als zu dogmatisch und anmaßend verworfen («non placet») und die Diskussion neu eröffnet. Sie brachte eine philologische Neuerung mit sich, die Erfindung der doppelten, gemessener gesagt: zwiefachen Autorschaft.

«Die orientalische Wissenschaft hat in den letzten Jahrzehnten aufgrund wissenschaftlicher Untersuchungen vieles zusammengetragen, was auf bemerkenswerte Weise die historische Wahrheit und die historische Treue der Heiligen Schrift, insbesondere des Alten Testaments erweist.» – Die älteren unter meinen Leserinnen fühlen sich vielleicht an den sprichwörtlich gewordenen Bestseller der 50er Jahre des vorigen Jahrhunderts erinnert, «Und die Bibel hat doch recht», gewissermaßen das Titelgegenstück zu «Hier irrte Goethe!» – «So werden nicht wenige Einwände entkräftet, die besonders im 19. Jh. gegen die Heilige Schrift, insbesondere gegen das Alte Testament, und ihre Glaubwürdigkeit vorgebracht wurden.» Man sieht, wie weit es gekommen ist. Um die Nachfolger des Orientalisten Reimarus und der vielen anderen in ihre Schranken zu weisen, braucht man ihre Kollegen. Und wenn man schon so weit ist, dann muß man einräumen, daß die Bibel hier und da und überhaupt öfter als gedacht – nicht recht habe: «Die oben angeführte orientalische Wissenschaft zeigt jedoch auch, daß in den Heiligen Büchern die historischen und die naturwissenschaftlichen Angaben bisweilen der Wahrheit entbehren.»[272] Und König führt Beispiele an. Das Markus-Evangelium zitiert das Erste Buch Samuel falsch, das Matthäus-Evangelium verwechselt die Propheten Jeremia und Sacharja, das Buch Daniel datiert die Regentschaft Nebukadnezars falsch. Merkwürdigerweise ist nur letzterer Fehler einer, auf den man durch orientalistische Studien kommt; die ersten beiden ergeben sich durch einfache Textvergleiche. Es scheint, als sei die Entwicklung der säkularen Bibelkritik nötig gewesen, damit die theologische Philologie, der schlampiges Zitieren schon zuvor aufgefallen sein dürfte, nur eben nicht als schlampiges Zitieren, sich selbst ernstnehmen und statt «Enigma!» «Fehler!» rufen kann. Die revidierte Lutherbibel von 1985 führt beide Stellen an. Bei Sacharja haben wir tatsächlich eine wörtliche Entsprechung, bei Jeremia könnte ein subtiler Interpret das eine oder andere anführen. Aber mit der Anführung *beider* Stellen, der explizit genannten und der nicht genannten, aber weit passenderen, wird die Frage unausweichlich: Was wollte uns der Autor damit sagen, resp. was wollte Gott uns damit sagen, und: ab wann darf ein Interpret sagen, hier liege ein Irrtum vor?

Dieses Problem geht Kardinal König an, und seine Lösung wird dann auch für gültig erklärt werden. Das entscheidende Wort ist *katabasis*. Für die bisherige katholische Auffassung der Heiligen Schrift galt, daß die gewissermaßen auf den Titelblättern firmierenden Autoren nur Werkzeug Gottes (*organon*) gewesen seien, die notiert hätten, was er zuvor bzw. in den Akt der Niederschrift hineindiktiert hatte. Diese Auffassung entsprach der moslemischen Auffassung der Entstehung des Koran. Das Zweite Vatikanische Konzil verabschiedet statt dessen die Zwei-Autoren-Lehre. So, wie Gott in Jesus Christus Mensch geworden sei, sei er in der Heiligen Schrift Wort geworden, und das ist natürlich auch eine ästhetisch besonders befriedigende Auslegung von Johannes 1,1 und 14,17. Diese Transsubstantiation von Gott in menschliches Fleisch (*sarx*) und (geschriebenes) Wort (*lógos*), das nun nicht mehr nur bei ihm, sondern unter den Menschen ist, heiße *katabasis*, «Herablassung» in der offiziellen Übersetzung, wörtlich «Abstieg», und wenn es mir erlaubt wäre, theologisch zu fabulieren, so würde ich hinzufügen: So, wie Gott sich in der Leiblichkeit Christi die opfernotwendige Verletzlichkeit anzog, so in der Katabasis zu menschlicher Autorschaft deren notorische Fehleranfälligkeit. Diese war, so König, tatsächlich notwendig, nämlich dergestalt, «daß die Kenntnis des Verfassers im Hinblick auf historische Angaben gemäß den Umständen seiner Zeit begrenzt gewesen ist und daß Gott ihn als solchen zum Schreiben bewegt hat». Gleichwohl lehren die Bücher der Heiligen Schrift «in ihrer Gesamtheit und in allen ihren Teilen (...) die Wahrheit der Offenbarung getreu, unverkürzt und unerschüttert».[273] So ist dann auch die Heilige Schrift in toto ganz Mensch und wahrer Gott, und kein philologischer Arianismus habe hier Platz.

Die theologischen Konsequenzen aus diesem Verständnis zwiefacher Autorschaft, des Ineins von ewiger Wahrheit und zeitgebundener Fehlbarkeit, scheinen mir immens. Die Bibel irrte hier und da, ihr Schriftcharakter war nicht mehr negativ («irrtumslos») zu bestimmen, sondern mußte positiv gefaßt werden. Aber wie? Im abschließenden Text heißt es: «Zur Abfassung der Heiligen Bücher hat Gott

Menschen erwählt, die ihm durch den Gebrauch ihrer eigenen Fähigkeiten und Kräfte dazu dienen sollten, all das und nur das, was er – in ihnen und durch sie wirksam – geschrieben haben wollte, als echte Autoren (auctores) schriftlich zu überliefern.»[274] An dieser Formulierung, schreibt Walter Kirchschläger, sei «intensiv gearbeitet worden», denn erstmals sei «in einem Lehrdokument festgehalten worden, daß die beteiligten Menschen ebenfalls als Autoren tätig sind». Ich weiß nicht, ob die Frage, wie sich die mangelnde Bibelfestigkeit wenigstens zweier Evangelisten zu ihrer Gotteserwähltheit als menschliche Autoren seines Wortes (trotzdem oder deshalb oder Tertium?) verhält, jemals diskutiert worden ist, aber Kirchschläger spricht unumwunden so: «Gott erwählt diese Menschen. Er geht dieses Risiko ein.» Und es folgen Darlegungen, die leider in dieser flotten Sprache moderner Theologie («Risiko eingehen», «Gott hat Lust auf den Menschen») verfaßt sind, als hätte sie aus dem hier erläuterten theologischen Gedanken die Lizenz abgeleitet, ihre Vertreter dürften sich ausdrücken wie die Ferkel. «Es ist keine Rede davon, daß Gott als oberster Korrektor wirkt und alle Fehler tilgt (...) Es bleibt also dies Risiko Gottes, eben sein Wagnis, das Gottesprojekt Bibel zusammen mit den Menschen zu verwirklichen»,[275] und von «Gottes Mitarbeitern» ist die Rede, eine Redewendung, die Hermann Gremliza einst anhand neuer Übersetzungsbemühungen vorschlug: «Jesus und seine zwölf Mitarbeiter» – eben «wie einst des ewigen Vaters Wort durch Annahme menschlichen Fleisches den Menschen ähnlich geworden ist»,[276] was dann wohl auch zu der Umformulierung der Bergpredigt, selig seien die stilistisch Schwachen, führen wird.

Interessanter als solche Mäkelei ist natürlich die Frage, wie denn das Postulat, die Irrtumsanfälligkeit der menschlichen Autoren der Heiligen Schriften koexistiere mit ihrer Wahrheit als göttlicher Offenbarung, einzulösen sei. Der Ausweg, etwa mit Lessing zu sagen, die Schriften seien eben zeitgemäß den Entwicklungsstufen des menschlichen Geistes, und Gott habe sie darum durch Zeitgenossen verfassen lassen, die derselben Geistesstufe Kinder waren, damit die Zeitgenossen sie verstünden, ist ja nicht gegeben. Denn in der Spur dieses Auswegs wären die Schriften (wieder mit Lessing) eben nur zeitgemäße Märchen, Fabeln, Gleichnisse oder Anekdoten, aus denen sich von geneigt Gestimmten lernen ließe, was (noch einmal) Lessing mit den knappen Worten, die er aus Gründen von Patina und

Timbre dem greisen Johannes als dessen Testament in den Mund legt, so faßt: «Kinder, liebt euch!» – und nichts weiter. Und auch wenn man das ganze Gesetz und alle Propheten nicht auf einen derartigen Lakonismus zusammenschnurren lassen möchte, so bleibt doch von der Reduzierung der Religion auf Moral und der Theologie auf eine Ethik im Sinne dieser Einsicht nur so viel übrig, daß es den Namen Religion kaum noch verdiente. Damit ist keine Kirche zu machen und soll es auch nicht. Also ist dieser Weg verstellt. Die Schriften der menschlichen Autoren können darum nicht als buntscheckige Einkleidungen von Wahrheiten, die auch ganz anders mitgeteilt werden könnten, angesehen werden. Das ist mit den Worten «in ihrer Gesamtheit und in allen ihren Teilen (...) die Wahrheit der Offenbarung getreu, unverkürzt und unerschüttert» gemeint, und sie sind, um den durch die Theorie von der zwiefachen Autorschaft eröffneten Möglichkeitsraum unerschüttert zu begrenzen und jegliche Erschütterung der Wahrheitsidee zu verhindern, in die verabschiedete Fassung von «Dei verbum» eingefügt worden. Doch bleibt die Frage: wie?

Antwort geben der Hinweis auf die auf dem Tisch in der Mitte der Peterskirche dargebotene Bibel und der Hinweis aufs Ritual. Bekanntlich hat, katholisch anders als evangelisch, das Wort nicht das letzte Wort. Das wird in Erinnerung gerufen, wenn Theologie nicht am Maßstab des Neuen gemessen wird: «Der Hauch der Rede des Konzils muß der Hauch der Jahrhunderte sein, nicht der irgendeiner Schule, die heute existiert und die morgen möglicherweise in den Ofen geworfen wird», wie Kardinal Ottaviani deutlich sagte,[277] und der Bischof Hermann Volk hebt hervor: «Die Lesung der Heiligen Schrift ist nicht Teil der Liturgie geworden, damit wir allenfalls neue Glaubenslehren hören.» Es geht nicht an, daß der klassische Prophetengestus «Es steht geschrieben, ich aber sage euch!» auftritt als: «Es wird gelehrt, ich aber sage euch: es steht wohl dies geschrieben, aber verstehen muß man es so!», und diese Möglichkeit soll nicht dadurch gegeben sein, daß man von zwiefacher Autorschaft spricht: «In diesem Sinne muß die Heilige Schrift eine besondere Bedeutung haben, denn sie ist in sich Wort Gottes und enthält nicht nur Wort Gottes.» Sie ist das Wort und ist mehr als das Wort. «In der heiligen Liturgie wird die Heilige Schrift inszeniert».[278] Die Inszenierung, d. h. die Einbindung ins Ritual, soll die Brücke zwischen ewiger/historischer

Schrift und Lehrtradition bilden. Um Mißverständnisse nicht erst zuzulassen, heißt es, daß «die Kirche ihre Gewissheit über alles Geoffenbarte nicht aus der Heiligen Schrift allein schöpft» – non per solam Sacram Scriptorum.[279] Das Hören/Lesen der Heiligen Schriften wird, so der Sinn der Darbietung auf dem Tisch, analog zur oralen Aufnahme der Hostie eine rituelle Einverleibung.

«Das Wort sie sollen lassen stahn» ist somit keine theologische Maxime, die sich als textkritische säkularisieren ließe, sondern bedeutet die Wörtlichkeit in ihrer ritualisierten oder ritualstiftenden Vergemeinschaftung. Wo solche gegeben ist, tritt die Frage nach angemessenen oder unangemessenen, gar eher annehmbaren oder zu verwerfenden, sinnvollen oder sinnlosen Interpretationen so sehr in den Hintergrund, daß sie jedenfalls die Gemüter nicht mehr beunruhigt. Wenn Kardinal Ratzinger vom «Buch mit sieben Siegeln» der Apokalypse des Johannes sagt: «Die Geschichte kann nicht entschlüsselt werden, sie bleibt unverständlich, Niemand kann sie lesen», und tapfer hinzufügt: «Nur das geopferte Lamm ist in der Lage, das versiegelte Buch zu öffnen»[280] – womit er bloß wiederholt, was der Text sagt, daß nämlich das blutende Lamm das Buch mit den sieben Siegeln öffnen werde und der Seher von Patmos also die Tränen trocknen kann –, so spricht er doch mit Gewißheit, weil er im auslegenden Text den auszulegenden wiederholt und ihm damit seinen ritualhaften Sinn gibt. Er läßt das Wort stehen ohne Deutelei. Einen religiösen Text im religiösen Sinn interpretieren heißt letztlich ihn wiederholen.

Wäre ein religiöser Text kein literarischer? Obwohl das Wort in seiner einzigartigen Gestalt in ihm doch in jederlei Sinn heilig gesprochen wird? Nach oben dargelegter Auffassung, daß ein Text nach kultureller Konvention dann als literarischer Text gelesen wird, wenn eine Einrede gegen seine Paraphrasierung aufgrund des Hinweises auf die Lautgestalt (graphische Gestalt) seiner Bestandteile und der Zuschreibung von Bedeutung dieses So-und-nicht-anders-Vorhandenseins möglich ist, d. h., unternommen werden kann, ohne allzu exzentrisch zu wirken, könnte man religiöse Texte neben literarische Texte stellen, nur zeigt sich in diesem Nebeneinander die Differenz. Die Bedeutungszuschreibung der Literarizität ist etwas anderes – ist ein anderer Vorgang – als die der religiösen Bedeutsamkeit. Der Hinweis auf die Literarizität zeigt die Nichtzugehörigkeit des literarischen Textes zu jener Art von Text, die bis zu diesem Zeitpunkt für seine Paraphrase benutzt wurde (Referenzcode). Auch der religionsabhängige Hinweis auf Lautgestalt und graphische Präsentation unterbricht eine Paraphrase – etwa: Das Buch Daniel gibt die Regierungszeit Nebukadnezars falsch wieder, doch cave!, Nebukadnezar hin oder her, hier geht es um anderes. Doch nun kann der Referenzcode nicht einfach gewechselt werden. Ich kann das Buch Daniel nicht einfach im Zusammenhang mit der Joseph-Geschichte aus dem Ersten Buch Moses und anderen Traumdeutermärchen gemäß ihrer Aarne-Thompson-Ordnungszahl lesen.

Ein religiöser Text, der seine Bedeutsamkeit im Ritual erhält, verweist letztlich, d. h. in der Repetition, auf sich selbst. Er ist für den Religiösen Offenbarung – genaugenommen erst in der symbolischen Einverleibung –, für den Nicht-Religiösen als bloßes Immerdasselbe bedeutungslos. Beides zeigt sich in der Schriftlesung auf Lateinisch, vorausgesetzt, die Gemeinde versteht genügend wenig Latein. Es in ihr geliebtes Deutsch zu übertragen half weder Faust noch Luther aus diesem Problem – ein religiöser Text bleibt ritualisierter Lesung überlassen, und wenn nicht mehr, schießen die Interpretationen ins Kraut, wie die Wort-Sinn-Kraft-Tat-Folge aus dem Anfang von «Faust I» zeigt. Die Interpretation eines literarischen Textes bedeutet darum, die Liturgie der Wiederholung zu verlassen. Eine Interpretation, die auf die Pointe zusteuert, ein literarischer Text bedeute am Ende sich selbst, er sei, was er sei, stelle selber dar, was er rede, sei – Sie haben es erwartet – in sich selbst eingeschrieben, bedeutet, leeres Ritual und Reden über Literatur zu verwechseln.

Der kognitive Gehalt der Religionsübung, mit Text oder ohne, liegt in der Kraft einer repetitiven Praxis, wenn sie, anders als die Zwangsneurosen, mit denen Freud sie fruchtbar verglich, transformativ wirkt und kein Aufmauern eines psychischen Kerkers darstellt. Das kann so sein oder so oder je nachdem. Kierkegaardsche Sprünge sind nicht garantiert. Daß der Anblick eines Kunstwerks den Rilkeschen Imperativ aus dem «Archaischen Torso Apollos», «Du mußt dein Leben ändern!», zwangsläufig mit sich führe, sagt schon der Imperativ, und daß er nicht notwendigerweise irgendwas zur Folge habe, sagt er auch. Seine Begründung aber ist bemerkenswert: «denn da ist keine Stelle, die dich nicht sieht». So was ist gemeinhin nur von Gott geläufig. Gott ist unteilbar, hat keine Partien, die man als «Stellen» bezeichnen könnte, aber Rilkes Reden von den Stellen-die-sehen, genauer: von keiner, die das nicht tut, ist von der Idee des Ganzen getragen.

Die Konvention, daß der Bezug eines literarischen Textes auf einen Referenzcode jederzeit scheitern kann (durch Einrede zum Scheitern gebracht werden kann), daß also der Text jederzeit in seiner unreduzierbaren Einmaligkeit mir gegenübertritt, heißt ebenso, daß ich jederzeit in eine nur durch mich selbst zu rechtfertigende Deutungsbeziehung im Akt des «Mir fällt auf» (Staiger: «es berührt mich») treten kann bzw., wenn ich über ihn reden will, irgendwann muß. Es gibt also diese Nötigung durch den Text – wenn ich mich auf die Konvention, ihn als literarischen anzusehen, d. h. in einer bestimmten Weise über ihn zu sprechen, einlasse. Warum dies nicht in das Bild vom Angeblicktwerden fassen? Und warum nicht, die Angelegenheit entbehrt ja der Sache wegen nicht des Pathos, aus Sartres Reflexionen über den Blick zitieren: «Jetzt habe ich Schritte auf dem Flur gehört: man sieht mich. Was soll das heißen? Das heißt, daß ich in meinem Sein plötzlich getroffen bin und daß wesentliche Modifikationen in meinen Strukturen erscheinen – Modifikationen, die ich durch das reflexive Cogito erfassen und begrifflich fixieren kann.»[281] Was hieße das in diesem Falle, etwa die «Schritte auf dem Flur»? Ich bin als Lesender allein, aber, wie man so sagt, allein «mit meinem Buch». Aber das Buch als Gegenstand macht es nicht. Die Freiheit, den literarischen Text nicht auf einen aussagekräftigen Code zu reduzieren, bedeutet, daß mich seine Lektüre auf diese Freiheit festlegt. Jedes «*Es* fällt mir auf» ist ein «Es fällt *mir* auf». Mit jeder Bedeutungszuschreibung lege ich mich nicht nur fest als einer, der eine Behauptung aufstellt, das ist anderswo weit mehr der Fall, sondern definiere mich darüber hinaus. Ich rede nicht über die Welt, sondern, indem ich über den Text rede, über mich. Das ist trivial, aber ziemlich happig, wenn man merkt, wie sehr Trivialität zu konstatieren eine Abwehr des Umstands sein kann, daß man oft nicht übersieht, wie weitreichend Trivialitäten sind und wie weitreichend es manchmal ist, sie zu konstatieren. Luhmann beschreibt dies als eine neue Weise, sich der Kunst zu nähern (und gibt Gelegenheit, den «Blick» soziologisch zu fassen): «Man wird durch die Kunst angeleitet, sich selbst als Beobachter zu beobachten, und stößt dabei auf Unergründliches. Die Kunst verlangt eine Art Bewunderung, die sich selbst nicht voll zu entschlüsseln (…) vermag.»[282]

Dieses «*Es* fällt *mir* auf» hat keinen kognitiven Gehalt, der über das hinausginge, was sich deiktisch aufweisen ließe: na, *das* eben. Daß das von Belang sei, folgt ja erst in der Rede, auf die sich die Äußerung des «Es fällt mir auf» verpflichtet (wenn sie gelingt). Ein wenig kommen hier doch noch Davidsons und Rortys Formulierungen von der Beule am Kopf und dem Ruf des Quetzals zu ihrem Recht. Das «Es fällt mir auf» ist eine affektive Reaktion. Sie ist ungerichtet («interesselos» bei Kant). Nicht auf etwas bezogen, das sich paraphrasieren ließe. Wer von einer Liebesszene ergriffen ist, teilt seine Ergriffenheit nicht mit der, der er sie nacherzählt. Was macht uns stumm, wenn wir sehen, wie Herrmann und Dorothea sich im Brunnen spiegeln? Was teilen wir mit, wenn wir mitteilen, daß wir gelesen haben, daß Herrmann und Dorothea sich im Brunnen spiegeln? Was, wenn wir hinzusetzen, das sei doch großartig, also: wunderschön irgendwie, toll gemacht? Wir bilden die Berührtheit nicht ab. Wir reden anläßlich ihrer. Der, um das Bild wieder aufzugreifen, Blick, den der Text auf uns wirft, ist der Blick, den wir genötigt werden wahrzunehmen als möglichen Blick, den wir auf uns selbst tun, und was auch immer wir über den Text dann sagen, wir geben über diesen Blick Auskunft.

Wir geben über ihn Auskunft, indem wir über den Text reden, und die entscheidenden Stellen sind die, in denen der Referenzcode nicht mehr trägt, wo ein Wechsel nötig ist. Das sind die Stellen, wo der Text uns anblickt. Wo der Text uns affektiv betrifft, werden wir vom Text als Träger eines Affektes reden. Manch ein psychoanalytisch orientierter Hermeneutiker versucht, diesen Umstand mit den Begriffen von Übertragung und Gegenübertragung zu fassen zu bekommen, was aber stets in bloß ungeschicktem Hantieren endet. Es geht schließlich nicht um eine Interaktion zwischen Text und Leser – was in aller Welt sollte das sein, wenn es nicht bloß gleichnishaft gemeint ist, und wenn, dann in welcher Hinsicht machte es irgendeinen gleichnishaften Sinn? Es geht nicht darum, irgendwelche Rollen auszusinnen, in denen sich Text und Leserin begegneten. Es geht darum, die Wahrnehmungsweise zu verstehen, zu der uns die Konvention, Texte als bedeutungsvoll außerhalb bedeutungsstiftender Rituale zu lesen, führt.

Wem das Herz voll sei, dem, sagt man, gehe der Mund über, oder aber Betroffenheit mache stumm. Affekte, zumal starke, führen zum Redeüberschuß oder zum Schweigen. Gemessen an möglichen Referenzcodes sagen literarische Texte immer ein wenig zu viel und viel zu wenig. Da sind Schilderungen eines Berghangs und seiner Herbstfarben, wo, gemessen etwa am Ziel, eine Wegroute zu beschreiben, der Hinweis, daß es bergauf geht, genügen würde, da verschlägt ein «Lebt man denn, wenn andre leben» den Atem, weil die bloße Zurschaustellung derartiger über die Grenzen schlagender Ich-Ermächtigung nicht nur unerhört in beiderlei Sinne ist, sondern sich nur zeigen, nicht erläutert werden kann, ohne sich selbst einzubüßen. Man könnte wieder ein wenig gleichnishaft sagen, daß das eine die Weite, das andere die Tiefe eines Textes ausmache. Weil ein literarischer Text sich nicht auf einen Referenzcode festlegen läßt, kann man ihn von vielem sprechen lassen, kann er als Medium erscheinen, das Komplexitäten sichtbar macht, die ein paraphrasierbarer Text nicht zu bieten hat. Weil die Lektüre immer stocken muß, weil der Text in diesem Sinne plötzlich «anders redet», kann man einen Zusammenklang im Stocken empfinden. Man spricht über etwas, das der Text nicht sagt, sondern dadurch zeigt, daß er die Leserin nötigt, in ihrer affektiven Reaktion ihre Freiheit und Eigenheit ins Spiel zu bringen – und, tut sie das, davon Rechenschaft zu geben.

Literarische Texte können so als Container komplexer Erfahrungen im Medium affektiver Erfassung der Welt gelesen werden. Man kann sagen, das «sei» Literatur. Nur eben, daß Literatur so gelesen werden *kann* und nicht unbedingt so gelesen werden *muß*. Für Schönaich war der Lautenklang fallender Wasser ein Unfug, für einen anderen mag darin etwas von der emotionellen Bindung des Naturschönen an das Kunstschöne hörbar sein, und er mag dabei von der Realisierung dieses kognitiven Anstoßes durch das vierfache «a» sprechen. Um so – das heißt: reich – lesen zu können, muß es sich eingebürgert haben, so zu lesen. Es muß ein diffuser Konsens der Umstehenden bestehen, was docta lectura und was banausisches Dahergerede ist, was klug, vielleicht subtil und was prätentiöses Geschwafel. Man kann das historisch-genetisch als Emanzipation der Literatur von Ritus und sozialer Rolle hin zum freien ästhetischen Spiel beschreiben, man kann sagen, daß das Reden über Literatur dieser Bewegung folge, mehr oder weniger jedenfalls, man sollte konstatieren, daß diese Art des Redens über literarische Texte es erlaubt, in ihnen einen Erfahrungsschatz – das Kostbarkeit signalisierende Wort ist am Platz – zu erblicken, dem kein anderes Artefakt zu vergleichen ist.

Literatur ermöglicht multiples Leben. Literatur ermöglicht, anders als jede andere Quelle, die uns etwas über das menschliche Leben sagt, es in seiner kognitiven und gleichzeitig emotionalen Komplexität zu verstehen. Ermöglicht hat dieses Verständnis das Verschwinden einer zureichenden sozialen Einbindung der Literaten und der Umstehenden, sofern sie sich als Auskunftgeber über Literatur verstanden oder verstanden wurden. Man kann vielleicht sagen, daß dieses Verständnis von Literatur, das vielleicht nur bei Schopenhauer genügend pointiert erfaßt worden ist, sich diesen Zerfallsprozessen verdankt. Was Schiller beklagt und in seiner Phantasie der Freiheit mit der Idee einer idealen Gemeinschaft verständnisvoller Kenner zu kompensieren sucht, verwechselt nur Ideal und regulative Idee. Das Reden über Literatur richtet sich an die, die es auch können. In deren Gemeinschaft, die keine ist, sondern nur aus irgendwelchen Leuten besteht, nicht einmal, wie Wielands Kosmopoliten, durch geheime Zeichen einander erkennend, außer daß sie eben irgendwie und an irgendwelchen Orten Ähnliches machen, kommt man nicht durch Information darüber, was das alles soll. Da eben irrt Herr Doktor Wolff.

In gewissem Sinne hat eine sozial ordentlich gefügte Geschmackskultur noch etwas vom Ritual in sich. Der Stoff des literarischen Werkes kann paraphrasierend ohne Changement gefaßt werden, will sagen, die Referenzcodes sind klar und nicht ins Belieben möglicherweise sich wandelnder Konsense gestellt. Die Form wird goutiert. Ein Werk wird kanonisiert – oder nicht. Das Mitglied im Zirkel des guten Geschmacks versichert sich seines Ortes durch das sichere Urteil; daß hier ein Zirkel vorliegt, versteht sich: «Der Geschmack (ist) am intuitiv treffenden Kunsturteil zu erkennen (...), das sich jedoch seinerseits am Geschmack zeigen» muß.[283] Diese Zirkularität sichert, solange sie gelebt und nicht verstanden wird, Stabilität. Augustus frühstückt mit seinen Senatoren, um ihre Meinung über eine Angelegenheit in Erfahrung zu bringen, zu der ein Erlaß ins Haus steht, und die Senatoren sagen ihm das, was sie meinen, was er mit dem Erlaß wird verkünden wollen. Da es keine praktischen Zirkel gibt, funktioniert das Verfahren, solange es geschmeidig gehandhabt wird. Erst als ein politisch Ungeschmeidiger wie Tiberius es damit versucht, fragt man sich allgemein: Was machen wir hier eigentlich? und: Was für eine Farce!, und Tiberius zieht sich nach Capri zurück, und in Rom errichtet seine rechte Hand Sejan für eine Weile eine Polizeidiktatur. In Sachen der geschlossenen Geschmackskultur werden Figuren auffällig gefunden und in auffälliger Weise erfunden, die zwischen Ehrlichkeit, Genie und Querulantentum agieren – ihre literarische Repräsentanz: Molières Alceste.

Wenn Molières Menschenfeind und Kunstrichter ernst machte und in Wüsten flöhe, wäre es für ihn aber zu Ende mit dem Urteilen über Kunst. Was denn wäre ein Geschmacksurteil, das nicht zur Verallgemeinerung anderen angesonnen würde? Der Zerfall der (letztlich) hofzentrierten Geschmacksgemeinschaft im Zuge und nach der Melodie des «Alles Ständische fällt sie und alles Geweihte entweiht sie»[284] führt zu ihrer Anonymisierung, und mit ihr spielt auch der Geschmack im engen Sinne – das Goutieren – eine geringere Rolle. Man läuft sich nicht mehr täglich über den Weg als der, der bei irgendeiner «Iphigenie» eingeschlafen ist. Aber dennoch soll das Zusammengehören noch irgendwie greifbar sein. Darum (auch darum) die Briefkultur des 18. Jahrhunderts. Darum auch das Aufblühen der literarischen Zeitschriften. Man redete über Literatur zu anderen, die das auch konnten, wußten, was das war, und die man, ungefähr jedenfalls, kannte.

Der Fall Weimar ist auch in diesem Zusammenhang interessant. Den Weimarer Hof hieß man (nachträglich) «Musenhof», um etwas Besonderes von ihm zu sagen, aber Weimar wurde ein frappierender Ort, weil der von der Erfurter Universität an den Hof gewechselte Christoph Martin Wieland die Chance ergriff, einen in dieser Hinsicht (mit Ausnahme seiner Bibliothek) unbedeutenden Ort durch demonstrierte literarische Präsenz zu einem intellektuellen und artistischen Zentrum zu machen. Die Schritte waren die Gründung einer literarisch-politischen Zeitschrift mit dem prätentiösen Namen «Der Teutsche Merkur» (als wäre Weimar die Hauptstadt Deutschlands – in Paris erschien der «Mercure de France») und die Erfindung einer Oper – ein bedeutender Hof brauchte eine Oper –, die sich ein unbedeutender Hof leisten konnte (kleines Orchester, kaum Chor, minimales Ensemble, nur Arien und Rezitativ), die aber – durchkomponiert und in deutscher Sprache – avantgardistisch war. Beide Unternehmungen wurden durchschlagende Erfolge, ohne die Goethe dem Ruf des Herzogs vielleicht nicht so ohne weiteres (andere Gründe in Rechnung gestellt[285]) gefolgt wäre. Wie sehr das Projekt Weimar dann Goethes Projekt wurde, muß nicht nacherzählt werden; wie wenig es ein höfisches Projekt war, zeigt allein der Vergleich von Goethes Stadthaus mit dem sogenannten «Römischen Haus», das er für den Herzog als Quartier für die Zeit des Wiederaufbaus des abgebrannten Schlosses entwarf resp. ihm zuwies.

Das Projekt Weimar war denn auch eines der literarischen Kommunikation, und zwar nicht, wie die geschlossene Geschmacksgemeinschaft es braucht, nach innen, sondern nach außen. Der «Teutsche Merkur» wird die bedeutendste Literaturzeitschrift für vielleicht dreißig Jahre, die «Xenien» etablieren die Arbeitsgemeinschaft Goethe & Schiller, die im Grunde nur in diesen Werken eine war, aber durch sie so wahrgenommen wird, und in der Veröffentlichung des Briefwechsels – eine nota bene präzedenzlose literarische Unternehmung – wird der Idee «Weimarer Klassik» (die, wie oben erwähnt, sich schon in Goethes «Literarischer Sansculottismus» (1795) ankündigt und im «Maskenzug von 1813» allegorische Gestalt erhält) das ihre Existenz beglaubigende Denkmal gesetzt. Das ist ein deutscher Sonderweg, aber man kann in den Facetten dieser historischen Preziose die Besonderheiten des Umbruchs reflektiert finden.

Einer der Versuche, die reale Gemeinschaft jener, die sich in der Pflege eines gemeinsamen Geschmacks einig sind, durch eine ideale zu ersetzen bzw. ihren Zerfall zu kompensieren, ist die Erfindung der Nationalliteratur. Mit «Nationaltheater» meinte man für gewöhnlich ein nicht durch einen Hof gehaltenes/finanziertes. In Weimar übersprang man diese Stufe und sprach gleich von «Weltliteratur»: «Und zur Weltdichtung wird die Dichtung der einzelnen Völker», schreibt Brecht in nicht ganz konsequenten Daktylen.[286] Dies ist der soziale Grund, auf dem Kants Analogie von «Idee der Kunst»/«Idee des Menschen» gebaut werden konnte. Wielands «Aristipp und einige seiner Zeitgenossen», ein in der ostmittelmeerischen Welt (Griechenland, Sizilien, Nordafrika, Ägäis, Kleinasien) der Jahre nach dem Peloponnesischen Krieg spielender Briefroman, entwirft ein Modell weniger einer «idealen Kommunikationsgemeinschaft» als vielmehr einer sich verfertigenden und zunehmend erweiternden Kommunikationsgemeinschaft, die aus sich etwas macht, was sie nicht sein kann, Modell einer auf Erweiterung angelegten universalen Bildungsgemeinschaft.

Die Lektüre des «Aristipp» kann man anlegen als das Verstehen einer sich im Selbstverständnis bildenden modernen literarisch/intellektuellen Kultur, die sich, nicht ganz willkürlich, in einem gewissen idealisierten antiken Milieu – wohlgemerkt: einem gefährdeten! – wiedererkennt. Diese Selbstbeobachtung durch achtsame Neubetrachtung des antiken Quellenbestandes hat eine emotionale Dichte, die die durchaus langen und ausgearbeiteten essayistischen Passagen – Kontroversen über die Platonischen Dialoge, Xenophons «Anabasis», den Kunstwert der Karikatur – integrieren als Demonstration einer Haltung, die der Erörterung vorausgehen muß, damit diese überhaupt einen Sinn hat.[287] In Arno Schmidts Kriegsende- und Menschheitsende-Erzählung «Leviathan oder die beste der Welten» taucht diese Haltung, dieses «emotionelle Klima», in dem die Erfahrung intellektueller Freiheit und virtuoser Literaturbetrachtung erst ihre Überzeugungskraft als Erfahrung (und nicht als Information über ihre eventuelle Möglichkeit) erhält und sich erhält, als kurzer Splitter in einer Galerie literarischer Reminszenzen auf, halb geträumt in einem unter Beschuß liegenden Güterwaggon: «Wenn ich nur hätte schlafen können (...) O, des Morgen- und Nachmittagsgoldes im Aristipp. Und der Bart fing an zu stacheln (...) der Wagen war voller Gestank.»[288] Das, zum Beispiel, kann heißen: einen literarischen Text interpretieren. Was voraussetzt, daß es die Umstehenden gibt, die in der Phantasie vom im Waggon eingeschlossenen Soldaten nicht mehr vorhanden sind. Da ist dann kein Ansinnen mehr.

Die Idee der Erweiterung einer nicht mehr hofzentrierten, auch nicht national eingehegten Bildungsgemeinschaft zu etwas wie dem stellvertretend gelebten Ideal einer Menschheit kommt natürlich auch aus der des Ansinnens. Wer seine affektive Affizierung in eine Argumentation zur Würdigung der Schönheit mit dem Anspruch der allgemeinen Beistimmung erweitern will, erfolgreich erweitern will, muß das mea res agitur ins tua res transformieren, und tua res hat keine prinzipiellen Grenzen. Man kann sie ziehen. Man kann «Herrmann und Dorothea» lesen als ein Epos für die Deutschen und sich nach Kräften lächerlich machen, wie ein paar Generationen von Deutschlehrern, Literarhistorikern und Goethe-Biographen. Aber man kann auch Kleists «Herrmannsschlacht», die als Agitationsstück für die Deutschen durchaus gemeint war, als allgemeines Guerillerospektakel inszenieren und Gert Voss eine Baskenmütze mit rotem

Stern aufsetzen, und man hat ein eigenes und eigenartiges Zeugnis der nostra res auf die Bühne geliefert. Wie auch immer – der Kreis der adressierten Umstehenden ist flexibel, kann nach Willkür gezogen werden, aber nicht die Literatur zieht ihn, sondern der, der über Literatur redet. Goethe führt in der erörterten Passage der «Lehrjahre» vor, wie Reden über Literatur scheitert, wenn der Kreis (zu) begrenzt ist. Literatur als multiples Leben wird verstanden, wenn die Vielgesichtigkeit der Umstehenden in den Akt des Ansinnens hineingedacht wird.

Die Umbildung der begrenzten Geschmacksgemeinschaften in eine ebenso offene wie diffuse Bildungsgesellschaft brachte deren Diffusion, will man sagen: Differenzierung?, mit sich. Eine fundamentale Trennung steht am Anfang: die in den Literaten und den Kritiker. Nicht Wieland, der beides war, wird die Regel, sondern Nicolai, Rezensent und Unternehmer eines bedeutenden Rezensionsunternehmens («Allgemeine Deutsche Bibliothek») und erfolgreicher Verleger; als Autor reüssierte er nicht, was nicht notwendig so war, aber eben so war. Die Schlegels versuchten ihren Auftritt auf dem literarischen Markt – sie hatten erkannt, daß die Literatur ein Markt geworden war – als Rezensenten einzuläuten, als Literaturkritiker, sagen wir besser, mit philosophisch-richterlichem Anspruch. Sie vertraten programmatisch die Idee, daß Literatur sich durch Neuheit, womit meist gemeint war: stofflich bisher Ungelesenes, sich auszeichnen solle bzw. müsse, um eine Rolle zu spielen. Interessant, daß beide Schlegels in dieser Hinsicht nicht selbst als Autoren reüssierten, nicht einmal Friedrich trotz (oder wegen) seiner «Lucinde». Sie wirkten nicht durchs Beispiel, sondern durch Agitation. Man akzeptierte die Kritik an Wielands fehlender Originalität und, zögerlicher, aber doch wirksam, die Promovierung der «Lehrjahre» zum Signet der Zeit, das allein mit der Französischen Revolution und, man denke, Fichtes «Wissenschaftslehre» zusammen zu nennen sei. Das letztere fiel mehr oder weniger unter den Tisch, à la «so dachten damals viele». Das Urteil über den «Wilhelm Meister» glaubte sich Schlegel selbst nicht. Goethe wiederum hielt ihn wegen seiner notorisch schiefen Urteile (z. B. über Molière) für einen Banausen, wußte ihn aber als kritischen Flankenschutz und Strategen im Literaturkampf zu schätzen. Das Urteil über Wieland hat erst in der zweiten Hälfte des 20. Jahrhunderts das sachgemäße Kopfschütteln hervorgerufen.

Die Schlegels waren Repräsentanten eines Zeitgeistes – das ist leicht dahergesagt, denn in welcher Hinsicht? Sie lösten einen Typus ab, schufen – mit sich selbst – einen neuen. Die vordem eine Art kunstrichterlicher Gewalt beansprucht hatten, wie Gottsched und Bodmer das taten, konnten das, weil sie eine Zwischenstellung innehatten. Sie standen zwischen den intakten Geschmacksgemeinschaften, die sich selbst erhielten, solange sie sozial gehalten wurden («bei Hofe»), und der Literatur, die sich zunehmend als Literatur*markt* gestaltete. Die Bodmers/Gottscheds versuchten, den Noch-nicht-Markt wie eine Geschmacksgemeinschaft in Zucht zu halten. Die Schlegels begaben sich selbst auf den Markt und wurden als Marke geschmacksbildend – ihr Auftritt war neu, und sie machten den Ausweis des Neuen, genauer: Neuartigen zum Signum der Qualität. Das war auch neu und bestätigte sich selbst.

Friedrich Schlegel war noch Kunstphilosoph. Das mußte in dieser Frühzeit des Literaturmarktes noch sein, auch der moderne Philosoph erfindet sich ja in jenen Tagen. Friedrich Schlegel ließ sich gut lesen, vielleicht gerade, weil er so brillant nicht war, wie sich an Walter Benjamins Dissertation über den «Kunstbegriff der deutschen Romantik» nicht immer ganz freiwillig zeigt. Wilhelm von Humboldt, der seine dickleibige Rezension von Goethes «Herrmann und Dorothea» zu einer ästhetischen Grundlagenschrift deklarierte, war weit weniger lesbar, ist aber ebenso signifikant. Wir gehen auf diese Schrift noch ausführlich ein – jetzt diene ihr Autor zum Stichwort. Denn auch Humboldt gehört in die Übergangsphase der Ausweitung der Geschmacksgemeinschaft(en) ins allgemein Bürgerliche mit der Idee, die Menschheit wär's, um die es dabei ginge. Es war, will man hinzufügen, aber bloß das Bildungsbürgertum – doch das trifft's nicht ganz. Geschmack oder Bildung ist nie Sache einer Klasse, sondern von Einzelnen, aber die gedeihen, wo irgendwo und -wie die Idee gepflegt wird, Geschmack oder Bildung sei etwas, worauf es ankomme. Dann gedeihen sie auch unter Illiteraten und Analphabeten aller Stände und Klassen, ihr Lebensweg ist nur mal mehr, mal weniger dornig. Das Bildungsbürgertum, ob man diesen Begriff mit anerkennendem oder höhnendem Unterton spricht, war natürlich nie eine Gemeinschaft Gebildeter, als Hüter überkommenen und reaktionären Klassikerwissens mußte man es nicht attackieren.

Die Misere des Bildungsbürgertums war und ist keine. Als es das

Bildungsbürgertum wie beschrieben gab und nicht gab, hatte es seinen Ort, sein Selbst- und sein Fremdbild und litt nur geringe Verstörung. Heute, wo das mit dem Bibliothek-Haben und Bibliothek-Vererben so eine Sache geworden ist, fällt sein Verschwinden weder ihm selbst noch anderen auf. Der Rezensent hat Arbeit, solange Verlage, Buchläden und Buchversandhäuser Rezensionen brauchen können. Daß er auch in anderen Medien als Zeitung und -schrift präsent sein kann, zeigt das Radio seit je, das Fernsehen hat – in Deutschland – den Publikumstriumph des «Literarischen Quartetts» vorzuweisen und Nachfolgesendungen auch dort und anderswo. Wie sich das Genre in Blogs etc. weiterentwickelt, wird man sehen. Das öffentlich bezahlte Reden über Literatur, Literaturwissenschaft oder -geschichte, Germanistik, Romanistik, Anglistik, Slawistik und und und, Komparatistik genannt, hält sich, seit aus diesem Aspekt der akademischen Philosophie, die oft im Grunde ein studium generale war – Wieland las in Erfurt u. a. über Horaz –, eigene Fächer geworden sind. Das radikalisiert das Problem des Redens über Literatur, das nicht in letztlich ritualgebundene oder ritualnahe Repetitionsübungen eingebunden ist: Warum soll der Versuch, eigene Berührtheit anderen als gemäßes Gefühl anzusinnen, öffentlich finanziert werden?

Die Antwort ist einfach. Es gibt dafür keine ordentliche Rechtfertigung außer einer: Es hat Figuren wie Ion, wie Humboldt, wie Staiger immer gegeben, seit es für uns historisch identifizierbar eine literarische Kultur gibt, und zwar so, daß es ohne sie – siehe das oben angestellte Gedankenspiel – keine literarische Kultur gäbe. Es braucht nicht diese oder jene Rezension, nicht diesen oder jenen Bürger, der in der Theaterpause Boy Goberts «Faust» mit dem von Gründgens kundig zu vergleichen versteht, es braucht nicht diese Dissertation und jene Interpretation oder den Streit darüber. Außer daß es Rezensionen (oder Ähnliches), Diskussionen im Foyer (oder etwas der Art), Dissertationen, Interpretationen, Kontroversen darüber (ein solches Aufwand-Treiben mit dem Reden über Literatur) braucht in einer Literarischen Kultur, weil sie ohne all das keine ist. Daß man «Literaturwissenschaftliche Seminare» (und dergleichen) öffentlich gutheißt, indem man sie bezahlt, ist der Ausweis der Tatsache, daß man das instinktiv weiß und daß man diese Kultur «so irgendwie» erhalten möchte.

Nur ist das keine öffentlich akzeptable Legitimationstrope. Nach dem eben Gesagten läßt sich auch aus vorliegendem Text keine taugliche gewinnen. Seine, wenn man so möchte, Zusatzaufgabe könnte allenfalls darin bestehen, anzudeuten, wie aus der Beschaffenheit des Redens über Literatur und dem Umstand, daß es eben zu «unserer» literarischen Kultur, sofern wir meinen, daß sie noch eine solche ist, gehöre, Legitimationstropen erwachsen. Sie sind natürlich so beschaffen, daß sie behaupten, es – das Reden über Literatur – sei zu etwas anderem gut, als es zu pflegen. Eine Zeitlang war Mode, zu behaupten, es diene, wie genau besehen vermutlich die Literatur überhaupt, der Veränderung/Verbesserung der Welt. Im Vokabular dieses Textes gesprochen, war das nur um den Preis der Auf- und Abwertung möglicher Referenzcodes möglich. Die Gegenströmung bestand darauf, daß Literatur um ihrer selbst willen da sei und das Reden über Literatur das zu zeigen habe. Das Zeigen bestand aber darin, zu behaupten, dieses Um-ihrer-selbst-willen-da-Sein sei besonders wertvoll. Diese Trope ist in einer Straßenform zu haben und einer für die höheren Stände. Die Straßenform, nicht nur deshalb so genannt, weil das Straßentheater für sie und dieser Trope anhängenden Kulturbehörden manchmal die Inkarnation des Gedankens ist, sagt, Kreativität als solche sei a) etwas Besonderes und b) irgendwie etwas, das die Widerständigkeit des Menschen gegen irgendwas beweise. Die Form für die höheren Stände spricht von Wahrheit. Etwa so: «Kunst ist die gesellschaftliche Antithesis zur Gesellschaft» – «Praxis ist nicht die Wirkung der Werke, aber verkapselt in ihrem Wahrheitsgehalt (...) Tendenzlose Werke wie der Werther dürften zur Emanzipation des bürgerlichen Bewußtseins in Deutschland erheblich beigetragen haben.»[289] Oder, wenn der Superlativ gestattet wird, aufgeladenst: «In oberster Instanz sind Kunstwerke rätselhaft nicht ihrer Komposition sondern ihrem Wahrheitsgehalt nach. Die Frage, mit der ein jegliches den aus sich entläßt, der es durchschritt – die: Was soll das alles?, rastlos wiederkehrend, geht über in die: Ist es denn wahr?, die nach dem Absoluten, auf die jedes Kunstwerk dadurch reagiert, daß es der Form der diskursiven Antwort sich entschlägt. Die letzte Auskunft diskursiven Denkens bleibt das Tabu über der Antwort.»[290] Solche Sätze gehören zu der Sorte, mit der man nicht flirten kann. Man läßt sie stehen oder folgt ihnen. Man erkennt ihre Implikationen, sie sind wüst, oder nimmt sie aus lauter Begeisterung nicht wahr. Schon die Metapher vom «hindurchgehen» ist isoliert prätentiös (und bekommt erst Sinn, wo sie künstlerisch ernstgenommen wird, bei Kusenberg etwa oder Schmidt – Adorno meint nicht Carroll); die Frage Was-soll-das? ist keineswegs eine, die sich jeder stellt, der einem Kunstwerk gegenübertritt; sie setzt entweder den Neuling voraus, den es das erste Mal, und schon in Jahren, in die Galerie verschlägt, oder den, der sich pädagogisch zweckorientiert (Nu-stelle-mer-uns-janz-domm) oder im trainierten Thaumazein-Gehabe selbstbegeistert-naiv benimmt. Daß sie rastlos wiederkehre und so zur Wahrheitsfrage werde, ist bloß nicht wahr und auch als Beschwörung nicht plausibel. Kunstwerke sind nicht rätselhaft, auch nicht «rätselhaft wie das Grauen der Vorwelt», die via «Tabu» ins Spiel der Worte kommt. Es gibt überhaupt weit weniger Rätsel, als man denkt, und meist sind die wirklichen Rätsel nur Rätsel, also meist der Rede nicht wert. Jedenfalls wird nichts dadurch besonderer Beachtung empfohlen, daß man es rätselhaft nennt.

Daß beim «Wahrheitsgehalt» eines literarischen Werkes stets diffus an Unkonformität gedacht wird, ist Brauchtum. Es könnte anders sein, war anders. Für Leibniz waren die Barockromane mit ihrem vielhundertköpfigen Personal, mit ihrem Verirren, Verlorengehen, Geraubtwerden und ihrem Zurück- und Wiederfinden und Gerettetwerden Abbilder der Welt, die sich, trotz allem, als zum Guten geordnet erweist. Bei Leibniz taugen Romane zur sinnlichen Analogie des Theodizeegedankens, weil sie eine überschaubare Welt liefern, in der es zugeht wie in der wirklichen, die wir aber nie überschauen können, weshalb wir für diese philosophisch-theologisch postulieren müssen, was wir über jene lesen können. Niemand, schrieb Leibniz an den Braunschweiger Herzog Anton Ulrich, ahme Gott besser nach «als ein Erfinder von einem schönen Roman».[291] Für Adorno (und andere) liefert die Kunst, zumal die Literatur, jenes Nichteinverstandensein mit der Welt, das anderswo nicht zureichend vorhanden sei. Aber auch nicht einfach so, durch politische Einrede, nicht durch Reduktion auf einen möglichen Referenzcode, sondern gerade dort, wo wir über diese Nichtreduzierbarkeit sprechen müssen. Aber warum «Wahrheit»? Und warum offenbart sich diese «Wahrheit» – jedenfalls für Adorno – dort, wo sich eigentlich über den literarischen Text gar nichts mehr sagen läßt, weil er gar nichts «sagt», sondern nur, musikanalog, sich zeigt?

Natürlich läßt sich da eine argumentanaloge Brücke schlagen: Dies eben sei das ganz tief und grundsätzlich Inkommensurable, das, was nicht aufgehen kann in irgendeiner Rationalität, die letztlich, wie sagt man?: «immer schon» Herrschaft ist – hier muß man die Gedankenführung der «negativen Dialektik» über das «identifizierende Denken» zu Grunde legen, demzufolge jede Sprache Herrschaft über die Dinge ist (und also über den Menschen sowieso), weil sie, wie schon Platon wußte, benennt und unterscheidet und zuweist mit «dies ist dies und nicht das» (die eigentliche adamitische Ursünde). Da folgt Adorno Schopenhauers Gedanken, die Musik sei die einzige der Künste, die denkbar sei, ohne eine Welt (außerhalb ihrer Existierendes) denken zu müssen. Also ist die Musik die einzige Kunst, die existieren kann, ohne vom Übel des Seins – «denn besser wär's, daß nichts entstünde», soufliert Mephistopheles – affiziert zu sein. Oder werden zu müssen – hier setzte die Musikkritik ein, vor allem die Adornos, die Kritik am Hören «schöner Stellen», an der Programmmusik, am Klischee, an Versuchen, Musik an außermusikalische Referenzcodes zu binden (dieses zu versuchen oder solche Versuche vehement abzulehnen begleitet die Beethoven-Rezeption von Anfang an[292]). Kann man diesem Gedanken im Zusammenhang der bisherigen Überlegungen eine Bedeutung geben?

Schönheit (1)

Die schöne Quelle sprang nicht mehr,
Und jede Blum' erstarb im Keime;
Das ganze Paradeis verschwand,
Nichts blieb als Fels und dürrer Sand.

Christoph Martin Wieland,
Der Vogelsang

... und was wäre fataler als ein Posthorn?

Theodor W. Adorno,
Zum Gedächtnis Eichendorffs

Ich finde es recht schwer, manche Leute davon zu überzeugen, daß ihre Leidenschaften von Wörtern affiziert werden, die ihnen keine Ideen vermitteln.

Edmund Burke,
Vom Erhabenen und Schönen

Der Faden sei wieder aufgenommen: Kann man einen literarischen Text kritisieren? Natürlich «kann» man; die Literaturkritik macht das dauernd, allerdings unter den oben beschriebenen Bedingungen. Aber was für ein Vorgang ist das – wenn man ihn nicht auf die Verabsolutierung eines Referenzcodes zurückführen kann? Debatten um Obszönität können so geraten und sind oft so geraten. Man nehme den Versuch, Arno Schmidts «Seelandschaft mit Pocahontas» oder Alan Ginsbergs «The Howl» zu indizieren[293] – oder auch manches von Henry Miller oder John Clelands «Memoiren der Fanny Hill». Immer ist es die Frage, ob es Kunst sei oder nicht, jedenfalls bei Gerichten in Rechtsambientes, in denen das ein (entscheidendes) Kriterium ist. Letztlich geht es darum, ob die- oder derjenige, die den Text nur nach dem Referenzcode «geeignet als Erregungsvorlage» (oder nur dazu da, Gemüter zu verschrecken wie ein obszönes Grafitto an einer Kirchenwand) lesen, Banausen sind. Das gelingt mehr oder weniger leicht. Leicht bei Schmidt und Ginsberg und Miller; bei Cleland wirkte Hans Gieses Versuch, der Indizierung mit dem Einwand zu begegnen, Clelands Sprache sei schön und Goethe zu vergleichen, etwas bemüht. Anders stellt sich die Frage, wenn der Referenzcode ein anderer ist, man also beim Autor X nicht darüber redet, wie erregend er einen Coitus darstellt, beim Autor Y nicht darüber, ob eine Gewalttat nicht zu sehr con amore geschildert ist, beim Autor Z nicht darüber, ob seine weibliche Hauptfigur ein *weibliches* Klischee ist, sondern ob sie ein weibliches *Klischee* ist.

Als Lessing mit Nicolai und Mendelssohn über das Trauerspiel debattierte,[294] sprach er darüber, daß moralische Charaktere auf der Bühne die moralische Sensibilisierung des Publikums nicht beförderten. Moralische Empfindlichkeit bilde sich durch Identifikation, identifizieren könne man sich nicht mit Charakteren, die aus dem Lehrbuch für höherwertiges und bewunderungswürdiges Verhalten ausgeschnitten seien, sondern nur mit «gemischten», nicht schwarz oder weiß, sondern grau. Und die sollten nicht tadellos, sondern fehlbar sein, nicht geraden Wegs einen vorbildlichen Weg gehen, sondern irren und straucheln: there but for fortune, go you or I – dies sei der Anblick, der einen zu differenziertem Blick auf die Menschennatur mehr einlade als anleite und so die Voraussetzungen für eine nicht-ideologische Moral schaffe. Lessing schrieb für das Theater als einen Ort moralischer Propädeutik,[295] aber er schrieb auch, man möge Langweiliges, nur Tönendes und nur Pathetisches, Moralisierendes, Gestelztes und sakral verkleidetes Höfisches meiden, jedoch auch nicht nur Alltagsnahes (Bürgerliches) auf die Bühne bringen, sondern vor allem: *Theaterwirksames.* Dies ist einer der entscheidenden Schritte hin zu einem Verständnis der Kunst als, wie das Schlagwort heißt, autonom. Dabei handelt es sich nicht um eine Veränderung der Kunst, sondern der Umstehenden; daß sich die Künste verändern, versteht sich, das tun sie immer, und daß solche Veränderungen ihrerseits sowohl autonom oder autopoietisch vor sich gehen als auch «im Rahmen» anderer Veränderungen, der sozialen/mentalen Verfaßtheit der Umstehenden etwa, et nos mutamur in illis, versteht sich auch. Interessant an der Diskussion über das Trauerspiel im Zusammenhang dieses Textes ist, daß es sich – vor allem in seiner veröffentlichten Fortsetzung in der «Hamburgischen Dramaturgie» – um eine Agitation zur Umorientierung des Schönheitssinns einer literarischen Öffentlichkeit handelte. Man möge nicht Racine (Racine, wie er auf deutschen Bühnen zu sehen war) und vor allem nicht Gottsched[296] schön finden, sondern Shakespeare (und Lessing). Wir zeichnen das nicht so nach, wie es gesagt wurde; hier geht es um den Verweis auf eine grundsätzliche Umorientierung. Um es im Jargon des vorliegenden Textes zu sagen: Lessing untersagt die Operation, den Theatertext auf den Referenzcode eines Sammelbandes moralischer Lehrstücke hin zu lesen und das Stück dann schön zu finden, wenn die Übereinstimmung gelungen ist à la «So muß man es machen/so muß man sein» oder «Siehe nur, wie bös' er war». Natürlich plädiert Lessing vor allem für ein anderes Theater, d. h. eines, das einem eine derartige Codeanwendung gleich vermasselt. Gleichwohl war das Plädoyer für ein solches anderes Theater bei Lessing ein ethisch geleiteter ästhetischer Imperativ. Das Theater als Trainingscamp der Empathie; Empathie als Grundlage moralischen Urteilens.

Der Theaterbesucher ist gehalten, sich um einen anderen Referenzcode zu bemühen, nicht den des Begutachtens moralisch einwandfreier Nippfiguren, sondern der Prüfung von Realitätsnähe. Er soll intuitiv urteilen: Sind die *Leute* so?/sind sie *so* möglich?/wäre *das* möglich (und könnte also *auch mir* geschehen)? Für Lessing fallen diese Code-Konsistenz und die ästhetische Konsistenz zusammen, und darum kann man ihn ebenso dem Plädoyer für das Theater als moralischer, besser: moral-propädeutischer Anstalt wie dem für die Autonomie der Kunst zurechnen.

Bei ihm ist es (in der Theorie) leicht. Der ästhetische Fehler wird zu einem Verfehlen des moralischen Auftrags, weil er den Code der psychologischen Wahrscheinlichkeit verfehlt. Darum kann man die Figur eines Marinelli durchaus ästhetisch kritisieren, nicht so sehr «an Lessings eigenen Maßstäben» gemessen, die kann man anführen, aber sie müssen einen nichts angehen, solange man dem (von Lessing empfohlenen) Referenzcode folgt. Aber man muß den Code, die Empfehlung in ihrer historischen Komplexität verstehen, und hier wird die Literaturgeschichte zur notwendigen Hilfsdisziplin. Ich muß wissen, was das «bürgerliche Trauerspiel» ist und vor allem sein soll. Ich muß wissen, daß zum ästhetischen Begreifen einer Figur wie Marinelli zweierlei gehört: zunächst ihre Funktion als Rahmenbedingung für das Agieren der anderen – Marinelli ist die andere Seite «des Hofes», der Prinz die eine. Zu diesem gehört die Willkür, die auch Saladin auszeichnet, weshalb ihn Al-Hafi mit einem resigniert-wütenden Achselzucken («Ich eines Gecken Geck!») verläßt: die machtgestützte Möglichkeit zur Willkür, bei Saladin sympathisch, aber auch irrlichternd oder, wie Fontane sagen würde, «schweflig», beim Prinzen in «Emilia Galotti» in fahriger moralischer Indifferenz, der Scheck wird ebenso, ohne auf die Kosten zu achten, unterzeichnet wie das Todesurteil. Zu jenem das kalt-überlegte Machtkalkül, das, wie rational es sich schminkt, davon, Machinationen scheußlicher Art ermächtigen zu können, angezogen scheint. Sie sind Brüder in willkürlicher Verfügungsmacht. Das ist das eine, was man bei «Marinelli» beachten muß. Das andere die psychologische Hypothese: Die Lizenz zur Willkür macht solche Charaktere. Sie – hier kann man Lessingsches und psychoanalytisches Vokabular zusammenführen – entmischt. – Die Angemessenheit des Referenzcodes zeigt sich wiederum in der Rekonstruktion des ästhetischen Ganzen, und die gelingt nur durch zureichend gebildete Lektüre.

Der literarische Text ist als Werk zu lesen, als Ganzes, der Weg der Interpretation zeigt seine Komponiertheit, seine Schönheit, und die liegt im jeweiligen Bezug des Teils auf das Ganze (die schöne Stelle, wenn ich sie wirklich schön nenne und nicht nur einen Schnörkel, lese ich als Ganzes, als Text-im-Text eigenen Rechts, als, vielleicht unzulänglich, gerahmtes Fragment). Es handelt sich um eine Voraussetzung, unter der literarische Hermeneutik antreten muß. Ist es ihr möglich, ein Mißlingen zu konstatieren über das oben anhand stofflicher Inkonsistenzen (Probleme mit der Referenzcode-Lektüre) Diskutierte hinaus? «Hier irrte Goethe» – nun gut, aber auch: hier schlampte Goethe? Zugespitzt: Ist die Behauptung einer ästhetischen Inkonsistenz, so nahe sie der Alltagsintuition liegt (es könne doch nicht alles, sagte Goethe und meinte Eigenes, «über alle Begriffe sein»), nicht axiomgefordert ein uneingestandenes Versagen der Intuition? Ist es erlaubt vor dem Geist Goethes oder vor Peter Hacks, der mir in anderem Zusammenhang bescheinigte, ich erfrechte mich gegen Goethe, zu sagen, der Versuch, die «Theatralische Sendung» neu und über das Vierte oder jedenfalls über ein Fünftes

Buch hinaus zu schreiben, sei nicht gelungen? Man kann übrigens, wenn man denn will, aus dem Briefwechsel mit Schiller herauslesen, daß Goethe wußte, wie und wo es hakte, und daß Schiller es merkte und auch sagte, die Lösung, daß alles ein Kulissenspiel gewesen, sei doch hanebüchen – sie erlaube zwar, die eine oder andere stoffliche Unstimmigkeit aufzulösen, aber um welchen ästhetischen Preis! Und das nach dem Atemholen in den «Bekenntnissen einer schönen Seele» im Sechsten Buch!

Aber all das ist interpretierend zum befriedigenden Ende gebracht worden; der «Wilhelm Meister» ist nicht nur der Roman, den die Deutschen am liebsten vorweisen, sondern macht auch den «Bildungsroman» (eine Gattung, der der «Meister» ebensowenig angehört wie sein angeblicher Vorgänger, Wielands «Geschichte des Agathon») gleichsam zum inneren Wesen der Gesamtgattung. Wie also könnte eine Einrede dagegen aussehen? Sie kann nur aus Hinweisen auf die Inkonsistenzen der vorgelegten Interpretationen bestehen. Und denen auf ihre aus Unbildung rührende Voreingenommenheit. Wo der Blick beschränkt ist, die Liebe nur wenigem gilt, weiß man, daß man in der Provinz ist. Die regulative Idee ist, was zu Hause gefällt. Das ist die klassische Idee der Klassik von Humboldt bis Hacks. Wer den Satz Arno Schmidts, wie ein Roman *gebaut* sei, die technische Virtuosität, ohne die es keine Schönheit gibt, lerne man bei Dickens und nicht bei Goethe, von vornherein für unsinnig, weil vielleicht blasphemisch, hält, ist aus dem Gespräch über literarische Schönheit ausgestiegen und bei der Denkmalspflege gelandet.

Die Kritik an der Ästhetik literarischer Werke ist eine Mitarbeit an der zureichenden Gebildetheit der über Literatur redenden Partialöffentlichkeit, die nicht mehr gemeinschaftlich durch Geschmacksstandards ge- und verbunden ist. Diese Gebildetheit ist nämlich nie zureichend als Statik. Bildung ist hier kein Haben, sondern ein dauerndes Weitermachen. Das Reden über Literatur ist auch ein Streit um das Rechthaben, ist agonal. Das Moment des Agonalen ist Ausdruck des Wichtignehmens dessen, worüber man redet, und nur wenn man das wichtig nimmt, nimmt man sich selbst ernst. Es lag die Bedeutung der TV-Sendung «Das literarische Quartett» nicht in den dort geäußerten Ansichten über dieses und jenes Buch, wie ja auch die nachzulesenden Rezensionen Reich-Ranickis von wenig Verständnis für ästhetische Fragen zeugen, sondern in der Demonstration vor einem Millionenpublikum, daß man sich über Literatur streiten kann, daß es dabei auf etwas ankommt, daß die Sache ernst ist und die Sprechenden sich selbst ernst nahmen. Eigentlich war das Zerwürfnis zwischen Marcel Reich-Ranicki und seiner langjährigen Mit-Sprecherin Sigrid Löffler, so wenig literaturbezogen es war und so sehr es nur eine jahrelang aufgebaute Abneigung zum Ausdruck brachte, eine famose Angelegenheit. Das wechselseitige Scheitern, der/dem anderen ein subjektives Geschmacksurteil anzusinnen und so eine Urteilsgemeinschaft zu bilden, scheiterte spektakulär – und zeigt so, daß es genau darum ging und ein solches Scheitern nicht mit einem Achselzucken und der Formel, am Schluß bleiben immer alle Fragen offen, abgetan werden kann.

Zurück zu Goethe. Denkmäler müssen nicht schön sein; vielleicht dürfen sie es gar nicht (häßlich müssen sie nicht sein, gewiß). Man kann verehren, was man liebt, aber oft verwechselt einer Verehrung mit Liebe. Und plötzlich haßt einer, weil er sich seines früheren Verehrens schämt. Man hat «Herrmann und Dorothea» zum Kunstwerk der Deutschen schlechthin erhoben – und dann angeekelt nicht mehr gelesen. Was war zu kritisieren, und warum war da etwas zu preisen, und kann man sagen, das eine oder andere sei «aus den richtigen Gründen» erfolgt?

Gut, Tadel war da immer, so ganz zufrieden war man mit Goethes Metrik kaum je – man weist ja nicht ohne Grund stets darauf hin, daß auch Goethe durchaus siebene gerade sein ließ: «sich in Versfragen beraten lassen und Korrekturen an seinen Hexametern (...) zugestimmt: Aber beim Vers 186 des 2. Gesangs ließ er sich nicht umstimmen und meinte trotzig, wie Riemer überliefert, die siebenfüßige Bestie möge als Wahrzeichen stehenbleiben.»[297] Man muß nicht gleich so ungeduldig sein wie Fontane, der Goethes Hexameter «schaudervoll» nannte und meinte, sie ließen sich «mitunter kaum lesen».[298] Nun, Fontane eben.

Emil Staiger – er sei noch einmal genannt – schreibt in seiner Goethe-Biographie, Goethe habe mit «Alexis und Dora» «den Zenith seiner klassischen Poesie erreicht», und: «was im Leben aber verwehrt ist, scheint der Kunst beschieden zu sein. Der Dichter Goethe verharrt im Zenith. ‹Alexis und Dora› ist nur das Vorspiel eines verwandten, doch größeren Werks, das Epos ‹Hermann und Dorothea›.»[299] – «Die Rezeptionsgeschichte von ‹Hermann und Dorothea›», so das Goethe-Handbuch, «weist einen beispiellos abrupten Verlauf auf. Zu seiner Zeit als ‹Gipfel (…) unserer ganzen neueren Kunst› (Schiller an Meyer, 21.7.97) gefeiert und kurz nach Erscheinen in die Welt- wie auch andere Fremdsprachen übersetzt, blieb das Werk anderthalb Jahrhunderte verbindliches Element des literarischen Kanons, um dann in der zweiten Hälfte und erst recht im letzten Drittel des 20. Jhs. aus dem allgemeinen Bewusstsein zu schwinden.»[300] Wie und warum es zu dieser Umwertung kam, ist nicht weiter rätselhaft, blickt man nur auf das Stoffliche. Man las das kleine Epos nicht nur mit nationalem, anti-französischem Selbstbewußtsein, man nahm auch die berühmten Zeilen «Dienen lerne beizeiten das Weib nach seiner Bestimmung» als nicht oft genug zu zitierende Maxime, die dann Conrady 1985 wacker «für uns unsäglich» nannte und nur schüchtern die Frage hinzufügte, ob man nicht in der Rezeption des Gedichtes viele ironische Brechungen berücksichtigen müsse «(vielleicht sogar im soeben erwähnten Spruch Dorotheas?)».[301] So mußte denn auch dieses Stück Literatur büßen, was man an Unsinn zuvor mit ihm angestellt hatte, und es verschwand aus den Lesebüchern.

«Zum Lobe von ‹Hermann und Dorothea›» lasse sich, schreibt Hans Mayer 1961, «seit Wilhelm von Humboldts erster Deutung, wenig Neues vorbringen. Der Höhepunkt epischer Dichtung in Goethes Werk und ein Höhepunkt dieses Werkes schlechthin. Jede Epoche wird die Geschichte mit neuer Empfindung lesen und aus eigener Zeiterfahrung illustrieren (…) Alle theoretischen Überlegungen des Dichters und seines Freundes Schiller über die Einheit der homerischen Epen, über die Nachahmung des bürgerlichen Epos ‹Luise› von Heinrich Voß, dem Freunde und Homer-Übersetzer, über das Los eines ‹Homeriden› in damaliger Neuzeit verblassen vor dem geglückten Werk.»[302]

Wilhelm von Humboldt – kommen wir jetzt ausführlicher auf ihn – schrieb 1798 «Ueber Göthes Herrmann und Dorothea», genauer: «Aesthetische Versuche. Erster Theil. Ueber Göthes Herrmann und Dorothea», ein Buch von weit über 200 Seiten – es ist ein merkwürdiges Produkt, das man nur recht nehmen kann, wenn man es als das liest, was es hätte werden sollen, eine Ästhetik, ausgeführt an Beispielen, von der nur der erste Teil fertig geworden ist, ein Buch, das sich zu den vielen unausgeführten literarischen Projekten Humboldts gesellt. – Wilhelm von Humboldt: Wenn man über ihn spricht, tut man gut daran, deutlich zu machen, von *wem* man sprechen will. Als Kulturpolitiker war er etwas wie ein Weltgeist am Schreibtisch, als Sprachwissenschaftler wird man sehr über ihn streiten können, nimmt man sich aber den Schriftsteller Wilhelm von Humboldt vor, so möchte man der Politik danken, daß sie ihn nötigte, den Schreibtisch zu wechseln. Wer sich etwa «Das achtzehnte Jahrhundert» (1797 ff.) vornimmt, legt das Buch, nachdem er auf fast 140 Seiten gelesen hat, was alles zu tun sei, wolle man ein Buch wie das vorliegende schreiben, ohne daß vom Plane auch nur ein Buchstabe ausgeführt ist, kopfschüttelnd beiseite. Er wollte als Autor immer sehr hoch hinaus. 1795 erschienen in Schillers «Horen» zwei Aufsätze, «Ueber den Geschlechtsunterschied und dessen Einfluß auf die organische Natur» und «Ueber die männliche und weibliche Form», in denen auf komplizierte Weise der Gedanke dargelegt wird, daß eben beides zum Menschen gehöre, das Männliche und das Weibliche, und es anders nicht recht zu denken sei, aber so sonderbar ausgeführt, daß Friedrich Schlegel seinem Bruder schrieb, man könne diese Aufsätze einfach nicht verstehen. Ähnlich äußerte sich Kant gegenüber Schiller, und dieser schrieb an Körner: «Ich fürchte wirklich, er hat zum Schriftsteller kein rechtes Talent, er wird diesen Mangel durch Kunst nicht viel verbessern»[303] – sprich: da hilft kein Üben. Humboldt ahnte das. «Ich fühle sehr wohl, woran es mir fehlt», schrieb er an Schiller, «an der Kraft, die ihren Gegenstand mit Leidenschaft angreift, die von ihm fortgerissen wird und dauernd an ihm festhängt – an Genie.» Und Schiller antwortete: «Ich bin überzeugt, was Ihrem schriftstellerischen Gelingen vorzüglich im Wege steht, ist sicherlich nur ein Übergewicht des urteilenden Vermögens über das frei bildende und der zuvoreilende Einfluß der Kritik über die Erfindung, welcher für die letztere immer zerstörend ist. Ihr Subject wird Ihnen zu schnell Object und doch muß alles auch im wissenschaftlichen nur durch das subjective Wirken verrichtet werden. In diesem Sinne würde ich Ihnen natürlicherweise die eigentliche Genialität absprechen, von welcher Sie doch, in einer anderen Rücksicht, wieder so vieles haben (…) Ihre individuelle Vollkommenheit liegt daher sicherlich nicht auf dem Wege der Production, sondern des Urtheils und des Genusses.»[304] Kurz: Lesen Sie und sprechen Sie darüber, aber schreiben Sie nicht. Humboldt pflichtete Schiller bei, aber folgte durchaus nicht. In seinem «Bruchstück einer Selbstbiographie» schreibt er: «Es ist immer eine innere Plage meines Lebens gewesen, mit Ideen schwanger zu gehen, die ich zum Gegenstande eines Aufsatzes, eines Buchs, oft eines bedeutenden Werks machen wollte, und nie dazu zu gelangen. Die Umstände, die es verhinderten», fährt er fort und meidet die Ausrede vieler Autoren, die oft Gott und die Welt dafür verantwortlich machen, wenn ihnen nicht gelingt, was sie sich erhoffen, «waren nicht gerade äussere, ich war eine lange Reihe von Jahren hindurch in der freiesten, beneidenswürdigsten Lage. Es waren vielmehr innere» – und diesen «inneren Umständen» widmet er nun eine Untersuchung, die dem Leser «Aufschluss über meine ganze geistige Eigentümlichkeit geben wird», wobei angesprochenem Leser wohl vor allem dadurch dieser «Aufschluss» gegeben wird, daß die «angekündigten ‹folgenden Blätter› (...) nie geschrieben worden» sind.[305]

Das Buch über «Herrmann und Dorothea» ist fertig geworden, und daß es nur der «erste Theil» einer ungeschriebenen Ästhetik hat sein sollen, muß uns nicht kümmern. Es hat 104 Unterkapitel und beginnt nach zwei Vorreden mit «Hauptbestandtheile aller dichterischen Wirkung – Plan dieser Beurtheilung im Allgemeinen», setzt fort mit einer kurzen Darstellung des «einfachsten Begriffs der Kunst», gefolgt von «Höhe der Wirkung, zu der die Kunst sich erhebt – Idealität – Erster Begriff des Idealischen, als des Nicht-Wirklichen» sowie «Zweiter und höherer Begriff des Idealischen, als eines Etwas, das alle Wirklichkeit übertrifft» und «Nothwendigkeit, in der sich jeder echte Künstler befindet, immer das Idealische zu erreichen».[306] Es wäre möglich, aber ungeheuer aufwendig und wenig einträglich, den gewundenen, zuweilen entgegen allem aufgebotenen Anschein höchst unsystematischen Gang der Argumentation nachzeichnen zu wollen. Humboldts Gedankenführung erstickt unter der selbstauferlegten Aufgabe, alles Grundsätzliche zur Dichtkunst und zur Kunst überhaupt sagen zu wollen und also immer mal wieder die Gelegenheit zu nutzen, abzuhandeln, was auch noch zu sagen wäre, weil es ihm bei der Abfassung gerade durch den Kopf geht,[307] worauf er den liegengelassenen Faden nicht etwa aufgreift, sondern noch einmal anhebt und aufs neue ins Grundsätzliche geht – und plötzlich bei «Herrmann und Dorothea» landet, um dort am Material zu demonstrieren, was er soeben theoretisch meint hergeleitet zu haben – wobei, was er nun ausführt, nicht von der Hand zu weisen ist, wenn man auch Mühe hat, es im Wandelgang seiner Gedanken richtig am Platze zu finden.

Wie dem auch immer sei. Worum es hier gehen soll, ist, daß Humboldt – und darum wohl Hans Mayers Hinweis auf ihn – in Goethes Gedicht nicht nur, wie Staiger, den Zenith des Goetheschen Werkes, sondern den (jedenfalls vorläufigen) Zenith des menschlichem Dichten schlechthin Möglichen erblickt. Nichts weniger, denn die Alten habe Goethe übertroffen und von den Neuen komme keiner ihm gleich. «Der reine, ächte und allgemeine Kunstsinn, welcher dies Gedicht beseelt, zeigt (...), dass das Genie des Dichters, der es schuf, auf das innigste mit dem Genius aller Kunst verwandt und mit dem Gepräge gestempelt ist, welches die Kunst überhaupt, nicht diese oder jene einzelne ausschliessend bezeichnet – ein Vorzug, welcher ihm künftig (wir dürfen dies mit Sicherheit von der Gerechtigkeit der Nachwelt hoffen) unter allen neueren Dichtern eine vorzügliche Stelle anweisen wird. Denn in der That hat bis jetzt keine Nation einen andern aufzuweisen, der ihm hierin überhaupt nahe käme.»[308]

Auch Hermann Hettner kann in seiner Einleitung der Neuausgabe (1861) von Humboldts «Herrmann und Dorothea»-Buch sich bei aller Sympathie nicht enthalten, die Anlage der Schrift als einen «Übelstand» anzusprechen. Humboldt habe unzusammenhängende Einfälle, «blos darum, weil er die Anregung derselben gleichzeitig empfangen und erarbeitet hatte, nun auch sofort in eine gemeinsame Form» gegossen und «einem und demselben Buch» anvertraut. «Wer (...), um einem einzelnen, auch noch so vortrefflichen Gedicht die gebührende Stellung anzuweisen, unverdrossen die gesamte Kunstlehre vorträgt, zersplittert die Aufmerksamkeit sowohl für das Einzelne wie für das Allgemeine».[309] Um ein Geringes und Gelindes zu sagen. Wer als Leser sich zu steter Aufmerksamkeit nötigt (und nötigen muß er sich), stellt alsbald fest, wie wenig konzis das Gesamte gebaut ist, wie weit Substanz und wuchernde Prätention auseinanderfallen. Der sich dann akkumulierende Ärger läßt einen zuweilen sogar die Anerkennung verpassen, die Einzelheiten bei der Textbeobachtung durchaus verdienen. Man liest darüber umso leichter hinweg, als «Humboldts Stil ohnehin trocken und phantasielos, ohne Wärme und Bildlichkeit ist».[310]

Nun war es die Zeit der großen Entwürfe, von denen nichts als ihre historische Inventarisierung geblieben ist, man konnte sie im

Dutzend haben. Auf den ersten Kommentaren zu «Herrmann und Dorothea» lastete diese Mode schwer. «Gäbe es», so leitet August Wilhelm Schlegel seine Abhandlung «Goethes Hermann und Dorothea» (1798) ein, «eine gültige Theorie der Poesie, worin die Vorschriften dieser Kunst aus den unabänderlichen Gesetzen des menschlichen Gemüths hergeleitet, nach dessen nothwendigen Richtungen die ursprünglichen Dichtarten bestimmt und ihre ewigen Gränzen festgestellt wären ...»[311] – ja, wenn, dann wüßte man auch besser darzulegen, was ein Epos wäre und wie das, was dann zu sagen wäre, auf den vorliegenden Fall angewendet werden könnte, aber da das alles nun nicht der Fall ist und Schlegel nicht, wie Humboldt, mal eben versucht, dergleichen zu schreiben (also die grand theory zusammen mit der Unterabteilung über das Epos im allgemeinen, das homerische im besonderen und in Abgrenzung zum Ariost und sporadischen Anwendungen auf «Herrmann und Dorothea»), schreibt er nicht ein ganzes Buch, sondern nur einen kleinen Aufsatz, dem allerdings der Verzicht in nahezu jedem Absatz anzumerken ist.

Man müßte über diesen Fall nicht so viele Worte machen, wäre er nicht tatsächlich lehrreich. Da ist literarische Intuition und doch ein Tappen im Nebel: «Gestalten, so wahr und individuell (...) und zugleich so rein und idealisch»[312] – das sagt er immer wieder, und man kann es sich so übersetzen: Das Personal von «Herrmann und Dorothea» wird in einer Weise geschildert, daß wir den Alltag in ihm nicht vermissen und schon das Überalltägliche, vielleicht Überhistorische in ihm zu erblicken vermeinen (was immer wir da sehen oder ahnen). Etwa achtzig Seiten später sagt er es so: Er spricht von einer «reine(n) und vollendete(n) Objectivität» sowie von «schlichter Einfalt» und «natürlicher Wahrheit», wobei die erstere (Objektivität) auf «einem rein beobachtenden und bestimmt bildenden Sinn, auf der Fähigkeit, die Natur in aller ihrer Wahrheit aufzufassen und in der ganzen Bestimmtheit ihrer Formen, der ganzen Festigkeit ihres Zusammenhanges wieder darzustellen», beruht – und, da «einem solchen äussern Sinn (...) ein ähnlicher innerer entsprechen (muß)», nämlich «so wie jener sich in der äussern Natur vorzugsweise an ihrer Gesetzmäßigkeit und ihrer Realität erfreut, so muss dieser dieselben Eigenschaften in dem Innern des Gemüths und dem Charakter der Menschheit aufsuchen»,[313] woraus sich dann die «schlichte Wahrheit und natürliche Einfalt» ergeben. Es ist dasselbe in Grün. Man kann es in unterschiedlichen Vokabularen präsentieren, es heißt immer das Nämliche: Damit uns eine literarische Gestalt und das Geschehen, dessen Teil sie ist, zu bewegen vermögen, werden sie ein gewisses Maß an Realitätshaltigkeit aufweisen müssen, um uns etwas anzugehen, und gleichzeitig, um uns mehr anzugehen als eine Zufallsbekanntschaft, mehr Menschenwirklichkeit in sich aufnehmen als diese.[314] Das ist selbstverständlich; das Wort «Referenzcode» muß hier nicht noch einmal fallen. Interessant wird es, wenn die Interpretation auf ihrem Weg an die Frage gerät, ob das in einem Stück Literatur gelungen ist und, wenn, wie es gemacht worden ist. Natürlich versucht sich Humboldt auch an diesen Fragen, aber er scheitert vollkommen. Über den wiederholten Ausruf, dies oder jenes sei großartig, kommt er nicht hinaus, und am Ende fügt es sich immer in dasselbe, hier diene alles dem Ziele, im Einzelnen das Allgemeine, im Realen das Idealische darzustellen. Und so las man denn Goethes «Herrmann und Dorothea» – letztlich wie so manches andere Stück Literatur, dessen Lob nach derselben Melodie zu pfeifen wäre.

«Herrmann und Dorothea» wird nicht mehr gelesen, schon mein eigener Deutschunterricht kannte die beiden nicht mehr – wie alt sind die, die diesen Satz hier vor Augen haben? Worum geht es in dieser in Verse gesetzten Erzählung, diesem, wenn man der Tradition (und der Einordnung in die Werkausgaben folgen will) kleinen Epos? – Beginnen tut man in der Regel mit dem Hinweis auf die Anregung, die Goethe aus einer 1734 gedruckten Anekdote empfangen hat, in der es um ein Flüchtlingsmädchen geht, in das sich der Sohn einer Familie aus einer Kleinstadt, durch die die Flüchtlinge ziehen, verliebt hat; er fragt sie, ob sie bei ihm zu Hause als Magd dienen wolle, und, als sie einwilligt, wird ihr (vom Vater versehentlich) offenbart, daß es in Wirklichkeit um eine Brautwerbung gehe.

Wenn man aber ausführen will, was Goethe daraus macht, und zwar auch dann, wenn man sich zunächst bloß auf das erzählend Ausgeführte beschränkt, den Inhalt, das, was sich der Paraphrase erschließt, verwickelt man sich in ungeheure Schwierigkeiten. Es ist, man kann die Feder spitzen, wie man will, nicht in einem, nicht in ein paar Absätzen getan. Wo immer man zu erzählen beginnt, ist das so, beim Herrmann etwa – was muß man über das Verhältnis zum Vater, zur Mutter, zu den drei Besuchern und Ratgebern erwähnen, um ihn nur ungefähr vor der Begegnung mit Dorothea zu fassen –, bei der zweiten Titelfigur – wie kann man sie so konturieren, daß derjenige, der das Stück nicht kennt, nur einigermaßen weiß, wovon die Rede ist. Der Zug der Flüchtlinge, die Stadt, Garten, Vorgärten, Felder, die einzelnen Orte der Begegnungen, das wechselnde Wetter, die vielen Details, die mehr sind als das, wie etwa der Inhalt des Bündels, das Herrmann mitnimmt, um es unter den Flüchtlingen zu verteilen – und, und, und. Gewiß sind das Schwierigkeiten, die jeder zu bewältigen hat, der sich an das stets undankbare Geschäft der «Inhaltsangabe» macht. Doch bleibe ich dabei, daß es hier um Schwierigkeiten besonderer Art geht. Emil Staiger hat sich gut aus der Affäre gezogen. Er gibt die eben erwähnte Anekdote vollständig wieder (zwei Seiten), um dann beispielsweise aufzuzählen, wie und wie anders sich das bei Goethe wiederfindet (und es geht nur um die, wie man so sagt, «reine Beschreibung»): «Der Schauplatz ist nur wenig verändert. Statt ein Pfarrhaus auf dem Land in alt-feudalem Lebensstil mit einem Schloß im Hintergrund betreten wir ein bescheidenes, von Feldern und Reben umgebenes Städtchen, das von fleißigen Bürgern bewohnt ist und nach dem Brand vor zwanzig Jahren auf moderne Einrichtungen und neue Gebäude stolz sein darf (...) Goethe (...) schildert (...) die Stuckaturen am Hause des Nachbars, das Grottenwerk des Apothekers, die Bettler von Stein und die farbigen Zwerge, erwähnt das Pflaster und vergißt sogar die hygienischen ‹wasserreichen verdeckten Kanäle› und den vom Rat beschlossenen neuen Chausseebau nicht. Der Blick schweift weiter auf das ‹freundliche Mannheim, das gleich und heiter gebaut ist›, und kehrt wieder in die Nähe zurück und würdigt das Kostüm der Bürger, ‹Surtout und Pekesche›, bis zum Schlafrock und den Pantoffeln des Wirts, die freilich nun veraltet sind.»[315] Gewiß, das fiele alles bei einer Inhaltsangabe weg und würde nur als Faktum à la «detailreichste Beschreibung» fleißige Erwähnung finden. Aber eben diese Details mischen sich immer ein, wollen partout nicht weggelassen werden, und man hat schlicht das Gefühl, das notwendige Weglassen sei hier besonders viel schwieriger als anderswo. Woran liegt das?

Wir haben zunächst gar keine Schwierigkeiten mit einem Referenzcode, erschließt sich doch alles der Paraphrase – Handlung, Gespräch, Schilderung von In- und Exterieur, man könnte es in der Form eines Drehbuchs mit den Anweisungen «Nahaufnahme», «Totale», «Mutter, halblaut» etc. geben –, und auch die «poetischen Mittel» meinen wir gleich zu erkennen, sind sie doch wie konventionalisierte Metaphern – die beiden spiegeln sich im Brunnen, da weiß man doch gleich (wunderschön, aber was soll man groß dazu sagen?). Und doch scheint alles auf merkwürdige Weise mehr zu sein als das.

Es liegt am daktylischen Hexameter und seiner stupenden Handhabung. Um die Frage, ob Goethe ihn immer regel-recht gehandhabt habe (Fontane, wie zitiert, und andere waren nicht dieser Meinung), will ich mich nicht kümmern. Es geht um ein Problem bei der Wahl dieses Versmaßes. Es fügt sich dem Rhythmus der deutschen Sprache schlecht. Die Vorschrift, auf eine betonte zwei unbetonte Silben folgen zu lassen, kann zur unbequemen Nötigung werden. Man macht, um ihr zu folgen, gerne zu viele Wörter, und Adjektiven oder Adverbien hört man zuweilen an, daß sie des lieben Silbenfriedens wegen gewählt worden sind. Dadurch wird der Ton, wie soll man sagen, «breit», entweder zu prunkend (wie es oft Homer-Übersetzungen passiert) oder zu betulich, wie in Vossens «Luise», der man das nur darum durchgehen läßt, weil man sich von Zeile zu Zeile sagt, es solle eben so sein und passe zum durchweg betulichen Inhalt. Goethe haben manche nachgesagt, er habe es mit «Herrmann und Dorothea» Voß nachtun wollen (vielleicht: ein wenig parodieren). Das Gegenteil ist der Fall. Schiller sagt es klar, Goethes Stück sei dem Vossens «völlig entgegengesetzt».[316]

Goethe gelingt (was beim Versemachen immer gelingen sollte, was aber hier auf die benannte Schwierigkeit stößt), daß man kaum je meint, der Verstakt erzwinge eine besondere, auf den Leser «gesucht» wirkende Wortwahl, sondern es scheint, als suchten die Wörter sich den ihnen angemessenen Vers. Das ist das Erlebnis: Es kann einem den Atem nehmen – oder einen verzaubern –, daß dieses Wort *so* an *diesem* Platze steht, als könne es nicht anders sein. Aber hier haben wir nun einmal den daktylischen Hexameter, zu dessen Habitus es (im Deutschen) gleichsam a priori gehört, gemessen, überalltäglich, in zuweilen fast zeremoniellem Takt einherzukommen. Dadurch wird die Wahl der Wörter zum jeweils besonderen Akt. Das kann entsetzlich mißraten, dann nämlich, wenn die gewählte Wortfolge das nicht trägt: Talmi. – Was für rhetorische Operationen sind solche Bewertungen?

Diese Gewichtigkeit, die der Wortwahl zuwächst, hat, wenn sie nicht mißrät, zur Konsequenz, die einzelnen Wörter semantisch aufzuladen. Was Humboldt und viele andere nach ihm zu Recht dem ganzen Gedicht zusprachen, es sei beschreibend ganz nahe der banalen (etwa häuslichen) Wirklichkeit, aber dem Atmosphärischen nach, dem Klange nach nicht, läßt sich an vielen Stellen zeigen. Durch die Gewichtigkeit des Wörtertakts wird auch das Alltägliche aufgeladen – nichts ist mehr eigentlich en passant.

Vater, nicht gerne verschenk ich die abgetragene Leinwand,
Denn sie ist zu manchem Gebrauch und für Geld nicht zu haben,
Wenn man ihrer bedarf. Doch heute gab ich so gerne
Manches bessere Stück an Überzügen und Hemden;
Denn ich hörte von Kindern und Alten, die nackend dahergehn.[317]

Nur so neben der Hand: Das «man kann es noch gebrauchen» und «für Geld nicht zu haben» ist, wenn es zu «zu manchem Gebrauch und für Geld nicht zu haben, wenn man ihrer bedarf» wird, ja eben nicht redselig ausgebreitet, um nicht aus dem Takt zu kommen, sondern die Möglichkeiten späteren möglichen Gebrauchs, der Ärger, wenn's dann doch nicht zur Hand ist, der Seufzer: «Was gäbe ich jetzt für irgendein Stück altes Leinen!», der Hinweis, daß aus vielleicht mäßigem, aber doch zuhandenem Überfluß gegeben wird (Überzüge und Hemden, die längst nicht mehr im täglichen Gebrauch sind), der Kontrast dessen, daß man reichlich hat, mit der Armut der Vertriebenen, der zum Anflug von Gewissen wird, ob es nicht doch am Platze wäre, «manch besseres Stück» zu geben – was tut der Verstakt dazu? Er fügt den Gedanken in die Rhetorik eines Gebotes:

denn ich hörte von Kindern und Alten, die nackend dahergehn

aber ein Gebot aus der Konstatierung des Bedarfs, nicht: «denn steht's nicht geschrieben, du sollst wohl …» usw. Doch der Bedarf wird, archaische Tonlage zitierend evoziert, nicht dargestellt, denn «nakkend» geht keiner der Emigranten. Sie werden von den aktuell Mangel Leidenden zu den schlechthin Bedürftigen: vor Gott und den Menschen. In Arno Schmidts Dickens-Essay heißt das: «Die Klage aller Klagen: Look at me!» Und doch, wie es so geht, gesehen hat es noch keiner von denen, die da reden, man hat es gehört, mediale Übermittlung gleichsam, wie es Rorty meinte, als er sagte, der Garant moderner Moralität sei der kleinbürgerliche Couch-Potato (im Sinne von Malvina Reynolds' «Little Boxes»: «and there's doctors and lawyers and business executives»), der sich von der Schlagzeilen-Sentimentalität des «Weltspiegel» rühren läßt. Moralische Gebote sind zwar mit soziologischen Befunden verbunden, doch indirekt. Der sich erbarmt, wird nicht zum Heuchler oder lächerlich, weil er sich's leisten kann, es sei denn, er macht Wesens davon. Diese Ebenen möglicher Reflexion, diese Komplexität des Humanen in der menschlichen Realität wird durch Zusammenfügen der Alltagserzählung mit dem Epen-Ton, vor allem aber durch die kalkulierte Wortwahl solcher Zusammenführung – durch Technik – nicht dargestellt, sondern gezeigt, mehr: erzeugt. Darum das Reden vom Schweigen im Reden: weil es nicht gesagt wird; darum das Reden von der Musikähnlichkeit: wegen der Performanz, des Was im bloßen Wie.

Ein beliebiges Beispiel, man kann derlei tatsächlich auf jeder Seite vielfach demonstrieren. Bleiben wir aber noch einen Augenblick bei der Wahl der Versifizierung durch Daktylen (meist sechshebige). Normalerweise setzt man den Entschluß, die Erzählung daktylisch zu versifizieren, mit einer gleichsam literaturhistorischen Pointe gleich: Goethe wollte zwar nicht unbedingt das mittlere Bürgertum homerisieren, aber doch zeigen, daß, wenn denn Hexameter sein sollten, der bürgerliche Alltag und seine prosaischen Dramen durchaus für diesen gemessenen Versschritt und seine plakative Unalltäglichkeit tauglich wären. Dem soll nicht widersprochen werden, aber man kann anders pointieren, wenn man den Entschluß, sich dieses Versmaßes zu bedienen – wie beim «Reineke Fuchs» oder bei «Alexis und Dora», wo fundamental andere Effekte sich zeigen –, als Entschluß zu einer technischen Herausforderung – und übersetzen wir das in: einen bisher unbeschrittenen Weg zum Schönen auszumessen – auffaßt. Hat man nämlich den Entschluß zum Daktylus einmal gefaßt, muß man sehen, was er aus der Stoffwahl macht, wenn die Zusammenführung dieser beiden Entscheidungen und ihre Ausführung gelingen.[318]

Der unreflektierten Achtung für den Dichter entgehen die Pointierungen, die ästhetische Urteilskraft versagt oder erhält Dispens, vielleicht nur auf Zeit. Wenn Gustav Seibt die Revolutionsbeschreibungen in «Herrmann und Dorothea» zitiert und zu Recht eine «Psychohistorie der Revolutionszeit westlich des Rheins» nennt,[319] so stolpert man doch über die Begründung, warum er das so nennt. Denn was man liest, ist nicht das. Es ist eine Beschreibung, eine, zöge man sie auf den Referenzcode vermittelter Zeitgenossenschaft ab, emphatisch geratene, auch von Emphasen berichtende, aber doch eben eine Außenbeschreibung. Wenn Seibt hinzufügt, das «kleine Epos» zeige die «Meisterschaft der Verknappung»,[320] nimmt man das hin – aber wieso eigentlich? Denn zweifellos machen die Goetheschen Daktylen *mehr* Worte, als der Genüge des Referenzcodes entspräche. «Verknappung» ist das falsche Wort. Das klassische «Verdichten» wäre näher dran, wäre es nicht so konventionalisiert. Arno Schmidt sprach von «Dehydrierung».[321] Aber auch das trifft es nicht.

Was das kleine Epos auszeichnet, ist, was es *mehr* ist als seine Paraphrase gemäß gewähltem Referenzcode, nicht dieser in hinreißend karger Gestalt. Einmal, daß es, wie man so sagt, Rollenrede bietet – aber eben besondere Rollenrede in besonderer Situation, die zu bemerken der Lektüre aufgegeben ist: Derjenige, der von Wut und Grausamkeit der Revolution berichtet –

> ... Die wilde Begierde
> Dringt mit Gewalt auf das Weib, und macht die Lust zum Entsetzen.
> Überall sieht er den Tod, und genießt die letzten Minuten
> Grausam, freut sich des Bluts, und freut sich des heulenden Jammers.
>
> Grimmig erhob sich darauf in unsern Männern die Wut nun,
> Das Verlorne zu rächen und zu verteid'gen die Reste
> (...)
> Rastlos nun erklang das Getön der stürmenden Glocke[322]

– ist selbst betroffen, angehört wird er aber nicht deshalb, weil man sich ein Bild von der Revolution und den Revolutionskriegen und den mörderischen Reaktionen auf diese machen will, sondern weil man wissen will, was es mit der jungen Frau auf sich hat, die im Flüchtlingszug so eine in jeder Hinsicht gute Figur macht und auf die der Sohn des Hauses ein Auge geworfen hat. Gerahmt wird der gefügte Schreckensbericht dadurch, daß er von verstohlener familiärer Spionage, ob das Mädel zur Begattungswahl tauge, hervorgelockt wird. Es ist ziemlich ekelhaft. Und der Bericht ist ins Leere gesprochen. Doch hindert das natürlich keineswegs, ihn so zu zitieren, wie bei Seibt geschehen. Nur wäre die Wirkung des Textes eine andere, wäre diese Rahmung nicht, wäre er eben nicht ins Leere gesprochen – und widerlegte er nicht schon vorgreifend die patriotischen Phrasen am Ende, die dann eben vom selben Schlage sind wie der Furor, von dem der ausgeholte Flüchtling spricht:

> Überall raste die Wut und die feige, tückische Schwäche

im Sound des kriegsbereiten Einvernehmens, ein Getön und Geglock', ein tönendes Erz und eine klingende Schelle, der Empathie bar.

Was, zweitens, über die Ränder des Referenzcodes schießt, ist die Affektbewegung des Textes in einer nicht-stofflichen/inhaltlichen Dimension. Diese Bewegung wird durch die Möglichkeiten gesteuert, die die Versifizierung bietet. Der Einsatz der Adjektive ist einerseits durch das Angemessenheit verbürgende Ur- und Vorbild lizenziert –

> noch bedeckte ein ‹abgebrochener› Feldschuppen den Boden; Bretter, Latten, Ständer; alles, (wie hätte HOMER sich sehr richtig ausgedrückt?) ‹reichgenagelt›[323]

– zurückgenommen wie eine Hintergrundmelodie, andererseits durch den Epenton als emphatische Aussage vorgewiesen. Der «heulende Jammer» wäre in jeder Paraphrase ein Unding. Ist es ein Gejammer, durch Lautgeben zum Ausdruck gebrachter Schmerz, ist es der zum Himmel schreiende Jammer – was auch immer, man ließe es weg, insistierte nicht auf etwas, von dem man in Prosa nicht recht zu sagen wüßte, was eigentlich genau gemeint ist. Obwohl es doch jeder versteht. Der «heulende Jammer» klingt wie (ist möglicherweise) eine konventionalisierte Wortfolge wie «hochaufschäumende Wogen» und derlei, aber gerade so zeigt er auf das, was eben allenthalben zu hören/sehen/fühlen ist, disons le mot: heulender Jammer. Als Vers- und als Strophenabschluß. Und laut und heulend in der Lautfolge au-a-eu-u-u-eu-eu-a.

Was die Psychohistorie der Revolutionszeit und anderer Eskalationen der Gewalt beschreiben und analysieren kann, wie die (empfundene) Nötigung zu Gewalt zum Genuß an ihr «umschlagen» (so das eingeübte Wort dafür) kann, findet sich hier so:

… der Flüchtige kennt kein Gesetz; denn er wehrt nur den Tod ab,
Und verzehret nur schnell und ohne Rücksicht die Güter.
Dann ist sein Gemüt auch erhitzt, und es kehrt die Verzweiflung
Aus dem Herzen hervor das frevelhafte Beginnen.
Nichts ist heilig ihm mehr; er raubt es. Die wilde Begierde
Dringt mit Gewalt …[324]

Gerade das «frevelhafte Beginnen» ist hochkonventionalisiert, aber die affektive Sequenz, die hier behauptet wird, ist das keineswegs. Zumal die Wörter in ihrer Folge nicht ohne weiteres in eine eindeutige Behauptung über die Psychodynamik eines solchen «Umschlags» gebracht werden können. «Hervorkehren», nicht wie die Sonne für Faust im Zweiten Teil am Morgen: «Sie kehrt hervor!», auch nicht, wie man etwas Verstecktes unterm Schrank hervorkehrt, auch nicht das Innenfutter, das sich beim Wenden zeigt, und doch schiebt der Verfasser diese Gebräuchlichkeiten ineinander, und was bleibt ist: das Irritierende. Welcher Vorgang ist das eigentlich? Eine Affektfolge, eine Substituierung des einen Affekts durch den anderen, ein Affektdurchbruch? Oder wird die Deutung, es gäbe eine Gewalt aus Not und eine aus Neigung, und das sei gut unterscheidbar, angezweifelt, vielleicht preisgegeben und von einer Lust gesprochen, die sich zeigt, wenn Gelegenheit ist und Legitimation auch irgendwie und ungefähr zu haben? Und wird mit der offenen Formulierung des Befunds nicht zugleich die Weltunsicherheit, in die uns die Deutungsunsicherheit befördert und die eine der Pointen des gesamten «kleinen Epos» (siehe unten) ist, der Leserin ins rezipierende Halbbewußtsein hineingesprochen, wo es dann das Reden über den Text auffinden kann?

Die «Psychohistorie der Revolutionszeit» ist nicht, was Goethe gibt, sondern was der Leser des Textes, wenn er über das Gelesene Auskunft geben will, erläutern muß, um zu sagen, «was das soll». Es ist die Geschichte der Wahrnehmung und Selbstwahrnehmung der revolutionären Zustände. Man kann «Herrmann und Dorothea» als Beleg für «Goethe und die Revolution» lesen; liest man aber den literarischen Text, muß man über seine Technik sprechen, in diesem Falle die der Erzeugung von Emphasesteigerung und dadurch beförderte Wahrnehmungssteigerung der Komplexität der nur unzureichend so genannten Wirklichkeit durch den Einsatz des Verses und der Wörter im Vers.

Man macht sich ja in der Regel nicht recht klar – und die Rezeptionsgeschichte von «Herrmann und Dorothea» scheint mir (soweit die zusammenfassende Sekundärliteratur mir erlaubt, sie zu übersehen) ein Dokument dieses Sich-nicht-Klarwerdens zu sein –, daß eine solche technische Virtuosität – jedenfalls im Sprachkunstwerk – ein Unmöglichwerden der Naivität im Stoffumgang mit sich bringt, in der hier vorgeschlagenen Terminologie: eine ständige Uneindeutigkeit der scheinbar empfohlenen Referenzcodes.

Damit ist in diesem Falle nicht nur gemeint, daß der Verfasser sich – von dem eben Zitierten abgesehen – dem Gemütlichen seines Sujets (soweit es sich denn bei genauem Hinsehen wirklich um Gemütlichkeit handelt) überließ, das versteht sich; es stellt sich, unter Vermeidung des Risikos verfehlter Wortwahl – Talmi –, auch Komik ein – aber eben nicht unfreiwillige. Talmi wäre gegeben, wenn die gewählte Versifizierung und der nahegelegte Referenzcode einander so entsprächen, daß es sich einfach um diesen mit hallgebendem Pedaleinsatz handelte. Wir bewegen uns bei «Herrmann und Dorothea» (aber auch etwa bei Wielands gesamtem Verswerk (auch, nota bene, bei «Geron der Adeliche»)) im Bereich des konventionellerweise so genannten Uneigentlichen. Was in diesem Falle nur so viel heißt: Die gewählte Form ist durch die versetzte Zeit ihrer quasi rituellen Aura entkleidet. Nun belebt unsere Lektüre der «Ilias» nicht das (vielleicht zeremonielle, was wissen wir, jedenfalls) konventionalisierte Ambiente ursprünglichen Vortrags. Wir wissen nur – siehe oben Ion – über ihre Präsentation als Kulturgut oder/und Gegenstand der Erbauung. Doch wie auch immer präsentiert, die «Ilias» und die Anforderung an ihre Rezeption wachsen am selben Holz, dem der «Ilias» nämlich, die die Gattung definiert. Eine interessante Frage in diesem Fall: Kann in der «Ilias» ein ästhetischer Fehler benannt werden? Was soll der «Schiffskatalog»? Soll man ihn als uns verschlossenes Stilmoment schier akzeptieren und dann in den Status der Subgattung erheben «wie im homerischen Schiffskatalog»? Oder ihm unmittelbare ästhetische Überzeugungskraft zuschreiben, wie Arno Schmidt es tat: «Wonnen der überwältigenden Aufzählung»?[325] Was ist die Beschreibung des Schilds des Achill? Eine disproportionale Ekstase? Woher die Maßstäbe nehmen, die Referenzen? Es ist «der Schild des Achill», er begründet eine Subgattung, bis zum Schleier der Lea/Rahel in Thomas Manns «Geschichten Jaakobs» oder, wenn man möchte, in Josephine Siebes «Hasenwunderland» beim Ei-mit-Innenleben des kurzzeitig anthropomorphisierten Hasen Weißpfötchen. Der «Schild» und seine besondere Einbettung in sein textliches Umfeld begründen die Maßstäbe – nicht er ist der Maßstab. Es wird zum Ehrgeiz werden, es besser zu machen, wie Justinian mit der «Hagia Sophia» ein im Petersdom zu übertreffendes Muster stellte. Der Einzelfall, aus dem die Regel extrapoliert wird, ist eben nur ein möglicher Anwendungsfall dieser Regel. Dieser Umstand wird aber nicht nur erst durch das Reden über den Text deutlich, sondern das Reden über den Text schafft diese Beziehung.

Die «Aeneis» leitet sich her als Eigenes aus dem Vorbild der «Ilias», stellt sich zur Seite, grenzt sich ab; im Abhängigkeitsverhältnis stellt sie ein eigenes Muster auf. Das geht immer dann, wenn man es erlaubt. Wo das nicht der Fall ist, achtet man auf die Nuancen oder läßt schon gleich das Grobe nicht passieren. Der Status des Originals wird zugeschrieben, und wenn und wo das der Fall ist, ist kein Platz für ein Aber. Wo Shakespeare an Mustern gemessen wird, die nicht Shakespeare sind, steckt er voller Fehler – Voltaire demonstrierte das. Die Einrede, jede Dichtung müsse aus sich selbst bzw. an Regeln gemessen werden, die nicht aus sakrosankten Vorbildern gewonnen sein dürfen, ist (jedenfalls in Deutschland) eine aus dem Bekenntnis zu Shakespeare gewonnene Doktrin. Daß ein Vorbild zum Vorbild nicht taugt, erhellt sich aus dem Umstand, daß Shakespeare sich nicht daran gehalten hat, und das Dogma der Einheit von Zeit, Raum und Handlung ist entweder keins, das etwas taugt, denn auf Shakespeare ist es nicht anzuwenden, oder Aristoteles muß eben, wie es Lessing wendet, historisiert werden und – tempora mutantur et dogmata in illis – so angewendet werden, daß es paßt. Das ist im Grunde trivial. Etwas ist bizarr oder avanciert zum unvergänglichen Muster: siehe Milton. Den umgekehrten Weg ging Klopstocks «Messias» schon zu Lebzeiten seines Verfassers. Den Weg Shakespeares zum unbezweifelbaren Muster wollte Tolstoi rückgängig machen, und für Kraus reichte im Grunde das (und nicht so sehr Tolstois Pazifismus und seine kostspielige Armutsinszenierung nebst Tennisplatz), um das Urteil «der alte Tepp» freudig zu zitieren.

Die gegenläufige Bewegung ist das langsame, manchmal recht schnelle Fallen eines Autors aus dem Kanon der Muster. Mit Wieland geschah das, wie gesagt, zu Lebzeiten und durchaus mit brachialer

Programmatik, als die ebenfalls erwähnten Schlegels ihn zum «negativen Klassiker» erklärten. Die um die Säkularzäsur 1800 herum sich ereignenden Transformationen auf eine Grundmelodie zu bringen, deren Variationen dann zu finden wären, scheint mir auf die Dauer wenig befriedigend, ob jene nun auf «bürgerliche Gesellschaft» «xy-Moderne» oder auf etwas mit «-individualität» geht. Alle diese Melodien klingen, als auf das interessante Detail gepfiffen, nur so-so. Es kommt eben dies und das zusammen, verstärkt sich gegenseitig, gibt den Komponenten neue Richtungen, von später her betrachtet besondere Bedeutung, von der sich der Zeitgenosse wenig träumen ließ.

Schönheit (2)

> *Die exemplarische Überbrückung der Kluft nun aber, die zwischen Geist und Schönheit gesetzt ist, die Vereinigung beider Auszeichnungen (...) erscheint als Aufhebung einer Spannung, die man als im Natürlich-Menschlichen begründet anzusehen gewohnt ist (...) Das glückliche Einverständnis, das gewisse Erscheinungen im Menschenherzen erregen und das man sachlich ihre Schönheit nennt (...) geprägt mit ihrem Siegel, dem Siegel der Anmut (...) so daß zwischen beiden, zwischen Schönheit und Geist, kein Gegensatz und fast kein Unterschied mehr bestand.*
>
> Thomas Mann, Joseph und seine Brüder

Eine besondere Begleiterscheinung der sich wandelnden Vorstellungen von dem, was Literatur sei und was schätzenswert sei und was nicht, auch der seelensozialen Verortung ihrer Produzenten, war das Entstehen der modernen Naturlyrik. Bleiben wir für eine kleine Weile bei ihr. Zu ihr gehörte die radikale Abwertung dessen, was zuvor das Dichten über die Natur gewesen war, und ihrer Dichter. Nehmen wir Barthold Heinrich Brockes, von dem die Lexika sagen, er sei der Begründer der deutschen Naturlyrik gewesen. Aber das trifft es nicht. Wenn man heute «Naturlyrik» hört, dann denkt man natürlich an Goethe, an viele Romantiker, man denkt mehr an Stimmungen als an Beschreibungen; so sind unsere Muster beschaffen, aus denen wir die Regeln diesbezüglicher Schönheit intuitiv gewinnen.

Füllest wieder Busch und Tal
Still mit Nebelglanz,
Lösest endlich auch einmal
Meine Seele ganz;

Breitest über mein Gefild
Lindernd deinen Blick,
Wie des Freundes Auge, mild
Über mein Geschick.

Goethe, «An den Mond». Oder Claudius:

Der Mond ist aufgegangen,
Die goldnen Sternlein prangen
Am Himmel hell und klar.
Der Wald steht schwarz und schweiget
Und aus den Wiesen steiget
Der weiße Nebel wunderbar.

Zwar muß bei Claudius das Innenleben, anders als bei Goethe, nicht sogleich an die Rampe treten, aber die Atmosphäre für die Ziel-Zeilen ist schon gegeben, und wir sind nicht mehr erstaunt, wenn sie so lauten:

Verschon uns Gott mit Strafen
Und laß uns ruhig schlafen
Und unsern kranken Nachbarn auch.

Oder Eichendorff, «Mondnacht»:

Es war, als hätt der Himmel
Die Erde still geküßt,
Daß sie im Blütenschimmer
Von ihm nur träumen müßt.
(...)
Und meine Seele spannte
Weit ihre Flügel aus,
Flog durch die stillen Lande,
Als flöge sie nach Haus.

Brockes hat auch einige Mond-Gedichte, und eines davon – «Mond=Schein» – geht so:

Mit einer still= und reinen Lust,
Mit einer sanften Freud und Wonne,
Erfüllte neulich meine Brust
Der helle Mond, die weisse Schatten=Sonne;
Indem sich nemlich Licht und Schatten,
Auf Erden, in der Lufft und Fluth,
So angenehm gemischt, so sanft verbunden hatten,
Daß durch mein Auge, Blut und Muth
Zu einer Harmonie, zu einer süssen Stille,
Und in der Creaturen Pracht und Fülle,
Zu dem, der sie erschuff, gebracht,
und halb entzücket ward.

Es war die holde Nacht
Von denen Nächten, welche man
Nicht leicht, als in der Dichter Schriften, finden,
Und keiner gnug bewundern kann.
Der Himmel war entwölckt, gantz heiter, klar und rein.
Die Lufft war lau und still, es funckelten die Sterne
In einem regen Glantz. Der Silber=farbne Schein
Des eben vollen Monds, erfüllt mit sanftem Strahl
Wald, Wiesen, Gärten, Berg und Thal.
Ein' ungemein' und angenehme Stille
Regieret' überall:
Und ward durch nichts, als durch der Nachtigall
Hell klingend singen, unterbrochen.
Wie lieblich ist, sprach ich, des Mondes sanftes Licht,
Wann es das feuchte Rund der duncklen Welt bestrahlet,
Und durch der Wälder Schatten bricht!
In welcher Harmonie sieht ein vergnügt Gesicht
So dann das, was man sieht! Die Cörper sind gemahlet
In einem holden Grad von Glantz und Finsterniß;
Die Formen sind sowohl, als Farben, ungewiß,
Und alles reitzet unsre Brust
Zu einer still= und sanften Lust.

Indem ich nun, von einer Höhe,
Die durch den Mond geschmückte Welt;
Und ihr nicht grünes Grün besehe;

Ward mir gantz unverhofft ein Schnee=Feld vorgestellt:
Da nehmlich aus der kühlen Lufft
Ein Silber=weisser Nebel=Dufft,
Wie offt in Marsch= und feuchten Feldern fällt,
Und den man Fuchs=Bad nennt,
Sich hatt' herab gesencket,
Der recht wie eine weisse Fluth
Auf dem dadurch erquickten Grase ruht'.
   Es schien das flache Feld mit Wasser überflossen,
Und recht, als hätte sich
Ein starcker Fluß ergossen,
Der alles eingeschluckt.
Es war der feuchte Dunst so dicht,
Daß gar des Mondes glänzend Licht,
   Als wie im Spiegel, sich in diesen Nebel drückt'.
Es waren Gräben, Bäum' und Weiden
Gar nicht zu sehn, gar nicht zu unterscheiden.
Hingegen war, auf den bebüschten Höhen,
Von diesem Dufft=Fluß nichts zu sehen;
Wol aber glimmte dort, zu meiner Augen Freude,
So vieler zierlichen Gebäude
Hell angestrahltes Fenster=Glas,
Das des Gebüsches Dunckelheit
Noch desto mehr erhöht und zieret.
Kurtz; alles schien daselbst illuminiret,
Und, in dem prächtig heitern Schein,
Ein stiller Freuden=Feur, zu GOttes Ehr, zu seyn.
   Indem ich nun dies Wunder überdencke,
Und mein ergetztes Aug' auf= und gen Himmel lencke;
Erblick ich dort der Sternen Heer.
Ach! rieff ich aus: da hier des Mondes Schein
So viele Vorwürff' uns gewehret,
In welchen man mit Lust den Schöpffer billig ehret;
Wie unbeschreib= und unbegreiflich groß
Muß in so vieler Welte Schooß,
Als von noch ungeheurer Grösse
Bewunderns=würdige Gefässe,
Die Vielheit schöner Creaturen

So wol bey Nacht, als auch bey Tage, seyn!
Hier seh ich abermahl die Spuren
Der göttlichen Geschöpf' und Wercke nicht allein;
Es drucket mir zugleich der Schau=Platz dieser Höhe
Den ich, voll froher Ehr=Furcht, sehe,
Ein Glor=reich herrlich Bild von GOtt, dem Schöpfer, ein.
Ja, diese kalte Gluth entzündet,
Und dieser schwache Glantz wird mir zum starcken Licht;
Da bey dem Strahl, der durch die Schatten bricht,
Mein Hertz der Gottheit Licht, so gar im dunckeln, findet.[326]

Das war lang; nicht zuletzt die Länge vieler dieser Gedichte, von der das Zitat Eindruck geben muß, machte bald ihre Fremdheit aus, die unsere Lektürekonventionen bis heute prägt. Es klingt fremd, und es ist klar, was diese Fremdheit zusätzlich zu der Länge ausmacht: der beschreibende Gestus, die uns frömmelnd anmutende mehrfache Gottesanrufung – auch manches, das wir als eine Art stilistischer Unbeholfenheit ansehen: da wird uns doch mitgeteilt, daß flache Nebelschwaden im Jäger-Argot der Gegend «Fuchs-Bad» heißt. Aber vielleicht haben wir doch auch ein Ohr für aus der Seltsamkeit und Fremdheit uns ansprechende Intensitäten: «Es schien das flache Feld mit Wasser überflossen, / Und recht, als hätte sich / Ein starcker Fluß ergossen, / Der alles eingeschluckt. / Es war der feuchte Dunst so dicht, / Daß gar des Mondes glänzend Licht, / Als wie im Spiegel, sich in diesen Nebel drückt›.»

Jemand, der das hört und andere Naturdichtung gewohnt ist, mag sagen: Bei Brockes sehe ich nichts. Tatsächlich *sehen* wir gerade bei Brockes etwas. Bei Eichendorff sehen wir nichts. Bei Goethe sehen wir nichts. Bei Claudius nur die Kontur des Waldes, der aber auch erst durch die Anthropomorphisierung («schweiget») diese gewinnt. Jemand, darauf aufmerksam gemacht, sagt dann vielleicht: Bei Eichendorff fühle ich mehr. Das trifft es genauer. Er sieht durch den Schleier emphatischer Verstärkung, die ihm ans Herz gelegt wird, von Herz zu Herze sozusagen, die Neuigkeit solcher Ansprache sorgt dafür, daß es klappt – lyrische Geschwistrigkeit stellt sich her –, und die Konvention sorgt dafür, daß es weitergeht, wie es eben tut – die Konvention sorgt für sich selbst. Ebenso folgt dann die Rebellion gegen die Konvention der bloßen

 Gefühlsaneignung, gegen dieses Seelengetue, etwa mit Günter Eich:

> Die Kastanien blühn.
> Ich nehme es zur Kenntnis,
> äußere mich aber nicht dazu.[327]

Das kann man machen, und man muß sich weiter nicht dazu äußern. Denkbar wäre, daß das gegen Brockes gerichtet ist, der sich 150 Zeilen lang über blühende Kastanien äußerte, dieser Art:

> Das Blühmgen selbst ist sonderlich formirt:
> Man sieht um sechs gekrümmten weissen Spitzen,
> Die oberwerts ein braun=roth Körbchen ziert,
> Fünf weisse Blätterchen, die unten kraus sind, sitzen[328]

Dagegen opponierte man, wie Goethe, Claudius und Eichendorff es taten, indem sie etwas anderes machten, Eich nimmt das Panier auf, indem er es liegen läßt. Da soll etwas zu Ende sein, ist es aber nicht, es gab bei Rühmkorf noch durchaus Fliederbusch und Lorbeer. Die Gesten der willigen Verarmung richten sich nicht gegen Kastanien, sondern dagegen, daß es schon was wär', wenn einer Kastanien besingt. Daß das sprichwörtliche Gespräch über Bäume ein Schweigen über so vieles einschließe, mag als triviale Wahrheit durchgehen, aber der Verfasser dieser spießigen Parole war natürlich einer von denen, die wußten, was man alles sagt, wenn man einen Baum besingt, und auf wie vielerlei Weise man es tun kann. Da ist eben die spezielle Art Selbstergriffenheit der modernen Naturlyrik, die Eich und andere auf ihre kargen Barrikaden bringt, nur eine Spielart. Aber das ist unter der Hand der modernen Konventionen verlorengegangen.

Diese skeptische Lesehaltung, die wir zunächst gar nicht umhin können einzunehmen, ist ein Resultat der historischen Umbildung unserer Lesegewohnheiten, die man – nicht mit Hegel, sondern mit Kuhn – als Durchsetzung nicht irgendeines Besseren oder einer höheren Richtigkeit, sondern als Mischung von Geschmackswandel und Generationenwechsel verstehen sollte. Ein Paradigmenwechsel also, in dem wir alle noch befangen sind, und zu diesem speziellen Paradigmenwechsel gehört das Verständnis der (Literatur-)

Geschichte als Teleologie, in Deutschland mit der Weimarer Klassik als Ziel und Zentrum, um die gemäß «vor» und «nach» (wie in der deutschen Auffassung von Philosophie als vor- und nach-kantisch) gruppiert werden kann. Solche Selbstgewißheit führt zur Unbildung. Wer die Literaturgeschichten liest, merkt an den voneinander abgeschriebenen Catchwords, wo Urteilskraft zur Gewohnheit und zum Reflex heruntergekommen ist. Man muß sich nicht so echauffieren wie Hermann Hettner in seiner 1869 verfaßten «Geschichte der deutschen Literatur im 18. Jahrhundert», der von Brockes' «prosaische(r) und spießbürgerliche(r) Natur» schreibt, von der «Armseligkeit seiner Natur und seines Dichtungsvermögens», seiner «platten Philisterseele»,[329] aber man wird ihn verstehen. In der hundert Jahre später in der DDR erschienenen «Geschichte der deutschen Literatur vom Ausgang des 17. Jahrhunderts bis 1789» heißt es: Seine «eindringlichen Naturbilder mit ihrer rationalen Funktion, die Allmacht, Weisheit und Güte des Schöpfergottes zu beweisen, haben beschreibenden Charakter; sie besitzen weder die Empfindungstiefe eines Paul Fleming noch erreichen sie den Symbolgehalt der Naturbilder bei Klopstock oder bei Goethe. Immerhin bleibt Brockes das Verdienst, die deutschen Dichter wieder zur Naturbeobachtung, zum Natur- und Landschaftsbild geführt zu haben (...), liebevoll und beschaulich, genau und zuweilen mit einem Hauch echter Poesie beschreibt Brockes zunächst eine Landschaft, einen Gegenstand, eine Naturerscheinung, häufig auch Tagesabläufe und Jahreszeiten. Dann schließt eine – nicht selten weitschweifige – Betrachtung an, die den Nutzen des beschriebenen Gegenstandes mit aufklärerischer Spitzfindigkeit für den Menschen nachweist, und er endet mit einer Lobpreisung Gottes.»[330] Die Hanser-Literaturgeschichte nimmt Hettners «Philister» auf und prätendiert Humor: «ein wohlhäbiger Bürger hat sich im Irdischen eingehaust, das als Gottes Werk guten Gewissens genossen wird».[331] Das ist albern, schlimmer: humorvolle Auskennerei. Nun kann es natürlich nicht darum gehen, das Unmögliche und Unnötige zu versuchen, Autoren wie Brockes so zu lesen, wie man sie «damals» gelesen hat – das geht nicht, und ginge es: wozu? Wohl aber kann man einige hermeneutische Blockierungen beseitigen, sehen, durch welche Brille man sieht – wozu man sie allerdings abnehmen muß.

Was wir vor uns sehen bzw. wessen Melodie wir hören wollen,

 wenn wir «Naturlyrik» wollen, wie wir sie kennen, ist ein spezifisches, traditionsbildendes Amalgam von Naturbeschreibung und emphatischem Selbstoffenbarungsgestus; anders gesagt: es geht um Stimmung, nicht solche, die sich einstellt, sondern solche, die hergestellt wird und den Hörer/Leser mitnimmt, ihn eben einstimmt. Es ist bezeichnend und bezeichnend richtig, daß Goethe sein «Im Herbst 1775» in der «Ersten Sammlung» der «Vermischten Gedichte» «Herbstgefühl» nennt,[332] und «Wanderers Nachtlied» heißt eben nicht «Gedanken bei Windstille im Walde bei Ilmenau».

Die Natur ist in dieser moderneren Lyrik gewiß nicht «Gleichnis für jene Freiheit, die das Individuum in dem gesellschaftlichen Zustand seiner Zeit nicht finden konnte»,[333] als vielmehr Ausdruck einer Kommunikationsstörung, die, wie stets, auch ihren generationellen Ausdruck fand, obwohl sie nicht primär eine zwischen den Generationen, woher das Reden vom «Philister» stammt, gewesen ist. Nun ist «Kommunikationsstörung» selbst ein philisterhaftes Wort, jedenfalls ohne Erläuterung. Worum es geht, ist, daß diese Art Naturlyrik, die unser Gehör als die wahre wahrzunehmen sich gewöhnt hat, ihre erste Blüte erlebt, als der Bereich der Kunst als ein autonomer deutlich wird, ohne daß es entsprechendes Akzeptanzverhalten gäbe. Es zerfällt die Geschmacksgemeinschaft und mit ihr der Adressatenkreis. Der Dichter muß und übernimmt dies Muß: er soll alleine gehen. Aber das muß hergestellt werden, und dazu hält der Gestus des Verfassers her. Diese Wahrnehmung und Selbstwahrnehmung spricht sich aus durch die emphatisierte Mitteilung, daß Mitteilung scheitere. Werther redet ins Gehörlose hinein. Nur wenn er Lottes Hand drückt und in den Frühlingsregen «Klopstock» sagt, wissen beide, worum es geht. Die moderne Naturlyrik, die man mit Goethes «Auf dem See» beginnen läßt,[334] klingt so:

Tausend schwebende Sterne

und

Weiche Nebel trinken
Rings die türmende Ferne

und wo die Verse für die «Vermischten Gedichte» sagen:

Und frische Nahrung, neues Blut
Saug' ich aus freier Welt;
Wie ist Natur so hold und gut,
Die mich am Busen hält!

heißt es in der Erstfassung noch:

Ich saug an meiner Nabelschnur
Nun Nahrung aus der Welt.[335]

Näher kann man mit dem, was man selbst nicht ist, nicht verbunden sein.

Das Fernste wird mit dem Innersten identifiziert und so das Mittelbare ebenso übersprungen wie das Mitteilbare scheinbar suspendiert, es ist, was später in der Pop-Musik Gemeinschaftsbindung im Sound ist. Lesegemeinschaft wird durch einen Gestus erzeugt und dadurch eine neue Literaturgattung erfunden, die sich die heißen Herzen in Zeitschrift und Almanach erobert, die beruhigten in der Anthologie wärmt und die der Schüler ebenso langweilt wie die Komponisten inspiriert und noch in Benns «Ebereschen» nachglüht. Die Naturlyrik, die da die historische Bühne betritt, ist vielleicht der Ausdruck des emotionalen Schocks, den die ihrer Autonomie innewerdenden Literatur an sich selbst wahrnimmt.

Es geht nicht um «Innerlichkeit» in dem Sinne, in dem das Wort normalerweise gebraucht wird, sondern um die Kompensation einer Kommunikationsstörung im erläuterten Sinne durch gesteigerte Expressivität. Das «Gefühl» Genannte wird ohne vermittelnde Brechung direkter Sprechakt, und als Bestätigung wie Verleugnung der Unmöglichkeit dieser sprachlichen Operation wird rigoros die Natur – Ausdruck des Innersten durch das Fernste/Fremdeste – als metaphorisches Reservoir erschlossen.

Dieser Art Naturlyrik ist Brockes tatsächlich fern. Bei ihm gibt es den Zusammenschluß innen/außen//fern/nah nicht. Und doch ist er auf merkwürdige Weise «naturnäher» als die Naturlyrik, die wir gewöhnlich als solche bezeichnen und als deren bloßen Vorläufer wir Brockes zu lesen gewohnt sind. Aber was soll das heißen: «naturnäher»? Brockes' Lyrik ist in den Passagen, die sich wie Mitteilungen lesen lassen – die Anreden, die Erläuterungen von Empfindungen, die Aufforderungen, in das Gotteslob mit einzustimmen –, geradezu gekettet an die außerlyrischen Kommunikationsgewohnheiten. Er nimmt als stolzer Gartenbesitzer den Leser an die Hand,[336] zeigt ihm dies und weist ihn auf das hin und sagt kaum ein «Wie schön», ohne ein «nicht wahr?» hinzuzusetzen. Oder er kommt von einer Exkursion zurück und sagt: «Stell dir vor, was ich gerade gesehen habe!» Wenn es dabei um allerlei Getier geht, kann sich der Leser, der in den 50er Jahren des 20. Jahrhunderts in der Bundesrepublik Deutschland und im Bereich des NDR-Hörfunks jung war, an die Stimme des «Tierfreund» im Schulfunk erinnert fühlen, der atemlos davon berichtete, hier einen Frosch und dort gar einen Hasen gesehen zu haben. Zu diesem Gestus gehört die Imagination einer selbstverständlichen sozialen und kommunikativen Verbindung mit dem Leser, und es hat sie wohl tatsächlich gegeben, wie Brockes' Auflagenerfolge zeigen.

Die metaphorische Intensität der neuen Naturlyrik stiftet eigene Gemeinschaftlichkeit, allerdings eine, die kein Bild mehr in einem wie auch immer beschaffenen Gespräch hätte. «Ich wollte, er schösse mich tot», sagt Heine zu keinem und allen, nicht zu einem vorgestellten Gegenüber, das das kommentieren könnte. Das ist im Brockesschen Gestus anders, und die Leserin erlaube mir, sie noch eine Weile an diesem Ort aufzuhalten, sagen wir bei «Feld=Bluhmen am Wasser»:

> Als ich an einem Wasser=Graben, der, hohe Felder in der Mitte,
> In einem lang=geraden Strich, so weit man sehen kann,
> durchschnitte,
> Der rein und klar, als ein Krystall, so recht mit Fleiß poliert, mich
> setzte,
> Und an dem Erd= und Himmels=Spiegel des klaren Wassers mich
> ergetzte;

Das kann man nehmen wie nach einem Spaziergange erzählt, man wird beiseite genommen, ist ganz Ohr, tritt auch nicht aus dem bürgerlich Gewohnten heraus, die Metaphern sind noch keine, sondern Gleichnisse, der Wasser-Graben ist «wie» ein Kristall so hell, und zwar wie ein fleißig polierter Kristall, haben wir auf dem Schreibtisch, und die Magd ist heute Morgen drübergegangen.

Und an dem Erd= und Himmels=Spiegel des klaren Wassers mich ergetzte;
Ward ich, zu meiner Lust Vermehrung, am Ufer einer Bluhmen Schaar,
Von ungezählter Farb' und Art, mit inniglicher Lust, gewahr.

Schilderung. Blumen dort, inniglische Lust (und zweimal «Lust») hier drinnen, er sagt es uns. Weiter mit der Schilderung – ist man nicht geneigt zuzustimmen: philisterhaft inventarisierend? –:

Zu unterst war am jungen Schilf

«Zu unterst war am jungen Schilf» – und drüber mancher Schmetterling zu meiner nicht geringen Freude –?

Zu unterst war am jungen Schilf ein Grün, das unbeschreiblich= schön,
Zumahl vom Sonnen=Licht durchstrahlet, ein recht durchläuchtig Grün zu sehn,
An diesem stand, in hellem Purpur, manch Blühmchen, das Levcojen gleich,

Nur Farben. Keine Levkojen, notierenswerte, sondern manch Blümchen «Levcojen gleich», Natur wird zum Gleichnis ihrer selbst.

... stand, in hellem Purpur, manch Blühmchen, das Levcojen gleich,
Dort war ein Platz an Silber=weissen und riechenden Camillen reich.
Die röhtlich=gelben Wucher=Bluhmen, der Grase=Bluhmen güldner Glanz,
Die Schwefel=gelben Irides, der holde weiss' und rohte Klee,
Formierten öfters hin und wieder, aus manchem Theil, ein buntes Ganz,

– man verkenne nicht die Details: In diesem Satz wiederholt sich die Farbverteilung akustisch: alle Vokale, a-e-i-o-u, o-Umlaut, ein Diphthong –

... an Silber=weissen und riechenden Camillen reich.

Die röhtlich=gelben Wucher=Bluhmen, der Grase=Bluhmen güldner Glanz,
Die Schwefel=gelben Irides, der holde weiss' und rohte Klee,
Formierten öfters hin und wieder, aus manchem Theil ein buntes Ganz,
Bey welchen ich denn auch zugleich, bey gelblich=grünen Wasser=Linsen,
Ein Büschel dunkel=grüner Binsen,
Aus klarem Wasser, ragen seh'.
Im tausendfachen Grünen schimmert die liebliche Vergiß mein nicht;
Vor allen andern Bluhmen aber fiel mir in mein gerührt Gesicht,
In einer dunkel=rohten Gluht, als wie ein Feuer, hie und da,
Und übertraf fast all' an Schein, der einfach wilde rohte Mah.
Durch den von so verschiednen Farben gemischten Schimmer, Glanz und Pracht
Ward jeder Mensch, der menschlich sieht, ergetzet und recht angelacht[337]

Es wird kein Erlebnis hergestellt, und wer auf «Seele», «Einsamkeit» oder etwas wartet/lauert, das sich so lesen ließe, nähme man «Warte nur balde» als literarischen Referenzcode oder als das Muster, aus dem die Regel zu extrapolieren wäre, es müsse ein neuer Zusammenschluß von Innen- und Außenwelt stattfinden und die Wörter seien dahin zu lesen, daß uns speziell diese Überraschung erwartet, liest Miß- oder Noch-nicht-Gelungenes. Aber man hat anders zu lesen, anders achtsam zu sein, etwa auf die Verteilung der mit der Mah (Mohn) assoziierten a's zu achten, je zwei in den vorbereitenden Zeilen, in der Zeile, wo die Blume auftritt, fünf, je zwei wieder in den ausleitenden Zeilen. Es ist eine spezielle Art von Artifizialität, die, zum Muster erhoben, vieles aus der uns gewohnten Naturlyrik Teure zu einer befremdlichen Lektüre machte. «Schilderei» ist es nur aus der Musterwahrnehmung heraus, die auf die Gestaltung einer bestimmten Emotion wartet. Tut man das nicht, befremdet der Ausdruck «Schilderei», und man wird von imaginierten Farben, Spielen der Akusmata, Suggestionsfülle der Namen sprechen und die Kontamination mit Seele nicht vermissen.

Wenn Annette von Droste-Hülshoff «Meine Sträuße» besingt, dann blättert sie kein Herbarium, sondern ein Erinnerungs-Herbarium auf:

So oft mir ward eine liebe Stund'
Unterm blauen Himmel im Freien,
Da habe ich, zu des Gedenkens Bund,
Mir Zeichen geflochten mit Treuen,
Einen schlichten Kranz, einen wilden Strauß,
Ließ drüber die Seele wallen;
Nun stehe ich einsam im stillen Haus,
und sehe die Blätter zerfallen.

Vergißmeinnicht mit dem Rosaband –
Das waren dämmrige Tage,
Als euch entwandte der Freundin Hand
Dem Weiher drüben am Hage;
Wir schwärmten in wirrer Gefühle Flut,
In sechzehnjährigen Schmerzen;
Nun schläft sie lange. – Sie war doch gut,
ich liebte sie recht von Herzen!

Gar weite Wege hast du gemacht,
Camelia, staubige Schöne …[338]

Brockes, «Bluhmen=Topf im Winter»:

… Ich sah u. ich bemerkte sie,
Von ungefähr, wie ich erwacht, noch eins, des andern Morgens, früh,
Noch ehe sich des Tages Licht, in vollem Schimmer, eingefunden.
Man sahe solches, ungewiß, bey noch vorhandner Dämmrung Gränzen,
Zwar ziemlich klar, doch aber noch in einem schwachen Grade, glänzen.
Was nun der sanft gebrochne Schein, für eine süße Harmonie,
Auf meinem Bluhmen=Topf, erweckte,
Und welchen Schmuck er mir entdeckte;
Beschreib' ich dir, geliebter Leser, zwar gern, jedoch nicht ohne Müh.
Es schien der Rest verschwundner Schatten,
Mit dem erst neugebohrnen Licht, und jungen Farben, sich zu gatten.
Man konnte fast den sanften Kampf der Schatten und des Lichts bemerken:
Die sah man, sich allmählich schwächen; und diese, sich fast sichtlich stärken.

Man siehet zierliche Figuren, aus einem leeren Dunklen, steigen,
Und, wie aus einem Chaos, sich, sonst nicht gesehne Farben, zeigen.[339]

Das ist Zeichnen. Oder Malerei. Oder über den ewigen Kampf der beiden. – Durch die Abstoßung von solcher Art Naturnähe, die durch die Bemühung um Seelensensation bewerkstelligt wird, indem sie den Gleichklang zweier autistischer Entitäten Seele und Natur herbeizusingen behauptet, geht das Gefühl (sagen wir: docta emotio) für die besondere Kunst solcher Verse wie der zitierten verloren.

Naturnähe? – wäre ein naheliegender Einwand. Blumensträuße, allenfalls Gärten, na schön: Natur, so weit die Augen über den Gartenzaun ins weiteweite Feld reichen. Was wir mit solchem Geplänkel bei der Hand hätten, wäre die Diskussion über das Naturschöne – ob es sei, ob es der künstlichen Rahmung bedürfe, um zu sein –, aber hier soll der Hinweis darauf reichen, daß wir es allemal mit Projektivem zu tun haben und der gebrochne Baum überm Gebirgsbach nicht an Schönheit gewinnt, wenn ein gebrochnes Herz ihn besingt. Die Künstlichkeit, die Rahmung kann noch weitergehen, bis zu einem Gedicht «Über eine große Schachtel mit auserlesenen Blumen, so mein gewesener Gärtner in Hamburg mir von daher überbrachte»:

Ich sah sie fast mehr glühn, als blühn; ich sahe durcheinander funkeln,
Levcojen, Anemonen, Rosen von vielen Sorten, gelben Mah,
Violen, Tuberosen, Liljen, Geranium, Acacia,
Orangen=Blüthe, Flos Adonis, auch Nelken, Irides, Ranunkeln …[340]

Und ein «Frühes Blumen=Geschenke» sieht so aus:

Terzetten, Rosen, Judenkirschen,
Die Osterblume, nebst der Blüht,
Von Pfeffer, Apricosen, Pfirschen,
Die Hyacinth, die Primula,
Die Anemon, Hepatica,
Violen, Crocos, Osterblume …[341]

Suggestionsfülle der Namen – das ist keine Abschrift aus dem Botanikbuch, wie das Ungewohntsein solcher Lektüre die Irritation beschwichtigen möchte, sondern Schwelgerei. Schwelgerei weniger in

Farben und Formen als in deren Benennbarkeit, Schwelgerei in Namen, Klängen, zitierten Farben und Formen. Und solche Schwelgerei entschlägt sich der einkleidenden Konvention der Mitteilung wie einer Lästigkeit. Das spricht nur für sich und kompensiert seine Nicht-Kommunikativität auch nicht durch die Flucht in die Emphase und die Gestik einsamer Herzen. Aber es bewegt sich natürlich an einer Grenze. Und von dieser Grenze kann man nur durch Kenntnisnahme erfahren. Sie liegt nämlich nicht dort, wo die teleologisch gestimmte Literaturgeschichte sie sieht oder ziehen möchte, zwischen dem Hamburger Ratsherrn und Verwalter der Exklave Ritzebüttel, der viele Tulpennamen weiß und in solcher Lexikonseligkeit – oder sind es «Wonnen der Aufzählung»?, ist es ein «Schiffskatalog»? – das uns historisch gewordene Lyrikgefühl verpatzt, und jenen, die um das Datum seines Todes herum oder noch um einiges später geboren wurden und dann irgendwann und -wie wußten, «wie man es macht». Es ist die Grenze, die manch moderne Avantgarde-Lyrik streifen mag. Der weltabgewandte Monolog, der nichtsundniemandem mehr genügen muß, außer seinem eigenen Klang hinterherzulauschen, kann die Lektüre-Operation des Als-ob unmöglich machen. Der Sprung in einen Referenzcode scheitert daran, daß hier irgend etwas wie «Privatsprache» vorliegt, schlimmstenfalls Gefasel. Oder manische Rede, wenn Brockes in «Trost aus Bluhmen» 93 Namen von Tulpensorten hintereinander aufzählt:

> An Tulpen, fand ich folgende: Den Pfalz=Graf, Samson, Flamboyant,
> Den Admiral, den bonten Held, de goude Scepter, Diamant,
> Minerva, Juno, Rosen=Kron, Thalia, Constans, Argentina,
> De Liefde boven all, Achates, de Brand=Vlag, Paragon Royal,
> Diana, Königin von Polen, t'vergult Juweel, der Cardinal,
> Bonavenura, Casserin, de Neger Konigin, Brunette,
> Die Kayserinn Zenobia, Sophia, Gellia, Rosette,
> De Bruynd van Harlem, Sansjke pansje, der Chevalier, die Delila ...

Um nur einige davon zu zitieren.[342]

Mit solcher Grenzziehung haben Gedichte generell zu tun, und der Interpret hat sie zu ziehen. Was ist «später Hölderlin» und was Dokument manifesten Irreseins? Was ist Avantgarde und was bloß der arme Celan? Adorno wollte diese Frage vom Hals haben, hat sie bei Hölderlin mit Schauder abgewehrt, bei Celan nicht berührt, indem er ihn pries, aber lieber erst gar nichts über ihn schrieb. Gewiß war Brockes alles andere als ein psychischer Grenzgänger, aber die objektive Tendenz seiner Lyrik weist in eine Richtung, in der dann andere eine Expressivität fanden, die durchaus allzu-individueller Natur war.

Was an Brockes zu bestaunen wäre, ist die Balance zwischen Schwelgerei als einem möglichen Ausdruck der Hilflosigkeit vor der sensuellen Überforderung durch das Optische und der artistischen Disziplin, aus der Geste der Hilflosigkeit ein Hilfsmittel zu machen. Er zieht nicht die Fühler ein wie die moderne Naturlyrik und bleibt im Gehäus, sondern läßt es darauf ankommen wie der Träumer, der aus der Höhe stürzend fliegt und es schafft, nicht aufzuwachen, bevor er unten ankommt. Eines der grandiosesten Gedichte ist «Die Seiffen= Blase»;[343] Nach einem Beginn in gemütlicher Konventionalität –

> Als von meinen Söhnen einer neulich Seiffen=Blasen machte,
> Und ich über den Betrieb seiner Einfäll' anfangs lachte

– geht das Gedicht über in eine Bilderflut von Farben, Mutationen, Spiegelungen:

> … Weil fast nichts beständig stund;
> Was erst weis war, färbt sich grün; dieses roth; das rothe bunt
> (…)
> … In dem Grünen, in dem Blauen,
> In dem Weissen, in dem Rohten, war die Erde, war die Fluth
> War die Luft und war die Glut

– eine Metamorphosenwelt, die die Blase ins Planetenhafte wachsen läßt, zur Welt als Reigen der Metamorphosen – bis der beobachtende, immer mehr necessitierte Blick gleichsam zur Spitze wird, der die Blase platzen macht:

> … zog alsbald meine Seele gantz,
> Und mit allen ihren Kräften, in mein Auge sich zusammen.
> Welches, mit geschärftem Blick, den durchsicht'gen Kreis durchdrang.
> Wie sie nun, halb selbst verklähret, gantz im Lichte schwebt', zersprang
> Alles: Kugel, Glantz, Figuren, Glut und Schimmer, Farb' und Licht.

Was sind dagegen die Vanitas-Rhetoriken des klassischen Barock, was die Endlichkeitsmeditationen à la

Wenn die Morgensterne blinken,
Totenbleich der Hirte wird,
Und sie müssen all' versinken:
Reiter, Herde und der Hirt.[344]

von denen es übergenug gibt bis hin zur flapsigen Selbstironie, der einfach nichts Besseres mehr einfällt, als zu zitieren, was sie längst nicht mehr weiß:

Mir träumte manchmal, gekommen sei
Zurück das Glück und der junge Mai
(...)
Es platzt die Seifenblase –
Die Alte schneuzt die Nase.[345]

Nun wird, wer Brockes kennt, auf die vielzuvielzeiligen repetitiven Religionsübungen und predigthaften Ein- und Ausgänge seiner Gedichte, die dem Leser, dem derlei unschwer auf die Nerven geht, nach etlichen Seiten im Vordergrund zu stehen scheinen, hinweisen.

Gewiß zielten Brockes' Gedichte auf zwei Gemeinschaften, auf eine, die seine Artifizialität schätzte, und eine andere, die Erbauung wollte und die mit einem Predigt-Referenzcode bedient wurde, den man dem Gedicht nicht derb interpretierend unterstellen mußte. Brockes dichtete fromm. Die Schönheit war wie Konterbande. Er dichtete für eine christliche Gemeinschaft, die er als Gemeinde ansprach, und für die sich aus den sich auflösenden Geschmacksgemeinschaften bildende neue diffuse Gemeinschaft der nur Lesenden. In der aber trat bald – der Generation, der Brockes und Wieland angehörten, und vor allem deren Rezeption zum Schaden – als Leitfigur der Einzelne, der Originelle, der Einsame, der Star auch und seine Äußerungsformen – «Werther», «Räuber», «Wanderers Sturmlied» – in den Vordergrund und dann die, die die Muster variierten und neue auf diesem Fond schufen. Es verfertigten sich neue intuitive Regularien poetischer Richtigkeit. – Man gewinnt fast immer und verliert fast stets; letzteres muß aber nicht sein.

z. B. Klassik

Klassik als Referenzraum

Im Grunde beschreibt alles, was man über einen Diamanten sagen kann, einen Makel. Der vollkommene Diamant bestünde schlicht und einfach aus Licht.
Cormac McCarthy, Der Anwalt. Ein Drehbuch

Das Konzept der Weimarer Klassik – nehmen wir endlich den Faden wieder auf – soll heißen: ihrer Kanonisierung durch Zeitgenossen wie Humboldt und die Nachgeborenen, war, ihre Literatur in den Rang von Vorbildern zu erheben, vor denen alles vorläufig und nach denen alles, was später Frucht wurde, so recht nicht mehr schmeckte. Es nützt nichts, wenn man sich beschwert, die Kirsche schmecke noch nicht nach Apfel und die Pflaume nicht mehr. Darum der immer wieder durchbrechende Rochus auf «die Klassik», die steten Normstürmereien, die doch meist auf ein Verhunzen herauskamen, weil, um im Bild zu bleiben, man etwas gegen die Äpfel unternehmen wollte.

Es ist klar: Wo ein Muster wiederholt wird und in der Wiederholung sich kein ästhetischer Effekt ausmachen läßt, außer daß ein Muster erfüllt werde, konstatiert man bestenfalls Langweiligkeit, wo Musterabweichung zur Steigerung der im Original vielleicht nur hingenommenen Effekte eingesetzt wird, entsteht Talmi. Es ist das Verfahren des Kitsches, wie von Walther Killy trefflich an Beispielen dargestellt.[346] Oder es wird Witz und Parodie. Nach Goethe hat moderne Literatur sowieso nur die Wahl zwischen Kitsch und Parodie. Oder definiert ein Neues, das dann eben «Kafka» oder «Beckett» heißt. Will man das kritisieren, muß man den Status der berechtigten Definition durch Selbstbezug bestreiten.

Parodie, wie Goethe den Begriff meinte, ist nicht Snoopys «Pawpet Theater» mit «Krieg und Frieden» als Handpuppenspiel oder die Albernheiten von «Monty Python's Spamalot», die aber, wo sie nicht bloß albern sind – man beachte den ästhetischen Fortschritt hin zum

 «Life of Brian» –, sich mit dem Konzept von Parodie treffen. Die Parodie braucht, wenigstens annähernd, das ästhetische Raffinement des Originals.

Eine besonders heruntergekommene Form, sich um damit zusammenhängende Fragen und Aufgaben der Interpretation zu drücken, ist das Geschwätz von Intertextualität. Der Hinweis, daß die Stelle hier klingt wie die dort, bedeutet schließlich gar nichts. Ihn, d. h. den bloßen Nachweis des Vorhandenseins, zu einem Nachweis von Hinter-, Tief- oder sonstigem entbehrlichen Sinn und damit zu einem Ausweis von diesbezüglichen eigenen Qualitäten zu erklären, möge unterbleiben. Daß ein Stein einem anderen ähnelt, ist keine Aussage über das Gebäude, das mit solchen Steinen errichtet worden ist und um dessen Architektur es einzig geht – und dann auch noch darum, warum es im Ober- wie im Untergeschoß Sandstein sein mußte. Gelegentlich kann man es natürlich doch sagen, dann nämlich, wenn es der Text und vor allem das eigene Gespür für das, was auf dem Papier so stattfindet, hergeben. Der angespielte Text ist ein Referenzcode-Angebot – das zu deuten ist: Geht es um Übernahme eines der möglichen Referenzcodes im angespielten Text, um die Änderung des Referenzcodes im anspielenden, geht es darum, den gesamten anderen Text als vorläufigen Referenzcode zu lesen, geht es darum, den in Rede stehenden Text vor dem Hintergrund des Genres des angespielten zu lesen? – da ist vielerlei möglich. Nur in solcher Interpretationsentscheidung, die zu begründen ist, und dem, was für die Interpretation daraus folgt, liegt der Wert des Aufweisens solcher Textbeziehungen.

In Wielands «Gandalin oder Liebe um Liebe» finden wir diese Stelle:

> … Mein Paladin,
> Geputzt als wie zu einem Feste,
> Geht ein, durchwandert wie letzthin
> Viel Gäng' und Sähle, und findet – (ich wette,
> Ohne den Reim da hättet ihr's nie
> Errathen) das Fräulein – schon im Bette.[347]

Da geht es um die ja immer mal wieder in ihrer ästhetischen Würde bestrittene – siehe Klopstocks «Grammatische Gespräche» – Kunst des Reims an sich. An anderem Ort hatte Wieland einen Text sich winden lassen, «Herz» auf «Schmerz» zu reimen, das gehe doch wirklich nicht an, doch wohin in aller Welt solle die Dame in ihrem Schmerz den Dolch sich denn stoßen, wenn nicht ins Herz? Und hier nun also: naja, ein billiger Trick, wenn man einen Liebhaber suchen läßt und der Leser findet ein «-ette» im Text, dann wird er gelangweilt mitmurmeln «Bette» – wenn nicht Wieland den Reim auf «Bette», nämlich «wette», in die Erläuterung selbst gepackt hätte, also in der Warnung vor dem banalen Reim ihn erst herstellt. «Angespielt» (bleiben wir beim Wort) wird damit die gesamte Diskussion über die Reimgewohnheiten, die Banalitäten des Reimes, den Reiz, die Techniken und Kunstfertigkeiten dabei – eine Diskussion, die in den zurückliegenden Jahren Peter Rühmkorf («Agar Agar Zaurzaurim») oder Robert Gernhardt («Gedanken zum Gedicht») fortgeführt haben. Zudem verweist der Text auf sich selbst als Referenzcode, denn zuvor ging es nach zwei Zeilen, die die Erscheinung einer Geliebten im Traume des Liebhabers schildern und sagen, jene werde

… vom sanften Hauch
Der Amoretten emporgehoben.

so weiter:

O Reim! den wird' ich immer loben
Der dich erfand! Zum Henker auch!
Da muß nun hinter einem Strauch,
Bloß dir zu gefallen, mein Träumer stehen,
Um seine Prinzessin kommen zu sehen!
Und stand er (wie's doch möglich war)
Auch wirklich hinter einer Laube,
Wie kann ich hoffen daß man's glaube?
«Der Reim, spricht jeder, hat offenbar
Die Laube gepflanzt; und wenn es Ranken
Von Reben oder Geißblatt sind,
So haben wir's wieder dem Reim zu danken.»
Sey's! wollen uns nicht darüber zanken![348]

Dem «Hauch» zu Gefallen muß er also hinterm Reimwort «Strauch» stehen, statt … nun, eben, es hätte auch eine «Laube» sein können, denn ein «glaube» ist ja zur Hand, aber «Ranken/danken» geht auch, und im Weitergehen kommt «zanken» dazu, so wie Wieland andernorts nach einem Reim auf «Busen» sucht und der Text, auf der Suche, unversehens und gleichsam, ohne es zu merken, von «Musen» oder «Empusen» spricht, wie es das Unbewußte tut, wenn es in Traum, Halbtraum, Fehlleistung trödelt und sagt, was die akustische Ähnlichkeit – dem Unbewußten ist die Bedeutung eines Wortes sein Anklang an ein anderes – hergibt. Und so spielt sich mit den Anspielungen des Textes auf sich selbst, dem Hantieren mit dem Reimthema in Reimen, der Hinweis auf die psychische Dimension, die solche literarischen Mittel eben immer auch – seien sie bewußt, seien sie unbewußt eingesetzt – haben, ein. Mit der Nicht-Absehung von der Lautgestalt (unter anderem) kann der literarische Text die Mehrdimensionalität menschlicher Wirklichkeitsverarbeitung, man nehme das altfränkische Wort getrost: abbilden. – Ich vergaß: Der Witz der eben zitierten Stelle ist, daß es sich ja tatsächlich um einen Traum handelt, und der Träumer steht unter einem Keuschheitsgelübde und darf sich der Geträumten nicht nähern. Das bildet der Traum getreulich ab, ebenso getreulich wie sich an der anderen Stelle das «wette» eingestellt hat, als das «Bett» geträumt werden mußte.

Wem hier Morgensterns schon erwähntes «ästhetisches Wiesel», das «um des Reimes willen» auf einem Kiesel inmitten Bachgeriesel sitzt, einfällt und deshalb die Schultern zuckt à la «Natürlich kann man solche Witzchen machen» und vielleicht noch still bei sich «Heinz Erhard» denkt, dem sei beschieden, daß umgekehrt ein Schuh daraus wird. Dem Erstleser von Morgenstern hätte einfallen können: «Jaja, Wielands ‹Gandalin› – diese Witze sind längst besser gemacht worden!» und ihn hätte die Sorge ankommen können, daß, ohne eine Bindung an Pointen, die sich aus dem Geschilderten, dem «Stoff» ergeben, so etwas tatsächlich zum matten Gewitzel oder zum Gaudi wird. Bei Wieland hat die Stelle eine metapoetische oder poetologische Funktion: daß man sich, wie im Denken immer im Bereich des schon Gedachten, im Versemachen in dem des zuvor schon Gereimten oder Rhythmisierten bewegt. Der Spätkömmling, also jeder, ist notwendigerweise immer schon Parodist, und er und seine Leser sollten das wissen. Ohne solches Wissen wäre der Witz vom «Bette» bloß schal wie der vom «Wiesel».

So ist – kommen wir darauf zurück – in «Herrmann und Dorothea» das Hantieren mit dem Daktylos eine komplexe Angelegenheit, die auf keine Schulbuchweisheit gebracht werden kann – es ist ausgesprochen unergiebig, von «Der Bedeutung des Hexameters bei Johann Wolfgang von Goethe» zu schwadronieren –; die Interpretation der jeweiligen Stelle macht's.

Die Rezeption von «Herrmann und Dorothea» hat aus dem Stück ein Talmiprodukt gemacht, indem sie die Goetheschen Daktylen falsch las – oder eben nur allgemein-obenhin, als sagte ihr Gebrauch an sich etwas über den allgemeinen Hinweis à la «eigentlich für das große Epos mit anderem Aktionsmodus reserviert» aus. – Wir können der Zeile

Das Verlorene zu rächen und zu verteidigen die Reste

ankreiden, daß das Schema der Daktylenfolge verfehlt ist, die Sache holpert, siehe Fontane («schaurig»), aber man spreche die Zeile. Daß hier das Schema zerfallen *muß*, ist keine Behauptung, sondern eine *Anweisung* für das komplexere Verstehen. Lies es *so!* – und du hörst und kannst die Umstehenden hören lassen, wie in der Rache selbst das Zerstörte weiter zerfällt.

Aber «Herrmann und Dorothea» ist auch, wie schon erwähnt, außerordentlich komisch. Daß das Zusammentreffen von homerischem Silbenduktus mit dem zu Schildernden komische Effekte produzieren mußte – d. h. mit der Wahl des Hexameters solche komischen Effekte *intendiert* waren –, ist natürlich der Rezeption nicht verborgen, man möchte lieber sagen: von ihr nicht ungeleugnet geblieben, wenn auch Humboldt (wie Schlegel) mit gleichsam zusammengebissenen Zähnen über solche Passagen hinweggelesen haben müssen. Oft zitiert ist die Stelle, an der der Vater dem abfahrenden Sohn nachsieht:

Was der Junge doch fährt! und wie er bändigt die Hengste!
Sehr gut nimmt das Kütschchen sich aus, das neue; bequemlich
Säßen Viere darin, und auf dem Bocke der Kutscher.
Diesmal fuhr er allein, wie rollt es leicht um die Ecke![349]

Das ist natürlich kurios – «bändigt die Hengste» hier und «Kütschchen» dort –, und möglicherweise fällt einem zusätzlich ein, daß in der «Odyssee» Nestor stets der «Rossebändiger» genannt wird, was die Angelegenheit noch kurioser macht. Wie wird es denn gewesen sein, wenn Goethe es vorlas, im Kennerkreis?: sehr amüsant. Ein Fehlverständnis einer solchen Stelle kann man sich am Verfehlen des angemessenen Tons beim Vortrag leicht vor das innere Ohr rufen: weder ein Scholler-Ton noch ein eingebautes Hihi-Schmunzeln (mit ins Niedlich-Intonieren gespitzten Lippen). Und man wird sehen, ganz leicht ist es nicht, und das sei Cave! genug.

Der daktylische Hexameter – «Herrmann und Dorothea» strebt ja, wenn auch, wie gezeigt, mit erwogenen Ausnahmen, nach möglichst getreuem Einhalten dieses Schemas – ist traditionellerweise auch ein Maß, um Maximen zu formulieren. Etwa in der Tradition des Distichons (Hexameter/Pentameter, O xen' angelein/Dic hospes Spartae/Wanderer kommst du nach Sparta), das zum Merkvers wird. Der Hexameter trägt durch Gewohnheit dieses Merkzeilenhafte mit sich. Auch eine ganze Gattung kann als Referenzcode dienen. Die Weimarer Klassik zitiert, was ihr die Griechische war, neuere Autoren, die Klassik begehren, zitieren Weimar.

Warum mußte Brecht das «Kommunistische Manifest» in sechshebige Daktylen fassen? Bloß weil er von Marx & Engels als von «den Klassikern» sprach? Wahrscheinlich. Es gelangen ihm dabei sonderbare und wunderschöne Formulierungen, aber insgesamt weder ein sonderliches Epos noch eine besondere Einsicht. Zudem kam bei Brecht als Problem hinzu, daß im Deutschen der Daktylus nicht nur die bekannte Schwierigkeit mit sich bringt, sich schwer mit dem Sprachfluß verbinden zu lassen, sondern eben auch die Versuche, das Problem zu meistern, (spätestens vom «Messias» an) zu sehr bestreitbaren Ergebnissen geführt haben. Da kann es auf alles ankommen, was anders ist oder fehlt oder übersteht, wie bei Goethe die oben zitierte Zeile, die ihre Semantik in den Versbruch verlagert («... verteidigen die Reste»). Dann kann die Interpretation anmerken, hier habe der Formfehler etwas zu sagen und sei darum keiner. Wo das nicht gelingt, wirft das Schicksal einem vielleicht eine richtige und herzige Klassikeranekdote hin wie die, Goethe habe den Hinweis auf einen unreinen Reim quittiert mit: «Der Bär brummt wie's Brauch in seiner Höhle», oder eben, wo der Hexa- zum Heptameter geriet, die siebenfüßige Bestie möge stehenbleiben (was es immer mit diesen Tiergleichnissen auf sich haben mag). Sonst nennt man es eben Patzer.

Die immer wieder beschworene (oder herbeitheoretisierte) Nähe der größten Wortkunst zur Musik bestand nicht im Hinweis auf «Wohlklang» (obwohl – siehe oben – auch dieser, nur eben nicht als «bloßer Wohlklang», dorthin gehört), sondern im Erzeugen von Semantik ohne Rekurs auf die Präsenz der Wörter im literarischen Text, die nach Paraphrase und Referenzcode in ihrer Bedeutsamkeit nicht zu bestimmen waren. Stellte man sich dabei aber vor, die Wörter lösten sich von ihrem Potential der Bindung an diverse Referenzcodes ab, schwebten gewissermaßen «nur so» als – ja, was?: «bloße Klänge» führt in den Unsinn. Es gibt in der Literatur kein ungebrochenes Außerhalb. Literatur ist das Arrangement von semantischen Einheiten. Daß sie *semantische* sind, liegt daran, daß sie Referenzcodes zugeordnet werden können. Daß sie in solcher Zuordnung nicht aufgehen, liegt an der Konvention der Literarizität. Daß wir von Semantik sprechen können, ohne auf einen Referenzcode zu rekurrieren, liegt nicht an einer Ähnlichkeit mit der Musik, oder was immer man bemühen möchte, sondern daran, daß «Formen» – d. h. vorgegebene Muster des Arrangements semantischer Einheiten – Referenzcodes abgeben können. Weil unsere Bräuche das zulassen und fordern.

Folge und Abweichung erhalten so Bedeutung, und man muß es sich überlegen, ob man Fünfe gerade sein lassen will, wenn ein Autor Fünfe gerade sein läßt. Man mag sich in Aschersleben dafür interessieren oder nicht: Warum Beethoven in opus 111 keinen dritten Satz geschrieben hat, ist ein Thema. Und wer ein Sonett schreibt, schreibt eben ein Sonett, und wenn über einem Gedicht «Sonett» steht, es aber keines ist und auch keine der bekannten Abweichungen und nichts, was als Abweichung von der bekannten Abweichung gedeutet werden kann, muß ich sagen, daß hier eine Wurstigkeit dichterseits vorliegt.[350] «Letzten Endes verhält es sich mit dem Sonett – wenn man mir einen trivialen Vergleich zulassen will – wie mit einem mehr oder weniger festlichen Gedeck (...) Da können jeweils nur geringfügige Änderungen vorgenommen werden, die der Gast sogleich bemerkt; denn – wie ein Gedeck auszusehen hat, wissen wir.»[351] Wo man es nicht *weiß*, da wird man täppisch agieren. Denn aus Nicht-Wissen kann man nichts Ordentliches machen.

Wenn ein aus einem mehrzeiligen Versgebilde herauszitierter Daktylus als Zitat tönen soll, ist es ideal, wenn Zeile – sechs Daktylen – und semantische Einheit zusammenfallen. (Das hat Schiller mit seiner Übertragung der Daktylenverse des Sparta-Distichons nicht ganz hinbekommen, die Syntax zieht sich von den letzten Silben des Hexameters in den Pentameter). Wo das zusammengeht, eignet die Zeile sich als Maxime. Der Tendenz zu solcher Maxime durch den Zusammenklang von sechs Hebungen mit einer semantischen Einheit hat sich Goethe in einer nahezu berüchtigt gewordenen Zeile bedient. Als Herrmann seiner Dorothea ansinnt, sich als Magd in seinem Elternhaus zu verdingen – und immer schon im Sinne hat, sie, ergibt sich passende Gelegenheit, um ihre Hand zu bitten

> … jedoch ihr von Liebe zu sprechen,
> Wär' ihm unmöglich gewesen; ihr Auge blickte nicht Liebe,
> Aber hellen Verstand, und gebot verständig zu reden[352]

nimmt sie den Antrag – den der Anstellung – an:

> Sagt es nur grad' heraus; mich kann das Wort nicht erschrecken:
> Dingen möchtet Ihr mich als Magd für Vater und Mutter,
> Zu versehen das Haus, das wohlerhalten Euch dasteht;
> Und ihr glaubet an mir ein tüchtiges Mädchen zu finden,
> Zu der Arbeit geschickt und nicht von rohem Gemüt.
> Euer Antrag war kurz; so soll die Antwort auch kurz sein.
> Ja, ich gehe mit Euch.[353]

Nach Hause, ins Haus seiner Eltern. Aber eben als Arbeitsstelle. Und es folgt jene Sentenz, die zu den meistzitierten aus dem Büchmann gehört:

> Dienen lerne bei Zeiten das Weib nach ihrer Bestimmung,

der das folgende (so besehen nicht weniger ärgerliche) Augenzwinkern

> Denn durch Dienen allein gelangt sie endlich zum Herrschen,[354]

nichts nimmt.

Man übersieht (übersah) den Sarkasmus, der in der Sentenz darum liegt, weil sie die krude anekdotische Vorgabe – die Anstellung auf Zeit wird durch einen Heiratsantrag in eine Lebensstellung umgemodelt – mit einer kanzelhaften rhetorischen Geste garniert, die nun auch noch auf die nicht minder berühmte und auch hier schon angeführte Szene folgt, in der das Paar sein Bild im Wasser des Brunnens, des letzten, der noch klares Wasser hat in der Stadt, sieht:

> Und sie sahen gespiegelt ihr Bild in der Bläue des Himmels
> Schwanken, und nickten sich zu, und grüßten sich freundlich im Spiegel[355]
> (...)
> und süßes Verlangen ergriff sie.[356]

Sie nimmt dann zwei Krüge mit Wasser, und als er, wie es sich gehört, ihr einen abnehmen will, geht es so:

> Einen Krug verlangt er von ihr, die Bürde zu teilen.
> Laßt ihn, sagt sie; es trägt sich besser die gleichere Last so.
> Und der Herr, der künftig befiehlt, er soll mir nicht dienen.
> Seht mich so ernst nicht an, als wäre mein Schicksal bedenklich!
> Dienen lerne beizeiten das Weib ...[357]

Man überlese nicht, wie nett die abwehrende Geste, daß sich zwei Gewichte besser austarieren, hier eingefügt ist, bevor die Sentenzen fallen. – Das ist natürlich nicht Hohn, auch keine, wie man so sagt, «Kritik des Geschlechterverhältnisses», auch nicht Ironie, wie Conrady zaghaft zu bedenken gibt – es wurde bereits zitiert.[358] Es ist ressic-stans-Realismus, was denn sonst? Aber dieser Realismus, der in dem durch den Verstakt zur Sentenz, gar scheinbaren Maxime geformten Sarkasmus liegt, muß einem Lesemodell, dem daran gelegen ist, daß sich Wirklichkeit und Ideal ineinander schmiegen, entgehen.

So, wie denn eben auch dem, der so liest, die Weltsicht der Verserzählung entgehen muß, die mit «ironisch» nur notdürftig benannt ist. Sie zeigt den schwankenden Grund, auf dem die menschlichen Dinge gebaut sind, wie die kleine Stadt, deren Bewohnern der Brand, der sie vor nur wenigen Jahren verwüstet hat, ebenso nicht aus dem Sinn kommt, wie seine Spuren hier und da eben doch nur dürftig getilgt worden sind, man ist versucht zu sagen: im Geschaukel der Daktylen. Als der Vater, der nicht weiß, daß der Sohn vor den Heiratsantrag die Anstellung als Dienstmagd gesetzt hat, und Dorothea ebenso munter wie rippenstoßend-täppisch als künftige Braut anspricht –

> … der Sohn hat
> Auch wie der Vater Geschmack, der seiner Zeit es gewiesen,
> Immer die Schönste zum Tanze geführt, und endlich die Schönste
> In sein Haus, als Frau, sich geholt; das Mütterchen war es.[359]

– ist die Angesprochene wie billig gekränkt ob des vermeintlichen Scherzes, vor allem aber doch der insgesamt unmöglichen Situation wegen. Man sagt ihr (in gesetzten Worten, versteht sich, aber dadurch nicht weniger bedrückend), sie solle sich nicht so haben. Worauf Goethe sie knapp erwidern läßt – und alles andere als betulich ist die Sentenz, zu der wieder der Zusammenfall der sechs Silben auf einer Zeile gerät:

> Ihr seid glücklich und froh; wie sollt' ein Scherz euch verwunden!
> Doch der Krankende fühlt auch schmerzlich die leise Berührung.[360]

Einem Intertextualitätshuber würde die Zeile aus dem «Philoktet»

> Deine Berührung tötet mich!

einfallen, und das macht auch rein gar nichts. Aber man darf nicht ins Fabulieren geraten. Ob nun Anspielung, bewußte, unterstellte unbewußte, ob unbeabsichtigte Übereinstimmung – es ist doch nur eben wahr. Der Hinweis auf Sophokles heißt doch nur, daß es hier wie dort um die Beschreibung der menschlichen Existenz als Kasuistik seiner Schmerzen geht.

Dorothea läßt sich nicht sagen, der peinliche Umweg, den der Heiratsantrag genommen hat, nebst der anbiedernden Rede des Vaters sei doch bloß Spaß:

> Nein.[361]

Und:

> ich gehe nun wieder hinaus, wie ich lange gewohnt bin,

Von dem Strudel der Zeit ergriffen, von Allem zu scheiden.
Lebet wohl! Ich bleibe nicht länger[362]

Sie bleibt dann doch – nicht ohne daß Goethe dem Vater, dem das alles über die Hutschnur geht, noch einen unnachahmlichen Auftritt gönnt:

Also das ist mir zuletzt für die höchste Nachsicht geworden,
Daß mir das Unangenehmste geschieht noch zum Schlusse des Tages!
Denn mir ist unleidlicher nichts, als Tränen der Weiber,
Leidenschaftlich Geschrei (...)
Mir ist lästig, noch länger dies wunderliche Beginnen
Anzuschauen. Vollendet es selbst; ich gehe zu Bette.[363]

Dazu mag einem «Faust I», Mephisto, in den Sinn kommen: (Der Weiber) «ewig Weh und Ach!», und mann kann dann frivol werden («aus einem Punkte zu kurieren» usw.). Was verbietet diese Wendung hier? Nicht Ehrfurcht, aber Geschmack. Es würde auf eine Banalisierung hinauslaufen, vielleicht gar auf eine Zote. Es geht um ästhetischen Geschmack, den auszubilden und zu erhalten zur hinreichenden Bildung gehört. Der Text ist nicht so; der wohl mögliche Referenzcode paßt nicht zum Ton, der durch die Technik des Daktylus in diesem Stück erzeugt wird. Mögliche Interpretationen, die geschmacklich danebengreifen, auszugrenzen ist keine Frage philologischer Beweisführung, sondern eine soziale Exklusion. Man steht gleichsam auf und geht an den Nebentisch. Oder druckt sowas nicht.

Herrmanns Worte, mit denen er um Nachsicht für seine Unbeholfenheit bittet, bringen das Ganze dann zum guten Ende, das Genre verlangt es. Was zuvor als Verwundbarkeit derer, die das Leben herumgestoßen hat, Sprache wurde, wird nun ausgemaltes Bild, wenn der in der Erzählung schon mehrfach gesehene Ring an Dorotheas Finger Thema wird. Sie war schon einmal verlobt, der Verlobte war als Revolutionsenthusiast nach Paris gegangen und dort umgekommen. Jede neue Verbindung ist in solche Erfahrung gefügt, ist neue Gefährdung, kein sicherer Hafen:

O, verzeih, mein trefflicher Freund, daß ich, selbst an dem Arm dich
Haltend, bebe! So scheint dem endlich gelandeten Schiffer
Auch der sicherste Grund des festesten Bodens zu schwanken.[364]

 Es sind gerade die scheinbar bürgerlich-gefügten Ambientes, die es erlauben, solche Bilder zu malen. Nicht das Schwanken, sondern das leise Wiegen des Speisewagens nach Lissabon in Manns «Felix Krull» erlaubt den Satz, die Kürze des Lebens nehme ein für dasselbe.

Daß sich Goethes Herrmann in dem ursprünglich nicht vorgesehenen, aber vielleicht des lieben Friedens mit den bekanntlich wenig geliebten Deutschen wegen eingefügten[365] Schluß zu einer patriotischen Rede aufrafft:

> Mut und Kraft. Und drohen diesmal die Feinde …[366]

und so weiter, ist um so komischer für den, der noch im Ohre hat, wie sich der uk-gestellte Herrmann zuvor bei der Mutter in allerlei Heldenphantasien erging:

> … im innersten Busen
> Regt sich Mut und Begier[367]

– Heldenphantasien, die sich dann in den Ennui sequentieller Alltäglichkeit auflösten:

> … die Kammer, der Hof und
> Garten, das herrliche Feld, das über die Hügel sich hinstreckt;
> alles liegt so öde vor mir …[368]

Aber die Ursache des Ennui – und ihrer bloß großgestigen und schicklicheren Transposition ins Heldenhafte – ist doch so sehr im Handumdrehen benennbar, daß er's gleich ausplaudert – wollen wir es rührend nennen?:

> alles liegt so öde vor mir: ich entbehre der Gattin

– was die Mutter mit dem verständnisvollen, nicht weniger sentenzhaften und darum in späteren Ausgabe getilgten

> … die Braut in die Kammer zu führen,
> Daß dir werde die Nacht zur schönen Hälfte des Lebens[369]

kommentiert. Sie ist nicht weniger abgebrüht als der eben zitierte

Mephisto: der Männer ewig Weh und Ach so tausendfach aus einem Punkte zu kurieren. Da muß man sich nicht gleich zum Freikorps melden, Heirat reicht.

Und diesen Spott über das Leben, ohne den es – das Leben – doch nicht zu ertragen ist, haben alle, die sich um «Herrmann und Dorothea» scharten, Humboldt voran, und aus ihm fast alles weglasen, was schön an dem Text ist, mit Exegetenfleiß überhören können, um so – so frappierend wie fatal – an *dem* Bild der Weimarer Klassik mitzubauen, das nie gemeint war, als seine Grundlinien entworfen wurden, und das, wäre es denn, was die Leser vom Schlage Humboldt oder Hacks daraus gemacht haben, den historischen Aufwand nicht gelohnt hätte.

Wenn man die patriotischen Verse als den Akkord liest, auf den die Melodie des Ganzen gestimmt ist, kann man die Komposition nicht verstehen. Entweder ist «Herrmann und Dorothea» ein Wunder an Artifizialität – oder es dient der Erbauung der Dummköpfe. Oder beides? Man kann – was wir über die Textentstehung wissen, läßt uns diese Interpretation stützen – annehmen, daß Goethe hinzufügte, was sein Stück auch Leuten, die nicht über zureichenden Geschmack verfügten, andienen würde. Den ästhetischen Bruch hat er hingenommen – oder für die, die zu lesen verstehen, als Signal stehenlassen. «Der ästhetische Bruch»: Es hat der patriotische Schlußappell keine Stütze in einem Referenzcode, nach dem das übrige Stück zu lesen wäre – und es läßt sich keine kompositorische Verbindung schlagen, die aus der Sache ein Ganzes machte. Es ist etwas Seltenes: der kompositorische Bruch als Konzession an den Geschmack – man kann H&D ohne das Trara! und Zudenwaffen! lesen. Man lasse es weg.

Wer die Bücher 6 ff. der «Lehrjahre» *anbetet* – immer die «schönen Stellen» (siehe oben) ausgenommen –, kann «Herrmann und Dorothea» nicht lieben und *würdigen*.

Schönheit (3)

... daß die Welt als Vorstellung, wenn man sie abgesondert betrachtet, indem man vom Wollen losgerissen, nur sie allein das Bewußtseyn einnehmen läßt, die erfreulichste und die allein unschuldigste Seite des Lebens ist (...) eben das Selbe, nur koncentrirter, vollendeter, mit Absicht und Besonnenheit (...) die Blüthe des Lebens (...) die Camera obscura, welche die Gegenstände reiner zeigt und besser übersehen und zusammenfassen läßt, das Schauspiel im Schauspiel, die Bühne auf der Bühne im ‹Hamlet›.

Arthur Schopenhauer,
Die Welt als Wille und Vorstellung

Wittgenstein hat offenbar geglaubt, der Drang, über das Sagbare hinauszugelangen, das Bedürfnis, durch die Sprache zu etwas Höherem vorzustoßen, sei mehr als eine relativ seltene Form von Zwangsneurose, die ihm selbst und anderen Pechvögeln gemeinsam war. Anscheinend glaubte er, das gehöre mit zur Conditio humana. Dadurch, daß man sich genauer anschaue, was geschehe, wenn man diesem Impuls nachgibt, könne man, wie er meinte, besser verstehen, was es heißt, ein Mensch zu sein.

Richard Rorty, Wittgenstein
und die sprachliche Wende

Niemand hatte Angst vor den Schmetterlingen

Philip Roth, Nemesis

Daß Vladimir Nabokov in seinen «Vorlesungen über russische Literatur» kein gutes Haar an Dostojewskis Romanen läßt, hätte mich als Jugendlichen betrübt oder verärgert. Später, als mir verzweifeltes

Herumliegen auf zerschlissenen Sofas von nachlässig gekleideten Leuten, die nicht wirklich Probehaltiges denken, als ein unzureichendes Stilmittel, Pathos zu erzeugen, erschien, gar nicht mehr. Zwar hat Dostojewskis «Dämonen» («Besessene», «Böse Geister») als eine der tragfähigsten mikrosoziologischen Studien über terroristische Gewalt zu gelten, doch unabhängig davon ist von dem Roman-als-Roman nicht viel Gutes zu sagen. Nabokov begründet sein Mißfallen am Beispiel «Schuld und Sühne» vergleichsweise ausgiebig (normalerweise sinnt er einem seine Urteile nicht an, sondern dekretiert sie ein wenig gelangweilt). Sehen wir zu.

> Warum hat Raskolnikow getötet? Die Motivation ist äußerst konfus. Wenn wir glauben, was Dostojewski uns (...) glauben machen wollte[370]

– wenn wir also den Referenzcode einer psychologischen Studie anlegten, deren Plausibilitätskriterien nicht davon abhingen, ob der Fall real oder fiktiv ist, bei der wir eben nichts anderes haben als die Ausführungen des Verfassers (ähnlich wie bei den pseudonymisierten Fallschilderungen von veröffentlichenden Psychoanalytikern) –, dann müßten wir feststellen, daß es sich um keine gute, d. h. in diesem Falle konsistente, Studie handelt. Nabokov weiter: Die unterschiedlichen «Motivationen» Raskolnikows – seine materielle Situation, sein Wunsch, der Schwester die sexuelle Zumutung eines ungeliebten Mannes zu ersparen, kombiniert mit der Essaygestalt angenommenen Überzeugung, außerordentliche Individuen seien Moralkalkülen, wie sie für den Jedermann gälten, enthoben – sind nicht zu einem stimmigen Charakterbild gefügt. Da der Fall fiktiv ist und gestaltet werden kann, wie der Autor verfügt, liegt die Unstimmigkeit an der Unzulänglichkeit seiner erzählerischen Technik. Anders als der Analytiker eines realen Falles kann (und darf) der Autor nicht sagen: So weit bin ich gekommen, mehr gibt das Material nicht her! – es sei denn, diese Konfrontation eines (fiktiven) Analytikers mit einem (fiktiven) Fall wäre genau das Thema des Romans.

Es fehle, so Nabokov, wenn auch nicht in diesen Worten, dem Roman an Ordnung, ästhetischer Ordnung, die notwendig sei, das mögliche Würfelspiel der Empirie darzustellen. Die Wahl oder das Angebot des Referenzcodes ist der Hinweis auf die immanenten Regeln der ästhetischen Ordnung.

Nabokov verweist noch auf einen anderen Referenzcode, den Dostojewski anbietet, eine von dessen

> Lieblingsideen (, die) darin bestand, daß die Ausbreitung materialistischer Werte bei der Jugend alle Moralmaßstäbe zerstören und einen im Grunde guten jungen Menschen, den eine Verkettung unglücklicher Umstände zum Verbrechen trieb, gar zum Mörder machen mußte.[371]

Einwand:

> Zunächst einmal ist Raskolnikow ein Neurotiker, und wie sich welche Philosophie auch immer auf einen Neurotiker auswirkt, taugt nicht dazu, sie zu diskreditieren.[372]

Der Einwand heißt im Grunde nur, daß dieser Referenzcode in sich nicht besonders überzeugend ist: Läsen wir den Roman als eine exemplarische Erzählung zu didaktischen Zwecken, wäre sie eine befremdliche und matte Angelegenheit. Die Moral von der Geschicht' wäre dann nicht mehr, als daß schon ein ideologischer Windhauch einen so-und-so Beschaffenen zum Mörder machen kann. Doch es wird viel Wert auf die Angelegenheit gelegt, man spürt das Engagement in der Feder – Dostojewski braucht diesen Aspekt, um seinen Protagonisten aus dem Status des Gekränkten zu dem des durch mörderisches Ressentiment und die ideologische Veredelung dieses Ressentiments Angetriebenen zu führen. Ohne den Referenzcode des weltanschaulichen Lamentos wären die Passagen rätselhaft übergewichtig. Die Situierung dieses Codes innerhalb des Codes der psychologischen Studie – so Nabokovs Kritik – ist aber nicht stimmig.

Wieder ist der Einwand, daß es dem Roman an Ordnung fehle, und zwar einer Ordnung zweiter Stufe. Die Maßstäbe der Ordnung des stofflichen Materials passen nicht zueinander, und dieses Nicht-Passen erzeugt die Unordnung der ersten Stufe, der einfachen Unplausibilität.

> Ich muß zwölf gewesen sein, als ich ‹Schuld und Sühne› vor fünfundvierzig Jahren das erste Mal las und es für ein wundervoll starkes und aufregendes Buch hielt. Mit neunzehn, in der Zeit des schrecklichen

> russischen Bürgerkriegs, habe ich es wiedergelesen, und es erschien mir langweilig, fürchterlich sentimental und schlecht geschrieben. Ich las es mit achtundzwanzig, als ich in einem meiner Bücher über Dostojewskij schrieb. Ich habe das Ding noch einmal gelesen, als ich meine Vorlesungen an amerikanischen Universitäten ausarbeitete. Aber erst vor kurzem wurde mir klar, was an dem Buch nicht stimmt.[373]

Das eine sind die altersbedingten Vor- und Mißlieben. Anders, heißt ein altes Ondit, lese der Knabe den Horaz als der Alte. Gewisse Unplausibilitäten der Charakterzeichnung und der Handlungsführung sind – gerade der Unplausibilität wegen – adoleszenzaffin, vom ungewaschenen, zu langen Herumliegen ganz zu schweigen. Auch erweisen sich die Blicke, die manche Bücher in das, was man die Abgründe der menschlichen Seele zu nennen pflegt, zu tun vorgeben, als wenig tauglich, manche Wirklichkeiten zu erkennen, die man selbst erst kennenlernen muß. Aber darum geht es offensichtlich nicht.

> Der Fehler, der Riß, der meiner Meinung nach das ganze Gebäude ethisch und ästhetisch zum Einsturz bringt, findet sich im Vierten Teil, Kapitel 4.

Raskolnikow bittet Sonja, nein, befiehlt ihr, ihm die Geschichte von der Auferweckung des Lazarus zu lesen. Nachdem er ihr vorher den Fuß geküßt hat, worauf ihm natürlich das

> «Was tun Sie, was tun Sie da? Vor mir!»[374]

zuteil wird. Nabokov geht es nicht um die folgenden Theologica, nicht um den Versuch, diese Episode des Johannes-Evangeliums als allegorische Referenzerzählung in den Roman einzubauen, es geht ihm vielmehr um dies:

> Es ist am Anfang der Erlösungsszene, als Raskolnikow, der Mörder, mit Hilfe des Mädchens Sonja das Neue Testament entdeckt. Sie hat ihm die Stelle über Jesus und die Auferweckung des Lazarus vorgelesen. So weit, so gut. Dann aber kommt dieser einzigartige Satz, der in der Literatur von Weltrang an Dummheit von kaum etwas übertroffen werden dürfte: «Das Licht in dem verbogenen Leuchter war

> schon tief herabgebrannt und beleuchtete in diesem ärmlichen Zimmer trübe den Mörder und die Dirne, die sich so sonderbar zum Lesen des ewigen Buches zusammengefunden hatten.» «Der Mörder und die Dirne» und das «Ewige Buch» – was für ein Dreieck!

Nabokov nennt diesen Satz, der die Szenerie wie eine Bildbeschreibung faßt und zu einer Art Ecce! erhebt,

> ungeschlacht und unästhetisch

und erläutert das so:

> Ich meine, kein wahrer Künstler und kein wahrer Moralist – kein guter Christ und kein guter Philosoph, kein Dichter und kein Soziologe – hätte in einem Atemzug, in einem Schwall falscher Beredsamkeit einen Mörder neben wen? – ein armes Straßenmädchen setzen und ihre völlig verschiedenen Köpfe über die Heilige Schrift beugen lassen dürfen.[375]

Die ästhetische Entscheidung, eine solche Szene nicht nur zu gestalten, sondern mit dem zitierten Satz zum Emblem, vielleicht gar zum Idyll zu machen – man kann es sich sehr genau vorstellen: die beiden Köpfe, das aufgeschlagene Buch, in dem der Betrachter die Kapitelüberschrift liest, die Kerze, die für das gehörige Halbdunkel nebst Schattenfall sorgt –, zwingt die Interpretation, sie als eine Art emphatischer Beschwörung jener Referenzcodes, die sie aufruft, zu verstehen. Darum Nabokovs Aufzählung der tangierten intellektuellen Systeme, in denen man über das Angesprochene räsonieren mag. Durch die Klammer «Lazarus» werden die beiden Sünder in den Status der zu Erweckenden versetzt – und hier protestiert Nabokov vom Standpunkt eines avancierten religiös/moralischen Codes aus:

> Der christliche Gott, wie ihn jene verstehen, die an ihn glauben, hat der Dirne vor tausendneunhundert Jahren vergeben.

Der Mörder und die Prostituierte

> rangieren auf völlig verschiedenen Ebenen,

wollten wir eine theologisch-philosophische Debatte eröffnen, die uns die gemäldeartige Szene als bereits beendet vor Augen führt. Zu dieser Szene hin führen aber durchaus unterschiedliche Erzählmuster. Über Raskolnikow, seinen sozialen Zustand, seine Seelenzustände, sein Räsonieren, sein Durch-die-Nacht-Irren werden wir wie aus einem mitstenographierten Bulletin informiert, die Prostituierte ist mehr oder weniger bloß da, reaktiv bekommt sie ästhetisches Leben, wenn der Protagonist die Stichworte gibt. Was also konstatiert das «Dreieck»?

> Es handelt sich um einen schäbigen literarischen Trick, nicht um ein Meisterstück des Pathos und der Pietät.

Es handelt sich um ein Spiel mit literarischen Referenzcodes, aus dem nichts Eigenes entsteht, das einen interessanten Blick auf die Welt leiten könnte, das nichts tut, als literarisch eingeübte Gefühle aufzurufen, was bei manchem Leser gelingen mag. Es handelt sich um die

> konventionelle Verbindung zwischen dem Schauerroman und dem sentimentalen Roman.[376]

Sich über Ordnung/Ordnungen Gedanken zu machen – interessante Gedanken – setzt eine gewisse Komplexität des Geordneten voraus. Ein Quadrat ist überschaubar, ein Kreis auch, und was wäre der ohne das Quadrierungsproblem? Die von Nabokov konstatierte ästhetische Schäbigkeit besteht im Ausschlagen der Möglichkeit, etwas als komplexer zu zeigen, als es auf den ersten, in bestimmten, nach sichtbar/unsichtbar vorsortierenden Codes befangenen Blick erscheint. Die Szene versimpelt den Weltausschnitt in einer Weise, die nicht einmal durch die Anlage des Romans selbst genötigt ist. Sie belichtet nicht so, daß ungesehene Konturen Sehenswertes deutlich werden lassen, sondern reduziert den Blick auf das eingeübte Starren auf Altarähnliches.

Solche Kritik, verallgemeinern wir das, rekurriert – wie auch notwendigerweise ihre argumentative Zurückweisung – ex- oder implizit auf eine Vorstellung von Komplexität und Ordnung. Ordnung – diesem sonderbaren Etwas ist mit der Frage «ge- oder erfunden?» nicht beizukommen. Ordnung sieht man, wenn man eine sieht, aber man muß sich vergewissern, daß dieses Sehen vermittelbar ist. Ordnung, die man alleine sieht und über die kommunikativ nicht verhandelt werden kann, ist Paranoia. Sozial geteilte Paranoia (etwa in Form eines Vereins, der die Mondlandung für ein Täuschungsmanöver hält, oder der Internationale der Antisemiten) ist der mehr oder weniger heftig thematisierte Streit darüber, welche Ordnung vor Augen liegt. Im Grunde ist Ordnung der ordentliche Gebrauch von Präpositionen (oder dem grammatischen Äquivalent) – gleichnishaft könnte man sagen, daß auf diese Weise Ordnungsmoleküle formuliert werden. Stellt man Ordnungsbeschreibungen auf, spricht man von präpositional bestimmten Beziehungen: etwas ist auf/neben/nach/in/über/unter und so weiter. Will man ambitionierter über Ordnung sprechen, muß man mit Konjunktionen arbeiten.

All dies wirft keine grundsätzlichen, auch keine ontologischen oder sonstigen (philosophischen) Probleme auf. Interessante Probleme entstehen, wenn man sich um Konjunktionen streitet. Wissenschaft ist in weiten Teilen der Streit über die korrekte Verwendung von «weil» in komplexen Satzzusammenhängen. Und manchmal kann die Frage, welches «weil» gemeint ist, einen weltanschaulichen Dissens auf den Plan rufen. Etwas ist, wie es ist, weil ...: Folgt darauf eine Aussage über eine Zufälligkeit, allenfalls das Ergebnis von Abläufen, im weiteren Sinne der Endpunkt einer Geschichte – oder eine Aussage über eine vorgegebene Zweckmäßigkeit, letztlich einen Plan? Auf der Ebene des Sich-Mokierens ist die Frage, jedenfalls was die Natur angeht, entschieden: Weder preisen wir die Weisheit der Nasenbildung, die so beschaffen ist, daß die Brille darauf paßt, noch die Umsicht Gottes, der der Katze dort die Löcher ins Fell geschnitten hat, wo die Augen sind. Daß man die Sache etwas subtiler angehen kann, ist klar. Trotzdem ist der Streit Kausalität vs. Teleologie, letztlich seit Kants Kritik dieser Denkfigur, entschieden: Teleologie taugt nur als regulative Idee – ist aber als solche notwendig, um den Menschen überhaupt dazu anzutreiben, Zusammenhänge erkennen zu wollen – letztlich die Rübe vor der Nase des Esels.

> Wir haben (...) unentbehrlich nötig, der Natur den Begriff einer Absicht zu unterlegen, wenn wir auch nur in ihren organisierten Produkten durch fortgesetzte Beobachtung nachforschen wollen; und dieser

> Begriff ist also schon für den Erfahrungsgebrauch unserer Vernunft eine schlechterdings notwendige Maxime.[377]

Beim Interpretieren literarischer Texte liegt der Fall anders. Das Interpretieren redet notwendigerweise teleologisch. Denn das Werk hat einen Autor und muß als ein intendiertes Ganzes gelesen werden. Wie oben dargelegt, verflüchtigt sich die Vorstellung der Interpretierbarkeit eines literarischen Textes, wenn man erkennt, daß es sich um einen Zufallstext handelt. Ein Zufallstext macht den existentiellen Bezug, der mit dem «Es fällt mir auf!» und dem Ansinnen, diesen Akt zum Aussichtspunkt eines gemeinsamen Blicks auf den Text und auf die Welt zu machen, beginnt, sinnlos. Die Welt muß ich nicht als ein Ganzes ansehen, den literarischen Text schon.

Täte ich das nicht, wäre die Voraussetzung hinfällig, daß ein Wort des Textes sich anders lesen ließe, entstammte es nicht dem Referenzcode, nach dem ich den Text bis zu diesem Wort, das mir auffiel, gelesen habe – und zwar nicht als Fehler/Irrtum/Panne/Zufall, sondern als gegensemantisch bedeutungsvoll durch seine Stellung im Text, seinen Klang, vielleicht seine Graphik. Ohne das gäbe es die konventionelle Möglichkeit nicht, von einem Text zu sagen, er sei ein literarischer – nebst allen sich daraus ergebenden und dargelegten Möglichkeiten und Notwendigkeiten.

Die Idee des Absurden bekommt eigentlich erst im Kontrast des (literarischen) Werks mit der sonstigen Welt Kontur; im Grunde ist das Absurde eine philologische Kategorie, denn erst im literarischen Werk wird das Absurde (der Welt) darstellbar, weil das literarische Werk frei ist von den Nötigungen der Codes des Sinnzusprechens. Der saloppe Satz des Trivialitätendichters Georg Düsterhenn aus Arno Schmidts «Caliban über Setebos», dem es beim Voyieren einer Sexszene zu kalt und zu langweilig wird, faßt diesen Gedanken in unedle Worte:

> Nicht daß ich das Leben en bloc zu verleumden gedächte: *ich* weiß sehr wohl noch zu unterscheiden, ob der ganze Kosmos abnimmt, oder man bloß ich=selber; aber das Meiste war schon ziemlich doof. Natürlich gab's auch ab & an ne gelungene Stelle im Universum; aber die Mehrzahl der Produkte jenes sete Boss war Fusch=Werk, schnell & schludrich, wie vo'm alten=frechen Handwerksburschen:

> wenn's n Buch wär', würde der Autor schon das seinige zu hören bekomm'm.[378]

Leibniz' Zuneigung zu Romanen, in denen am Ende alles aufgeht wie in Wielands «Neuem Amadis», der das Genre und seine entsprechende Deutung parodiert –

> … Die Mädchen gingen aus
> Zu suchen, was sie nicht hatten, und haben Männer gefunden.
> Sie konnten allenfalls zu Haus
> Das nehmliche finden. Indeß bleib' ich den Herren verbunden,
> Die sich (…)
> Mit solcher Waare beladen; ich gebe sie nicht für gut!
> Doch hoffen wir, jeder Topf hat seinen Deckel gefunden.[379]

–, war, wie die «Theodizee» insgesamt, der Wunsch, die Welt möge sich überblicken lassen wie ein Roman und es möge sich in der Wirklichkeit fügen, wie sich ein Kunstwerk ästhetisch fügen läßt. Die antike Idee, mit seinem Geordnetsein schmücke sich das Welt-All – *kosmos kosmou kosmos* –, wird hier versuchsweise ins Neuzeitliche gerettet, wenn auch mit tendenziell resignativer Bescheidung wie im Klein-Erna-Witz: «Schön die Blum'! Seh'n aus wie echt! – Sind auch echt! – Oh, seh'n aus wie gemacht!»

Ob wir nun Kant folgen und die Vorstellung einer Teleologie als (notwendige) regulative Idee auffassen oder sie als einen Spleen ansehen, den man auch aufgeben kann, stets erzeugt die Suche nach dem Ganzen, zu dem sich alles fügt, nur Erkenntnisfülle, nicht das gesuchte Ganze. Nach Kant: im Gegenteil. Wir ziehen aus, um Finalitäten zu finden, und kommen mit einer Handvoll (vorläufiger) Kausalitäten nach Hause.

> Die Naturdinge, welche wir nur als Zwecke möglich finden, (machen) den vornehmsten Beweis für die Zufälligkeit des Weltganzen aus.[380]

Wir kommen, wie unter Claudius' Mond, weiter von dem Ziel, und was wir eigentlich suchen, ein großes Ganzes, uns aus liebender Hand geschenkt, in dem wir in väterlichen Händen unendlich sanft gehalten werden, findet sich so wenig, wie Jean Pauls Christus in den

Welten seinen Vater fand. Daß es sich mit der Welt verhalten möge wie mit einem nicht verpfuschten Roman (der auch noch gut ausgeht), ist ein Wunsch aus dem Bedürfnis nach einer Ordnung, in der wir arme Menschenkinder – und zwar jedes einzelne – einen Ort haben. Einen Ort, so sicher wie definiert. Wir möchten nicht in die Welt geworfen sein und nicht aus ihr fallen. Hat sich was: Je mehr Welt ich meinem Finalitätsbegehren zu unterwerfen scheine, desto mehr Welt kann ich als Gemenge blinder Allenfalls-Kausalitäten darstellen. Die Interpretation eines literarischen Textes vollführt eine andere Bewegung. Das «Es fällt mir auf!» konstatiert eine Störung der Sphäre des Paraphrasierungsbemühens, die als sinnvolle Komplexitätssteigerung aufzufassen mich die Lektürekonvention nötigt. Die semantische Ordnung des Referenzcodes wird aufgegeben zugunsten einer Zuordnung weiterer möglicher Referenzcodes, und dies führt zu einer Steigerung der Bedeutsamkeit. Der emphatische Ordnungsbegriff der Religion ist die hermeneutische Voraussetzung des Interpretierens von Literatur. Aber Literatur kann darstellen, woran die Religionen selbstauftragsgemäß scheitern: das Absurde.

Wer in obigem Absatz die Zitate nicht nur von Claudius' «Der Mond ist aufgegangen» und Jean Pauls «Rede des toten Christus, daß kein Gott sei», sondern auch von Rilke, Lessing, Grabbe und Freud herausgehört hat, merkt den Mechanismus. Wer auf die Sphäre ästhetischer Ordnung sich bezieht, verläßt die eines codedefinierten Ernstes. Er betritt nicht die des Unernsten, aber sehr wohl die des Spiels, der Willkür und, not least, des Spotts. Das liegt daran, daß wir im Ästhetischen, der vom Menschen gemachten Schönheit, den Bereich der Kontingenz, des Zufällig-so, verlassen und auch den Bereich der Theologie und Teleologie, des So-und-nicht-anders-weil, hinter uns lassen und den der Willkür, des So-und-nicht-anders-weil-auch-anders-möglich, betreten. Theologische Teleologie muß immer etwas von Notwendigkeit haben, und ob nun Gott die Logik macht, der er auch selbst unterworfen ist, oder die macht, der er die Welt durch seinen Schöpfungsakt unterworfen sein läßt, spielt keine große Rolle. Ein Gott, der rein willkürlich handelt, wie ein rechter Schöpfer können muß, wird monströs und bekommt es zuallererst mit Hiob zu tun. Das philosophisch abgeklärte Durchdenken des hiobschen Affekts lesen wir im Kohelet (ein Wunder, wie beide Texte in den Tanach hineinkamen – oder gerade nicht?). Mit dem Kohelet haben wir den philosophischen Raum der Welt als einem Absurdum betreten. Mit dem Schritt in den Raum der literarischen Texte betreten wir einen mit einer Tür, die zum Absurden geöffnet ist.

Nicht jeder Autor eines literarischen Textes würde/wird dem beistimmen. Gewiß nicht der oben in anderem Zusammenhang besprochene Barthold Heinrich Brockes. Seine Gedichte, die manchmal Predigten sind, verstand er, auch wenn wir durch geeignete Zitation es nicht merken lassen wollen, wohl fast immer als solche. Brockes preist die Schönheit der Welt im Ganzen und im Detail, die Schönheitswahrnehmung ist Gotteserkenntnis, ist Dankbarkeit. Das muß gesagt werden. Und der Stumpfsinn derjenigen, die das nicht sehen, muß aufgestört werden – durch Brockes' Gedichte zum Beispiel: Der Mitmensch, der Leser möge doch hinsehen, genau hinsehen, Brockes sieht sich um und fragt, wer mitgenießt, beklagt «Unbegreifliche Gleichgültigkeit»[381] und «Verstockte» oder «Muthwillige Blindheit»[382], wünscht ein «Sehen zu Gottes Ehren»[383]:

> Gebrauchet eurer Seelen Kräfte,[384]

denn wer Schönheit sieht, sieht Ordnung, sieht Gott, sogar in der Unordnung, die uns als in Schönheit gegebenes Gleichnis gelten soll. Die «Zufällige(n) Gedanken, wie es stark schneiete» sehen den Schneefall, den Zufall im Fall der einzelnen Flocken, das chaotische Treiben, und da sich nun keine Ordnungs-Erhabenheit einstellen mag, wird das Naturphänomen zum Gleichnis dessen, was die Natur nicht ist – die Schneeflocken mögen

> zu einem Lehrbild dienen: So oft sie schnell herab sich senken,
> Will ich an Gottes weise Macht, im Chaos, bey der Schöpfung,
> denken.[385]

So geht es fort und fort. Auf die Frage

> Wie kommt es, daß man solche Schönheit, mit welcher Gott die Erde
> schmückt,
> Fast nicht des Ansehens würdig achtet, und ohn' Aufmerksamkeit
> erblickt?

folgt gleich die Mahnung:

> O unerträgliche Gewohnheit! dein unglücksel'ger Nebel macht,
> Das unser Seelen=Auge blind vor aller Creaturen Pracht,
> Indem es Gottes Werk nicht spühret,
> Sich sein nicht freut, wie uns gebühret[386]

Oder er faßt es so:

> *Hans und Mops*
>
> Hans stund des Morgens auf, und Mops, sein Hund, zugleich;
> Hans zog die Kleider an, reckt' seinen Arm, und gähnte;
> Mops reckte, schüttelt' sich, und dehnte
> Nicht minder alle vier; gebacknen weissen Teig
> Aß Hans; da Mops nur blos vom schwartzem Brodte fraß.
> Mops tranck das Wasser roh, und Hans gekochtes Naß.
> Hans ging darauf ins Feld; Mops gleichfals. Hans beschritte
> Ein Pferd; Mops aber nicht, er lief, und jener ritte,
> Biß daß der Mittag sie nach Hause wieder rief.
> Hans aß; Mops ebenfals. Wie Hans ein wenig schlief,
> Schlief Mops nicht weniger. Das schöne Sonnen=Licht
> Ward nicht von Hans beschaut, von Mops imgleichen nicht.
> Daß in der Frühlings=Zeit die Creatur so schön,
> Hat weder Hans noch Mops bemerckt und angesehn.
> Sie machten sich daraus nicht die geringste Freude.
> Durch wenig viel gesagt: sie schlief= und wachten Beide;
> Sie trancken beide Naß; sie assen beide Brodt:
> Es lebten Hans und Mops; jetzt sind sie beide todt.[387]

Leben ist Freude an der Natur, und in dieser Freude ist man ihr Teil. Das ist Leben, nicht mehr, nicht weniger. Von der Gemütsstimmung her ist das eigentlich Pantheismus, und wenn Brockes versucht, dieses Gefühl theologisch zu formulieren, wird es heikel:

> GOTT sprach: Es werde:[388]

als Überschrift: mit diesen Satzzeichen, die es in sich haben. So geht es weiter:

GOTT sprach: Es werde Licht!
Das Licht ward alsobald. Er fähret fort: Es werde
Luft, Himmel, Erd' und Meer!
Luft, Himmel, Meer und Erde
Ward augenblicks

und er legt – gegen jeden Zweifel, wie er angesichts der Möglichkeit von Sintfluten oder einem hiobähnlichen Verdacht möglicher andauernder Abschaffungswillkür, nicht zuletzt in seinem zitierten Gedicht von der Seifenblase angedeutet, ja immer möglich wäre und ist – dem Schöpfer das zusätzliche

Es währe!

in den Mund – und

Wer Ohren hat zu hören, höre dann
Mit Andacht und mit Lust, die Rede GOTTES an!
Wer Augen hat zu sehen, seh' und lerne
Die Lettern dieser Welt, das A.B.C. der Sterne

– die Brockes gelesen hat, die er uns lesen lehrt, wenn wir seinen Buchstaben folgen und seinen Klängen lauschen (ein Teil seiner Gedichte sind Vorlagen zur Vertonung, und Telemann hat ein Ausflugslied in Noten gesetzt[389]). Aber was heißt das für ihn?

Des Menschen Wort ist Wind

– so geht das Gedicht an, doch es gibt wenigstens eine Ausnahme: Brockes, der die Transposition von Gottes Wort in Poesie vermag. Auf dieses ganz unfromme Spielen mit dem Topos der Nichtigkeit vor dem Erhabenen, die irgendwie für Brockes nicht gilt, hat Bettina Clausen hingewiesen:[390] Das Gedicht «Das, / durch die Betrachtung der Grösse Gottes, / verherrlichte / Nichts der Menschen / In einem Gespräche / Auf das Neue Jahr, 1722»[391] produziert schon in seinem Titel die verdutzte Nachfrage: «Das verherrlichte Nichts?» – die Antwort, 31 Seiten später, lautet schlicht und beinahe klotzig:

Der Sternen Gröss' und ihre Höhe,
Wenn ich sie, voll Erstaunen, sehe,
Entzücket meinen frohen Sinn.
Ich werde dadurch überführet,
Daß, da mich solche Grösse rühret,
Ich selber etwas grosses bin.

Teufel auch, das nenne ich mir ein Sequitur vor dem Herrn! Aber es ist nicht allein die Selbstaufwertung des Menschen, die er sich durch seine Gottesverehrung im Naturgenuß gönnt, sondern die Gleichsetzung des Dichters mit dem Schöpfer.

Die bereits zitierten «Feld=Bluhmen am Wasser» gehen so weiter:

... fiel mir in mein gerührt Gesicht,
In einer dunkel=rohten Gluht, als wie ein Feuer, hie und da
Und übertraf fast all' an Schein, der einfach wilde, rohte Mah.
Durch den von so verschiednen Farben gemischten Schimmer, Glanz und Pracht
Ward jeder Mensch, der menschlich sieht, ergetzet und recht angelacht;
Ja, was die Schönheit noch vermehrt, war, da die Fluht so klar, so rein,
Der, von so tausendfacher Schönheit, so hell=geformte Wiederschein,
Wo, auf des himmlischen Sapphirs, und oft auf einem grünen Grunde,
Der Bluhmen und der Kräuter Schönheit, verschönert und verdoppelt stunde.[392]

Die Idee des Spiegelns setzt bei Brockes keine Sorge um Richtigkeiten oder Erkenntnis-Hierarchien in Gang, wie das in der abendländischen Philosophie habituell der Fall ist (spiegelt der Spiegel unserer Seele richtig? können wir, was wir (nur) im Spiegel sehen, richtig deuten?), keine Abwertungen, wie seit Platon sattsam bekannt (die Dichtung liefert uns nur Bilder von Bildern), kein Transport der fixen Idee der Unerkennbarkeit in eine Quelle von Erhabenheitsgefühlen (Kant) oder paranoiden Affektschüben (Kleist[393]), sondern ist wesentliches Kennzeichen der Realität selbst. «Der Wieder=Schein»[394] heißt ein nahezu programmatisches Gedicht, noch (oder gerade?) in der Form der Betrachtung eines Betrachters, «Tirsis» genannt, präsentiert:

An einem lieblichen mit Schilf bekränztem Bach,
Der reiner als ein reiner Spiegel,
Lag ein mit Gras' und Klee bedeckter Hügel,
Von dem es ungewiß, ob er sich allgemach
Von unten in die Höhe lencket,
Wie oder ob er sich, wie es das Ansehn zeigt,
Mit sanftem Fall von oben abwärts sencket,
Indem er (wie mans nimmt) zugleich sich neigt und steigt.

Wie man's nimmt. Geht man selbst eigentlich von den Füßen aufwärts oder vom Kopf an abwärts? Wie man's nimmt, und was ist, wenn Sie auf einem Spiegel stehen? Und wenn an der Decke noch einer angebracht ist? Sagen wir so: Hans und Mops würden es nicht merken, und wenn doch, beiseitegehen.

Der Ort, woselbst der grüne Strand
Sich mit der feuchten Fluth verband,
Schien recht der Anmuth Sitz zu seyn.
Des Himmels funckelnder Sapphir,
Der Fluth Krystallen=gleicher Schein,
Zusamt des Schilfs Smaragd'ner Zier,
Schien sich an einem Ort zu mischen, zu verbinden.
Es war kein andrer Unterscheid
Der feucht= und trocknen Herrlichkeit,
Als ein sehr zarter Strich, der Silber schien, zu finden,
Des Ufers holdes Grün, des Wassers klares Naß,
Das Tirsis Hertz, durchs Aug', ergetzte,
Reitzt' ihn, daß er sich jenseits in das Gras,
Um zu des Schöpfers Ehr' es zu betrachten, setzte,
Woselbst er denn, daß Busch und Wald erklang,
Mit inniglich gerührter Seele sang:
Die Zierde der Büsche, die Schönheit der Hügel
Verdoppeln in deinem beweglichen Spiegel,
Du Spiegel der Erde, die glänzende Pracht.
Indem mir nun also, durch deine Krystallen,
Die Göttlichen Wercke gedoppelt gefallen;
Verdoppelt sich billig mein fröhliches Lallen
Dem Schöpfer zum Preise, Der alles gemacht.

So singt sein Tirsis; «Lallen» nennt Brockes, bescheiden, sein eigenes Singen auch zuweilen.[395] Das ist noch traulich-frömmelnde Konvention, Regressionsattitüde. Es kommt aber auf den Spiegel an. Die Welt und die gespiegelte Welt sind nur durch einen «sehr zarten Strich» getrennt – verwechselbar, austauschbar.

Scheint nicht die Farben=leere Fluht,
Die hier, wie unbeweglich, ruht,
Als ob sie würklich Farben hätte?
Der eb'nen Fläche stille Glätte
Beschattet eine grüne Nacht,
Die oft an mancher Stelle
Die von dem Sonnen=Licht bestrahlte Pracht
Das oben schwebenden Gebüsches, etwas helle,
Und in der Dunckelheit ein' holde Dämm'rung macht.
Man sieht auf vieler Blätter Spitzen
Der Sonnen güld'ne Strahlen blitzen;
Die herrlich grün=gefärbte Gluht
Verdoppelt die Krystall'ne Fluht.
Man sieht sich hier zugleich Nacht, Dämm'rung, Licht u. Schatten
Berühren, und sich doch nicht gatten.
Es mischet sich allhier
Der irdische Smaragd, der himmlische Sapphir.
Hier gleicht ein grosser Platz durchsichtigen Krystallen:
Bald scheint derselbige mit Silber angefüllt,
Und stellt im reinen Licht' ein weisses Wolcken=Bild
Am grünen Himmel vor.
Hier steht ein Fisch auf blau= und dort auf grünem Grunde,
Wann in der Wolcken Gold und Silber dort,
Das sich im Wieder=Schein gar oft verbunde,
Ein schwartzer Schwarm auf weiss= und gelbem Grunde stunde.
Das abgedruckte Bild von Bäumen und vom Grase
Schwimmt flach, als wie auf glattem Glase;
Doch alles, was man sieht, scheint umgekehrt zu stehn,
Und ist allhier der Schein der Wahrheit,
Ein Nichts wie Etwas, anzusehn,
Man sieht, in dieser dunckeln Klarheit,

Schilf, Bluhmen, Mos und Gras das Ufer oben kräntzen,
Schilf, Bluhmen, Mos und Gras im Wasser unten gläntzen

Das abgedruckte Bild:

Schilf, Bluhmen, Mos und Gras das Ufer oben kräntzen,
Schilf, Bluhmen, Mos und Gras im Wasser unten gläntzen,
So helle strahl't kein Gold, kein Silber ist so rein,
Als wie im gelb= und weissen Schein
Die feuchten Wasser=Liljen seyn,
Die hie und da auf glatten Fluhten schwimmen,
Wo sie wie kleine Lichter glimmen,
Wann sie die Sonne schmückt.
Es machten hier der Bircken weisse Rinden,
Die in den dunckel=grünen Gründen
Mit tief=gesencktem Haupt' und hohen Stämmen stehn,
Die Anmuth dieses Orts noch eins so schön.
So deutlich bildet sich der Wieder=Schein,
daß sie fast anzusehen seyn,
Als ob der unterst' mit dem obersten zusammen
Aus einer Wurzel stammen.[396]

Der Eingang mit seinem «Wie man's nimmt» bietet das Schlüsselwort, das «aus einer Wurzel» – die Trennlinie zwischen Spiegel und Spiegelbild wird bezeichnet und aufgehoben – nimmt es auf. Es gibt keine Hierarchie der Spiegelungen. Die Birke spiegelt sich im Wasser, oder das Land spiegelt die Wasser-Birke, der Himmel spiegelt sich im Wasser wie das Wasser im Himmel, die Natur ist ein Spiegel Gottes oder Gott ein Spiegel der Natur, und die Natur wird im Gedicht ebenso gespiegelt, wie sie ein Spiegel der Poesie ist. Spiegel, Wechsel, Kaleidoskop, wer ist da was, was ist fest, was wirklich, was Schein, was spielt das für eine Rolle,

Wenn man, mit rechtem Ueberlegen, die Dinge dieser Welt betracht't,
So sind sie das nicht, was sie sind; sie sind das, wozu man sie macht.[397]

Es ist, wie man's auch nimmt, doch immer nur das Eine, das die Mühe lohnt: die Schönheit.

Robert Gernhardt hat einmal geschrieben, jedes Gedicht sei komisch.[398] Darum, weil es Zusammenhang/Ordnung durch arbiträre Mittel (Reim, so oder so beschaffenes Metrum) behaupte und herstelle. Das gilt für andere literarische Formen ebenso. Der Vorgang ist alles andere als magisch, vielmehr durchschaubar. Jede ästhetische Ordnung trägt das So-oder-auch-anders gleichzeitig mit der Evidenz (wenn es denn gelungen ist) des Nur-so! mit sich. Sie ist darum die Denunziation einer Weltsicht, die behauptet, Eindeutigkeit und Sinn wahrzunehmen. Literatur behauptet dergleichen nicht, vielleicht kann man nicht einmal sagen, sie zeige es, vielmehr demonstriert sie es durch ihr Vorhandensein.

Diese Ordnung durch den Einsatz arbiträrer Mittel nennen wir Schönheit. Schönheit kann man nur in der Werkimmanenz, der inneren Ordnung des Ganzen aufweisen, das gerade als Ordnung-in-sich die Dominanz der Referenzcodes, in die es gestellt werden kann, negiert. So jedenfalls lesen wir es als literarisches. Der Einwand von Nabokov gegen Dostojewski, er überantworte sein «Schuld und Sühne» dem Kitsch, begründet sich darin, daß er in der genannten Szene sein Werk an Referenzcodes binde, die nichts als Klischeeträger seien. Er reduziere die Komplexität seines Werkes und verfehle die wichtigste Chance eines literarischen Werkes: *seine Schönheit zu steigern, indem es das antinomische Potential der Störung des Referenzcodebezugs zur geordneten Komplexitätssteigerung nutzt.* So etwa könnte eine Definition des Kunstschönen, die aus der Analyse des Redens über Literatur gewonnen ist, lauten.

1999 veröffentlichte Stephen King einen kleinen Roman «The Girl Who Loved Tom Gordon», ein beinahe schönes Stück Literatur, das aber leider darauf verzichtet, das ästhetische Problem zu lösen, das es sich aufgetragen hat. Ein Mädchen verirrt sich auf einer Wanderung; es hatte eine diskret gelegene Stelle zum Pinkeln gesucht, die Stelle geriet zu diskret, das Mädchen fand nicht mehr zurück. Der Roman nun ist der Rückweg des Mädchens. Ein Hin, Her, Auf, Ab von Selbstvertrauen und Angst, klugen Überlegungen («folge dem Bach, der führt notwendigerweise aus dem Wald hinaus, am Ende ist immer das Meer») und ihrem Zunichtewerden (der Fluß versickert) und Ähnlichem. Das Mädchen hat ein Idol, den im Titel erwähnten Baseballspieler Tom Gordon, der nach einem gelungenen Wurf immer mit dem ausgestreckten Finger nach oben zeigt, von wo der

Segen kommt, mit dessen Imago sie sich unterhält, erst als Zeitvertreib, dann zunehmend als innere Fata Morgana. Aber da ist auch ein Bär, der zuerst für sie und den Leser als Unklarheit zwischen bösem Walddämon und realem Bär changiert. Am Ende stellt der Bär sich als real und real gefährlich heraus. Das Mädchen nimmt ihren Walkman (mit dem sie, bis die Batterien leer waren, immer Gordons Baseballspiele belauscht hatte) und sich vor, einen Wurf zu tun wie ihr Idol:

> Hier gab es (…) nichts als Stille, und sie verstand jetzt, wie jemand wie Tom Gordon sich fühlen mußte, wenn er in Wurfposition im ruhigen Auge des Wirbelsturms stand (…) Ohne darüber nachzudenken, hob Tricia ihren linken Fuß, bis er fast das rechte Bein berührte, und begann ihren Bewegungsablauf – nicht den, den Dad sie auf dem Rasen hinter dem Haus gelehrt hatte, sondern den anderen, den sie im Fernsehen von Gordon gelernt hatte. Als sie wieder nach vorn trat und ihre rechte Hand am rechten Ohr vorbei und weit darüber hinaus führte – ihren Körper stark nach hinten gelehnt, denn dies würde kein gemächlicher, zu langsamer Wurf, kein leicht zu schlagender Ball sein …

Und

> Tricia setzte ihre Bewegung fort, warf den Baseball. Er traf den Bär genau zwischen die Augen[399]

und weil Gott es so will, erschießt ein Waldhüter in diesem Moment den Bären. Das Mädchen kommt ins Krankenhaus und, ihre Mütze mit dem Autogramm des Idols fest in der Hand, «tippte auf den Schirm ihrer Mütze, dann wies sie mit dem rechten Zeigefinger auf die Zimmerdecke. Wenn es einen Weg gab, dann lag er dort.»[400]

King hatte sein Mädchen durch allerlei Anfechtungen geführt, physischer und metaphysischer Art («Guten Menschen stoßen böse Dinge zu, weil das Leben nun einmal so ist»). Das gehört zum Genre, ob es nun Shakespeares «Lear», Camus' «Pest» oder Roths «Nemesis» ist. Man kann das als Jahrhunderte überdauerndes Bühnenwerk, als weniger großen oder großen Roman gestalten, man kann es als eine Art bescheidenes Kammerstück aufführen, wie King. Was für eine Chance, vieles zusammenzuführen: eine psychologische Studie, den

Realismus der langsamen Kapitulation des Körpers, die kindliche Spannung zwischen wunschgeführtem Weltvertrauen und Urgewißheit, daß die Welt kein guter Ort für Menschen ist, den Umgang mit Halluzinationen, das Spiel mit dem Leser, der sich zwischen den Codes bewegen muß (Was für ein Roman wird es am Ende? Ist es doch (nur?) eine Spukgeschichte?). Wie hätten am Ende das gerettete Kind und seine Geschichte mit der Geschichte der Erwachsenen zusammengestimmt, wie wäre hier wieder mit den Möglichkeiten des Guck-in-die-Welt zu spielen gewesen, und was für eine kleine kostbare Schönheit hätte aus der Nutzung der Komplexitätsmöglichkeiten entstehen können, wenn am Ende nicht die Tilgung des Changements zugunsten einer Brachialfarbe gestanden hätte, sondern die verzweifelten Möglichkeiten, einem sinnlosen, schrecklichen Geschehen einen Sinn zu geben, um besser durchkommen zu können in diesem fatalen Stück Welt. Aber der Bär mußte ein Bär werden, der im theatralisch richtigen Augenblick erschossen wird, Angst und Verwirrung, Verzweiflung und Erschöpfung eines Kindes zur Kalenderspruchproduktivkraft und das gesamte Arrangement zur Metapher: «Der Weg aus dem Wald», ein entsetzlich trivialisierter Psalm Nr. 23.

Am Ende von Philip Roths «Nemesis» steht auch ein Wurf:

> Und dann warf er den Speer. Als er ihn losließ, zeichnete sich jeder einzelne Muskel ab. Er stieß einen halberstickten Schrei der Anstrengung aus (den wir tagelang nachahmten), einen Schrei, der den Kern seines Wesens zum Ausdruck brachte: Es war der nackte Schlachtruf des Strebens nach Vortrefflichkeit. (...) Der Speer flog und flog und flog, weit über die Fünfzig-Yard-Linie hinaus ins gegnerische Feld, und als er fiel und landete, bohrte sich die Metallspitze durch die Wucht des Fluges schräg in die Erde, und der Schaft bebte noch sekundenlang nach. (...) An jenem Nachmittag warf er den Speer noch mehrere Male (...) Wenn er, den Speer hoch erhoben, anlief, mit dem Wurfarm weit ausholte, ihn über die Schulter nach vorn riß und den Speer wie in einer Explosion losließ, erschien er uns unbesiegbar.[401]

Nicht in der Formulierung, aber im abgerufenen Bild – «er hielt ihn nur waagerecht in der erhobenen Hand, so daß die Spitze nach vorn zeigte»[402] – steckt ein Klischee, «der Speerwerfer», im «Poseidon» zu

Athen Archetyp geworden und seitdem unzählbar oft bis hin zu Brad Pitt in «Troja» und Gerard Butler in «300» als Klischee des Klischees repetiert – im Roman aber als Klischee ebenso irritierend wie als Ende der Erinnerung des Opfers einer Polio-Epidemie an seinen Sportlehrer, der ebenfalls an Kinderlähmung erkrankte und nun, zum Zeitpunkt des erinnernden Rückblicks, mit einer Beinprothese und einem verkrüppelten Arm lebt und ein Lebensende im Rollstuhl erwartet.

Der Roman, der Ausbruch und Verlauf einer Polio-Epidemie in Newark, New Jersey, im Jahr 1944 schildert, enthält all die Andeutungen metaphysischer Debatten, die, wie erwähnt, in einem Roman, der übers Klischee hinauswill, unabdingbar sind. Zentrum ist der dafür im Grunde nicht prädestinierte Sportlehrer Bucky Cantor, der während der Epidemie Newark verläßt, um mit einer geliebten Frau eine kleine Weile in einem Schüler-Sportcamp außerhalb der Stadt zu verbringen. Die Krankheit bricht auch dort aus, und der Rest seines Lebens steht im Schatten des Selbstvorwurfs, die einen im Stich gelassen, die anderen infiziert zu haben. Der realistische Hintergrund des Romans sind die vielen Polio-Epidemien im 20. Jahrhundert, deren berühmtestes Opfer F. D. Roosevelt war; der Roman spielt vor der Entdeckung des Virus und der Erfindung von Impfstoffen, als noch Unklarheit über die Infektionswege herrschte. Kinderlähmung war zu diesem Zeitpunkt noch ein Generator für Phantasien und Projektionen – im Newark des Romans kommt es zu allerlei massenpsychisch virulenten Phantasien und Schuldvermutungen, auch rassistischer Art und auch gegen Sport in der Hitze als Krankheitsauslöser – also gegen Cantor als symbolische Figur: Jude und Sportlehrer. Die meisten seines Jahrgangs sind irgendwo in Europa oder im Pazifik im Krieg, er ist wegen schlechter Augen ausgemustert, seine Meisterschaft im Speerwurf wird zu einer Kompensation. Er überlebt die Erkrankung und wird lange in einem Rehabilitationszentrum untergebracht.

> In diesem war er, als im April 1945 Präsident Roosevelt überraschend starb und das ganze Land trauerte. Dort war er, als Deutschland im Mai kapitulierte und im August die beiden Atombomben über Hiroshima und Nagasaki abgeworfen wurden und Japan wenige Tage später um Frieden bat. Der zweite Weltkrieg war vorüber, sein Freund

Dave würde nach beinahe vier Jahren unversehrt zurückkehren, das Land jubelte, und er lag noch immer im Krankenhaus, verkrüppelt durch Polio.[403]

In dieser Weise werden die Themen eines Jahrhunderts, einer Stadt, eines Lebens verbunden mit einer Seele, die daran scheitert, in einem schrecklichen Geschehen einen Sinn zu sehen, der sich den traditionellen Sinncode-Vorgaben fügte, aber den Zumutungen des absurden Zufalls der Ansteckung durch Architektur einer Sinngebungskathedrale der Schuld begegnet, die sie erfolgreich selbstzerstörerisch bewohnt. Die Konstruktion des Romans gelingt Roth, weil er die Geschichte, die im Grunde einfach ist, als Möglichkeit der Generierung von Komplexitäten nutzt – Scherben der Welt, Versuche, sie zusammenzukleben, und ihre literarische Präsentation als Kaleidoskop.

Natürlich ist große Literatur stets ein Gleichnis der Conditio humana – nur mutet dieser Satz irgendwie schrecklich banal und falsch an. Banal, weil er oft gesagt worden ist, und er ist oft gesagt worden, weil man eigentlich nicht weiß, was man damit meint. Denn was soll, nehmen wir es mit dem Begriff einigermaßen genau, eigentlich «Gleichnis» heißen? Wenn etwas in der Literatur zu sehr zum Gleichnis gerät, gerät es in Gefahr des Mißratens. Etwa Camus' «Pest» ist ein Roman, der allenfalls dort gelingt, wo dem Autor das Gleichnishafte entgleitet (weshalb «Nemesis» der bessere Roman ist). Das Gleichnis lebt von der Idee des vereinfachenden Bildes, weshalb es predigttauglich ist. Der Wald bei King ist ein Gleichnis, nicht für das Leben, sondern für eine fromme Auffassung eines irrenden, aber dann doch ins Heile geführten Lebens, die Szene mit Raskolnikow, Sonja und der Bibel möchte ein Gleichnis sein und ist doch nur Repetition von gleichnishaft Gemeintem aus dem Fundus des Sinnstiftungskitschs. Der Speerwurf in «Nemesis», erzählt als Erinnerung, ist – was nun? – ein Gleichnis von etwas, das war, aber verloren ist? von etwas, das nie wahr war? ein Hohn auf die angestaunte Stärke, die sich als Inkubationsort der Kinderlähmung erweisen wird? Vorgetragen – als Gleichnis zu multipel, um noch Gleichnis zu sein – wird dem Leser ein spottvoller Beleg für die Fähigkeit der Literatur, ein Bild des sinnlosen Schreckens in Schönheit ohne Sinn als deren Legitimation zu schaffen.

In Walter Benjamins mit «Zentralpark» überschriebenen Gedankensplittern gibt es das vielzitierte Bild vom «Kaleidoskop». Die Idee eines (geschichtsphilosophisch) geordneten Ablaufs der historischen Ereignisse solle den über den Geschichtsverlauf als Katastrophe in Permanenz Nachdenkenden «eigentlich nicht mehr in Anspruch nehmen als das Kaleidoskop in Kinderhand, dem bei jeder Drehung alles Geordnete zu neuer Ordnung zusammenstürzt». Benjamin verwendet sein Bild, das «einen guten Sinn» habe, um die ordnende Funktion sinnstiftender Codes zu denunzieren: Kinderspielzeug. «Das Kaleidoskop muß zerschlagen werden.»[404] Da ein Kaleidoskop aber nur mit den Scherben und ihrer Spiegelung arbeitet, nicht mit eingreifender oder hintrimmender Ordnungshantiererei, die erst die bildliche Entsprechung zu den philosophischen Begriffsarchitekturen oder theologischen Repetitionen, kurz zum Sinnbemühen schlechthin bildet, bleibt das Kaleidoskop als Ordnung ohne Sinnversprechen, ohne Endgültigkeit, jede Ordnung ist Einspruch gegen die nächste, jede Schönheit eine willkürliche und doch in sich stimmige Ordnung, von der ich weiß, daß sie eine der Scherben ist und nur in einer sie zum schönen Ganzen rahmenden papierenen Hülle. Das Was ist im Zufall des Wie gegeben. Mit Kaleidoskopen verfahre man sorgsam.

Das fundamentale Nichteinverstandensein mit der Welt ist ein Affekt, der viele Ausdrucksweisen annehmen kann. In der (literarischen) Schönheit wird er zur Form. Das Wohlgefallen daran sollte man meinen, wenn man, mit Kant, «interesselos» sagt.

In dieser durch das konventionelle Lektüre-Apriori der Literarizität formulierbaren Schönheit literarischer Texte und dem Wohlgefallen an ihr liegt der Grund für jenen Schopenhauerschen Optimismus, in der Literatur eine Erkenntnisquelle eigener Art zu sehen. Sein Gleichnis war die «Camera obscura», die die Anblicke der Welt reiner und überschaubarer zeige, pointierter träfe es besser. Wenn man meint, literarische Texte stellten die Welt dar, verfehlt man's natürlich. Die dargestellte affektive Grundverfaßtheit der Literarizität erlaubt Literatur, Welterfahrungen im Medium der sie konstituierenden Affekte aufzubewahren. Ein jedes Wie verlangt nach einem Was, an dem es spürbar wird. Und immer hat dieses Was einen historischen Index. Die Conditio humana ist immer konkret. Das, was man so das «allgemein Menschliche» nennt, ist, weil es menschlich ist, nie allgemein – oder weil es allgemein ist, ist es individuell menschlich.

Die Reaktion auf die Welt ist immer eine Reaktion auf diese Welt hier, jetzt.

Man kann der Kantschen Rede vom Schönen als der Idee des Menschen auch folgenden Sinn geben: Wenn wir den Marxschen Satz, der Mensch sei kein abstraktes Wesen, sondern das Ensemble der gesellschaftlichen Verhältnisse, etwas erweitern und sagen, der Mensch sei das Ensemble der Verhältnisse, die er mit seinesgleichen und seiner Umwelt im Laufe seiner Geschichte eingeht, so kann man die Geistes-, Geschichts- & Sozialwissenschaften, sagen wir: die Humanwissenschaften, eine Kasuistik in anthropologischer Absicht nennen. Jeder Befund, den sie vorstellen, ist eine Teilantwort auf die Frage, was der Mensch sei. Humanwissenschaften stützen sich auf Quellen aller Arten, sogenannte «Zeugnisse». Diese Zeugnisse sind (hypothetischen, unterstellten) Einzelbefunden (einem Befund oder mehreren) zuzuordnen, Erfahrungen, die der Mensch mit sich selbst und seiner Umwelt gemacht hat. Kunstwerke, vor allem literarische Texte, sind sowohl solche Zeugnisse als auch Gestaltungen solcher Erfahrungen. Sie sind das auf Grund ihrer Form. Wir können sie als, sagen wir vielleicht: «Erfahrungscontainer» betrachten (traditionell hätte man wohl von «Schatzkammern» gesprochen), was unter anderem daran liegt, daß sie von Emotionen und Affekten nicht nur zeugen, sondern sie selber als gestaltete «sind». Nur so können sie davon zeugen. Darum lesen wir immer noch die «Antigone», sie ist Zustandspointierung des Menschen-in-der-Welt wie des Polisbürgers. Was in ihr gesagt wird, geht auf keinen Code. Der Ausdruck als Ausdruck kann verstanden werden, aber nicht als Paraphrase. Ich weiß, was Antonius sagt, wenn ein Schreiben ihn nach Rom fort von Kleopatra ruft: «Let Rome in Tiber melt!», und man kann es mit anderen Worten nicht sagen.

Weil wir so mit literarischen Texten umgehen, ist es möglich, nein, unumgänglich, mit dem rein individuellen – existentiellen – mea res agitur zu beginnen, und möglich, aber auch verpflichtend, bei dem verallgemeinerbaren tua/nostra res agitur zu landen.

Einen literarischen Text zu interpretieren heißt, das einigermaßen akzeptabel hinzubekommen.

Oder so:

Ein versiegeltes Paket lag auf dem Tisch. Goethe legte seine Hand darauf. «Was ist das?» sagte er. «Es ist die Helena, die an Cotta zum

Druck abgeht.» (...) «Ich habe», sagte Goethe, «bis jetzt immer noch Kleinigkeiten daran zu tun und nachzuhelfen gefunden. Endlich aber muß es genug sein und ich bin nun froh, daß es zur Post geht und ich mich mit befreiter Seele zu etwas anderem wenden kann. Es mag nun seine Schicksale erleben! – Was mich tröstet ist, daß die Kultur in Deutschland doch jetzt unglaublich hoch steht und man also nicht zu fürchten hat, daß eine solche Produktion lange unverstanden und ohne Wirkung bleiben werde.»

«Es steckt ein ganzes Altertum darin», sagte ich. «Ja», sagte Goethe, «die Philologen werden daran zu tun finden.»

(Johann Peter Eckermann, Gespräche mit Goethe)

Dank

Ich danke Martin Bauer für ausführliche Diskussionen und manchen Rat,
Fanny Esterházy für ihr einfühlsames Lektorat,
Detlef Felken für letzte Hinweise.

Anmerkungen

1 John Williams, Stoner, München 2013, S. 18 ff.

2 Siegfried Wolff an Franz Kafka, Berlin-Charlottenburg, 10. April 1917 (Marbacher Faksimile-Drucke, 43), Marbach: Deutsche Schillergesellschaft 2002, zitiert aus: Saul Friedländer, Franz Kafka, München 2012, S. 7.

3 Platon, Apologie des Sokrates 22a, b, Übersetzung Friedrich Schleiermacher (überarbeitet von W. F. Otto u. a.), in: Ders., Sämtliche Werke, Bd. 1, Reinbek 2004, S. 18 f.

4 Ebd. 22c.

5 Theodor W. Adorno, Ästhetische Theorie, in: Ders., Gesammelte Schriften, herausgegeben von Rolf Tiedemann, Bd. 7, Frankfurt am Main 1997, S. 184.

6 Ebd. S. 192 f.

7 Susan Sontag, Gegen Interpretation, in: Dies., Kunst und Antikunst. 24 literarische Essays, Frankfurt am Main 1982, S. 11–22. – «Against» ist wirklich schlecht zu übersetzen. Paul Feyerabends «Against Method» wurde mit «Wider den Methodenzwang» eigentlich ganz gut wiedergegeben. «Wider» wäre vielleicht zu gestelzt gewesen, aber «Gegen Interpretation»? «Gegen das Interpretieren» dann doch eher.

8 Ebd. S. 14 f.

9 Ebd. S. 17.

10 Ebd. S. 12 f.

11 Daß sie Walter Benjamins «Der Erzähler» als Beispiel dafür anführt, wie man es denn machen müsse, schön und gut. Aber: wieso denn eigentlich?

12 Ebd. S. 22.

13 Johann Wolfgang von Goethe, Plato als Mitgenosse einer christlichen Offenbarung (Im Jahre 1796 durch eine Uebersetzung veranlaßt), in: Ders., Sämtliche Werke, Briefe, Tagebücher und Gespräche, herausgegeben von Friedmar Apel et al., I, 22 (Ästhetische Schriften 1824–1832, Bd. 5, herausgegeben von Anne Bohnenkamp), Frankfurt am Main 1999, S. 236–239.

14 Christian Meier, Athen. Ein Neubeginn der Weltgeschichte, Berlin 1993, S. 470.

15 Ebd.

16 Ausführlich: Jan Philipp Reemtsma, Sokrates, Xenophon, Wieland, in: Ders., Der Liebe Maskentanz. Aufsätze zum Werk Christoph Martin Wielands, Zürich 1999, S. 161–202.

17 Zur politischen Bedeutung des Prozesses gegen Sokrates: I. F. Stone, The Trial of Socrates, New York, London, Toronto 1989.

18 In diesem Zusammenhang lohnt sich ein Blick in: Aaron Bodenheimer, Warum? Von der Obszönität des Fragens, Stuttgart 1984.

19 Richard Rorty nennt «Philosophen», unabhängig von ihrem sonstigen Selbstverständnis, Intellektuelle, «die Kants und Platons Werke mit Faszination und Spannung gelesen haben, um Handwerkszeug zum Durcharbeiten der Fragen zu haben, die diese Schriften ihnen aufgaben. Viele von diesen Leuten erklären freilich ihr Leben lang, genau welche schrecklichen Fehler Platon, Kant oder beide gemacht hätten. Aber es ist die Beunruhigung durch die Fehler gerade *dieser* beiden und nicht durch irgendwelche alten Fehler oder beliebige alte Rätsel, die solche Leute zu Philosophen stempelt.» (Richard Rorty, Die Schönheit, die Erhabenheit und die Gemeinschaft der Philosophen, Frankfurt am Main 1999, S. 13 f.)

20 Platon, Ion, Ia, b, griechisch-deutsch herausgegeben von Hellmut Flashar, München 1963, S. 6 f.

21 Ebd. Ic

22 Xenophon, Symposion, III, 6, 7, in: Xenophon in seven Volumes, IV, Übersetzung O. J. Todd, Harvard 1979, S. 558 ff.

23 Aristoteles, Poetik 1461b, übersetzt und herausgegeben von Manfred Fuhrmann, Stuttgart 1994, S. 90 ff.

24 Platon, Ion, 533d, S. 16 f.

25 Ebd. 533b, c, S. 20 ff.

26 Ilias, 23, 312 ff.

27 Platon, Ion, 540a, S. 34 f.

28 Brief an Jan Philipp Reemtsma vom 20. 9. 2013.

29 Platon, Ion, 540b, S. 34 f.

30 Ebd. 540d, e, S. 36 f.

31 Ebd. 542, S. 40 f.

32 George Steiner, Gedanken dichten, Berlin 2011, S. 9.

33 Literatur und Oeffentlichkeit. Eine Rede von Emil Staiger, in: Neue Zürcher Zeitung, 20. 12. 1966, Nr. 5525, S. 5, und der Artikel von Hans-Heinz Holz vom 15. 1. 1967 in der Basler «National-Zeitung».

34 Arno Schmidt, Wieland oder die Prosaformen, in: Ders., Bargfelder Ausgabe, II, 1, Bargfeld 1990, S. 278.

35 Der Verfasser wurde einmal anläßlich eines Vortrages über ein durchaus literarisches Thema in Basel – in der Schweiz – von einer Gruppe protestierender Schweizer Stalingradkämpfer empfangen, die sich über die Ausstellungen über die Verbrechen der deutschen Wehrmacht bei ihm beschweren wollten und dabei an die richtige Adresse, wenn auch bei verquerem Anlaß kamen.

36 Marcel Lepper, Philologendämmerung?, in: Merkur. Zeitschrift für europäisches Denken, 7/2014, S. 648.

37 Diedrich Diederichsen, Über Pop-Musik, Köln 2014.

38 Ungern sehe ich mich genötigt, Vittorio Hösle letztlich zuzustimmen, wenn er schreibt: «Auch wenn es keines der Probleme der Welt löst, ja, mit Verachtung auf diejenigen blickt, die sich um deren Linderung bemühen, ist Adornos Leiden an den Greueln des 20. Jahrhunderts echt. Das macht sein Buch wertvoll und zugleich gefährlicher: Wer am Anfang seiner Denkkarriere von diesem philosophischen Ausdruckstanz in Bann geschlagen wird, hat es schwer, je

wieder klar ein Problem analysieren zu lernen (etwa das Freiheitsproblem, das Adorno aporetisch umkreist).» (Vittorio Hösle, Eine kurze Geschichte der deutschen Philosophie, München 2013, S. 291 f.)

39 Emil Staiger, Die Kunst der Interpretation, in: Ders., Die Kunst der Interpretation. Studien zur deutschen Literaturgeschichte, München 1977, S. 8.

40 Ebd.

41 Ebd. S. 9.

42 Vgl. Jan Philipp Reemtsma, Der Traum von der Ich-Ferne. Adornos literarische Aufsätze, in: Mittelweg 36, Jg. 12 (2003), Heft 6, S. 3–40.

43 Staiger, Kunst der Interpretation, S. 9 f.

44 Ebd. S. 10 f.

45 Gotthold Ephraim Lessing, Nathan der Weise. Ein dramatisches Gedicht, III, 5, in: Ders., Werke 1778–1780, herausgegeben von Klaus Bohnen und Andreas Schilsohn, Frankfurt am Main 1993, S. 552.

46 Staiger, Kunst der Interpretation, S. 11.

47 Ebd. S. 15.

48 Ebd. S. 12 und 15.

49 Ebd. S. 15 und 16.

50 Ebd. S. 18.

51 Mit vielen anderen auch Vittorio Hösle (Eine kurze Geschichte, S. 267).

52 Staiger, Kunst der Interpretation, S. 15.

53 Ebd. S. 19.

54 Ebd. S. 24.

55 Emil Staiger, Ein Briefwechsel mit Martin Heidegger, in: Ders., Die Kunst der Interpretation. Studien zur deutschen Literaturgeschichte, München 1977, S. 30.

56 Ebd. S. 31.

57 Ebd. S. 32 f.

58 Ebd. S. 33.

59 Ebd.

60 Ebd. S. 33 f.

61 Ebd. S. 35.

62 Ebd. S. 41.

63 Ebd. S. 42.

64 Ebd. S. 39.

65 Ebd. S. 38.

66 Ebd. S. 39 f.

67 Ebd. S. 40.

68 Hilde Domin, Über das Interpretieren von Gedichten, in: Dies. (Hrsg.), Doppelinterpretationen. Das zeitgenössische Gedicht zwischen Autor und Leser, Frankfurt am Main 1966, S. 17.

69 Ebd. S. 47 – Den allerletzten Absatz, bloßes Tremolo, lasse ich unzitiert.

70 Arno Schmidt, Trommler beim Zaren, in: Ders., Bargfelder Ausgabe, I, 4, Bargfeld 1988, S. 130.

71 Domin, Über das Interpretieren von Gedichten, S. 34.

72 Ebd. S. 39.

73 Johann Wolfgang von Goethe, Die Auslegungen des Märchens («Das Märchen, welches die ‹Unterhaltungen …›»), in: Ders., Sämtliche Werke, I, 9 (herausgegeben von Wilhelm Voßkamp und Herbert Jausmann unter Mitarbeit von Almuth Voßkamp), Frankfurt am Main 1992, S. 1116 ff.

74 Arno Schmidt, Fouqué und einige seiner Zeitgenossen, in: Ders., Bargfelder Ausgabe, III, 1, Bargfeld 1993, S. 127.

75 Albrecht Schöne, Liebeszauber. Alexis und Dora, in: Ders., Götterzeichen, Liebeszauber, Satanskult. Neue Einblicke in alte Goethetexte. 3., erg. Aufl., C.H.Beck, München 1993, S. 88 ff.

76 Domin, Doppelinterpretationen, S. 128.

77 Ebd. S. 132.

78 Ebd.

79 Ebd. S. 133 f.

80 Ebd. S. 135 f.

81 Niklas Maak, Schaut auf diese Stadt!, in: Frankfurter Allgemeine Sonntagszeitung, 35/2014, S. 29.

82 Domin, Doppelinterpretationen, S. 133.

83 Ebd. S. 131.

84 Ebd. S. 299.

85 Erfahrung aus der Vorlesung, deren Nachschrift dieser Essay ist.

86 «Textschliff» oder auch «Dünnschliff» sind mots de guerre Benses, die das Bild einer äußerst schmalen, glattpolierten Steinscheibe hervorrufen sollen: Man sieht die Maserung. Mehr will uns Bense damit nicht sagen.

87 Domin, Doppelinterpretationen, S. 300.

88 Ebd. S. 314.

89 Ebd. S. 306.

90 Gunnar Hindrichs, Die Autonomie des Klanges. Eine Philosophie der Musik, Frankfurt am Main 2014, S. 36 f.

91 Vgl. Peter Fuller, Psychoanalyse des Spitzensports, Frankfurt am Main 1976, S. 174.

92 Vgl. Tina Kaiser, Ein «Affen-Selfie» und die Frage nach dem Urheber, in: Die Welt, 9. 8. 2014, S. 9.

93 Dieser Abschnitt folgt partienweise (auch zitierend/paraphrasierend), aber ohne dies einzeln auszuweisen: Jan Philipp Reemtsma, Was heißt: eine Metapher verstehen?, in: Ders., Das unaufhebbare Nichtbescheidwissen der Mehrheit. Sechs Reden über Literatur und Kunst, München 2005, S. 117–140. – Der vorliegende Text kommt aber zu anderen Schlüssen.

94 Nur in dieser Fußnote erwähne ich, was bzw. wen ich nicht erwähne: Hans Blumenberg. Ihm geht es um etwas anderes, als es in dem geht, was folgt.

95 Aristoteles, Poetik, 21, übersetzt und herausgegeben von Manfred Fuhrmann, Stuttgart 1994, S. 66/67.

96 Ebd. 22, 25. – An letzterer Stelle findet sich das «Alle Götter und Menschen schliefen» als im Wortsinne (von den «Wahrheitsbedingungen» (Searle) her) offensichtlich falsch (im Beispiel auch vom Textumfeld her), aber doch, als Metapher eben, hinzunehmen. Später wurde dann, wieder und wieder, «es schlief

die ganze Welt» als natürlich falsch, aber poetisch lizenziert ausgegeben («klingt doch viel ... naja, eben: poetischer»), bis Wieland, von allen denen, die dieses Beispiel weiter hätschelten, dem Räsonieren ein Ende machte und in «Aurora und Cefalus» diese Zeile setzte: «Noch lag, umhüllt vom braunen Schleier / Der Mitternacht, die halbe Welt» (Christoph Martin Wieland, Aurora und Cefalus, in: Ders., Sämmtliche Werke, Bd. 10, Leipzig 1795 (Hamburg 1984), S. 191) – was, seitdem, das Jonglieren mit «wörtlich», «Wahrheitsbedingungen» etc. vs. «poetisch» unendlich schwieriger macht. Aber das nur hier am Rande.

97 John R. Searle, Metapher, in: Ders., Ausdruck und Bedeutung. Untersuchungen zur Sprechakttheorie, Frankfurt am Main 1982, S. 98–138.

98 Ebd. S. 98.

99 «Die Ausdruckskraft guter Metaphern liegt weitgehend an zweierlei. Der Hörer muß dahinterkommen, was der Sprecher meint – er muß zur Verständigung mehr beitragen als bloß passives Aufnehmen – und er muß das dadurch tun, daß er den Weg über einen verwandten semantischen Gehalt nimmt, der sich vom mitgeteilten unterscheidet.» (Ebd. S. 138)

100 Ebd. S. 116.

101 Ebd. S. 125.

102 Ebd. S. 125.

103 Donald Davidson, Was Metaphern bedeuten, in: Anselm Haverkamp (Hrsg.), Die paradoxe Metapher, Frankfurt am Main 1998, S. 60.

104 Searle, Metapher, S. 100.

105 Ebd. S. 127.

106 «Wenn du ‹S ist P› hörst und willst mögliche Werte von ‹R› finden, suche nach Hinsichten, in denen S Ähnlichkeit mit P haben könnte, wobei dies hervorstechende, wohlbekannte Merkmale von P-Dingen mit einem möglichst großen Unterscheidungsgehalt sind.» (Ebd.)

107 «Halte dich nun wieder an S und schau nach, welche der vielen in Frage kommenden Werte von ‹R› wahrscheinlich oder bloß möglicherweise zu den Eigenschaften von S gehören.» (Ebd. S. 128)

108 Ebd. S. 129–131.

109 John R. Searle, Wörtliche Bedeutung, in: Ders., Ausdruck und Bedeutung, S. 154.

110 Ebd. S. 155.

111 Die andere Möglichkeit, die mir einfällt, handele ich, weil sie uns im Haupttext nicht weiterführt, in der Fußnote ab. Mit ihr ist es so bestellt: Damit ich anhand von Beispielsätzen wie «Die Katze ist auf der Matte» demonstrieren kann, daß solche Sätze nicht kontextfrei verstanden werden (können), kommen sie in Texten vor, in denen sie insofern kontextfrei sind, als sie nur als Beispiele für die Verwendung derselben Wortfolge in verschiedenen Kontexten vorkommen. Dennoch verstehe ich sie, und zwar ohne solche Kontexte. Konsequent müßte ich aber fortfahren: Das eben ist der Kontext von «Beispielsätzen», daß sie in Texten, in denen es um Beispiele etwa für die Demonstration, daß es kontextfreie wörtliche Bedeutung nicht gibt, als solche Beispiele herhalten. Die «wörtliche Bedeutung» eines Satzes wäre also die Bedeutung, die diesem Satz

als Beispiel für eine Wortfolge, die in unterschiedlichen Kontexten unterschiedliche Bedeutung hat, zukommt. Damit ist substantiell nicht viel gewonnen, aber einer gewissen Verwirrung vorgebeugt.

112 Max Black, Die Metapher, in: Anselm Haverkamp (Hrsg.), Theorie der Metapher, Darmstadt 1983, S. 70 ff.

113 Ebd. S. 72.

114 Searle, Metapher, S. 138.

115 Aristoteles, Poetik, 22, S. 72/73.

116 Ebd. S. 76/77.

117 Donald Davidson, Was Metaphern bedeuten, in: Anselm Haverkamp (Hrsg.), Die paradoxe Metapher, Frankfurt am Main 1998, S. 49.

118 «Eine unserer Aufgaben wird sein, dieses Gefühl der Unzufriedenheit zu erklären, das wir bei Paraphrasen selbst dann haben, wenn die Metaphern blaß sind.» (Searle, Metapher, S. 107)

119 Davidson, Was Metaphern bedeuten, S. 50 f.

120 Ebd. S. 61.

121 Ebd. S. 71.

122 Ebd.

123 «Hier mag man zu Recht anmerken, daß die Behauptung, wonach die Metapher zu einer bestimmten Sicht ihres Gegenstandes herausfordert oder anregt, anstatt sie unumwunden auszusprechen, ein Gemeinplatz ist. Das ist richtig. So heißt es bei Aristoteles, die Metapher führe zu einer ‹Wahrnehmung von Ähnlichkeiten›. Black sagt im Anschluß an Richards, die Metapher ‹evoziere› eine bestimmte Reaktion: ‹Der richtig eingestellte Hörer wird durch die Metapher dazu gebracht, ein System zu konstruieren.› Treffend zusammengefaßt wird diese Auffassung durch Heraklits Aussage über das Orakel von Delphi: Es ‹erklärt nicht, verbirgt nicht, sondern deutet an.›

An diesen Beschreibungen der Wirkungen der Metapher habe ich nichts auszusetzen, sondern nur an den damit zusammenhängenden Ansichten darüber, *wie* die Metapher sie angeblich hervorruft. Was ich bestreite, ist, daß die Metapher ihre Aufgabe dadurch erfüllt, daß sie eine spezielle Bedeutung hat, einen spezifischen kognitiven Gehalt. Im Gegensatz zu Richards glaube ich nicht, daß die Metapher ihr Resultat vermittels einer ihr zukommenden Bedeutung erzielt, die sich aus der Interaktion zweier Ideen ergibt. Es ist meines Erachtens verfehlt, wie Owen Barfield zu behaupten, die Metapher ‹sage das eine und meine etwas anderes›, oder im Anschluß an Black zu erklären, daß die Metapher vermöge einer speziellen Bedeutung bestimmte komplexe Dinge behauptet oder implizit zum Ausdruck bringt und in *dieser* Weise ihre Aufgabe erfüllt, eine ‹Einsicht› zu vermitteln.» (Ebd. S. 71 f.)

124 Ebd. S. 72.

125 Allein die von Anselm Haverkamp herausgegebenen und verfaßten (mir vorliegenden) Bücher umfassen mehr als 1500 Seiten.

126 In Ridley Scotts Film «Königreich der Himmel», 2005.

127 Richard Rorty, Ungewohnte Geräusche. Hesse und Davidson über Metaphern, in: Haverkamp, Die paradoxe Metapher, S. 114 f.

128 Davidson, Was Metaphern bedeuten, S. 73.

129 Rorty, Ungewohnte Geräusche, S. 116f.

130 Ebd. S. 118.

131 Hier die Korrektur des in Anm. 93 erwähnten Aufsatzes.

132 Rorty, Ungewohnte Geräusche, S. 121.

133 Davidson, Was Metaphern bedeuten, S. 49.

134 Harald Weinrich, Semantik der kühnen Metapher, in: Ders., Sprache in Texten, Stuttgart 1976, S. 308.

135 Ebd.

136 Ebd. S. 315.

137 Philogelos (von Hierokles und Philagrios), herausgegeben von Andreas Thierfelder, München 1968, S. 89.

138 Ludwig D. Morenz, Kleine Archäologie des ägyptischen Humors. Ein kulturgeschichtlicher Textschnitt (Bonner Ägyptologische Beiträge Bd. 3), Berlin 2013, S. 202.

139 Christoph Martin Wieland, Ankündigung einer Dunciade für die Deutschen, in: Ders., Schriften zur deutschen Sprache und Literatur, herausgegeben von Jan Philipp Reemtsma, Hans und Johanna Radspieler, Frankfurt am Main 2005, Bd. 1, S. 459–548.

140 Christoph Martin Wieland, Rezension von Musenalmanachen für das Jahr 1797, in: Ebd., Bd. 2, S. 749.

141 Christoph Martin Wieland, Rezension von Schönaich «Die ganze Aesthetik in einer Nuß», in: Ebd., Bd. 2, S. 374f.

142 Wieland, Dunciade, S. 519.

143 Ebd. S. 521.

144 Ebd. S. 527.

145 Ebd. S. 534.

146 Tatsächlich werde ich diesen «Sinn» einer Äußerung oft erfassen, bevor ich mir überhaupt im klaren darüber bin, welche Sprache einer spricht oder ob überhaupt eine.

147 Wolfgang Künne, Abstrakte Gegenstände. Semantik und Ontologie, Frankfurt am Main 1983, S. 196ff.

148 Ludwig Wittgenstein, Philosophische Untersuchungen, § 23, in: Ders., Werkausgabe, Bd. 1, Frankfurt am Main 1995, S. 250.

149 Wittgenstein, Philosophische Untersuchungen, § 65, S. 277.

150 Irgendwo in diesem Bereich überschneidet sich das hier in Frage stehende Reden über «Verstehen» mit dem, was das «Historische Wörterbuch der Philosophie» in dem von Hans Apel verfaßten Eintrag zu lesen gibt.

151 Wittgenstein, Philosophische Untersuchungen, § 43, S. 262.

152 Navid Kermani, Es gilt das gesprochene Wort. Rede zur Feierstunde «65 Jahre Grundgesetz» im Deutschen Bundestag am 23. 5. 2014, www.bundestag.de/dokumente/textarchiv/2014/-/280688.

153 Die er auch nur wie ein Dandy vom Dienst machte und anschließend brav über die semantische Problematik des Artikels 1.1. sprach.

154 Wittgenstein, Philosophische Untersuchungen, § 531–534, S. 440f.

155 Helmuth Plessner, Zur Phänomenologie der Musik, in: Ders., Ausdruck und menschliche Natur, Gesammelte Schriften, herausgegeben von Odo Marquard et al., Bd. 7, Frankfurt am Main 2003, S. 59–65.

156 Arthur Schopenhauer, Die Welt als Wille und Vorstellung, 2. Bd., Kapitel 35: Zur Aesthetik der Architektur, Zürich 1988, S. 476 ff.

157 Ohne diese beiden Elemente zu explizieren (im Zweifelsfalle zu notieren), ist Musik nicht möglich. Die Frage der Lautstärke ist von anderer Art.

158 Immanuel Kant, Kritik der Urteilskraft, herausgegeben von Wilhelm Weischedel (Werkausgabe, Bd. 10), Frankfurt am Main 1974, S. 124.

159 Ebd. S. 124 f.

160 Friedrich Schiller, Briefe über die ästhetische Erziehung des Menschen.

161 Kant, Kritik der Urteilskraft, S. 126.

162 Ebd. S. 130.

163 Ebd. S. 132 f.

164 Ebd. S. 156.

165 Ebd. S. 157.

166 Ebd. S. 159.

167 Ebd. S. 210.

168 Ebd.

169 Ebd. S. 213.

170 Ebd. S. 215.

171 Ebd. S. 279.

172 Ebd. S. 281.

173 Ebd. S. 282.

174 Ebd. S. 297.

175 Ebd. S. 393.

176 Ebd. S. 394.

177 Ebd.

178 Ebd. S. 298.

179 Ebd. S. 299.

180 Ebd. § 61 ff. (Kritik der teleologischen Urteilskraft), S. 305 ff.

181 Ebd. S. 136.

182 Johann Wolfgang von Goethe, Wilhelm Meisters Lehrjahre, in: Ders., Sämtliche Werke, I, 9, S. 578 f.

183 Ebd. S. 607.

184 James Joyce, Ulysses, übersetzt von Hans Wollschläger, herausgegeben und kommentiert von Dirk Vanderbeke et al., Frankfurt am Main 2004, S. 266.

185 Goethe, Wilhelm Meisters Lehrjahre, S. 607.

186 Ebd. S. 608. – «Gebrechlichkeit» heißt es bei Wieland; Schlegel übersetzt Shakespeares «frailty» mit «Schwachheit».

187 Ebd.

188 Ebd.

189 Ebd. S. 609.

190 Ebd.

191 Ebd. S. 607.

192 Ebd. S. 608.
193 Ebd. S. 610 f.
194 Ebd. S. 617.
195 Ebd. S. 618.
196 Ebd. S. 619.
197 Ebd. S. 620 f.
198 Ebd. S. 621.
199 Ebd. S. 642.
200 Ebd. S. 645 f.
201 Karl Marx, Zur Kritik der politischen Ökonomie, Einleitung, in: Karl Marx/Friedrich Engels, Werke, Bd. 13, Berlin 1961, S. 642.
202 Vgl. George Steiner, Die Antigonen. Geschichte und Gegenwart eines Mythos, München 1988.
203 Karl Heinz Bohrer, Das Tragische. Erscheinung, Pathos, Klage, München 2009, S. 11.
204 Ebd.
205 Ebd. S. 344 f.
206 Ebd. S. 184.
207 Friedrich Nietzsche, Die Geburt der Tragödie, in: Ders., Sämtliche Werke, herausgegeben von Gigio Colli und Mazzino Montinari, München 1988, S. 85 f.
208 Bohrer, Das Tragische, S. 275.
209 Vielmehr schlägt er vor, den existentialistischen Helden – etwa Meursault – als in diesem Sinne tragischen zu lesen (ebd., S. 382 und 388).
210 Christian Meier, Die politische Kunst der griechischen Tragödie, München 1988, S. 14.
211 Ebd. S. 8 f.
212 Xenophon, Erinnerungen an Sokrates, Griechisch und Deutsch, herausgegeben von Peter Jaerisch, Berlin 1987, S. 35 f.
213 Aristoteles, Poetik, 4, S. 14/15.
214 Das ist keine eurozentrisch-bornierte Bemerkung. Der Sachverhalt ist so. Was es an Welttheater gibt, das außerhalb dieser Tradition entstanden ist – und es ist viel –, ist etwas ganz anderes. Natürlich gibt es, wie in der Musik und der Kulinarik, längst Cross-overs, aber «Theater» in diesem Wortsinne – ein Halbrund aus Bühne und Zuschauertribünen – stammt ausschließlich aus dieser griechischen Tradition.
215 Georg Friedrich Wilhelm Hegel, Vorlesungen über die Philosophie der Religion. Zweiter Teil, in: Ders., Werke in 20 Bänden, Bd. 17, Frankfurt am Main 1969, S. 133.
216 Meier, Die politische Kunst, S. 208.
217 Sophokles, Antigone, 1339 ff., in: Ders., Dramen. Griechisch und Deutsch, herausgegeben und übersetzt von Wilhelm Willige, überarbeitet von Karl Bayer, Düsseldorf 2007, S. 260/261.
218 Ebd. 666 f., S. 220/221.
219 Ebd. 678 ff., S. 220/221.
220 Tacitus, Germania, Kap. 46.

221 Sophokles, Antigone, 734 ff., S. 224/225.

222 Es könnte einer Spekulation einfallen, den stückedurchmessenden Odysseus, *polytropos*, auch als Figur, als Joker aufzufassen, den es zu spielen gilt, wenn es – auch hier keine regressive Modernisierung, sondern die Sache beim Wort genommen – um die Dialektik der Rationalität mit universaler Ambition geht (man nehme sein Agieren in «Aias», «Philoktet» und «Troerinnen»), und diese dann in den Versuch überführen, seine Vielgestaltigkeit als einen Charakter aufzufassen, der so dann auch stückeübergreifend psychologisch verstanden werden kann. (Der altphilologische Fachmann wird da nicht mitziehen, und ich überlasse ihm mitunter auch gern das letzte Wort.)

223 Bohrer, Das Tragische, S. 187.

224 Ebd. S. 192.

225 Vgl. ebd. S. 182–184.

226 Ich möchte einem Einwand zuvorkommen. Der Roman, der das Handeln seiner Figuren erklärt, tut das nicht, sondern schiebt zwischen das Bloß-da und uns einen weiteren Blick und trägt so der Tatsache Rechnung, daß das, was bloß-da ist, immer auch schon von anderen gedeutet wird. Wir haben darum ein von der Form verbrieftes Recht, beim Verständnis der Handlung nicht dem Kommentar des Erzählers zu folgen.

227 Bohrer, Das Tragische, S. 188.

228 Ebd. S. 275.

229 Sophokles, Antigone, zitiert aus: Bohrer, Das Tragische, S. 367.

230 Sophokles bestätigt das geradezu ironisch, wenn er den Chor singen läßt: «Was fürchtet sich der Mensch! Wo über ihn / Der Zufall herrscht und sichere Voraussicht / Für nichts besteht! Dahinzuleben, ist das Beste, / So wie nur einer kann» (Sophokles, Ödipus, zitiert aus: Bohrer, Das Tragische, S. 335) – so kann man reden, wenn man noch einfach dahinleben kann, sorglos.

231 Sophokles, Philoktet, 785 ff., in: Ders., Dramen, herausgegeben und übersetzt von Wilhelm Willige, Düsseldorf, Zürich 2003, S. 500 f.

232 Jean Paul, Der Komet, oder Nikolaus Marggraf. Eine komische Geschichte, in: Ders., Sämtliche Werke, Bd. 6, München 1960; Sigmund Freud, Der Familienroman der Neurotiker, in: Gesammelte Werke, Bd. VII, Frankfurt am Main 1980, S. 225–231.

233 Jean Paul, Die Unsichtbare Loge. Eine Lebensbeschreibung, in: Ders., Sämtliche Werke, herausgegeben von Norbert Miller, Bd. 1, München 1960, S. 88 f.

234 Stephen King, Das Leben und das Schreiben, München 2011, S. 23.

235 Theodor W. Adorno, Ästhetische Theorie, S. 181.

236 Ebd. S. 80.

237 Theodor W. Adorno, Resignation, in: Ders., Gesammelte Schriften, Bd. 10.2, S. 799.

238 Leben des Benvenuto Cellini, übersetzt von Johann Wolfgang von Goethe, in: Goethe, Sämtliche Werke I, 11, Frankfurt am Main 1998, S. 382.

239 Goethe, Sämtliche Werke I, 3/1, Frankfurt am Main 1994, S. 53.

240 Horst Janssen, Hinkepott. Autobiographische Hüpferei in Briefen und Aufsätzen, Gifkendorf 1987, S. 275, 277.

241 Oliver Sacks, Eine Anthropologin auf dem Mars. Sieben paradoxe Geschichten, Reinbek 1995, S. 350–407.

242 John R. Searle, Der logische Status fiktionalen Diskurses, in: Ders., Ausdruck und Bedeutung, S. 97.

243 Karl Kraus, Timons eigene Schrift, in: Ders., Schriften, herausgegeben von Christian Wagenknecht, Bd. 15, Frankfurt am Main 1994, S. 670.

244 Searle, Der logische Status, S. 88.

245 Ebd. S. 94.

246 Ilse Aichinger, Zeitlicher Rat, und Ruth Klüger, Glaube und Unglaube, Frankfurter Anthologie, FAZ 15. 3. 2014, S. 11.

247 Christoph Martin Wieland, Die Geschichte des weisen Danischmend, in: Ders., Sämmtliche Werke, Bd. 8, Leipzig 1795 (Hamburg 1984), S. 49 f.

248 Robert Gernhardt, Berührt, nicht gerüttelt. Warum der Leopard kein Jaguar sein kann, in: Ders., Was das Gedicht alles kann: Alles. Texte zur Poetik, herausgegeben von Lutz Hagestedt und Johannes Möller, Frankfurt am Main 2010, S. 463.

249 Ebd. S. 456.

250 Will man nicht – was angesichts der Tatsache, daß das Material literarischer Texte semantische Einheiten sind (bzw. Zeichenfolgen, die als solche zu lesen wir nicht umhinkönnen), unmöglich wäre – literarische Texte als bloße Klänge lesen. Das kann man immer wieder «auch» (siehe oben) und ausnahmsweise «nur», siehe Schwitters' «Ursonate», die nur ein Blöken, Trillern und Schnalzen wäre, wäre sie nicht die Ausnahme, deren Anhörung die Kenntnis der Regel voraussetzt.

251 Ich führe, pro totis, den vor Entbehrlichkeit funkelnden Gérard Genette an.

252 Vgl. Jan Philipp Reemtsma, Vertrauen und Gewalt. Versuch über eine besondere Konstellation der Moderne, Hamburg 2008, S. 76 ff.

253 Friederike Kempner, Das Leben ist ein Gedichte, herausgegeben von Horst Drescher, Leipzig 1986, S. 87.

254 Christoph Martin Wieland, Der Neue Amadis. Ein comisches Gedicht in Achtzehn Gesängen, herausgegeben von Jan Philipp Reemtsma und Hans Radspieler, Zürich 1995, S. 15.

255 Christoph Martin Wieland, Der Neue Amadis, in: Ders., Sämmtliche Werke, Bd. 4, Leipzig 1794 (Hamburg 1984), S. 3.

256 Christoph Martin Wieland, Combabus, in: Ders., Comische Erzählungen, Combabus, Der verklagte Amor, Nördlingen 1984, S. 166.

257 Christoph Martin Wieland, Kombabus, in: Ders., Sämmtliche Werke, Bd. 10, Leipzig 1795 (Hamburg 1984), S. 289.

258 Man wäre ja versucht, mit dem re-entry des «wahrhaft Gebildeten» zu operieren, klänge das nicht noch abscheulicher.

259 Vgl. Jan Philipp Reemtsma, Was hängt dort an der Wand?, in: Ders., Das unaufhebbare Nichtbescheidwissen der Mehrheit, München 2005, S. 43–76.

260 Kant, Kritik der Urteilskraft, S. 207 f.

261 Christoph Martin Wieland, Aristipp und einige seiner Zeitgenossen, herausgegeben von Jan Philipp Reemtsma, Hans und Johanna Radspieler, Zürich 1993, S. 9.

262 Kant, Kritik der Urteilskraft, S. 185.

263 Übrigens behandelt Wieland auch das Problem des Nicht-mehr-Schönen im «Aristipp» (am Ende des Zweiten Buches mit dem Bericht der Begegnung Aristipps mit Diagoras von Melos und der sich daran anschließenden Diskussion).

264 Friedrich Schiller, Über das Erhabene, in: Ders., Theoretische Schriften, herausgegeben von Rolf-Peter Janz, Werke und Briefe in zwölf Bänden, Bd. 8, Frankfurt am Main 1992, S. 822–840.

265 Albert Camus, Der Mythos von Sisyphos, Reinbek 1977, S. 29.

266 Ebd. S. 18.

267 Albert Camus, Der erste Mensch, Reinbek 1996, S. 34.

268 Ebd. S. 62 f.

269 Über den «sola scriptura»-Grundsatz schreibt Ratzinger, daß mit ihm die Autorität an die Exegeten abgegeben werde, und «da es vom Wesen menschlicher Vernunft und historischer Arbeit her Einstimmigkeit unter den Auslegern so schwieriger Texte nicht geben kann (weil da immer erkannte oder unerkannte Vorentscheidungen im Spiele sind), mußte dies bedeuten, daß der Glaube sich ins Unbestimmte und ständig Wechselnde historischer und scheinhistorischer Hypothesen zurückzog: daß glauben nun so viel wie meinen bedeutete und ständiger Revision unterlag.» (Joseph Kardinal Ratzinger, Aus meinem Leben. Erinnerungen, München 1997, S. 128)

270 Man wird so sagen dürfen, denn zwar waren andere Bekenntnisse in Hamburg nicht verboten, aber ihre öffentliche Ausübung war es schon. Wer nach katholischem Ritual beerdigt werden wollte, mußte in Altona unter die Erde.

271 Franz König, Das II. Vatikanische Konzil, zitiert aus: Walter Kirchschläger, Ob die Bibel irren kann? Das Gottesprojekt Bibel (Kardinal König Bibliothek Bd. 5), Wien 2014, S. 151.

272 Ebd. S. 111.

273 Acta Synodalia III/III, S. 275 f., zitiert aus: Kirchschläger, Ob die Bibel irren kann?, S. 83, 111 ff.

274 Dei verbum Art. II, 1, zitiert aus ebd. S. 143.

275 Ebd. S. 143 f.

276 Dei verbum Art. XIII, zitiert aus ebd. S. 145.

277 Acta Synodalia I/III, 27 f., zitiert aus ebd. S. 79.

278 Acta Synodalia III/III, zitiert aus ebd. S. 153. Es heißt im Text: «die Heilige Schrift und nicht die Tradition», d. h., der Diskussionsbeitrag soll die Schrift gegenüber der Auslegungstradition in den Vordergrund stellen, aber auch – genaugenommen gerade – das geht nur durch die rituelle Einbindung.

279 Ebd. S. 124.

280 Benedikt XVI., Die Offenbarung des Johannes. (K)Ein Buch mit sieben Siegeln. Erkenntnisse, Gedanken, Impulse, Leipzig o.J., S. 10 f.

281 Jean Paul Sartre, Das Sein und das Nichts. Versuch einer phänomenologischen Ontologie, Reinbek 1980, S. 469.

282 Niklas Luhmann, Die Kunst der Gesellschaft, Frankfurt am Main 1995, S. 428.

283 Ebd. S. 445.

284 Bertolt Brecht, Das Manifest, in: Ders., Gedichte, Gesammelte Werke in acht Bänden, Bd. IV, Frankfurt am Main 1967, S. 916.

285 Boyle verweist auf die geringe Größe, geographische Lage und die Bibliothek der Stadt; Nicholas Boyle, Goethe. Der Dichter in seiner Zeit, Bd. 1: 1749–1790, München 1999, S. 272.

286 Bertolt Brecht, Das Manifest.

287 Vgl. Christoph Martin Wieland, Versuch über das Xenofontische Gastmahl als Muster einer dialogisirten Erzählung betrachtet, in: Xenophon, Sokratische Denkwürdigkeiten. In Christoph Martin Wielands Übersetzung, Frankfurt am Main 1998, S. 225–252.

288 Arno Schmidt, Leviathan oder die beste der Welten, in: Ders., Bargfelder Ausgabe, I, 1, Bargfeld 1987, S. 41 f.

289 Theodor W. Adorno, Ästhetische Theorie, S. 19, 367.

290 Ebd. S. 192 f.

291 Zitiert aus: Bruno Hillenbrand, Theorie des Romans, München 1980, S. 69.

292 Vgl. Leon Botstein, Auf der Suche nach der Bedeutung bei Beethoven, in: Ders., Von Beethoven zu Berg. Das Gedächtnis der Moderne, Wien 2013, S. 19–58.

293 Vgl. In Sachen Arno Schmidt./. Prozesse 1&2, herausgegeben von Jan Philipp Reemtsma und Georg Eyring, Zürich 1988. – Der Prozeß um Ginsbergs Gedicht ist Thema des Films «Howl» (2010) von Rob Epstein und Jeffrey Friedman.

294 Gotthold Ephraim Lessing, Briefe über das deutsche Trauerspiel.

295 Vgl. Jan Philipp Reemtsma, Lessing in Hamburg, München 2007, S. 44 ff.

296 Man muß Autoren, gerade den überzeugendsten, nicht ohne weiteres glauben, sollte es vielmehr nicht. Eine genaue Lektüre zeigt, wie sehr Lessing gegen Goeze zwar historisch recht, argumentativ aber durchaus unrecht hatte. Irre geht, wer Nietzsche folgt, wenn er über Jean Paul schreibt und über Wielands Gedanken. Hat Gottsched verdient, was Lessing über ihn schreibt? Nach Lektüre des «Sterbenden Cato»: ja.

297 Karl Otto Conrady, Goethe. Leben und Werk, 2. Bd., Frankfurt am Main 1988, S. 168.

298 Theodor Fontane, Hermann und Dorothea, in: Ders., Literarische Essays und Studien, Zweiter Teil, München 1974, S. 105.

299 Emil Staiger, Goethe, Bd. II, Zürich 1970, S. 232.

300 Christian-Friedrich Collatz, Hermann und Dorothea, in: Goethe-Handbuch in vier Bänden, herausgegeben von Bernd Witte, Theo Buck, Hans-Dietrich Dahnke, Regine Otto und Peter Schmidt, Bd. 1: Gedichte, Stuttgart 2004, S. 532. – Wie das aber so ist mit den Höhepunkten deutscher Dichtung, Verkaufserfolge wurden sie nicht immer. Bekannt ist Goethes ökonomischer Streich mit dem Stück. Er übergab dem Verleger Vieweg einen verschlossenen Umschlag: wenn der die dort niedergeschriebene Summe (oder mehr) zahle, erhalte er es zum Druck, wenn er geringer biete, nehme Goethe es (und den ungeöffneten Umschlag) zurück. Vieweg bot exakt die Summe – 1000 Dukaten, ein ungewöhnlich hohes Honorar – und druckte. «Das Unternehmen (erfüllte) nicht alle Hoffnungen, die Vieweg darein gesetzt hatte», so Boyle. «Zur Deckung seiner ungewöhnlich hohen Aufwendungen für das Autorenhonorar,

den Einband und den Satz der Verse riskierte er die beispiellos hohe Auflage von 6000 Exemplaren (zum Buchhandelspreis zwischen 1½ und 2½ Talern), aber obwohl er nach dem Verkauf von 3500 Exemplaren den Gestehungspreis erwirtschaftet hatte, versuchte er noch 1811, den Rest en bloc abzustoßen.» (Nicholas Boyle, Goethe, Bd. 2: 1791–1803, S. 545)

301 Conrady, Goethe, S. 176.

302 Hans Mayer, Die Epen, in: Ders., Goethe, herausgegeben von Inge Jens, Frankfurt am Main 1999, S. 279.

303 Zitiert aus Lothar Gall, Wilhelm von Humboldt. Ein Preuße von Welt, Berlin 2011, S. 81.

304 Zitiert aus ebd. S. 83.

305 Zitiert aus ebd. S. 97.

306 Wilhelm von Humboldt, Aesthetische Versuche. Erster Theil. Ueber Göthes Herrmann und Dorothea, in: Ders., Werke in fünf Bänden, herausgegeben von Andreas Flitner und Klaus Giel, Darmstadt 2010, S. 125–356.

307 So wendet er etliche Seiten auf den Unterschied Homers und Ariosts, und plötzlich fällt ihm ein, daß Ariost reimt und Homer nicht, und fügt einen kurzen Abschnitt Nr. 26 ein, in dem er Folgendes schreibt: «Diese beiden Gattungen von Gedichten sind so sehr von einander geschieden, dass jede ihren eigenen Versbau erfordert und dies die eigentliche Gränzlinie ist, wo in beschreibenden Gedichten der Reim und der griechische Vers gebraucht werden muß. Denn der Reim giebt immer ein Colorit, das sich für sich allein dem Auge vorwaltend aufdrängt, da hingegen der Hexameter, so wie jedes alte Silbenmaas, seinen noch reicheren und glänzenderen Farbenschleier immer nur als ein bescheidnes Gewand um die Schönheit der Formen giesst.» (Ebd. S. 188) Wer die ganze Abhandlung liest, muß sich auf derlei gefasst machen und wird irgendwann die Frage, was das denn in aller Welt heißen solle, nicht mehr stellen.

308 Ebd. S. 164 f.

309 Hermann Hettner, Geschichtliche Vorerinnerungen, in: Wilhelm von Humboldt's Aesthetische Versuche über Goethe's ‚Hermann und Dorothea, Braunschweig 1861, zitiert aus: Goethe, Hermann und Dorothea. Mit Aufsätzen von August Wilhelm Schlegel, Wilhelm von Humboldt, Georg Wilhelm Friedrich Hegel und Hermann Hettner, herausgegeben von Werner Berthel, Frankfurt am Main 1976, S. 191.

310 Ebd. S. 192.

311 August Wilhelm Schlegel, Goethes Hermann und Dorothea, in: A. W. Schlegel's sämmtliche Werke, herausgegeben von Eduard Böcking, Leipzig 1847, zitiert aus: Goethe, Hermann und Dorothea, herausgegeben von Werner Berthel, S. 125.

312 Humboldt, Aesthetische Versuche, S. 134.

313 Ebd. S. 210 f.

314 Wir sprechen hier natürlich nicht über Märchen, für die eigene literarische Gesetze gelten.

315 Staiger, Goethe, Bd. II, S. 238.

316 Zitiert aus Boyle, Goethe, Bd. II, S. 545.

317 Johann Wolfgang Goethe, Herrmann und Dorothea, in: Ders.: Sämtliche Werke I, 8, herausgegeben von Waltraud Wiethölter, S. 808.

318 Staiger betont sehr genau und gegen den Redefluß der Schulgermanistik durchaus raffiniert: «Wer solche Dinge sich klar gemacht hat, wird nicht mehr so rasch bereit sein, irgendwelchen poetischen Werken das Prädikat ‹organisch› zuzubilligen. Selbst Goethe ist es nicht wieder gelungen, Selbstverständlichkeit und Bezug der Teile so rein ineinanderzufügen wie hier.» (Staiger, Goethe, Bd. II, S. 259)

319 Gustav Seibt, Mit einer Art von Wut. Goethe in der Revolution, München 2014, S. 149.

320 Ebd. S. 147.

321 Arno Schmidt, Berechnungen, in: Ders., Bargfelder Ausgabe, III, 3, Bargfeld 1995, S. 103.

322 Goethe, Herrmann und Dorothea, S. 850.

323 Arno Schmidt, Kühe in Halbtrauer, in: Ders., Bargfelder Ausgabe, I, 3, Bargfeld 1987, S. 340.

324 Goethe, Herrmann und Dorothea, S. 850.

325 Arno Schmidt, Der Bogen des Odysseus, in: Ders., Bargfelder Ausgabe, II, 2, Bargfeld 1990, S. 13.

326 Barthold Heinrich Brockes, Irdisches Vergnügen in Gott, erschienen in neun Bänden (der neunte postum), Hamburg 1721–1748, Bd. IV, S. 84 ff.

327 Günter Eich, Vorsicht, zitiert aus: Gespräch über Bäume. Moderne deutsche Naturlyrik, herausgegeben von Hiltrud Gnüg, Stuttgart 2013, S. 26.

328 Brockes, Ein ausbündig=schöner, in der Blüthe stehender, Castanien=Baum., in: Ders., Irdisches Vergnügen in Gott, Bd. III, S. 595.

329 Hermann Hettner, Geschichte der deutschen Literatur im 18. Jahrhundert, Leipzig 1928, S. 203 ff.

330 Geschichte der deutschen Literatur von den Anfängen bis zur Gegenwart, Bd. 6, Berlin 1979, S. 161.

331 Hansers Sozialgeschichte der deutschen Literatur vom 16. Jahrhundert bis zur Gegenwart, Bd. 3, München 1980, S. 508.

332 Goethe, Sämtliche Werke, I, 1, S. 298.

333 Hansers Sozialgeschichte, S. 598.

334 Goethe, Sämtliche Werke, I, 1, S. 297.

335 Ebd., S. 297 und 169.

336 Man muß in diesem Zusammenhang, wollte man sich einer soziologischen Betrachtung der Entwicklung der modernen Naturlyrik nähern, zu den obigen sehr abstrakten Überlegungen eine wesentlich konkretere hinzufügen, die nach den gewählten Natur-Terrains. Bei Wieland etwa finden sich (in Prosa und im Vers) Gartenlauben, so stereotyp, wie sie eine bestimmte Gartenarchitektur auch vorsah, die von kleinen Rokoko-Höfen. Bei Goethe und denen, die ihm folgten, haben wir den Städter, der allerlei Unwegsames, Nacht und Wind aufsucht. Brockes ist der Städter, der einen großen Garten vor den Toren hat. Kein Park, keine «natürliche Natur». Vor allem: ein Ort der Kontemplation, aber keiner, der Kontemplation (womit auch immer befaßt) ermöglicht,

sondern selbst Gegenstand der Kontemplation ist. Der Gartenbesitzer will den Geheimnissen der Natur auf die Spur kommen, um sie zu enthüllen und zur Schau zu stellen, aber die Beobachtung macht ihn nicht zum Souverän und Expositeur, sondern er verliert sich im Staunen.

337 Brockes, Irdisches Vergnügen in Gott, Bd. VII, S. 295 f.

338 Annette von Droste-Hülshoff, Meine Sträuße, in: Dies., Sämtliche Werke in zwei Bänden, herausgegeben von Bodo Plachta und Winfried Woesler, Frankfurt am Main 1994, Bd. 1, S. 137 ff.

339 Brockes, Irdisches Vergnügen in Gott, Bd. VIII, S. 278.

340 Ebd., Bd. VI, S. 115 ff.

341 Ebd. S. 63.

342 Ebd., Bd. VIII, S. 74 ff.

343 Ebd., Bd. V, S. 270 ff.

344 Joseph von Eichendorff, Der stille Freier.

345 Heinrich Heine, Frau Sorge, in: Werke in fünf Bänden, Berlin 1967, S. 286.

346 Vgl. Walther Killy, Deutscher Kitsch. Ein Versuch mit Beispielen, Göttingen 1978.

347 Christoph Martin Wieland, Gandalin oder Liebe um Liebe, in: Ders., Sämmtliche Werke, Bd. 21, Leipzig 1796 (Hamburg 1984), S. 77 f.

348 Ebd. S. 65 f.

349 Goethe, Herrmann und Dorothea, S. 807. – Später: «Also sprach er und gab dem geistlichen Herrn die Zügel, / Der verständig sie faßte, die schäumenden Rosse beherrschend, / Schnell den Wagen bestieg und den Sitz des Führers besetzte.» (Ebd. S. 858)

350 Vgl. Joseph Brodsky, Sonett, und Hubert Spiegel, Ein Akt der Liebe und ein Blitzlicht der Erinnerung, in: Frankfurter Anthologie, FAZ 4. 1. 2014, S. 18.

351 Friedhelm Kemp, Das europäische Sonett, Einleitung, Göttingen 2002, S. 19.

352 Goethe, Herrmann und Dorothea, S. 861.

353 Ebd. S. 862.

354 Ebd. S. 864.

355 Ebd. S. 861.

356 Ebd. S. 863.

357 Ebd. S. 863 f.

358 Conrady, Goethe, S. 176, vgl. Anm. 297.

359 Goethe, Herrmann und Dorothea, S. 874.

360 Ebd. S. 876.

361 Ebd.

362 Ebd. S. 878.

363 Ebd.

364 Ebd. S. 882.

365 Vgl. Goethe-Handbuch, S. 527 f.

366 Goethe, Herrmann und Dorothea, S. 883.

367 Ebd. S. 833.

368 Ebd. S. 836.

369 Ebd. S. 837. Nein, nicht an Hölderlin denken, Sie verlassener Mensch!

370 Vladimir Nabokov, Schuld und Sühne, in: Ders., Vorlesungen über russische Literatur, herausgegeben von Fredson Bowers und Dieter E. Zimmer, Reinbek 2013, S. 277.
371 Ebd. S. 278.
372 Ebd. S. 281.
373 Ebd. S. 275.
374 Fjodor Michailowitsch Dostojewski, Rodion Raskolnikoff. Schuld und Sühne, München 1964, S. 431.
375 Nabokov, Schuld und Sühne, S. 276.
376 Ebd. S. 276 f.
377 Ebd. S. 349 f.
378 Arno Schmidt, Caliban über Setebos, Bargfelder Ausgabe I, 3, S. 533 f.
379 Christoph Martin Wieland,. Der Neue Amadis, in: Ders., Sämmtliche Werke, Bd. 4, Leipzig 1794, S. 196 f.
380 Kant, Kritik der Urteilskraft, S. 350.
381 Brockes, Irdisches Vergnügen in Gott, Bd. VI, S. 279.
382 Ebd., Bd. IV, S. 234; Bd. V, S. 180.
383 Ebd., Bd. IV, S. 47.
384 Ebd., Bd. VII, S. 576.
385 Ebd., Bd. VII, S. 577 f.
386 Ebd., Bd. VII, S. 296 f.
387 Ebd., Bd. V, S. 101.
388 Ebd. S. 100.
389 «Für junge Leute, sich auf dem Lande zu erlustigen» und «Noch zwo dergleichen Arien, von Mr. Telemann componieret», ebd., Bd. VI, S. 52 ff.
390 Bettina Clausen, «Sie kam mir für, wie eine Königinn». Zur Naturlyrik des Ratsherrn Barthold Heinrich Brockes (1680–1747), in: Inge Stephan, Hans-Gerd Winter (Hrsg.), Hamburg im Zeitalter der Aufklärung, Berlin/Hamburg 1989, S. 172.
391 Brockes, Irdisches Vergnügen in Gott, Bd. I, 423 ff.
392 Ebd., Bd. VII, S. 296.
393 Brockes' «Rothe Glas=Scheibe» (ebd., Bd. IV, S. 205) liefert eine nette Beschwichtigung der Kleistschen Aufregungen der getönten Gläser unserer Wahrnehmung wegen. Sähen wir alles wie durch eine rote Glasscheibe, wäre aber die Welt weit weniger schön, weil einförmiger. Ist sie aber nicht. Was bunt ist, ist wahr!
394 Ebd., Bd. I, S. 214 ff.
395 Ebd., Bd. VI, S. 412.
396 Um die oben ausgeführte These von der poetischen Entbehrlichkeit oder vielmehr der Verpatzungsqualität mancher Brockesscher Schlüsse zu überprüfen, bitte ich die Leserin, den Schluß dieses Gedichts selber nachzuschlagen.
397 Brockes, Irdisches Vergnügen in Gott, Bd. V, S. 292.
398 Robert Gernhardt, Gedanken zum Gedicht, Zürich 1990, S. 18.
399 Stephen King, Das Mädchen, München 2012, S. 281, 283, 286.
400 Ebd. S. 297.

401 Philip Roth, Nemesis, München 2011, S. 217 ff.

402 Ebd.

403 Ebd. S. 187.

404 Walter Benjamin, Zentralpark, in: Ders., Gesammelte Schriften I.2, herausgegeben von Rolf Tiedemann und Hermann Schweppenhäuser, Frankfurt am Main 1974, S. 660.